파생상품투자권유 2025 자문인력

3

자격시험 안내

1. 파생상품투자권유자문인력의 정의

투자자를 상대로 파생상품, 파생결합증권, 고난도금융투자상품 등에 대하여 투자권유 또는 투자자문 업무를 수행하거나 파생상품 등에 투자하는 특정금전신탁 계약 등의 체결을 권유하는 업무를 수행하는 인력

2. 응시자격

금융회사 종사자 등(파생상품투자권유자문인력 투자자보호교육 이수)

3. 시험과목 및 문항수

시험과목		세부 교과목	문항수
제1과목	파생상품 Ⅰ	선물	13
		옵션	12
소 계			25
제2과목	파생상품 Ⅱ	스왑	8
		기타 파생상품 · 파생결합증권	17
소 계			25
제3과목	리스크관리 및 직무윤리	리스크관리	8
		영업실무	5
		직무윤리 · 투자자분쟁예방	12
소 계			25
제4과목	파생상품법규	자본시장 관련 법규 (금융소비자보호법 포함)	17
		한국금융투자협회규정	4
		한국거래소규정	4
소 계			25
시험시간	120분		100 문항

4. 시험 합격기준

70% 이상(과목별 50점 미만 과락)

- 한국금융투자협회는 금융투자전문인력의 자격시험을 관리 · 운영하고 있습니다.
  금융투자전문인력 자격은 「자본시장과 금융투자업에 관한 법률」 등에 근거하고 있으며, 「자격기본법」에 따른 민간자격입니다.

- 자격시험 안내, 자격시험접수, 응시료 및 환불 규정 등에 관한 자세한 사항은 한국금융투자협회 자격시험접수센터 홈페이지(https://license.kofia.or.kr)를 참조해 주시기 바랍니다.
  (자격시험 관련 고객만족센터: 02-1644-9427, 한국금융투자협회: 02-2003-9000)

contents

part 01

리스크 관리

part 02 영업실무

part 03

직무윤리

part 04
투자자분쟁 예방

part 05

자금세탁 방지제도

part 01

리스크 관리

chapter 01

리스크의 정의와 유형

section 01 리스크란?

리스크(risk)는 '불확실성에의 노출(exposure to uncertainty)' 또는 '기대하지 않은 결과의 변동성(volatility of unexpected outcomes)'으로 정의된다. 따라서 리스크는 2개의 요소를 갖는데, 하나는 불확실성이고 다른 하나는 노출되는 것이다.

리스크는 '측정 가능한 불확실성(measurable uncertainty)'으로 정의되어 단순한 불확실성과 구분되기도 한다. 수학적으로 리스크는 '사건의 결과가 목표 또는 기댓값으로부터 벗어난 정도'를 의미한다.

투자의 리스크가 위험과 기회를 모두 내포하므로 리스크가 무조건 나쁘다고 평가할 수 없으며 리스크를 줄이는 것만이 최선이라고 말할 수 없다. 또한 주가가 상승하는 시기에는 리스크 관리가 필요하지 않고 주가가 하락하는 시기에만 리스크를 관리해야 한다고 생각하기 쉽다. 그러나 리스크란 실제로 발생한 사건이 예상과 다를 가능성을 의미하므로 상황이 좋을 때나 나쁠 때나 항상 리스크를 관리해야 한다.

section 02 리스크의 유형

리스크는 가격 변동, 채무불이행, 신용경색 등과 같이 시장에서 발생 가능한 재무 리스크(financial risk)와 시장 외의 요인에 의해 발생할 수 있는 비재무 리스크(nonfinancial risk)로 구분된다. 재무 리스크는 시장 리스크, 신용 리스크, 금리리스크, 유동성 리스크를 말하며, 비재무 리스크는 운영리스크, 전략 리스크, 법률 리스크, 평판 리스크를 말한다. 여기서 시장 리스크, 신용 리스크, 금리리스크, 유동성 리스크, 운영리스크를 계량 리스크라고 하며 전략 리스크, 법률 리스크, 평판 리스크, 시스템 리스크 등을 비계량 리스크라고 한다. 계량 리스크는 객관적인 자료로 측정이 가능한 리스크를 의미하며 측정 기법의 발전으로 계량 리스크의 범위는 넓어지고 있다.

각 리스크를 간단히 정의하면 다음과 같다.

❶ 시장 리스크(market risk) : 시장 상황의 불리한 변동으로 인해 투자자가 기대했던 수익률을 얻지 못하고 손실을 보게 되는 위험을 말한다. 다시 말해서, 주가, 금리, 환율, 그리고 상품 가격 등의 시장요인이 불리하게 변동할 위험이므로 시장 리스크는 발생 원천에 따라 주식 가격 변동 리스크, 이자율 변동 리스크, 환율 변동 리스크, 상품 가격 변동 리스크로 구분된다.

❷ 신용 리스크(credit risk) : 거래상대방이 계약조건에 의한 채무를 이행하지 못하여 입는 경제적 손실 위험이다. 신용 리스크는 채무불이행 리스크(default risk)와 신용등급 하락 리스크(downgrade risk)를 포함한다.

❸ 유동성 리스크(liquidity risk) : 포지션을 마감하는 데서 발생하는 비용에 대한 위험이다. 유동성 리스크는 특정 자산 및 시장과 연관된 시장 유동성 리스크(market liquidity risk)와 금융투자회사의 일반적인 자금조달과 관련된 자금조달 유동성 리스크(funding liquidity risk)로 구별된다.

❹ 운영리스크(operational risk) : 부적절하거나 또는 실패한 내부통제, 인력과 시스템, 또는 외부사건으로 인해 발생하는 손실 위험이다. 운영리스크는 인적 리스크, 내부 시스템 리스크, 프로세스 리스크, 외부 사건 리스크 등으로 구분된다.

❺ 법률 리스크(legal risk) : 계약 당사자에 대하여 계약을 강제할 수 없을 때 발생할 수 있는 손실 위험이다. 법률 리스크는 계약이 잘못 문서화된 경우와 거래상대방이 법적으로 계약할 권한이 없는 경우에 발생한다.

❻ 평판 리스크(reputational risk) : 금융투자회사 외부의 여론 또는 이미지가 악화되어 금융투자회사가 경제적 손실(주가 하락, 수익 악화 등)을 입을 수 있는 위험이다.

❼ 시스템 리스크(systemic risk) : 개별 금융투자회사, 금융시장, 결제시스템의 붕괴 등으로 인해 금융산업 전체가 입게 되는 손실 위험이다.

chapter 02

시장 리스크

section 01 시장 리스크 관리의 두 가지 기본 접근방법

1 개별 접근법과 통합 접근법

금융회사가 리스크를 관리하는 방법은 크게 두 가지로 구분된다. 첫 번째 방법은 리스크를 하나씩 확인하여 개별적으로 관리하는 방법으로 리스크 개별관리법(risk decomposition approach)이라고 한다. 두 번째 방법은 리스크를 통합하여 잘 분산시킴으로써 관리하는 방법으로 리스크 통합관리법(risk aggregation approach)이라고 한다.

시장 리스크를 이용하여 두 방법을 비교 설명해 보자. 첫 번째 방법은 주로 거래부서(trading office)가 사용하는 방법이다. 거래자는 자기가 취한 포지션의 위험을 즉각적으로 헤지(hedge)할 수 있다. 헤지는 위험을 줄이기 위하여 취하는 거래로 파생상품을 이용할 수 있다. 거래자는 노출 정도를 측정하고 헤지하는데 민감도를 수치화한 델타, 감마, 베가 등의 그릭문자를 계산한다.

리스크 통합관리법은 주로 리스크 관리부서인 중간부서(middle office)가 사용하는 방법이다. 매일 거래가 종료되기 직전에 리스크 관리부서는 모든 시장위험요인에 대해 금융회사가 통합적으로 노출된 정도를 측정한다. 만약 모든 위험요인에 대하여 잘 분산되어 있다면 전체적인 노출 정도는 그리 크지 않을 수 있다. 만약 전체 노출 규모가 너무 커 미리 정한 한도를 초과하면 노출 규모가 한도를 초과하게 된 경위를 먼저 파악한 후 노출 규모를 하향조정해야 한다. 통합관리법에서 주로 사용하는 위험 측정치가 VaR이다.

신용 리스크는 전통적으로 개별관리법보다는 통합관리법에 의해 관리된다. 90년대에 등장한 신용파생상품은 신용 리스크를 개별적으로 관리할 수 있는 방법을 제공한다. 예를 들어, 금융회사는 신용파생상품을 이용하여 특정 기업의 부도위험으로부터 또는 경제 전체 부도율의 증가로 인한 위험으로부터 보호받을 수 있다.

2 그릭문자를 이용한 헤지

개별 접근법은 델타, 감마 등과 같은 헤지모수인 그릭문자(Greek letter)를 이용하여 특정 포지션의 위험을 개별적으로 헤지하는 방법이다. 주로 이용하는 옵션의 그릭문자는 다음과 같다.

❶ 델타 : 델타(delta : Δ)는 기초자산의 가격 변화에 대한 옵션 가격의 변화로서 블랙-숄즈 모형에서의 $N(d_1)$을 말한다.

$$\Delta_{call} = \frac{dC}{dS} = N(d_1) \quad \cdots (1)$$

$$\Delta_{put} = \frac{dP}{dS} = N(d_1) - 1 \quad \cdots (2)$$

주식과 옵션으로 구성된 포트폴리오의 델타를 0으로 만들면 짧은 기간 동안에 기초자산의 가격이 변해도 포트폴리오의 가치는 변하지 않는다(참고로 주식 매입 포지션의 델타는 항상 1임). 이를 델타헤지(delta hedge)라고 하며 이와 같이 델타가 0인

포지션을 델타중립(delta neutral)이라고 한다.

❷ 감마 : 감마(gamma : Γ)는 기초자산의 가격 변화에 대한 옵션델타의 변화이다.

❸ 세타 : 세타(theta : Θ)는 시간 경과에 대한 옵션 가격의 변화이다.

❹ 베가 : 베가(vega : √)는 기초자산 변동성의 변화에 대한 옵션 가격의 변화이다.

❺ 로 : 로(rho : ρ)는 무위험이자율의 변화에 대한 옵션 가격의 변화이다.

section 02 VaR의 정의와 측정

1 Value at Risk의 정의

시장 리스크는 시장 상황의 변동으로 인해 투자자가 기대했던 수익률을 얻지 못하고 손실을 보게 되는 위험을 말한다. 다시 말해서, 주가, 금리, 환율, 그리고 상품가격 등의 시장요인이 변동할 위험이다.

VaR(Value at Risk)는 '정상적인 시장(normal market)에서 주어진 신뢰 수준(confidence level)으로 목표기간(target period) 동안에 발생할 수 있는 최대 손실금액(maximum loss)'으로 정의된다. 이 정의에서 알 수 있듯이 VaR는 통계학적인 리스크 측정치(statistical risk measure)이다. 예를 들어 목표기간 5일, 신뢰 수준 95%에서 계산된 어떤 포지션의 VaR가 8억 원이면 다음과 같은 통계학적 표현이 가능하다.

❶ 포지션의 가치에 영향을 미치는 리스크 요인의 변화로 인해 5일 동안에 발생할 수 있는 손실이 8억 원보다 작을 확률이 95%이다(또는 손실이 8억 원보다 작을 것을 95% 신뢰 수준에서 확신한다).

❷ 포지션의 가치에 영향을 미치는 리스크 요인의 변화로 인해 5일 동안에 발생할 수 있는 손실이 8억 원보다 클 확률이 5%이다. 여기서 5%를 허용 수준(tolerance level)이라고 한다.

목표기간은 포지션을 정상적인 상황에서 헤지하거나 또는 청산하는 데 소요되는 기간을 고려하여 결정된다. 그리고 신뢰 수준은 리스크의 회피 정도와 VaR보다 더 큰 손실이 발생하는 경우 기업이 부담해야 하는 비용을 고려하여 결정된다. 대체로 목표기간이 길어지거나 또는 신뢰 수준이 높아지면 VaR는 커진다.

2 전통적 위험 측정치의 문제점과 VaR의 필요성

리스크의 측정치는 크게 두 가지 종류로 구분된다. 하나는 표준편차, VaR와 같은 통계학적인 리스크 측정치(statistical risk measure)이고, 다른 하나는 베타, 듀레이션, 델타와 같은 리스크 요인에 대한 민감도 측정치(risk factor sensitivity)이다.

변동성(volatility)은 분포의 표준편차(standard deviation)를 말하며, 이는 평균을 중심으로 분포가 어느 정도 퍼져 있는가 하는 산포도(dispersion)를 측정한다. 변동성이 산포도를 측정하므로 리스크를 측정하는 변수로 이용할 수 있으며 현대 포트폴리오의 이론은 표준편차를 기초로 정립되어 있다.

포트폴리오 이론의 기초가 되는 표준편차보다 VaR를 선호하는 이유는 무엇인가?

❶ 표준편차가 리스크의 척도가 되려면 주어진 분포가 정규분포일 경우 그 척도의 의미가 크다. 이는 정규분포가 아니면 표준편차가 적절한 리스크 측정치가 될 수 없음을 의미한다. 다음 두 분포는 표준편차가 동일하지만 리스크의 크기는 크게 상이하다.

그러나 VaR는 정규분포에 대한 가정을 반드시 필요로 하지 않고, 다음에 설명되어 있듯이 VaR는 해당 퍼센타일로부터 계산된다. 물론 정규분포를 가정하면 공식에 표준편차를 대입하여 VaR를 보다 쉽게 계산할 수 있다.

❷ 정규분포하에서 변동성은 기초변수의 불리한 움직임으로 발생하는 하향 손실(downside risk)과 유리한 움직임으로 발생하는 상향 이익(upside profit)을 모두 고려

그림 2-1 표준편차가 동일하지만 리스크가 상이한 두 분포

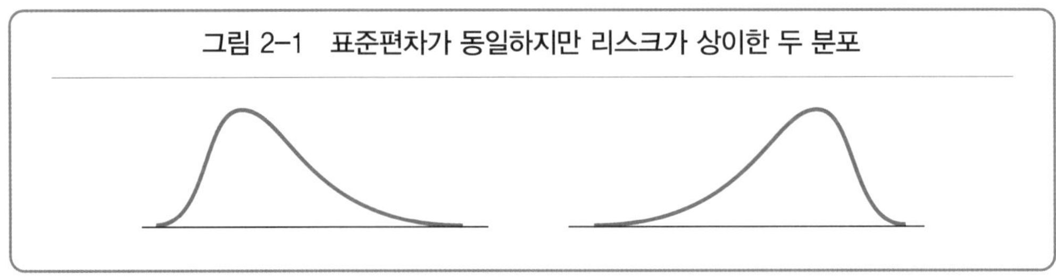

하며 하향 손실과 상향 이익이 발생할 확률이 동일하다. 그러나 옵션과 같은 비선형자산의 경우 이런 대칭관계는 성립하지 않는다. 반면에 낮은 확률로 발생가능한 손실을 의미하는 VaR는 분포의 하향 손실에 초점을 맞추어 계산되므로 변동성보다 직관적인 리스크 측정치가 된다.

❸ VaR는 주어진 신뢰 수준에서의 최대 손실금액으로 정의되므로 VaR를 이용하면 금융기관은 목표 신용등급을 유지하기 위한 소요 자기자본을 계산해야 한다. 이때 VaR를 이용하면 필요한 자기자본의 크기를 적절히 구할 수 있다.

3 VaR의 추정

만약 분포가 정규분포라면 VaR는 매우 간단히 계산된다.

$$VaR(mean) = \alpha \cdot \sigma \cdot V_0 \quad \cdots (3)$$

여기서 α는 신뢰 수준 c%를 반영하는 상수로 95% 신뢰 수준이면 5퍼센타일을, 그리고 99% 신뢰 수준이면 1퍼센타일을 의미한다. σ는 변동성을 의미하며 수익률의 표준편차로 생각할 수 있다. V_0는 포트폴리오의 가치를 의미한다.

section 03 포트폴리오의 VaR와 분산 효과

정규분포를 가정하면 개별 자산 j의 VaR는 다음과 같이 계산된다.

$$VaR_j = \alpha \cdot V_j \cdot \sigma_j \quad \cdots (4)$$

A자산의 가치가 1,000만 원이고 일별 변동성이 4%이다. B자산의 가치가 400만 원이고 일별 변동성이 5%이다. 1일 기준으로 95% 신뢰 수준에서 개별 VaR(stand-alone VaR)는 다음과 같이 각각 66만 원과 33만 원이다.

$$VaR_A = 1.65 \times 1{,}000 \times 0.04 = 66$$

$$VaR_B = 1.65 \times 400 \times 0.05 = 33$$

개별 VaR로부터 포트폴리오 VaR는 다음 식으로 산출된다.

$$VaR_P = \sqrt{VaR_A^2 + VaR_B^2 + 2\rho VaR_A VaR_B} \quad \cdots (5)$$

n개 개별 자산으로 구성된 포트폴리오의 경우 포트폴리오 VaR를 구하는 식은 다음과 같다.

$$VaR_P = \sqrt{\sum_{i=1}^{n}\sum_{j=1}^{n} \rho_{ij} \times VaR_i \times VaR_j} \quad \cdots (6)$$

두 자산 간의 상관계수를 0.5로 가정하면 포트폴리오의 VaR는 87.31만 원이다.

$$VaR_P = \sqrt{66^2 + 33^2 + 2 \times 0.5 \times 66 \times 33} = 87.31$$

따라서 분산 효과(diversification effect)로 인한 VaR의 감소금액은 $(66+33)-87.31=11.69$만 원이다. 상관계수가 -1에 접근할수록 분산 효과는 커진다.

$$\text{분산 효과} = \sum_j VaR_j - VaR_P \quad \cdots (7)$$

상관계수가 각각 1, 0, -1인 경우 포트폴리오의 VaR와 개별 VaR의 관계를 살펴보자.

❶ 상관계수가 1로서 두 자산 간에 완전 정(+)의 상관관계가 존재하면 분산 효과가 전혀 없으므로, 포트폴리오의 VaR는 개별 자산 VaR의 단순 합이다. 즉, $VaR_p = VaR_A + VaR_B$이다.

❷ 상관계수가 0으로서 두 자산 간에 상관성이 없으면 $VaR_P = \sqrt{VaR_A^2 + VaR_B^2}$의 관계가 성립한다. 즉, 포트폴리오의 VaR는 개별 VaR의 단순 합보다 작다.

❸ 상관계수가 -1로서 두 자산 간에 완전 부(−)의 관계가 성립하면 분산 효과는 가장 극대화된다. 즉, $VaR_p = |VaR_A - VaR_B|$이다. 자산 간에 완전 부의 관계가 성립하면 리스크가 서로 상쇄됨으로써 포트폴리오의 리스크는 매우 작아진다. 그리고 리스크의 크기가 같으면 리스크가 완벽하게 상쇄되어 포트폴리오의 VaR를 완전히 0으로 만드는 것도 가능하다.

section 04 변동성 추정

1 변동성 시간 가변성

VaR는 포지션의 가치, 신뢰 수준에 상응하는 표준편차의 배수(예를 들어, 95% 신뢰 수준을 이용하는 경우 1.65), 그리고 변동성의 곱으로 계산된다. 결국, VaR의 정확성은 변동성이 얼마나 정확하게 추정되느냐에 의해 결정된다.

수익률의 패턴을 분석해보면 수익률의 변동성이 큰 기간과 작은 기간으로 쉽게 구분된다. 즉, 변동성이 한번 커지게 되면 큰 상태로 어느 정도 지속되고 그런 다음 상대적으로 작은 기간이 이를 뒤따르게 된다. 이런 패턴을 변동성의 군집 또는 변동성의 집중(volatility clustering)이라고 한다. σ가 시간에 따라 변하므로 이를 변동성의 시간 가변성(time variation in volatility)이라고도 한다. 변동성의 군집현상은 변동성의 시계열 상관계수를 매우 크고 유의적으로 만든다. 이와 같은 군집현상이 있는 경우, 변동성이 예측 가능한 패턴으로 움직인다는 것을 의미하고, 이런 패턴을 이용하면 변동성을 보다 정확히 예측할 수 있다는 것을 의미한다. 변동성을 보다 정확히 예측할 수 있으면 이는 리스크를 보다 효율적으로 관리할 수 있다는 것을 의미하기도 한다.

2 리스크메트릭스 방법 : EWMA

JP Morgan의 리스크메트릭스(riskmetrics)에서는 변동성을 구할 때 오래된 수익률일수록 가중치를 지수적으로 감소시키는 지수가중이동평균법(exponentially weighted moving average : EWMA) method 또는 EWMA모형을 사용한다. EWMA방법에 의하면 변동성은 다음과 같은 간단한 방법으로 추정된다.

$$\sigma_t^2 = \lambda\sigma_{t-1}^2 + (1-\lambda)r_t^2 \quad \cdots (8)$$

λ는 소멸계수(decay factor)이며, 0과 1 사이의 값을 갖는다. 식 (8)에서 t시점에서의 추정치(t시점에서 추정된 값으로 $t+1$ 변동성의 추정치임)는 전기(일별로 계산하는 경우는 전일을 의미함)에

계산한 추정치 σ_{t-1}^2와 최근 수익률의 제곱 r_t^2을 가중평균하여 계산되므로, EWMA모형은 과거 자료를 보관할 필요가 없고, 단 2개의 자료로 변동성을 간단히 계산한다는 장점을 갖는다.

이 식을 반복적으로 적용하면 r_t^2에 주어지는 비중이 과거로 갈수록 각각 $(1-\lambda)$, $(1-\lambda)\lambda$, $(1-\lambda)\lambda^2$, ⋯, $(1-\lambda)\lambda^{t-1}$이라는 것을 확인할 수 있다. 예를 들어 λ가 94%이면, r_t^2의 비중은 과거로 갈수록 각각 6%, 5.64%, 5.30%, 4.98% 등으로 감소한다. 그리고 λ가 97%이면, r_t^2의 비중은 과거로 갈수록 각각 3%, 2.91%, 2.82%, 2.74% 등으로 감소한다.

예시

EWMA모형으로 변동성을 추정해 보자. $\lambda=0.94$, $\sigma_{t-1}=1\%$, $r_t=4\%$이면, σ_t는 1.38%로 추정된다.

$$\sigma_t = \sqrt{0.94 \times 0.01^2 + 0.06 \times 0.04^2} = 1.38\%$$

반면에 $r_t=0.2\%$이면 σ_t는 0.97로 감소하는 것으로 추정된다.

$$\sigma_t = \sqrt{0.94 \times 0.01^2 + 0.06 \times 0.002^2} = 0.97\%$$

식 (8)을 적용하여 EWMA방법으로 변동성을 추정하는 경우, $\sigma_{t-1}^2 < r_t^2$이면 $\sigma_{t-1}^2 < \sigma_t^2$이고, $\sigma_{t-1}^2 > r_t^2$이면 $\sigma_{t-1}^2 > \sigma_t^2$이다. 한편, λ는 r_t^2에 대한 σ_t^2의 민감도를 결정한다. 즉, λ가 크면(1에 가까우면) r_t^2에 작은 가중치가 주어지므로, σ_t^2은 r_t^2의 변화에 천천히 반응한다.

3 단순이동평균모형

변동성을 구하는 가장 단순한 방법은 단순이동평균모형(simple moving average model)을 이용하는 방법이다. 이 방법은 일정기간의 이동기간(moving window)을 설정하고 그 기간 동안의 단순이동평균치를 구하여 변동성을 추정하는 방법이다. 단순이동평균모형에서 이동기간에 포함된 모든 과거 수익률은 동일한 가중치(weight)를 갖는다. 대표적인 이동기간은 20거래일(약 1개월) 또는 60거래일(약 3개월)이다. 이동기간을 m일로 하였을 때 단순이동평균모형에 의한 변동성은 다음과 같이 추정된다.

$$\sigma_t = \sqrt{\frac{\sum_{j=0}^{m} r_{t-j}^2}{m}} \quad \cdots (9)$$

단순이동평균모형의 장점은 계산하기가 편리하다는 점이다. 그러나 이 방법에서는 과거 수익률이 모두 동일한 비중을 가지므로 최근의 자료가 오래된 자료보다 더 많은 정보를 내포하고 있다는 점을 무시한다. 또한 이동기간 설정이 자의적이고 '에코현상(echo effect)'을 야기시키는 단점을 갖는다. 즉, 변동성 추정치가 시장에서 충격이 발생하는 시점에서 뿐만 아니라 충격이 이동기간에서 제외되는 시점에서도 영향을 받게 되는데 2번째 영향은 실제로 존재하지 않는 허구적인 영향이므로 이를 에코현상이라고 한다.

4 옵션의 내재변동성

옵션은 변동성이 가격 결정의 주요 요소가 되는 파생상품이다. 실제로 금융시장에서는 옵션의 가격으로부터 변동성을 역으로 추정할 수 있다. 이는 역으로 옵션의 가격으로부터 변동성을 추정할 수 있다는 의미가 되기도 한다. 옵션 가격으로부터 블랙숄즈 공식을 역산하여 추정하는 변동성을 내재변동성이라고 한다. 이렇게 계산된 내재변동성은 옵션의 만기까지 기초자산의 변동성에 대한 기대치라고 볼 수 있다.

옵션의 내재변동성은 옵션의 행사 가격에 따라서 내재변동성이 달라지는 특성이 있다. 외가격 또는 내가격 옵션의 내재변동성이 등가격 옵션의 내재변동성보다 높은 경향을 가지는데 이를 '변동성 스마일' 현상이라고 한다.

이러한 특성을 감안해 옵션의 내재 변동성의 가중 평균 방법으로 변동성 지수를 산출하는데 S&P 500 지수에 대한 변동성 지수인 VIX 지수와 KOSPI 200 지수에 대한 변동성 지수인 VKOSPI 등이 대표적인 변동성 지수이다.

section 05 파생상품 VaR의 추정

1 옵션의 VaR

콜옵션 매입 포지션은 기초자산 델타(Δ)주에 매입 포지션을 취함과 동시에 일정 금액을 차입함으로써 복제될 수 있다. 즉, $c = S \cdot N(d_1) - Xe^{-rT} \cdot N(d_2)$이므로 차입할 금액은 $Xe^{-rT} \cdot N(d_2)$ 또는 $SN(d_1) - c$이다. 여기서 $N(d_1)$은 콜옵션의 델타이고 $N(d_2)$는 콜옵션이 행사될 확률이다. 복제 포트폴리오에 포함된 차입 포지션의 VaR는 매우 작으므로(보유기간이 짧다고 가정함) 이를 무시하면, 결국 콜옵션 매입 포지션의 VaR는 기초자산 Δ주 매입 포지션의 VaR와 동일하다.

$$
\begin{aligned}
\text{콜옵션 VaR} &= \text{VaR}(\text{기초자산 } \Delta\text{주} + \text{차입}) \approx \text{VaR}(\text{기초자산 } \Delta\text{주}) \\
&= \text{VaR}(\text{기초자산 1주}) \times \Delta \qquad \cdots (10)
\end{aligned}
$$

이렇게 계산된 옵션의 VaR를 델타-노말 VaR라고 한다. 이 방법은 기초자산의 가치에 Δ를 곱한 값으로 델타 환산액을 구하고 기초자산과 동일한 리스크를 갖는다고 간주한다.

델타-노말 VaR를 계산할 때 주의할 사항은 다음과 같다. 첫째, 콜옵션의 VaR를 계산하는 데 콜옵션의 가격을 사용하지 않고 기초자산의 가격을 사용한다. 둘째, 매입 포지션의 VaR와 매도 포지션의 VaR는 동일하다.

현재 가격이 43,000원인 콜옵션의 VaR(보유기간 1일, 신뢰 수준 95%)를 계산해 보자. 기초자산은 ○○전자 주식이며 주가는 현재 900,000원이다. ○○전자 주식의 연간 변동성(표준편차)은 40%이고, 콜옵션의 델타는 현재 0.5이다. 이 경우에 기초자산인 ○○전자 주식의 VaR(보유기간 1일, 신뢰 수준 95%)는 다음과 같이 37,418원이고,

$$\text{○○전자 주식 1주의 VaR} = 1.65 \times 900,000 \times 0.4 \times \frac{1}{\sqrt{252}} = 37,418$$

○○전자 주식 1주에 대한 콜옵션의 VaR는 다음과 같이 18,709원이다.

$$\text{콜옵션 1개의 VaR} = 37,418 \times 0.5 = 18,709$$

예시

기초자산이 주가지수인 경우의 VaR를 계산해 보자. KOSPI 200 지수는 현재 255포인트이고 지수의 연간 변동성은 40%이다(연간 거래일수 250 가정). 만기가 1년이고 행사 가격이 250포인트인 주가지수콜옵션의 가격이 현재 15포인트이며 델타는 0.55이다. 무위험이자율은 현재 8%이고 지수 1포인트는 10만 원을 의미한다. 95% 신뢰 수준에서 일별 기준으로 주가지수콜옵션의 VaR는 다음과 같이 585,432원이다.

$$1.65 \times (255 \times 100,000) \times 0.4 \times \frac{1}{\sqrt{250}} \times 0.55 = 585,432$$

비선형 파생상품인 옵션의 VaR를 델타-노말방법으로 계산하는 데에는 다음과 같은 문제점이 있다.

❶ 옵션 포트폴리오가 무위험 상태가 아니어도 옵션 포트폴리오의 델타가 0일 수 있다. 옵션 포트폴리오의 델타는 개별 옵션의 델타를 합산한 금액이다. 만일 델타가 0.5인 콜옵션을 발행하고 델타가 −0.5인 풋옵션을 발행하여 구성한 스트래들 매도(short straddle)의 델타는 0이지만 이 포지션의 위험은 대단히 크다.

$$\Delta_p = (-1) \times 0.5 + (-1) \times (-0.5) = 0$$

❷ 콜옵션과 풋옵션의 매입 포지션처럼 양(+)의 컨벡시티 또는 감마를 갖는 포지션의 경우, 선형으로 추정한 VaR는 실제의 VaR보다 과대평가(overestimation)된다(〈그림 2-2〉 참조). 콜옵션 매입 포지션의 가치와 기초자산 가격 간의 관계는 볼록하다(즉, 콜옵션 매입 포지션의 감마는 양수임). 기초자산 가격이 S에서 S로 하락하면 실제 옵션의 가격은 O에서 O^{-a}로 하락한다. 그러나 델타를 이용하여 선형으로 추정하면 옵션의 가격은 O^{-d}로 하락한다. 이때 옵션 포지션의 손실은 $(O-O^{-d})$로 추정되는데, 이는 실제의 손실인 $(O-O^{-a})$보다 과대평가된 것이다. 즉, 감마가 양수인 경우 선형으로 추정한 옵션의 리스크는 실제의 리스크보다 과대평가된다. 감마는 기초자산의 가격 변화에 대한 옵션델타의 변화로 매입 포지션의 감마는 양수이고 매도 포지션의 감마는 음수이다. 반대로 콜옵션과 풋옵션의 매도(또는 발행) 포지션처럼 음(−)의 컨벡시티 또는 감마를 갖는 포지션의 경우, 선형으로 추정한 VaR는 실제의 VaR보다 과소평가(underestimation)된다. 이는 〈표 2-1〉과 같이 요약된다.

그림 2-2 감마가 양수인 경우의 과대평가

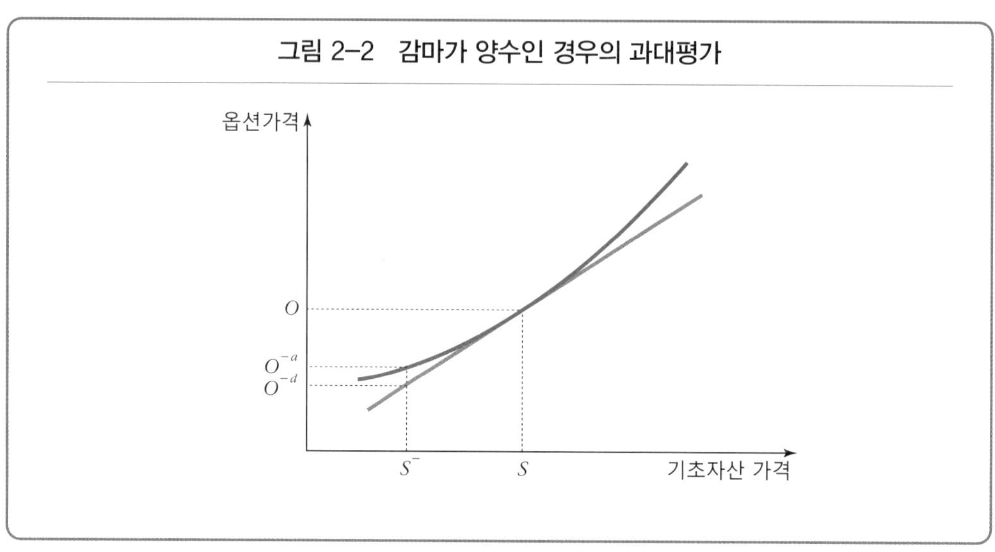

표 2-1 감마와 델타-노말 VaR의 편의

감마	포지션	편의
양(+)	콜옵션 매입, 풋옵션 매입	델타-노말 VaR는 위험을 과대평가함
음(−)	콜옵션 매도, 풋옵션 매도	델타-노말 VaR는 위험을 과소평가함

옵션의 가격과 기초자산의 가격은 선형관계에 있지 않으므로 델타-노말방법은 옵션의 시장 리스크를 정확하게 평가하지 못한다. 따라서 기초자산가치 변화와 옵션가치 변화 간의 비선형성을 고려하기 위해 감마를 계산하여 반영하면 VaR의 정확성이 향상된다.

2 금리스왑의 VaR

금리스왑은 변동금리와 고정금리를 교환하는 계약이다. 만일 금융회사가 명목금액 100억 원에 대해 3년간 y%의 고정금리를 지급하고 CD금리를 수취하는 스왑계약을 체결하면 이는 3년 만기 액면금액 100억 원의 채권을 연 y%의 이표금리(또는 액면이자율)로 발행하고 같은 금액의 변동금리채권을 CD금리로 매입한 거래와 동일하다.

변동금리채권은 차기 금리 변동일까지의 만기를 갖는 채권과 동일한 시장리스크를 갖는 것으로 볼 수 있다. 즉, 3년 만기 변동금리채권(원금 100 가정)의 확정된 이표금리가 5%이면 변동금리채권은 만기가 1년이고 원금이 105인 무이표채로 간주된다. 따라서 금리스왑 매입 포지션(고정금리 지급, 변동금리 수령 포지션)은 차기 금리 변동일을 만기로 하는 채권의 매입 포지션과 스왑 종료일을 만기로 하는 채권의 매도 포지션으로 분해된다.

3 선물환의 VaR

통화선도상품인 선물환은 미래의 특정 시점에 일정 금액의 한 통화를 다른 통화와 미리 정한 환율로 교환할 것을 거래 당사자 간에 약정하는 외환거래 형태이다. 예를 들어 100만 달러를 원화 대가로 1년 만기 선물환으로 매입하되 그 환율이 달러당 1,200원이라면 선물환 매입자는 1년 후에 12억 원을 지급하고 100만 달러를 수취하게 된다. 이는 이자율 패러티(interest rate parity) 조건에 의해 12억 원의 현가에 해당하는 원화채권의 발행과 100만 달러의 현가에 해당하는 달러채권을 동시에 매입하는 거래와 동일한 현금흐름을 제공한다. 반대로 선물환을 매도하면 만기에 100만 달러를 지급하고 12억 원을 수취하게 된다. 이 경우에는 100만 달러의 현가에 해당하는 달러채권의 발행과 12억 원의 현가에 해당하는 원화채권을 동시에 매입하는 거래와 동일한 현금흐름을 갖는다.

따라서 선물환 매입포지션은 외화채권 매입거래, 원화채권 매도거래, 현물환 매입거래의 동시 실행을 통하여 복제할 수 있고 반대로 매도포지션은 외화채권 매도거래, 원화채권 매수거래, 현물환 매도거래를 동시에 실행함으로써 복제할 수 있으므로 선물환계약의 VaR는 외화채권의 VaR, 원화채권의 VaR, 현물환의 VaR를 위험요인 간 상관계수를 이용하여 합산하여 구한다.

4 선도금리계약의 VaR

선도금리계약(forward rate agreement : FRA)은 미래 일정기간 동안에 적용되는 미래의 수취 또는 지급 이자율을 현재 시점에서 약정하는 계약이다. 선도금리계약($t_1 \times t_2$)에 매입포지션을 취하면 t_1부터 t_2까지의 기간 동안 약정한 이자율로 차입한 효과가 있으므로 이 포지션은 t_1만기 매입 포지션과 t_2만기 매도 포지션으로 복제된다.

따라서 FRA 매입 포지션은 t_1만기 채권 매입 VaR와 t_2만기 채권 매도 VaR 그리고 두 채권 간 상관계수에 의해 계산된다. 같은 논리로, FRA 매도 포지션은 t_1만기 채권 매도 VaR와 t_2만기 채권 매입 VaR 그리고 두 채권 간 상관계수에 의해 계산된다.

section 06 시뮬레이션과 위기상황 분석 및 사후검증

1 VaR의 세 가지 측정 방법

VaR를 계산하는 방법에는 크게 분석적 분산-공분산방법, 역사적 시뮬레이션방법, 몬테카를로 시뮬레이션 방법이 있다. 이들 세 가지 방법에 의하여 추정된 VaR는 정상적인 시장여건하에서 보유기간 동안에 주어진 신뢰 수준에서 발생할 수 있는 최대 손실금액을 의미한다. 여기서 추정된 VaR는 정상적인 시장여건을 가정하므로 더 정확하고 치밀한 리스크 관리를 위해서는 극단적인 사건이 발생하는 경우의 손실금액을 추정하는 분석이 필요하다. 이런 분석을 위기상황 분석이라 한다.

(1) 분석적 분산-공분산방법

VaR를 계산하는 첫 번째 방법은 분석적 분산-공분산방법(analytic variance-covariance method)이다. 이 방법은 과거 자료를 이용하여 분산과 공분산을 추정하고 이 값들을 이용하여 VaR를 계산하는 방법이다. 이 방법은 모든 자산의 수익률이 정규분포를 따른다고 가정한다. 포트폴리오의 수익률은 정규분포를 따르는 변수의 선형결합이므로 포트폴리오의 수익률도 정규분포를 따른다. 또한 이 방법은 잠재적 손실을 선형으로 측정하는 부분 가치평가방법(local valuation)을 이용한다.

$$\Delta V = \beta \times \Delta F \qquad \cdots (11)$$

여기서 F는 리스크 요인이고, β는 리스크 요인의 변화에 대한 포트폴리오의 민감도이다. 리스크 요인의 움직임에 선형 노출된 정도를 측정하는 지표로는 주식의 경우 베타(beta), 파생상품의 경우 델타(delta), 채권의 경우 수정 듀레이션(modified duration)이 있다.

이 방법은 정규분포를 이용하므로 실제 분포의 두터운 꼬리를 반영하지 못하여 리스크를 과소평가할 수 있으며, 비선형 자산인 옵션의 리스크를 정확히 평가하지 못하는 단점을 갖는다.

(2) 역사적 시뮬레이션

역사적 시뮬레이션은 특정 확률분포를 가정하지 않고 시장변수들의 과거 변화에 기초하여 완전 가치평가방법으로 시뮬레이션을 함으로써 VaR를 계산한다. 시뮬레이션 방법은 앞에서 설명한 비모수적 방법으로 VaR를 구하는 방법이다. 대부분의 경우 과거 자료를 기준으로 계산한 확률분포는 꼬리가 두텁기 때문에 정규분포로 예상하는 것보다 더 나쁜 결과가 나올 가능성이 높다. 역사적 시뮬레이션은 실제 가격을 이용하므로 비선형성과 비정규분포를 모두 수용할 수 있는 방법이다.

역사적 시뮬레이션은 특정 분포를 가정하지 않고 실제의 변동성과 상관관계를 이용한다는 점에서 우수하다. 그러나 오직 1개의 가격 변화만이 고려된다는 점과 완전 가치평가(full valuation)를 위하여 가치평가모형이 요구된다는 점이 단점이다. 앞에서 설명했듯이 리스크는 시간적으로 변하고 예측할 수 있는 패턴을 갖는데, 역사적 시뮬레이션은 일시적으로 증가한 변동성을 고려하지 못한다는 단점을 갖고 있다. 또한 과거 자료에 극단치(outlier)가 포함되어 있으면 역사적 시뮬레이션으로 구한 VaR는 이 관찰치의 영향을 크게 받게 된다.

(3) 몬테카를로 시뮬레이션

몬테카를로 시뮬레이션(Monte Carlo simulation)은 가장 효과적으로 VaR를 계산할 수 있는 방법이다. 이 방법은 비선형성, 변동성의 변화, 두터운 꼬리, 극단적인 상황 등을 모두 고려할 수 있다. 이 방법의 단점은 계산비용이 많이 들고, 생성된 가격이 실제 가격이 아니므로 모형 리스크(model risk)가 크다는 점이다.

몬테카를로 시뮬레이션 방법은 다음과 같은 두 단계로 구성된다.

❶ 리스크 관리자는 재무변수의 확률과정(stochastic process)과 과정계수(process parameter)를 규정한다. 여기서 위험과 상관관계 등의 계수는 과거 자료 또는 옵션

자료로부터 구한다. 확률모형으로 가장 많이 사용되는 모형은 옵션 가격결정 모형의 기초가 되는 기하적 브라운 운동(geometric Brownian motion)이다.

❷ 가상적인 가격 변화를 모든 변수에 대하여 시뮬레이션한다. 주어진 목표기간 동안에 포트폴리오의 시장가치는 완전 가치평가모형에 의해 계산된다. 이렇게 구한 가상적인 가격을 이용하여 수익률 분포를 구한 후 이 분포로부터 VaR를 직접 계산한다. 시뮬레이션 횟수가 많을수록 실증분포는 연속분포로 접근하고 진실한 분포에 접근하게 된다. 두 번째 과정은 역사적 시뮬레이션과 동일하다.

2 위기상황 분석

위기상황 분석 또는 스트레스 검증(stress testing)은 주요 변수의 극단적인 변화가 포트폴리오에 미치는 영향을 시뮬레이션하는 기법이다. 즉, 이 분석은 관심 있는 변수가 변할 수 있는 상황을 주관적인 시나리오로 결정한 후 이 변화가 포트폴리오의 가치에 미치는 영향을 분석하는 것이다. 예를 들어, 수익률 곡선이 향후 1개월 동안 2% 상향 또는 하향 이동하는 상황 또는 환율이 갑자기 30~40% 오르거나 내리는 상황 등을 설정하여 포트폴리오의 가치에 미치는 영향을 분석하는 것이 위기상황 분석이다. 표준편차의 5배 정도 변하는 것은 정규분포 가정하에서 7,000년에 1번 발생할 수 있다. 그러나 실제로 이 정도의 변화는 10년에 적어도 1~2회 발생한다.

위기상황 분석을 통하여 금융투자회사는 포트폴리오의 리스크 프로파일(risk profile)을 분석하고 이에 대응방안을 마련해야 한다.

대응방안의 예시는 다음과 같다.

❶ 비경제적이지만 더 많은 자본을 보유

❷ 의심되는 사건으로부터 보호받기 위한 보험을 구입

❸ 특정 사건이 발생하는 경우 충격을 줄이기 위하여 노출 금액을 축소하거나 또는 자산의 분산화를 통해 포트폴리오의 구성을 변경

❹ 유동성 위기를 고려하여 대체적인 자금조달원을 개발

위기상황 분석에 가장 중요한 것은 현실성 있고 적절한 시나리오를 설정하는 것이다. 시나리오를 설정할 시 고려할 사항은 다음과 같다.

❶ 현재 포지션에 적절해야 함
❷ 관련된 모든 변수의 변화를 고려해야 함
❸ 구조적 변화의 가능성을 고려해야 함
❹ 유동성 위기 상황을 포함시켜야 함
❺ 시장 리스크와 신용 리스크 간의 상호 작용을 반영해야 함

금융투자회사는 위기상황 분석을 정기적으로 그리고 엄격하게 실시하여야 한다. 그리고 위기상황 분석의 절차, 그리고 결과에 따른 필요한 조치 등을 내규에 명시하고 이를 엄격히 준수해야 한다. 위기상황 분석 결과와 분석자료는 최고경영자와 이사회에 보고되어야 하며 정책과 한도에 반영되어야 한다. 월 1회 또는 분기 1회 실시하며 시장상황이 급변하는 경우에는 수시로 실시하는 것이 바람직하다.

chapter 03

신용 리스크

section 01 신용 리스크와 시장 리스크

신용 리스크는 좁은 의미로 채무불이행 리스크(default risk)를 의미하지만 때로는 신용도의 잠재적 하락 가능성인 신용등급 하락 리스크(downgrade risk)까지도 포함하는 넓은 개념으로 정의되기도 한다. 시장 리스크가 시장에서 결정되는 가격의 불리한 움직임으로부터 발생하므로 측정기간을 짧게 설정하는 데 반하여, 신용 리스크는 보통 1년을 기준으로 측정한다.

시장 리스크와 신용 리스크를 비교하면 다음과 같다.

표 3-1 시장 리스크와 신용 리스크 비교

구분	시장 리스크	신용 리스크
리스크 원천	시장 리스크	채무불이행 리스크 회수율 리스크 신용등급 하락 리스크 시장 리스크
목표기간	짧다 (1일 또는 며칠)	길다 (보통 1년)
리스크 한도 적용대상	거래조직 계층 (level)	거래상대방
수익률 분포	정규분포 (옵션 제외)	정규분포가 아님
법률 리스크	없음	법률 리스크가 크다

시장 리스크의 경우 비선형자산인 옵션을 제외하면 정규분포를 가정하고 리스크를 측정하여도 큰 무리가 없다. 그러나 신용 리스크의 분포는 시장 리스크의 분포와는 달리 정규분포를 따르지 않는다. 〈그림 3-1〉은 시장 리스크과 신용 리스크의 분포를 비교한 것이다. 신용 리스크에 의해 야기된 포지션의 가치 변화는 비대칭적이고 두터운 꼬리를 가지므로 정규분포를 가정하는 모수적방법(parametric method)으로 리스크를 측정하는 경우 정확성이 떨어진다. 따라서 신용VaR(credit value at risk)는 실제 분포를 이용하여 분포의 퍼센타일로부터 직접 구하는 비모수적방법(nonparametric method)이 바람직하다.

그림 3-1 시장 리스크 분포와 신용 리스크 분포

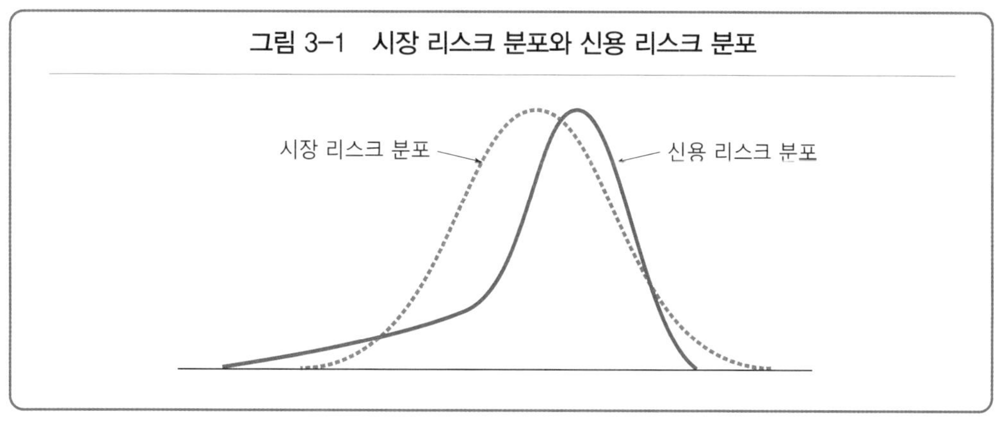

section 02 기대손실과 기대외손실

1 신용 리스크의 주요 변수

신용 리스크의 분포는 다음 세 가지 변수에 의해 결정된다.

❶ 채무불이행 확률(probability of default: PD) : 기대손실과 기대외손실을 1년 기준으로 측정하므로 1년 기준의 채무불이행 확률을 이용한다.

❷ 리스크 노출 금액 또는 익스포져(exposure at default: EAD) : 채무불이행 시점에서의 리스크 노출 금액은 max(V, 0)으로 계산된다(여기서 V는 자산의 시장가치임). EAD는 회수율이 0%라는 가정하에서 계산된 최대 손실금액이다. 채권 또는 대출의 경우 리스크 노출 금액은 원금 또는 시장가치로 정의된다. 그러나 파생상품의 경우 경제적 가치가 양(+)일 수도 있고 음(−)일 수도 있는데, 0보다 작으면(즉, 손해보고 있으면) 리스크 노출 금액이 0이 된다.

❸ 채무불이행 시 손실률(loss given default: LGD) : 채무불이행으로 인해 회수하지 못하는 손실로 1에서 회수율을 차감한 값이다.

2 기대손실과 기대외손실의 계산

미래에 발생 가능한 상황이 채무불이행 또는 정상인 두 경우만 가능하다고 하자. 이

그림 3-2 신용손실의 이항모형

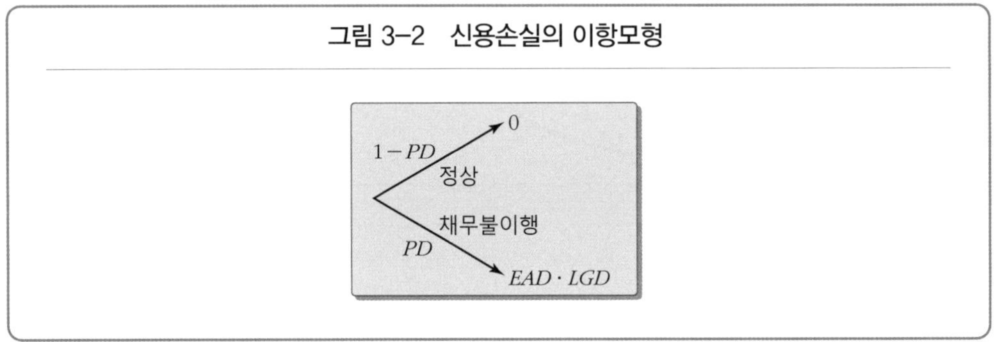

경우 신용 리스크는 채무불이행 리스크만을 의미하는데 채무불이행으로 인한 손실인 신용손실(credit loss : CL)은 $EAD \times LGD$이다.

신용손실의 평균인 기대손실 또는 예상손실(expected loss : EL)은 각 상황의 손실을 확률로 가중한 값이므로 세 변수의 곱으로 계산된다.

$$EL_j = E(CL_j) = PD_j \times EAD_j \times LGD_i \quad \cdots (1)$$

그리고 신용손실의 변동성은 다음과 같다.[1]

$$\sigma_{CL} = \sqrt{PD \times (1 - PD)} \times EAD \times LGD$$

기대외손실 또는 비예상손실(unexpected loss : UL)은 주어진 신뢰 수준에서의 최대 손실금액으로 정의된다. 정규분포 가정하에서 기대외손실은 $\alpha\sigma$로 계산된다(여기서 α는 신뢰 수준(c%)을 반영하는 상수로 95% 신뢰 수준이면 1.65를 그리고 99% 신뢰 수준이면 2.33을 이용함).

$$UL_j = \alpha \times \sigma_{CL} = \alpha \times \sqrt{PD(1 - PD)} \times EAD \times LGD \quad \cdots (2)$$

그리고 실제 분포를 이용하는 비모수적 방법의 경우 기대외손실은 주어진 신뢰 수준에서의 최악의 손실금액, 즉 $(100-c)$퍼센타일에서 기대손실을 차감한 값으로 정의된다.[2]

$$UL_j = CL_{(100-c)percentile} - EL \quad \cdots (3)$$

포트폴리오의 기대손실(ELP)과 기대외손실(ULP)은 개별 자산의 기대손실과 기대외손실로부터 다음과 같이 계산할 수 있다.[3]

$$EL_P = \sum_{j=1}^{n} EL_j = \sum_{j=1}^{n} PD_j \times EAD_j \times LGD_j \quad \cdots (4)$$

$$UL_P = \sqrt{\sum_{i=1}^{n}\sum_{j=1}^{n} \rho_{ij} \times UL_i \times UL_j} \leq \sum_{j=1}^{n} UL_j \quad \cdots (5)$$

---

1 $\sigma_{CL} = \sqrt{(1 - PD)(0 - PD \times EAD \times LGD)^2 + PD \times (EAD \times LGD - PD \times EAD \times LGD)^2}$
$= \sqrt{PD \times (1 - PD)} \times EAD \times LGD$

2 기대외손실을 신용 VaR(credit VaR)라고 부르기도 한다.

3 $UL_j = \alpha \times \sigma_{CL}$이므로 UL_P 공식을 포트폴리오 손실의 변동성 계산에도 적용할 수 있다.
$\sigma_P = \sqrt{\sum\sum \rho_{ij}\sigma_{CL_i}\sigma_{CL_j}}$

기대손실의 경우, 개별 채권의 기대손실을 단순히 합산하면 채권 포트폴리오의 기대손실이 계산된다. 그러나 포트폴리오의 분산 효과(또는 위험 감소 효과)로 인해 채권 포트폴리오의 기대외손실은 개별 채권 기대외손실의 단순 합보다 작거나 같다(같은 경우는 $\rho_{ij}=1$인 경우임).

예시

A채권의 가치는 10,000원이고 채무불이행 확률은 5%이다. B채권의 가치는 9,500원이고 채무불이행 확률은 10%이다. 두 채권의 채무불이행 간 상관계수는 0.1이고 회수율은 0%로 가정한다.

A채권의 기대손실은 $0.05\times10,000\times1=500$원이고 B채권의 기대손실은 $0.1\times9,500\times1=950$원이다. 따라서 두 채권으로 구성된 포트폴리오의 기대손실은 1,450원이다.

95% 신뢰 수준에서 A채권과 B채권의 기대외손실은 각각 3,596원과 4,703원이다.

$$UL_A = 1.65\times\sqrt{0.05\times0.95}\times10,000\times1 = 3,596$$
$$UL_B = 1.65\times\sqrt{0.1\times0.9}\times9,500\times1 = 4,703$$

그리고 포트폴리오의 기대외손실은 6,199원이다.

$$UL_P = \sqrt{3,596^2+4,703^2+2\times0.1\times3,596\times4,703} = 6,199$$

section 03 장외파생상품의 신용 리스크

거래소(exchange) 파생상품의 경우 상대방이 채무불이행하여도 거래소가 계약의 이행을 보장하므로 신용 리스크는 거의 없다. 반면에 장외파생상품은 상대방 채무불이행 리스크(counterparty default risk)에 노출된다. 스왑은 대표적인 장외파생상품이다.

채무불이행과 관련해서 대출과 금리스왑은 세 가지 측면에서 서로 상이하다. 첫째, 대출의 경우 신용 리스크는 가장 중요한 부분인 원금의 상환 여부와 관련해서 발생하는 반면에, 금리스왑의 경우 원금은 실제 교환되지 않는 명목상의 금액이므로 원금이 리스크에 노출되는 것은 아니다. 둘째, 금리스왑에서 교환되는 현금흐름은 고정금리와 변동금리의 차이에 의해 결정되는 데 반하여, 대출에서는 금리의 수준에 의해 현금흐름이 결정된다. 셋째, 대출의 경우 채무불이행은 차입자가 재무적 곤경에 처하여 계약을 이행할 수 없을 때에 발생한다. 그러나 스왑에서 상대방 채무불이행 리스크에 실제로 노출되려면(즉, 상대방이 채무불이행하여 실제로 손실이 발생하려면) 다음 두 가지 조건이 동시에 충족되어야 한다.

❶ 상대방 입장에서 계약의 가치는 음(−)이다. 즉, 계약자에게 계약의 순현가는 양(+)이다.
❷ 상대방이 채무불이행하여야 한다.

1 장외시장의 신용증대제도

(1) 네팅협약

스왑 거래자들은 네팅협약(netting arrangement)을 이용하여 채무불이행 리스크를 감소시킬 수 있다. 금융투자회사들은 기본스왑협약서(master swap agreement)를 이용하여 동일한 상대방과 스왑계약을 체결하는 것이 보편적이다. 기본스왑협약서는 모든 계약에 대해 지급금액의 상계가 가능하도록 하므로, 네팅협약의 적용을 받는 모든 계약의 리스크 노출 금액은 순지급금액(net payment)으로 제한된다.[4]

(2) 포지션 한도 설정

장외시장 파생상품에 포지션을 취하는 투자자들은 리스크에 노출되는 금액의 한도를 상대방별로 설정한다. 여기서 중요한 점은 한도가 개별적으로 적절하게 설정되었다 하더라도 포트폴리오 측면에서 일부 분야에 지나치게 노출될 수 있으므로 포지션 한도는 포트폴리오 측면에서 최종적으로 검토되어야 한다.

(3) 증거금과 담보 요구

만기가 긴 스왑의 경우 비교적 자주 시장가치를 반영하여(mark to market) 증거금을 조

4 네팅(netting)은 두 당사자 간 복수의 채권·채무를 하나로 단일화하는 과정이며 단순 차감 계산을 의미하는 상계보다 넓은 의미를 갖는다.

정하도록 요구한다. 상대방의 신용등급이 변함에 따라 또는 계약의 가치가 변함에 따라 요구되는 증거금은 변할 수 있다. 또한 적절한 규모의 담보(collateral)를 요구하기도 한다. 너무 높은 수준의 증거금과 담보를 요구하는 것은 결국 계약의 비용을 증가시키게 되고, 반대로 너무 낮은 수준을 요구하면 적절한 보호장치가 되지 못한다.

(4) 계약종료조항

대부분의 장기스왑은 신용경보조항(credit trigger)을 포함하고 있어 계약자 중 한쪽이 투자부적격으로 하락하면 다른 한쪽이 스왑계약의 현금결제를 요구할 수 있는 권리를 갖도록 규정한 계약종료조항(termination provision)을 포함한다. 아주 소수의 기업만이 투자적격등급에서 직접 파산하기 때문에 이 조항은 기업의 신용등급이 천천히 나빠지는 상황에서 보호장치가 된다. 그러나 상대방의 신용도와 유동성이 하락할 때 이 조항은 유동성에 심각한 압박을 가할 수 있으므로 위기를 재촉할 수도 있다.

(5) 이자율 조정

상대방의 신용 리스크를 반영하여 스왑계약의 고정금리를 조정하기도 한다. 즉, 파생상품계약의 이자율을 현재의 시장이자율로 재조정함과 동시에 계약의 시장가치를 상대방에게 지불해야 한다. 예를 들어, 금리스왑에서 고정금리가 x%에서 현재의 스왑금리(swap rate)로 조정된다. 만일 x%가 현재의 스왑금리보다 낮으면(높으면) 고정금리 수령자(지급자)는 x% 스왑의 현재 시장가치에 해당되는 금액을 지불해야 한다.

2 장외파생상품 신용 리스크의 측정

국제결제은행의 자기자본비율규정은 거래소 파생상품과 장외파생상품을 명확하게 구별하고 있다. 거래소에서 거래되는 파생상품의 경우 상대방이 채무불이행하여도 거래소가 계약의 이행을 보장하므로 신용 리스크는 없는 것으로 간주된다. 반면에 장외시장에서 거래되는 파생상품의 경우 이런 보장이 존재하지 않으므로 신용 리스크에 대한 자본금을 요구하고 있다. BIS 규정에 의하면 신용 리스크에 따른 자본을 계산하는 절차는 다음과 같다.

❶ 신용 리스크 노출 금액(credit equivalent amount : CEA)을 계산한다. 이는 현재 노출(current exposure : CE)과 잠재 노출(potential exposure : PE)의 합으로 계산된다. 현재 노출은 max(대체비용, 0)이고, 잠재 노출은 액면금액과 신용환산율의 곱으로 계산된다.

❷ 신용 리스크 노출 금액에 상대방별 위험가중치를 곱하여 위험가중자산가치(risk-adjusted asset value)를 계산하고 여기에 다시 8%를 적용하여 요구되는 자본금을 계산한다.

신용 리스크 노출 금액은 잠재 노출과 현재 노출의 합으로 정의된다.

$$CEA = CE + PE \qquad \cdots (6)$$

현재 노출(current exposure)은 만일 상대방이 지금 채무불이행하는 경우 계약을 대체하는 데 필요한 대체비용(replacement cost : RC)으로 계약의 현재가치를 의미한다. 만일 순현가(즉, 계약의 현재가치)가 0보다 크면 현재 노출은 대체비용으로 결정된다. 그러나 반대로 순현가가 0보다 작으면 현재 노출은 0으로 설정된다. 왜냐하면 외가격에 있는 스왑계약을 채무불이행함으로써 이익을 얻을 수는 없기 때문이다.

3 장외파생상품 유형별 노출 금액

(1) 선형 장외파생상품(스왑과 선도계약)

계약의 양 당사자가 기초자산을 매입 또는 매도할 의무를 가지므로, 현재 노출과 잠재 노출은 가치에 영향을 미치는 리스크 요인의 움직임에 따라 0부터 대단히 큰 값까지를 가질 수 있다.

금리스왑 고정금리 지급 포지션과 수령 포지션의 시장가치, 현재노출, 잠재노출은 〈그림 3-3〉과 같다. 고정금리 지급 포지션의 경우 이자율이 상승하면 스왑의 가치가 상승하고 이자율이 하락하면 스왑의 가치가 하락한다. 이 포지션의 현재노출은 스왑의 가치가 0보다 큰 경우에만 존재하므로 현재 노출의 패턴은 콜옵션 매입 포지션과 유사하게 표현된다. 잠재 노출은 현재는 스왑에서 손해를 보고 있어 노출 금액이 0이지만 이자율이 미래에 유리하게 움직여 스왑의 가치가 0보다 클 수 있을 가능성을 고려하여 측정된 미래 예상 노출 금액이다.

(2) 장외옵션 매입 포지션

현재 노출과 잠재 노출은 리스크 요인의 움직임에 의해 결정된다. 옵션은 음(-)의 가치를 결코 갖지 않으므로 현재가치가 0보다 작을 수 없다.

(3) 장외옵션 매도 포지션(발행 포지션)

현재 노출과 잠재 노출이 전부 0이다. 왜냐하면 프리미엄을 이미 수령하였고 미래에 발생할 수 있는 것은 손실뿐이기 때문이다.

4 노출 금액의 시간적 변화

고정금리와 변동금리를 교환하는 금리스왑에서 리스크 노출 금액에 영향을 미치는 요인은 두 가지이다.

(1) 금리 확산 효과(interest rate diffusion effect)

시간이 지남에 따라 변동금리가 고정금리로부터 멀어지는 현상을 말한다. 이 효과로 만기일에 접근할수록 리스크 노출 금액은 증가한다. 금리 확산 효과를 변동성 효과

그림 3-3 금리스왑과 통화스왑 리스크 노출 금액의 시간적 변화

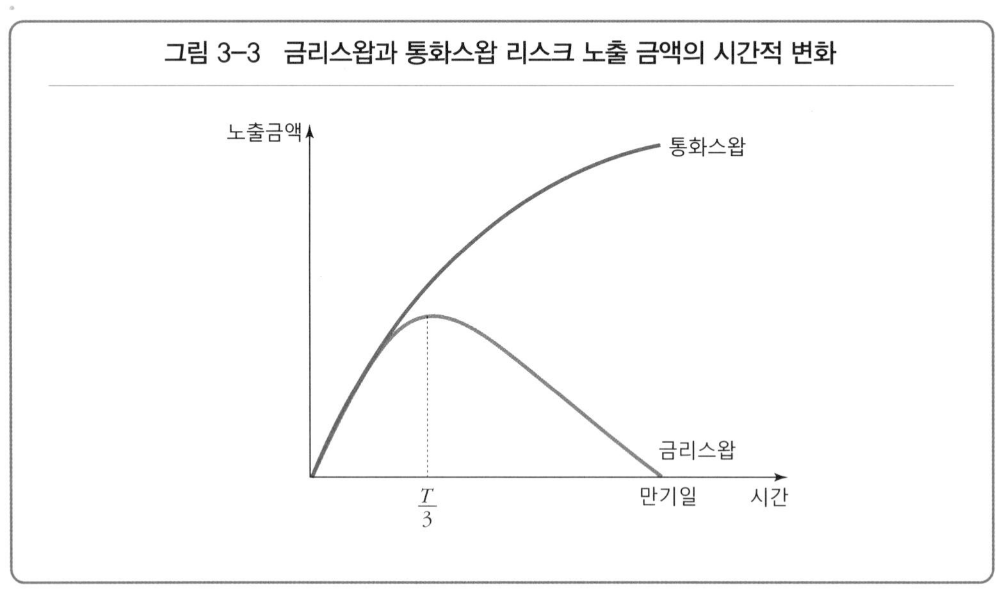

(volatility effect)로 부르기도 한다.

(2) 만기효과(maturity effect)

금리 확산 효과를 상쇄시키는 효과로 시간이 지남에 따라(즉, 만기일에 접근함에 따라) 남은 이자 지급횟수가 감소하므로 리스크 노출 금액이 감소한다. 만기효과를 상각 효과(amortization effect)로 부르기도 한다.

두 가지 효과가 금리스왑에 미치는 종합적인 영향은 〈그림 3-3〉과 같다. 처음에는 확산 효과가 만기효과를 지배하여 리스크 노출 금액이 증가한다. 그러나 만기일까지의 기간이 감소하고 교환해야 하는 현금흐름의 수가 감소함에 따라 만기효과가 확산 효과를 지배하여 리스크 노출 금액은 감소하게 된다.

그러나 통화스왑의 경우 만기일에 원금을 교환해야 하므로 확산 효과가 만기효과를 항상 지배하게 되어 리스크 노출 금액은 계속 증가한다.

chapter 04

기타 리스크

section 01 운영 리스크

국제결제은행(BIS)은 운영 리스크(operational risk)를 '부적절하거나 또는 실패한 내부통제, 인력과 시스템, 또는 외부사건으로 인해 발생하는 손실의 위험'으로 정의한다. 이 정의는 운영 리스크에 법률 리스크(legal risk)를 포함하지만 평판 리스크(reputation risk)와 전략 리스크(strategic risk)를 포함하지 않는다.

BIS 정의는 기대하지 않은 손실이 발생할 수 있는 운영 리스크의 원천으로 인간의 실수, 시스템 실패, 부적절한 절차 및 통제, 외부사건을 들고 있다. 네 가지 유형을 자세히 설명하면 다음과 같다.

❶ 인적 리스크(people risk) : 인간의 실수, 사기, 내부규정의 고의적 위반(예를 들어, 내부자거래 또는 불법거래) 등으로 인해 발생하는 손실과 연관된 위험이다.

❷ 시스템 리스크(system risk) : 정보시스템과 IT 분야에서 하드웨어 · 소프트웨어 실패, 해킹, 바이러스, 커뮤니케이션 실패 등으로 인한 손실과 연관된 위험이다. 금융산업의 IT 의존도가 증가함에 따라 이 유형의 리스크가 크게 증가하고 있다.

❸ 프로세스 리스크(process risk) : 내부 절차와 통제에서의 부적절함으로 인한 손실과 연관된 위험이다. 결제 시의 실수, 모형 리스크, 장부기장 실수, 가격 평가의 오류, 부적절한 통제로 인한 보안 실패 등이 세 번째 유형에 속한다.

❹ 외부 사건 리스크(external event risk) : 은행이 통제할 수 없는 외부사건으로부터 발생한 손실과 연관된 위험이다. 외부사건은 정치적 또는 법적 환경의 변화, 화재와 지진과 같은 자연재해, 테러 등을 말한다.

section 02 유동성 리스크

유동성 리스크(liquidity risk)는 포지션을 마감하는 데서 발생하는 비용에 대한 위험이다. 유동성 리스크는 특정 자산 및 시장과 연관된 시장 유동성 리스크(market liquidity risk)와 금융기관의 일반적인 자금조달과 관련된 자금조달 유동성 리스크(funding liquidity risk)로 구별된다. 예를 들어, 기업이 소유하고 있는 자산을 매각하고자 하는 경우 매입자가 없어 매우 불리한 조건으로(즉, 현재의 시장 가격보다 훨씬 낮은 가격으로) 자산을 매각해야만 할 때 노출되는 유동성 리스크는 첫 번째 유형이다. 두 번째 유형의 유동성 리스크는 금융기관이 정산일에 또는 증거금 납입 요청(margin call)을 받고 지급금액을 확보하지 못할 때 발생한다.

유동성이 낮은 장외시장에서 거래할 때와 헤징을 동적으로(dynamically) 실행할 때에 특히 유동성 리스크는 크게 된다. 따라서 VaR를 계산한 후에 유동성 리스크를 반영하기 위하여 계산된 VaR를 상향조정하기도 한다.

section 03 비계량 리스크

1 법률 리스크

법률 리스크(legal risk)는 계약 당사자에 대하여 계약을 강제할 수 없을 때 발생할 수 있는 손실 위험이다. 법률 리스크는 계약이 잘못 문서화된 경우와 거래상대방이 법적으로 계약할 권한이 없는 경우(즉, 월권(ultra vires)하는 경우)에 발생할 수 있다.

법률 리스크의 가장 극단적인 예는 영국 런던의 햄머스미스-풀햄 구(Hammersmith-Fulham Borough : HFB) 의회에서 제기한 금리스왑에 대한 소송사건이다. HFB는 고정금리로 차입한 후 스왑을 이용하여 고정금리차입을 변동금리차입으로 전환하였다. 이자율이 계속 하락함에 따라 HFB는 이 전략을 이용하여 상당한 이자비용을 절감할 수 있었다. 금리스왑에서 상당한 이익을 보았던 HFB는 마침내 차입 포지션 없이 금리스왑에 단순한 투기 포지션을 취하게 된다. 불행히도 1980년대 말에 영국 경기는 과열되고 있었으며 이로 인해 영국 정부는 고금리정책으로 선회하였다. 1987년에 8%였던 금리가 1989년에 13%로 급등함에 따라 HFB는 1년 예산의 7배에 해당되는 엄청난 손해를 보게 되었다. 영국 고등법원은 HFB가 계약한 금리스왑 자체가 무효라고 판결함에 따라, 스왑계약의 거래상대방은 약 8억 달러의 손실을 부담해야 했다.

2 법규 준수 리스크

법규 준수 리스크(compliance risk)는 금융회사가 규정, 법령, 내규, 관행, 도덕적 기준을 위반 또는 준수하지 않음에 따라 입을 수 있는 경제적 손실로 정의된다. 금융회사는 법규 준수 리스크로 인해 계약의 파기, 벌금, 과태료, 평판의 악화, 영업기회의 축소 등의 불이익을 얻게 된다.

준법감시(compliance)는 금융회사의 직원이 제반 법규을 철저하게 준수하도록 통제하고 감시하는 것을 의미하며 이 업무를 담당하는 자를 준법감시인(compliance officer)이라고 한다.

준법감시제도는 다음과 같은 체계를 가져야 한다. 첫째, 이사회와 경영진은 금융회사의 준법감시 기능을 총괄하며 효율적인 준법감시제도를 구축 운영하여야 한다. 구체적으로 이사회는 준법감시제도의 적정성을 점검하고 경영진은 준수프로그램을 수립 집행해야 한다. 둘째, 준법감시인은 금융회사의 특성과 규모를 반영하여 경영진의 지시에 따라 준수프로그램을 운영해야 한다. 프로그램은 준법감시부서의 조직과 구조, 정책 및 절차, 준수교육에 관한 내용을 포함해야 한다. 셋째, 내부감사의 준수프로그램의 운영에 대해 평가하고 미흡한 부분에 대해서는 시정할 수 있도록 이사회에 보고해야 한다.

3 평판 리스크

평판 리스크는 금융회사 외부의 여론 또는 이미지가 악화되어 금융회사가 경제적 손실(즉, 주가 하락, 수익 악화 등)을 입을 수 있는 위험으로 정의되며 금융회사의 모든 영업활동에 광범위하게 영향을 미칠 수 있다. 평판은 시장에서 금융기관이 지속적으로 영업을 할 수 있는 기반을 제공하는 무형자산이다.

금융투자회사는 주주, 고객, 신용평가기관 등 이해관계자의 여론을 수시로 확인하고 관련 부서와 협의하여 평판 리스크를 체계적으로 관리할 수 있는 대책을 수립해야 한다. 또한 정보를 적시에 적절하게 공시하고 보다 적극적인 홍보 전략을 통한 지속적인 노력을 기울여야 한다.

4 전략 리스크

전략 리스크(strategic risk)는 정치와 경제 환경의 근본적인 변화로 인해 발생 가능한 손실 위험을 말한다. 이는 경영진의 정책결정 오류(즉, 비경제적 사업의 결정, 사업환경 변화에 따른 적절한 대응책 결여 등)에서 발생하는 손실 위험을 포함한다.

평판 리스크처럼 객관적으로 측정하기가 어렵기 때문에 이에 대한 소요자기자본을 산출하고자 할 경우 리스크 관리 정책, 절차, 내부통제의 적정성을 감안하여 판단의존법(judgement-oriented method)과 같은 정성적 방법으로 판단해야 한다.

5 시스템 리스크

시스템 리스크(system risk)는 개별 금융투자회사, 금융시장, 결제시스템의 붕괴 등으로 인해 금융산업 전체가 입게 되는 손실 위험을 의미한다. 즉, 한 금융투자회사의 파산 또는 재무적 곤경이 다른 금융투자회사에 연쇄적으로 영향을 미치는 도미노 효과(domino effect)를 의미한다. 이는 투자자 간의 신뢰 위기로 인해 시장 전체적으로 유동성이 고갈되는 위험을 포함한다.

금융투자회사는 환경의 변화가 금융투자회사에 미칠 수 있는 영향력과 타 산업 간의 상호 의존성을 분석하여 대책을 수립해야 한다. 즉, 시나리오 분석 등을 통하여 특정 금융투자회사의 리스크가 금융산업 전체에 미칠 수 있는 영향을 정기적으로 파악하며 리스크 관리부서는 위기상황계획(contingency plan)을 수립해야 한다.

chapter 05

파생상품 리스크

section 01 선물 헤지거래와 리스크

1 베이시스 위험

투자자가 현물을 이미 보유하고 있으며 미래 특정 시점에 현물을 매도하려고 한다면 가격 하락 위험을 회피하기 위해서 선물을 매도하는 매도헤지를 할 수 있다. 반대로 투자자가 미래 어떤 자산을 매수할 예정인 경우 자산의 가격이 상승할 위험을 헤지하기 위해 선물을 매입하는 헤지를 매입헤지라고 한다.

그러나 선물을 이용한 헤지가 항상 완벽한 것은 아니다. 선물을 이용한 헤지에서 투자자의 자산 매도 또는 매입 시점이 선물의 만기일과 정확히 일치하지 않을 수 있다. 이 경우 선물로 헤지를 하였더라도 '베이시스 위험(basis risk)'에 노출된다. 베이시스는 선물 가격과 현물 가격의 차이로 정의된다. 베이시스의 변동에 따라서 매입헤지거래와 매도 헤지거래에 따른 손익의 변동이 발생하게 된다.

또한 선물계약의 기초자산이 헤지 대상 자산과 일치하지 않을 수 있다. 이렇게 헤지 대상 자산과 선물의 기초자산이 정확히 일치하지 않는 헤지를 '교차헤지'라고 하며 교차헤지는 자산의 가격이 서로 다른 방향으로 움직일 때, 헤지 효과가 감소하고 손실이 발생할 가능성이 높아진다.

2 롤오버 유동성 리스크

목표 헤지 기간이 선물 계약의 만기보다 긴 경우 투자자는 기존의 선물 계약을 청산하고 다음 만기의 선물 계약을 체결하여 헤지를 연장해야 한다. 이러한 거래를 선물 '롤오버'라고 부른다. 롤오버를 통한 헤지 전략은 때로는 심각한 유동성 위험을 초래하기도 한다. 선물계약은 일일정산(daily settlement)을 하므로, 특정 금액 이상의 손실이 발생하면 곧바로 증거금 납입을 요청(margin call) 받는다. 따라서 선물을 이용한 헤지 포지션에서 손실이 발생하는 경우 증거금 납입이 요구될 수 있다. 그러나 헤지 대상 자산은 반대 포지션이므로 이익이 발생하지만 당장 이익을 실현하지 못하는 경우가 많다. 즉, 헤지 대상 자산의 유동성이 부족해서 선물의 손실에 따른 증거금 납입에 필요한 유동성을 공급하지 못하고 계약을 청산해야 할 가능성이 있다. 특히 헤지 대상 자산이 장기에 걸쳐 이익을 실현하게 되면 단기적으로 선물에서 발생하는 손실에 따른 증거금 유동성을 확보하지 못할 위험이 있다.

section 02 장외파생상품의 유동성 리스크

1 증거금과 담보 요구에 따른 유동성 위험

장외파생상품의 신용위험을 경감시키는 방법 중에 하나가 증거금과 담보 요구이다. 계약의 가치 변동에 따라 평가 이익이 발생한 거래상대방은 평가 손실이 발생한 거래상대방에게 추가 증거금 또는 담보를 요청하는 마진콜을 할 수 있다. 이때, 평가 손실이 발생한 거래상대방은 현금 또는 적정 신용등급의 채권을 거래상대방에게 담보로 제공해야 계약을 유지할 수 있다. 급격하게 시장 상황이 변동하는 경우 거래상대방에게 제공해야 하는 증거금 또는 담보액이 단기간에 매우 커질 수 있으며 적정 유동성을 확보하지 못해서 마진콜에 대응하지 못하는 경우가 발생할 수 있다.

2 계약 청산에 따른 유동성 위험

장외파생상품은 거래가 활발하게 일어나는 시장이 존재하지 않고 일대일(bilateral)의 쌍방계약이다. 따라서 계약의 만기 이전에 계약을 종료하기 위해서는 시장에서 반대매매를 통해 청산할 수 없고 거래상대방에게 계약의 해지를 요청하여야 한다.

이 경우 계약의 적정 가치에 대한 평가의 문제와 계약의 해지에 따른 패널티가 발생한다. 따라서 유동성이 높은 시장에서 거래되는 상품과 비교하여 청산에 따른 비용이 크다.

section 03 파생결합증권의 리스크

1 시장 위험

파생결합증권은 가격에 영향을 주는 다양한 시장 변수에 따라 가치가 결정된다. 기초자산의 가격과 변동성이 대표적인 위험요인이다. 이 밖에 기초자산이 2개 이상으로 구성되어 있는 경우 기초자산의 수익률 간의 상관관계, 시장 금리, 해외 기초자산이 있는 경우 퀀토 위험이 대표적인 위험요인이다. 국내에서 발행되는 대표적인 파생결합증권인 자동중도상환형(autocallable형) 원금비보장 ELS인 stepdown형 ELS와 Knock－out call형 ELS에 대해 위험요인에 따른 가격 변화를 살펴보겠다.

stepdown ELS 상품정보

❶ 기초자산 : KOSPI 200 지수, S&P500 지수

❷ 중도상환배리어 : 90－90－85－85－80－80 (3년만기, 6개월마다 중도상환 가능)

❸ 낙인배리어 : 55

❹ 수익률 : 연 8%

Knock-out call ELS 상품정보

❶ 기초자산 : KOSPI 200 지수

❷ 만기 : 3개월

❸ Knock-out 배리어 : 120

❹ 참여율 : 100%

❺ rebate : 4%

(1) 기초자산의 가격 변동

stepdown ELS는 기초자산의 가격이 하락하면 가치가 하락하는 위험을 가진다(델타>0). 〈그림 5-1〉은 stepdown ELS의 가치 변동 예시를 보여준다. 가격이 하락하면 중도상환 가능성이 낮아지고 knock-in 배리어를 터치하여 원금손실이 발생할 확률이 높아지므로 ELS의 가치가 하락한다.

그림 5-1 stepdown ELS 가치 변동

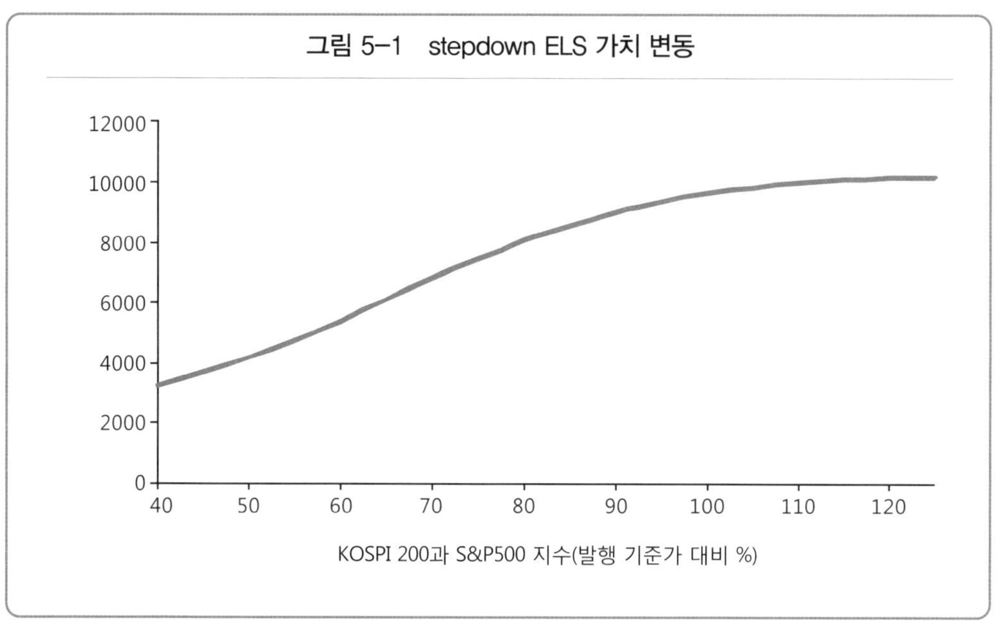

반면 knock-out call ELS는 〈그림 5-2〉와 같이 기초자산 가격이 낮을 때는 기초자산 가격이 하락하면 가치가 하락(델타>0)하지만 knock-out 배리어에 가까워지면서 기초자산 가격이 상승하면 ELS의 가치가 하락(델타<0)하는 특성을 보인다. knock-out 배리어 근처에서 델타가 음의 값을 가지는 이유는 knock-out 배리어를 터치해서 만기수익률

그림 5-2 Knock-out call ELS 가치 변동

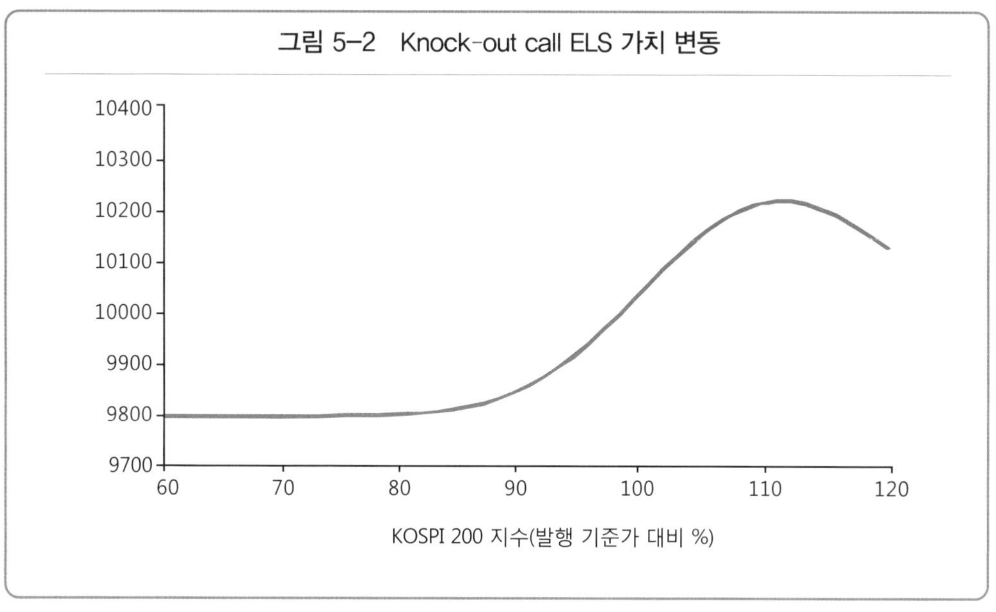

이 4%로 낮아질 가능성이 높아지기 때문이다.

또한 기초자산 가격이 상승 또는 하락하면 기초자산 가격 변동에 따른 ELS 가격 변동의 기울기가 달라지는데, 이는 감마로 표현된다. 〈그림 5-1〉에서 보듯이 stepdown ELS의 경우 발행 기준가 근처에서는 주가가 올라가면 기울기가 작아지고 주가가 떨어지면 기울기가 커지는 음(−)의 감마를 가지고 있다. 그러나 knock−in 배리어 근처에서는 반대로 양(+)의 감마를 가지는 특성을 보인다.

반면에 knock−out call ELS의 경우에는 〈그림 5-2〉와 같이 발행 기준가 근처에서는 양(+)의 감마를 가지고, knock−out 배리어 근처로 가면서 음(−)의 감마를 가진다.

(2) 변동성

변동성은 시장 상황에 따라 변화하는 시장변수이다. VIX(CBOE Volatility Index) 지수는 S&P500 지수 옵션의 내재변동성을 가중평균한 변동성 지수로 향후 30일간의 변동성에 대한 투자자의 기대를 의미한다. 과거 VIX 지수 데이터는 시장 변동성이 시간에 따라 어떻게 변화하는지 보여준다. 일반적으로 주식시장이 하락하면 변동성이 상승하는 경향을 보이는데, 2008년 금융위기 발생 시점에는 80%를 넘기도 하였다. 또한 변동성은 단기에 급격히 상승하고 이후 장기간에 걸쳐 정상화되는 경향을 보인다.

stepdown ELS는 일반적으로 변동성이 상승하면 ELS의 가치가 하락하는 위험을 가진다. 변동성이 상승하면 가치가 하락하므로 '베가<0'이다. 〈그림 5-3〉은 변동성의 변화

그림 5-3 변동성과 stepdown ELS의 가치 변동

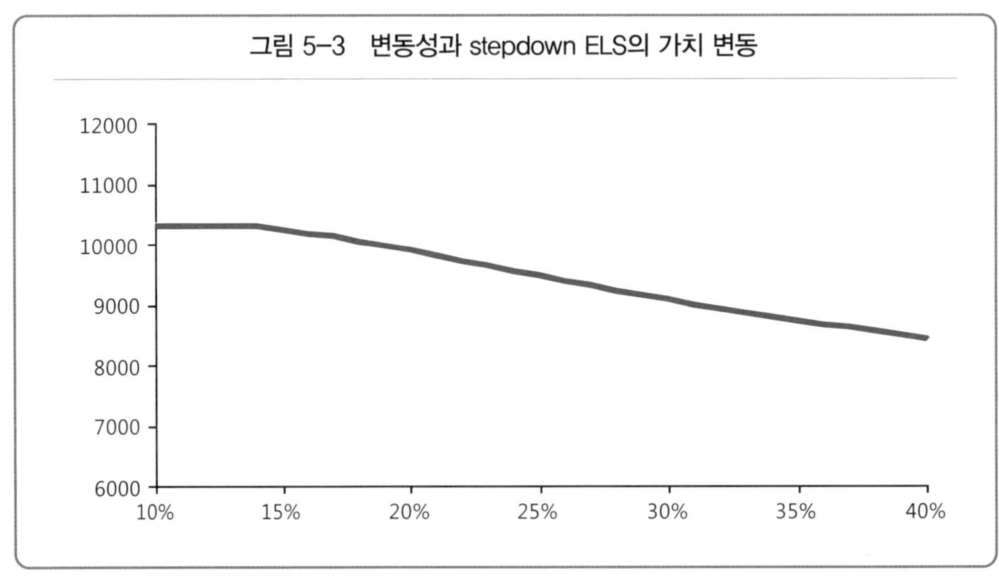

그림 5-4 변동성과 Knock-out call ELS의 가치 변동

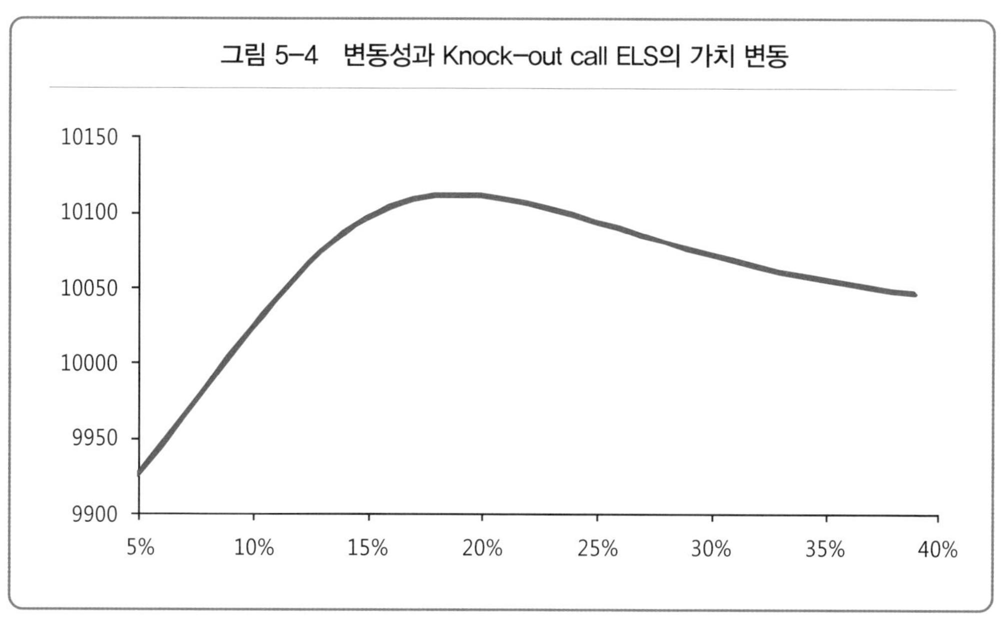

에 따른 stepdown ELS 가치 변화를 나타내는 그래프이다. 변동성이 상승하면 중도상환 확률이 낮아지고 knock-in 배리어를 터치할 확률이 높아지므로 ELS 가치가 하락한다고 추론해 볼 수 있다.

반면 Knock-out call ELS의 경우는 〈그림 5-4〉와 같은 가치 변화를 보인다. 변동성이 낮은 수준에서는 변동성이 높아질수록 ELS 가치가 상승하고 (베가>0) 변동성이 높은 수준에서는 변동성이 낮아질수록 ELS 가치가 하락한다(베가<0). 이는 변동성이 낮을 때는 변동성이 높아질수록 콜옵션의 가치가 상승하여 ELS 가치가 상승하는 반면 변동성이 더 높아지면 knock-out 배리어를 터치할 가능성도 높아지면서 만기수익률이 낮아질 가능성이 높아져서 가치가 하락하기 때문이다.

(3) 상관관계

기초자산이 2개 이상의 자산으로 구성된 ELS는 기초자산의 수익률 간의 상관관계가 ELS 가치에 영향을 준다. 일반적인 stepdown ELS의 경우 상관관계가 낮아지면 ELS의 가치가 하락한다. 기초자산 중에서 가장 낮은 수익률을 보이는 자산(이하 worst performer)의 수익률에 의해 ELS의 수익구조가 결정되므로 상관관계가 낮아지면 ELS의 수익률이 더 낮아지기 때문이다. 이를 쉽게 이해할 수 있도록 간단한 예를 들어보면, 2개의 기초

자산이 각각 50%의 확률로 10% 상승하거나 10% 하락하는 2가지 수익률만 가질 수 있다고 가정하자. 만약 상관관계 1이라면 두 기초자산 모두 +10% 또는 −10%의 수익률을 가지므로 worst performer의 수익률 분포는 +10%일 확률이 50%, −10%일 확률이 50%이다. 반면에 상관관계가 −1이라면 한 종목은 수익률이 +10%이고 다른 종목은 −10%이므로 worst performer의 수익률은 항상 −10%이다. 따라서 상관관계가 낮을수록 worst performer의 수익률은 낮아짐을 추론할 수 있다.

자산 간 상관관계 역시 변동성과 마찬가지로 시간에 따라 변화하는 변수이다. 일반적으로 주식 가격이 하락할 때 상관관계가 높아지는 경향이 있다.

(4) 금리와 배당, 퀀토 위험

stepdown형 ELS는 조건을 만족하면 확정 수익률을 지급하고 종료하는 구조를 가진다. 따라서 금리가 상승하면 ELS의 현재가치는 하락하는 특성을 보인다. 반면 금리가 상승하면 ELS 평가에 적용되는 자산의 기대수익률이 높아지는 효과를 가진다. 자산의 기대수익률이 높아지면 ELS의 가치가 상승한다. 이러한 두 가지 효과의 결합으로 ELS 가치가 결정되는데 일반적으로는 할인율의 상승으로 현재가치를 하락시키는 효과가 더 크다.

미래 배당은 배당락 효과에 의해 미래 주가 또는 주가 지수를 하락시키는 요인이다. 따라서 ELS의 수익구조는 중도상환 평가일 또는 만기일의 주가로 결정되므로 배당은 기초자산 가격이 하락하는 것과 유사한 효과를 갖는다. 따라서 배당이 커지면 stepdown형 ELS의 가치도 하락한다.

퀀토위험은 기초자산이 해외자산인 경우 발생하는 위험이다. 해외자산은 통화가 원화가 아니라 해당 국가의 통화이다. 환율은 ELS의 가치에 영향을 주는 변수인데 ELS의 가치는 그 중에서도 환율의 변동성에 따라 영향을 받는다. 또한 환율의 변화율과 해외자산의 수익률 간의 상관관계에 영향을 받는다. stepdown ELS의 경우 원달러 환율의 변동성과 원달러 환율과 S&P 지수의 상관관계의 곱이 음수로 작아질수록 ELS의 가치는 상승한다. 일반적으로 주가가 하락하면 원달러 환율이 상승하므로 환율과 S&P지수는 보통 음의 상관관계를 가진다. 따라서 상관관계가 변하지 않는다면 환율의 변동성이 커질수록 ELS의 가치가 상승한다고 볼 수 있다.

2 발행사 신용위험

파생결합증권에 투자하는 투자자는 발행사의 신용위험에 노출된다. 파생결합증권은 발행사의 신용으로 발행이 되는 증권이다. 따라서 발행사의 부도가 발생하거나 채무불이행을 하여 투자금을 회수하지 못할 가능성이 있다.

3 유동성 위험과 모델 위험

파생결합증권은 유통시장이 존재하지 않으므로 증권의 만기까지 보유하는 것을 기본으로 한다. 그러나 상황에 따라 투자자가 만기 이전에 유동화하기 위해서는 발행사에 환매를 요청해야 한다. 이 때 환매 기준 가격에 따라 투자자에게 지급되는 금액이 결정되는데, 장외파생상품의 경우와 마찬가지로 중도환매에 대한 패널티를 요구하는 것이 일반적이다.

또한 파생결합증권의 시장 가격이 존재하지 않으므로 평가 모델에 의한 평가 가격에 의존하여 환매 기준 가격이 결정되므로 평가 모델의 불확실성에 따른 리스크에 노출된다.

section 04 헤지거래

1 백투백헤지 거래

백투백헤지(back-to-back hedge)는 발행되는 파생결합증권과 동일한 수익 구조의 스왑 계약을 다른 거래상대방과 체결하여 헤지하는 거래를 뜻한다. 원금을 교환하는지 여부에 따라서 원금을 교환하는 fully-funded 스왑과 원금을 교환하지 않는 unfunded 스왑으로 구분된다. fully-funded swap 헤지는 발행사에서 파생결합증권을 발행하여 조달한 투자원금을 헤지 거래 상대방에게 지급하고 만기에 상환 받는 헤지 거래로 스왑계약의 거래상대방의 신용위험에 노출된다. 반면에 unfunded 스왑거래는 투자원금은 발행사에서 운용하며 스왑거래 상대방에게는 3개월 또는 6개월마다 변동금리를 지급하고 계약의 만기에 수익금액을 정산하는 방식이다. unfunded 스왑거래의 경우에는 금리변동에 따른 투자원금 운용 수익 변동 위험과 스왑계약의 MtM(mark to market) 변동에 따른 추가 담보 납입을 요청하는 마진콜로 인한 유동성 위험이 발생한다.

2 동적 헤지전략

동적 헤지전략은 파생결합증권의 발행에 따라서 투자자에게 지급해야 하는 수익구조를 복제하기 위해서 기초자산을 직접 거래하여 헤지하는 전략을 의미한다. 기초자산이 주식인 경우에는 주식을 직접 매입 또는 매도하는 거래를 하고, 주가지수인 경우에는 선물을 매수, 매도하기도 한다.

예를 들어 KOSPI 200 지수를 기초자산으로 하는 ELS를 발행하고 헤지하는 경우를 가정해보자. 발행한 ELS는 발행사 입장에서는 만기에 투자자에게 약정된 수익률을 제공해야 하는 부채이다. ELS의 가치가 변동하면 부채의 평가액이 변동하는데, 같은 금액으로 자산이 변동하도록 포트폴리오를 구성해서 부채의 변동액과 자산의 변동액이 일치하게 만든다. 이렇게 전체 손익은 0이 되는 중립 포트폴리오를 구성해 나가는 헤지 방법이 동적 헤지전략이다. 예를 들어 KOSPI 200 지수가 1% 상승하면 ELS의 가치가 1000만 원 상승한다고 가정하자. 이 위험을 헤지하기 위해서 KOSPI 200 선물을 1% 상승할 때 1,000만 원의 이익이 발생하는 수량만큼 매수한다. KOSPI 200 지수가 250이라면 $\frac{1,000\text{만 원}}{250 \times 0.01 \times 25\text{만 원}}$ = 16계약을 매수하면 된다(KOSPI 200 주가지수선물의 지수 1포인트당 승수는 25만 원이다.).

그러나 헤지 포지션은 주가와 시간의 변화에 따라 계속 변화한다. 다음 날 KOSPI 200 선물이 1% 상승하여 252.5가 되었고, 델타가 바뀌어 KOSPI 200 지수가 1% 상승할 때 ELS의 가치가 505만 원 상승한다면 $\frac{505\text{만 원}}{252.5 \times 0.01 \times 25\text{만 원}}$ =8계약을 매수하는 포지션으로 변동해야 하므로, 어제 16계약 매수에서 8계약 매도하여 8계약 매수 포지션으로 포지션을 조정해야 한다. 이런 방법으로 헤지 포트폴리오를 재조정하는 거래를 리밸런싱 (rebalancing) 거래라고 부른다. 동적 헤지전략은 시간에 따라서 포트폴리오를 지속적으로 리밸런싱하여 조정하는 전략을 의미한다.

위의 예에서 기초자산의 가격 변동에 따라서 ELS의 가격이 변동되는 금액(기초자산이 1% 상승할 때 ELS가치의 변동금액)을 델타라고 한다. 헤지 포지션을 구축하여 델타가 0이 되도록 하면 기초자산의 가격이 변동하여도 전체 손익에는 변화가 없게 되고 이러한 포트폴리오를 델타 중립 포트폴리오라고 부른다. 따라서 동적 헤지전략은 델타 중립 포트폴리오를 유지해 나가는 전략이라고 말할 수 있다.

델타 위험 외에도 기초자산의 가격이 변동할 때 델타가 변화하는 정도를 의미하는 감마 위험과 변동성이 상승 또는 하락할 때 가격 변동을 의미하는 베가 위험을 헤지하기 위해서는 기초자산의 옵션 거래를 이용한다. ELS의 감마 또는 베가가 음(−)의 값을 가진다면 모형에 따른 수량만큼 옵션을 매도(음의 감마 베가)하여 감마 중립과 베가 중립 포트폴리오를 구성할 수 있다.

동적 헤지전략은 다음과 같은 리스크를 가질 수 있다.

(1) 모델 리스크

파생결합증권의 가격과 민감도(델타, 감마, 베가, 로 등등)는 파생증권 평가 모델에 따라 계산된다. 따라서 모델이 정확하지 않다면 그에 따라 계산된 가격 또는 민감도 역시 부정확하다. 파생결합증권의 평가에 사용되는 모델이 부정확해서 잘못된 민감도가 계산되는 위험이 모델 리스크이다.

(2) 헤지 불가능한 위험요인

파생결합증권의 모든 위험이 헤지가 가능하지 않는 경우가 있다. 파생결합증권의 가격은 많은 변수에 의해 결정되는데 가격에 영향을 주는 모든 변수가 시장에서 거래 가능하지 못하거나 유동성이 매우 낮아서 높은 거래비용을 지불해야 하는 경우가 있다. 대표적으로 기초자산이 2개 이상으로 구성된 경우 자산 수익률의 상관계수는 가격에 영향을 주는 중요한 변수이지만 상관계수를 헤지할 수 있는 선물 또는 옵션 계약이 존재하지 않을 수 있다.

(3) 유동성 리스크

파생결합증권의 헤지를 위해서 선물 또는 옵션계약을 이용하는데 시장의 변동에 따라 마진콜이 발생하여 증거금을 추가 납입해야 하는 경우가 발생한다. 이때 현금 유동성이 충분하지 못하다면 유동성 리스크에 노출된다. 특히 해외 선물, 옵션거래를 하는 경우 마진콜에 대비한 달러 유동성을 확보해야 한다.

PART 1 실전예상문제

01 다음 중 장외파생상품의 리스크에 대한 설명으로 적절하지 않은 것은?

① 가격이 가치평가모형으로 이론적으로 평가되어야 한다.
② 상대방 부도 리스크에 직접 노출된다.
③ 계약의 만기가 상대적으로 길다.
④ 시장 규제가 상대적으로 강하며, 거래자들 간 계약관계가 단순하다.

02 95% 신뢰 수준에서 추정한 VaR가 10억 원이면 10억 원보다 더 큰 손실이 발생할 확률은?

① 10% ② 2.5%
③ 5% ④ 7.5%

03 A 포지션의 VaR가 100억 원이고 B 포지션의 VaR가 200억 원이다. 두 포지션 간의 상관계수가 –0.3이면 포트폴리오의 구성 시 기대되는 분산 효과는?

① 0억 원 ② 105억 원
③ 51억 원 ④ 140억 원

해설

01 ④ 장외파생상품시장에 대한 규제가 상대적으로 약하며, 거래자들 간 계약관계가 상호 복잡하게 얽혀 있다.

02 ③ VaR보다 더 큰 손실이 발생할 확률이 100–95=5%

03 ② $VaR_p = \sqrt{100^2 + 200^2 + 2 \times (-0.3) \times 100 \times 200}$
=194.94≈195이므로 분산 효과는 (100+200)–195=105억 원이다.

04 A주식을 매입하고 B주식을 공매도하여 구성한 포트폴리오에서 분산 효과가 극대화 되려면 두 주식 간 상관계수는?

① +1 ② −1
③ 0 ④ +1 또는 −1

05 신용 리스크 익스포져가 100억 원이고 부도 시 회수율이 30%로 추정된다. 1년 기준 채무불이행 확률이 2%로 추정되면 기대손실은?

① 0.6억 원 ② 2.0억 원
③ 1.0억 원 ④ 1.4억 원

06 다음 중 파생결합증권의 동적 헤지전략에 대한 설명으로 적절하지 않은 것은?

① 델타 중립을 유지하는 전략이다.
② 감마, 베가 위험을 헤지하기 위해 선물 거래를 이용한다.
③ 시장 상황의 변화에 따라 지속적인 리벨런싱이 필요하다.
④ 헤지 불가능한 위험요인이 있을 수 있다.

07 리스크를 관리하는 방법을 개별관리법과 통합관리법으로 구분할 때, 통합관리법에서 주로 사용하는 위험측정치는?

① 델타 ② 감마
③ 베가 ④ VaR

해설

04 ① 매도 포지션이 포함되므로 상관계수가 +1일 때 분산 효과가 극대화된다.
05 ④ 기대손실(EL)은 익스포져, 채무불이행 확률, 손실률의 곱이므로 1.4억 원이다. $EL=0.02\times100\times(1-0.3)=1.4$
06 ② 감마, 베가를 헤지하기 위해서는 옵션 거래를 이용해야 한다.
07 ④ 델타, 감마, 베가 등의 그릭문자는 주로 리스크 개별관리법에서 사용하는 위험측정치이다.

08 **다음 중 리스크 측정치로 표준편차보다 VaR를 선호하는 이유로 적절하지 않은 것은?**

① VaR는 정규분포에 대한 가정을 반드시 필요로 하지 않는다.
② VaR는 대칭적인 수익률 분포에서 계산한다.
③ VaR를 이용하면 자본 관리가 용이하다.
④ VaR는 손실에 초점을 맞추어 계산되므로 직관적인 리스크 측정치이다.

09 **다음 중 VaR를 측정하기 위해서 자산의 수익률이 정규분포를 따른다고 가정하며, 부분 가치평가방법을 이용하는 측정 방법은?**

① 분석적 분산-공분산방법 ② 역사적 시뮬레이션
③ 몬테카를로 시뮬레이션 ④ 위기상황 분석

10 **다음 중 위기상황 분석에서 시나리오를 설정할 시 고려할 사항으로 적절하지 않은 것은?**

① 구조적 변화의 가능성을 고려해야 한다.
② 유동성 위기 상황을 포함시켜야 한다.
③ 시장 리스크와 신용 리스크는 별도로 분리해야 한다.
④ 관련된 모든 변수의 변화를 고려해야 한다.

해설

08 ② 변동성은 하향 손실과 상향 이익이 발생할 확률이 동일하게 측정하는데 옵션과 같은 비선형자산의 경우 대칭관계가 성립하지 않으므로 적절한 위험측정치가 되지 못한다. 반면 VaR는 비대칭적인 수익률 분포에서 손실에 초점을 맞추어 계산한다.

09 ① 분석적 분산-공분산방법은 분산과 공분산을 추정하고 자산의 수익률이 정규분포를 따른다고 가정한다. 잠재적 손실을 선형으로 측정하는 부분 가치평가방법을 이용한다.

10 ③ 시장 리스크와 신용 리스크 간의 상호작용을 반영해야 한다.

정답 01 ④ | 02 ③ | 03 ② | 04 ① | 05 ④ | 06 ② | 07 ④ | 08 ② | 09 ① | 10 ③

part 02

영업실무

chapter 01

투자권유

section 01 투자권유 정의

투자권유란 특정 투자자를 상대로 금융투자상품의 매매 또는 투자자문계약·투자일임계약·신탁계약(관리신탁계약 및 투자성없는 신탁계약은 제외)의 체결을 권유하는 것을 말한다. 즉, 단순한 상품설명, 특정상품의 매매·계약체결의 권유가 수반되지 않는 단순한 상담 및 금융투자상품 안내는 투자권유에 해당하지 않으며, 이 경우에는 '투자자 정보 확인서'를 작성할 필요가 없다.

이 장은 투자자가 회사의 영업점을 방문하여 투자하는 경우를 전제로 한다.

section 02 투자권유 전 확인사항

1 방문목적 확인

회사는 투자자 방문 시 투자자의 방문목적 및 투자권유 희망 여부를 확인한 후 투자권유를 희망하지 않는 투자자에 대하여는 투자권유에 해당하는 행위를 해서는 안되고 투자자가 원하는 객관적인 정보만을 제공해야 한다.

2 일반금융소비자 및 전문금융소비자의 구분

회사는 투자자에게 투자권유전 일반금융소비자(일반투자자)인지 전문금융소비자(전문투자자)인지를 확인해야 한다.

전문금융소비자란 금융상품에 관한 전문성 또는 소유자산규모 등에 비추어 금융상품 계약에 따른 위험감수능력이 있는 금융소비자를 말하며, 일반금융소비자는 전문금융소비자가 아닌 자를 말한다.

전문금융소비자	• 국가, 한국은행 • 대통령령으로 정하는 금융기관(은행, 한국산업은행, 한국중소기업은행, 한국수출입은행, 농업협동조합중앙회, 수산업협동조합중앙회, 보험회사, 금융투자업자, 증권금융회사, 종합금융회사, 자금중개회사, 금융지주회사, 여신전문금융회사, 상호저축은행 및 그 중앙회, 산림조합중앙회, 새마을금고연합회, 신용협동조합중앙회 및 이에 준하는 외국 금융기관) • 주권 상장법인. 다만, 금융투자업자와 장외파생상품 거래를 하는 경우에는 전문금융소비자와 같은 대우를 받겠다는 의사를 금융투자업자에게 서면으로 통지하는 경우에 한한다. • 그 밖에 대통령령으로 정하는 자(예금보험공사 및 정리금융기관, 한국자산관리공사, 한국주택금융공사, 한국투자공사, 협회, 한국예탁결제원, 거래소, 금융감독원, 집합투자기구, 신용보증기금, 기술신용보증기금, 지방자치단체, 금융위원회에 신고한 금융투자상품의 잔고 100억원 이상의 법인(외감법인 50억), 금융투자상품 잔고가 최근 5년 중 1년 이상 월말평균잔고 5천만원 이상(계좌개설 1년이상) 개인 중 ① 연소득 1억원(부부합산 1.5억원) 이상, ② 순자산 5억원(거주부동산 제외), ③ 전문자격증(변호사, 회계사, 세무사 등) 보유 요건 중 하나라도 충족하는 개인 등

일반 금융 소비자	• 전문금융소비자가 아닌 자 • 주권상장 법인, 일반법인, 개인 등으로서 전문금융소비자의 요건에 해당되기는 하나 일반금융소비자로 대우를 받겠다는 서면의 의사표시를 한 자 • 주권상장법인이 회사와 장외파생상품 거래를 하는 경우에는 일반금융소비자로 본다. 단, 해당 법인이 전문금융소비자와 같은 대우를 받겠다는 의사를 회사에 서면으로 통지하는 경우에는 전문금융소비자로 본다.

section 03 투자권유 절차

표 1-1 **일반금융소비자에 대한 투자권유 3대 준수사항**(금융소비자보호에 관한 법률 제17조, 제18조 및 제19조)

① 적합성 원칙	• 회사는 금융소비자가 일반금융소비자인지 전문금융소비자인지를 확인하여야 함 • 일반금융소비자에게 투자성상품 등의 계약 체결을 권유하는 경우에는 면담·질문 등을 통하여 해당 금융상품의 취득 또는 처분 목적, 재산상황 및 취득 처분 경험 등 투자자정보를 서명(전자서명 포함), 기명날인, 녹취 등의 방법으로 유지·관리하고 그 내용을 일반금융소비자에게 제공하여야 함 • 투자자정보를 고려하여 일반금융소비자에게 적합하지 않는 계약체결을 권유해서는 안 됨
② 적정성 원칙	• 적정성원칙 대상 상품(투자성, 대출성 상품 등)을 일반금융소비자에게 계약체결을 권유하지 않고 금융상품 판매계약을 체결하려는 경우 미리 면담·질문 등을 통해 투자자정보를 파악하여야 함 • 투자자정보 확인한 사항을 고려하여 해당 금융상품이 그 일반금융소비자에게 적정하지 않다고 판단되면 그 사실을 알리고 서명, 기명날인, 녹취 등의 방법으로 확인받아야 함
③ 설명의무	• 일반금융소비자에게 계약체결을 권유하는 경우 및 일반금융소비자가 설명을 요청하는 경우에는 이해할 수 있도록 설명하여야 함 예를 들어 투자성 상품의 경우에는 상품의 내용, 투자위험, 상품의 위험등급 및 금융소비자가 부담해야 하는 수수료 등 투자성 상품에 관한 중요한 사항을 포함하여야 함 • 위의 설명에 필요한 설명서를 일반금융소비자에게 제공하여야 하며, 설명한 내용을 일반금융소비자가 이해하였음을 서명, 기명날인, 녹취 등의 방법으로 확인받아야 함

〈참고〉 적정성원칙 대상상품

1. 파생상품(장내 및 장외)
2. 파생결합증권(금적립 계좌등은 제외)
3. 사채중 일정한 사유가 발생하는 경우 주식으로 전환되거나 원리금을 상환해야 할 의무가 감면될 수 있는 사채
4. 고난도금융투자상품, 고난도금전신탁계약, 고난도투자일임계약
5. 파생형 집합투자증권(레버리지 · 인버스 ETF 포함)
6. 집합투자재산의 50%이상을 초과하여 파생결합증권에 운용하는 집합투자기구의 집합투자증권
7. 1~6의 적정성원칙 대상상품 중 어느 하나를 취득 · 처분하는 금전신탁계약의 수익증권
8. 증권 등 시장가치가 크게 변동될 수 있는 재산을 담보로 하여 계약을 체결하는 대출성상품(자본시장법상 신용공여)

1 투자권유를 받지 않는 투자자에 대한 판매

(1) 투자권유를 받지 않는 투자자에 대한 보호의무

❶ 회사의 임직원등은 투자권유를 희망하지 않아 투자자정보를 제공하지 않는 투자자에는 투자권유를 할 수 없음을 알려야 하며, 만일 적정성원칙 대상상품의 거래를 희망하는 투자자가 투자자정보를 제공하지 않는 경우에는 거래가 제한된다는 사실을 알려야 한다.

❷ 투자자가 금융투자상품을 특정하여 청약하는 경우에는 '투자권유 희망 및 투자자정보 제공 여부 확인' 내용이 포함된 확인서를 받아 판매절차를 진행할 수 있으나 이 경우 투자자가 그 확인서의 취지와 유의사항을 충분히 이해할 수 있도록 설명하여야 한다.

ㄱ. 확인서의 취지 : 투자자가 판매직원의 투자권유 없이 특정상품에 대한 투자를 희망하는 경우 판매자는 금소법상 적합성 원칙이 적용되지 않는다는 사실을 고지하기 위해 사용

ㄴ. 유의사항 : 투자권유를 희망하지 않는다는 확인서를 투자자가 작성하는 경우

판매자는 금소법상 적합성원칙과 설명의무 대상에서 제외되며, 판매자의 관련 법 위반에 대해 소비자가 권리를 주장할 수 없음. 다만 설명의무의 경우 소비자가 요청할 경우에는 판매자에게 설명의무가 적용됨.

따라서 이 경우 향후 판매회사와 체결한 계약내용 등에 대한 피해발생으로 분쟁 또는 소송이 발생하는 경우 투자자가 작성한 확인서로 인해 불리하게 작용될 수 있으므로 그 확인서의 법적의미와 그 위험내용을 충분히 이해한 후 서명여부 등 확인서 작성을 신중하게 결정해야 함

❸ 임직원등은 투자자가 투자권유를 받지 않고 투자하는 경우라도 원금손실 가능성, 투자에 따른 손익은 모두 투자자에게 귀속된다는 사실 등 투자에 수반되는 주요사항을 알려야 한다.

❹ 임직원등은 투자권유여부와 상관없이 투자자가 증권신고서 효력이 발생한 증권에 투자하는 경우에는 판매 전에 투자설명서를 투자자에게 교부하여야 한다.

❺ ❹에도 불구하고 집합투자증권의 경우 투자설명서를 별도로 요청하지 않은 경우 간이투자설명서 교부로 갈음되며, 이 경우 투자자에게 투자설명서를 별도로 요청할 수 있음을 알려야 한다.

❻ 투자자가 투자자문업자로부터 투자자문을 받고, 투자자문 결과에 따라 금융투자상품을 구매를 다음 어느 하나의 방법으로 요청하는 경우 금융투자회사는 적합성원칙 및 설명의무와 설명서 교부를 생략할 수 있다.

ㄱ. 투자자가 투자자문업자로부터 적합성원칙, 설명의무 이행 및 설명서를 교부받았음을 확인하는 증빙서류를 제출하는 경우

ㄴ. 투자자문계약과 결합된 금융투자회사의 판매계좌(자문결합계좌)를 통해 투자자문 결과에 따른 금융투자상품등의 구매의사가 전달되는 경우

(2) 적정성 원칙 대상 상품에 대한 특칙

❶ 임직원은 투자자에게 적정성 원칙 대상상품을 판매하려는 경우에는 투자권유를 하지 않더라도 면담·질문 등을 통하여 그 투자자의 금융상품 취득 및 처분목적, 재산상황, 취득 및 처분경험 등의 정보(투자자정보)를 파악하여야 한다.

❷ 임직원은 투자자정보에 비추어 해당 적정성 원칙 대상 상품이 그 투자자에게 적정하지 않다고 판단되는 경우, 해당 적정성 원칙 대상 상품의 내용, 해당투자에 따르는 위험 및 해당 투자가 투자자정보에 비추어 적정하지 않다는 사실을 금소

법시행령에 따른 방법(서면교부, 우편, 전자우편, 전화, 팩스, 휴대전화 문자메세지, 이에 준하는 전자적 의사표시)으로 투자자에게 알리고 서명(「전자서명법」 제2조 제2호에 따른 전자서명 포함), 기명날인, 녹취 또는 금소법시행령 제11조 제2항에 따른 전자적 수단의 방법으로 확인을 받아야 한다.

❸ 임직원은 ❷의 경우에 적정성 판단결과와 그 이유를 기재한 서류 및 금융상품에 관한 설명서를 서면 등으로 투자자에게 제공하여야 한다.

* 임직원등은 투자자자가 스스로 적정하지 않은 적정성원칙 대상 상품에 투자하고자하는 경우 "투자성향에 적합(적정)하지 않는 금융투자상품 거래 확인" 양식을 통해 투자자에게 적정하지 않다는 사실을 인식시켜야 함

2 투자권유 희망 투자자에 대한 금융투자상품 투자권유(판매)

(1) 투자자 정보 파악

회사의 임직원은 투자권유를 희망하는 투자자에 대하여 투자권유 전에 면담·질문 등을 통하여 투자자의 투자자 정보를 '투자자 정보 확인서'에 따라 파악하고, 투자자로부터 서명 등의 방법으로 확인을 받아 이를 유지·관리하여야 한다.

투자자가 투자권유를 희망하더라도 투자자정보를 제공하지 않는 경우에는 투자자성향을 파악할 수 없으므로 투자권유를 할 수 없음을 알리고 투지권유를 희망하지 않는 투자자로 간주하고 '투자권유를 희망하지 않는 투자자에 대한 판매' 절차에 따른다. 또한 투자자가 장외파생상품을 거래하려는 경우에는 투자권유와 상관없이 장외파생투자자 정보확인서로 투자자정보를 파악하여야 한다.

회사는 투자자정보의 유효기간을 설정하고 투자자가 동의한 경우 투자자정보를 파악한 날로부터 12~24개월(투자자정보 유효기간) 동안 투자자정보가 변경되지 않은 것으로 간주할 수 있으며, 이 기간이 경과하면 다시 투자자정보를 파악하여야 한다.

〈투자자 정보 확인서 작성방법〉

투자자 정보는 투자자가 자필로 작성하거나 직원이 면담과정에서 파악한 정보를 컴퓨터 단말기에 입력하고 이를 출력하여 투자자에게 확인받는 방법 또한 가능함

《투자자 정보 확인서 예시》

투자자 정보 확인서

□ 본 확인서는 「금융소비자에 관한 법률(이하 금융소비자보호법)」에 따라 고객의 투자자 정보를 파악하여, 그에 적합한 투자권유를 해드리기 위한 기초 자료로 활용됩니다. 고객의 상황에 부합하거나 가장 가까운 항목을 정확히 선택하여 주시기 바랍니다.

□ 본 확인서는 「금융소비자보호법」 제18조 및 「금융소비자보호법」 제12조 제①항에 따라 고객이 적정성 원칙 대상상품을 거래하고자 하는 경우에는 반드시 작성하여야 합니다.

대분류	질문 예시	비고
재산상황	월소득 대비 투자가능 자산의 비중 □ ○% 이하 □ ○% 이하 □ ○% 이하 □ ○% 초과	적립식 투자 시 고려할 항목
	여유자금 보유여부 □ ○개월분 미만 □ ○개월분~○개월분 □ ○개월분~○개월분 □ ○개월분~○개월분 □ ○개월분 초과	예기치 못한 상황에 대비하기 위해 미래의 가계지출에 해당하는 여유자금 확인
	향후 자신의 경제상황에 대한 예상 □ 아주 좋아질 것임 □ 좋아질 것임 □ 지금과 비슷할 것임 □ 나빠질 것임 □ 매우 나빠질 것임	향후 투자예정기간 동안의 경제상황 또는 수입원
	향후 자신의 수입원에 대한 예상 □ 현재 일정한 수입이 발생하고 있으며, 향후 현재 수준을 유지하거나 증가할 것으로 예상 □ 현재 일정한 수입이 발생하고 있으나, 향후 감소하거나 불안정할 것으로 예상 □ 현재 일정한 수입이 없으며, 연금이 주 수입원임	
	총 자산규모(순자산) □ ○억 이하 □ ○억 이하 □ ○억 이하 □ ○억 이하 □ ○억 초과	
	총 자산대비 금융상품 유형별 비중 □ 보장성 ( )% □ 투자성 ( )% □ 대출성 ( )% □ 기 타 ( )%	투자에 대한 일반적인 성향을 파악하는 항목

투자경험 (취득 또는 처분)	투자경험이 있는 금융투자상품(복수 선택 가능) □ 주식 □ ELW □ 신용거래 □ 외화증권 □ 선물옵션 □ 채권 □ 주식형펀드 □ 채권/혼합형펀드 □ 해외펀드 □ 투자자문·일임 □ 신탁 □ 기타 [ ]	투자경험이 있는 경우 해당상품에 대한 이해도가 있다고 판단하여 일정부분 설명의무 간소화 가능
	투자경험이 있는 금융투자상품(복수 선택 가능) □ 국채, 지방채, 보증채, MMF 등 □ 금융채, 신용도가 높은 회사채, 채권형펀드, 원금보장형 ELS 등 □ 신용도 중간 등급의 회사채, 원금의 일부만 보장되는 ELS, 혼합형 펀드 등 □ 신용도가 낮은 회사채, 주식, 원금이 보장되지 않는 ELS, 시장수익률 수준의 수익을 추구하는 주식형펀드 등 □ ELW, 선물옵션, 시장수익률 이상의 수익을 추구하는 주식형펀드, 파생상품펀드, 주식 신용거래 등	
	금융투자상품 투자경험기간 □ 전혀 없음 □ ○년 미만 □ ○년 미만 □ ○년 미만 □ ○년 이상	
	파생상품, 원금비보장형 파생결합증권 또는 파생상품펀드에 투자한 경험 □ 투자기간(년 월)	
투자목적 (거래목적)	□ 적극적 매매를 통한 수익을 원하며 원금을 초과하는 손실위험도 감내 가능 □ 적극적 매매를 통한 수익 실현 목적 □ 시장(예 : 주가지수) 가격 변동 추이와 비슷한 수준의 수익 실현 □ 채권이자·주식배당 정도의 수익 실현 목적 □ 기존 보유자산에 대한 위험 헤지 목적 ※ 기대수익이 높을수록 손실위험도 커짐	노후자금, 주택마련, 자녀교육, 사업자금, 여유자금 등 투자자금의 성격으로 구분할 수도 있음
	해당 금융투자상품 취득 및 처분 목적 □ 학비 □ 생활비 □ 주택마련 □ 자산증식 □ 채무상환 □ 기타 ( )	
	투자수익·위험에 대한 태도 □ 투자 수익을 고려하나 원금 보존이 더 중요 □ 원금 보존을 고려하나 투자 수익이 더 중요 □ 손실 위험이 있더라도 투자 수익이 중요	수익기준으로 질문할 경우 대부분 높은 수준으로, 손실기준으로 질문할 경우 대부분 낮은 수준으로 답하는 맹점을 보완하고자 하는 항목
	투자수익·위험에 대한 태도 □ ±○% 범위 □ ±○% 범위 □ ±○% 범위 □ ±○% 범위 □ ±○% 범위 초과	수익률 변동성 기준으로 파악

금융지식 수준/이해도	□ 금융투자상품에 투자해 본 경험이 없음 □ 널리 알려진 금융투자상품(주식, 채권 및 펀드 등)의 구조 및 위험을 일정 부분 이해하고 있음 □ 널리 알려진 금융투자상품(주식, 채권 및 펀드 등)의 구조 및 위험을 깊이 있게 이해하고 있음 □ 파생상품을 포함한 대부분의 금융투자상품의 구조 및 위험을 이해하고 있음	
감내할 수 있는 손실 수준	□ 무슨 일이 있어도 투자 원금은 보전되어야 함 □ 투자원금에서 최소한의 손실만을 감수할 수 있음 □ 투자원금 중 일부의 손실을 감수할 수 있음 □ 기대수익이 높다면 위험이 높아도 상관하지 않음	
	기대이익 수준 □ 원금 기준 ±○% 범위　□ 원금 기준 ±○% 범위 □ 원금 기준 ±○% 범위　□ 원금 기준 ±○% 범위	
	손실감내 수준 □ 원금 기준 ±○% 범위　□ 원금 기준 ±○% 범위 □ 원금 기준 ±○% 범위　□ 원금 기준 ±○% 범위	
	손실 발생시 원금회복을 위해 감내할 수 있는 기간 □ 0~6개월　□ 6개월~1년 □ 1년~3년　□ 3년 이상	
	미수거래 및 신용거래에 대한 태도 □ 미수거래나 신용거래를 잘 모름 □ 보유자금 한도 내에서만 투자하여 미수거래나 신용거래를 하지 않음 □ 손실이 확대될 수 있으나, 높은 수익을 위해서라면 미수거래나 신용거래도 활용할 용의가 있음 □ 현재 활용하고 있음	
금융투자 상품 운용계획	□ 축소 예정 □ 현행수준 유지 예정 □ 확대 예정	
투자하는 자금의 투자 예정기간 (계약기간)	□ ○개월 미만　□ ○개월 이상~○년 미만 □ ○년 이상~○년 미만　□ ○년 이상~○년 미만 □ ○년 이상	현재 투자 자산에 대한 투자 예정기간
가족관계	□ 부양가족 있음　□ 부양가족 없음	
과세형태	□ 종합과세대상　□ 일반과세대상	
연령	□ ○세 이하　□ ○세~○세 □ ○세~○세　□ ○세~○세 □ ○세 이상	주민등록번호로 자동 확인할 수도 있음

취약투자자 여부	취약투자자 해당 여부 Yes □ No □ －고령투자자 －미성년자 －정상적 판단에 장애가 있는 투자자 －금융투자상품 투자 무경험자 －문맹자 등	취약투자자에 대해서 투자자 보호 조치를 강화하기 위한 목적으로 정보 파악

투자자 정보 확인

※ 본인은 귀사에 제공한 투자자 정보와 관련하여 다음과 같은 사항을 확인합니다.

1. 귀사에 제공한 투자자 정보는 본인의 투자목적, 재산상황 및 투자경험 등의 정보를 정확히 알려드린 것입니다.
2. 향후 ○○개월* 동안에는 귀사가 본인의 투자자 정보를 변경되지 않은 것으로 간주한다는 점을 설명받았습니다.
3. 본인의 투자자 정보에 변경사항이 발생한 경우에는 이를 귀사에 통지하여야 귀사가 본인에게 적합한 투자권유를 할 수 있다는 점을 설명받았습니다.

• 일자 : • 고객의 성명 : 서명/인
(대리인 거래 시 대리인 성명 : 서명/인)

* 투자자 정보에 대해 유효기간을 설정하는 회사의 경우에 해당함

▸ 고령 투자자에 대한 금융투자상품 판매 시 보호기준
  • 임직원 등은 고령 투자자에게 금융투자상품을 판매하는 경우 적합성판단 기준과 강화된 고령 투자자 보호기준을 준수하여야 함
▸ 회사는 회사별 실정에 부합되는 적정한 수준의 '고령 투자자 보호기준'을 마련하여야 함
  • '고령 투자자 보호기준'에는 강화된 보호기준을 적용할 고령 투자자의 대상, 금융투자상품의 범위 및 강화된 보호 수단 등에 관한 사항이 포함되어야 함
▸ 회사는 65세 이상인 고령투자자를 대상으로 금융상품을 판매하는 경우에는 판매과정을 녹취하고 투자자가 요청하는 경우 녹취한 파일을 제공하여야 하며 판매과정에서 2영업일 이상의 숙려기간을 부여하여야 함

(2) 투자자 성향분석

임직원등은 (1)에 따라 확인한 투자자정보의 내용 및 분류된 투자자의 성향을 투자자에게 지체 없이 제공하여야 한다.

임직원은 원칙적으로 투자자 본인으로부터 투자자 정보를 파악하여야 하며, 투자자의 대리인이 그 자신과 투자자의 실명확인증표 및 위임장 등 대리권을 증빙할 수 있는 서류 등을 지참하는 경우 대리인으로부터 투자자 본인의 정보를 파악할 수 있다. 이 경우 회사는 위임의 범위에 투자자 정보 작성 권한이 포함되어 있는지를 확인한다.

투자자 성향 파악을 위한 배점기준 등은 회사별로 자율적으로 정할 수 있으며, 투자자의 투자자 성향을 특정 유형별로 분류하고자 하는 경우 회사가 투자자성향 유형을 정할 수 있다.

《투자자 성향 유형 예시》

제1방식	제2방식	제3방식	제4방식(추가)	제5방식
□고위험-고수익형 □중위험-중수익형 □저위험-저수익형	□파생상품형 □주식선호형 □성장형 □이자·배당형	□위험선호형 □적극형 □성장형 □안정성장형 □위험회피형	□매우높은위험선호형 □높은위험선호형 □다소높은위험선호형 □보통위험선호형 □낮은위험선호형 □매우낮은위험선호형	□공격투자형 □주식선호형 □주식펀드선호형 □고수익채권형 □혼합투자형 □안정투자선호형 □이자소득형

(3) 적합성, 적정성 원칙, 설명 의무

회사는 투자자의 투자성향을 특정 유형별로 분류한 경우, 회사가 정한 투자자 성향분류와 금융투자상품 위험도 평가분류를 참조하여 투자권유의 적합성 여부

를 판단할 수 있는 기준을 정하여야 한다. 회사가 정한 적합성 판단기준에 비추어 보아 투자자에게 적합하지 아니하다고 인정되는 투자권유를 해서는 안 된다.

임직원은 회사가 이미 투자자정보를 알고 있는 투자자에 대하여는 기존 투자자성향과 그 의미에 대해 설명하고 투자권유를 하는 것이 바람직하다. 이 경우 투자자의 이해를 돕기 위해 아래의 "투자자성향별 적합한 금융투자상품" 표를 활용하는 것도 가능하다.

《투자자성향별 적합한 투자성 상품》

투자자 성향	공격형		…	안정형
투자성 상품의 위험 등급	매우 높은 위험 이하 상품		…	매우 낮은 위험

* 명칭 등 분류기준은 회사별 기준으로 수정하여 사용 가능

임직원은 투자자가 보유 자산에 대한 위험회피 목적으로 투자하거나 적립식으로 투자하는 등 해당 투자를 통하여 투자에 수반되는 위험을 낮추거나 회피할 수 있다고 판단하는 경우에는 금융투자상품 위험도 분류기준 보다 완화된 기준을 적용하여 투자권유를 할 수 있다.

임직원은 투자자가 본인에게 적합하지 않은 것으로 판단되는 금융투자상품에 투자하고자 하는 경우 해당 금융투자상품을 투자권유해서는 안 되며(투자자가 원하는 경우에도 부적합한 상품은 투자권유할 수 없음), 투자권유 없이 투자자가 본인의 투자자성향보다 위험도가 높은 금융투자상품에 스스로 투자하고자 하는 경우에는 '투자성향에 적합하지 않은 투자성 상품거래 확인' 내용이 포함된 확인서를 받고 판매절차를 진행할 수 있다.

이 경우, 해당 투자가 투자자에게 적합하지 않다는 사실과 확인서의 취지 및 유의사항을 충분히 이해할 수 있도록 설명해야 한다.

ㄱ. 확인서의 취지 : 투자자가 판매직원의 투자권유 없이 자신의 투자자성향보다 고위험의 상품(부적합 상품)을 투자한다는 확인서를 작성하는 경우 판매자는 금소법상 적합성 원칙이 적용되지 않는다는 사실과 투자자성향에 부합하는 상품에 투자하는 경우보다 더 큰 손실 위험이 있음을 고지하기 위하여 사용

ㄴ. 유의사항 : 투자자가 자신의 투자자성향보다 고위험의 상품을 투자하는 등 '투자성향에 적합하지 않은 투자성 상품 거래 확인서'에 서명하는 것은 향후

판매회사와 체결한 계약내용 등에 대한 피해 발생으로 분쟁 또는 소송이 발생하는 경우 투자자가 작성한 확인서로 인해 불리하게 작용될 수 있으므로 그 확인서의 법적 의미와 그 위험 내용을 충분히 이해한 후 서명여부 등 확인서 작성을 신중하게 결정해야 함

임직원은 '투자자 성향별 적합한 금융투자상품' 표를 활용하여 투자자가 본인의 투자자 성향 대비 고위험 상품에 대한 투자임을 쉽게 인식할 수 있도록 하여야 한다.

투자자 정보를 '일반적 투자자 성향'과 '현재 투자자금성향'으로 구분하는 경우 '현재 투자자금성향'이 '일반적 투자자 성향'보다 위험선호도가 낮아 안정적인 투자가 필요한 경우에는 위험도가 낮은 금융투자상품에 대해서만 판매하여야 한다.

임직원은 투자목적 · 재산상황 및 투자경험 등의 정보를 파악한 결과, 판매 상품이 적합하지 않거나 적정하지 않다고 판단되는 투자자를 대상으로 금융투자상품을 판매하는 경우, 판매과정을 녹취하고 투자자가 요청하는 경우 녹취파일을 제공해야 하며, 판매과정에서 2영업일 이상의 숙려기간을 부여해야 한다.

임직원등은 고령 투자자에게 금융투자상품을 판매하는 경우 적합성 판단기준과 강화된 고령 투자자 보호기준을 준수하여야 한다. 또한, 65세 이상인 고령투자자를 대상으로 금융투자상품(금융위가 정하여 고시하는 금융상품은 제외)을 판매하는 경우, 판매과정을 녹취하고 투자자가 요청하는 경우 녹취파일을 제공해야 하며, 판매과정에서 2영업일 이상의 숙려기간을 부여해야 한다.

❶ 장외파생상품에 대한 특칙

임직원등은 장외파생상품의 매매 및 그 중개 · 주선 또는 대리의 상대방이 일반투자자인 경우에는 투자권유 여부와 상관없이 그 투자자가 보유하고 있거나 보유하려는 자산 · 부채 또는 계약 등(이하 '위험회피 대상'이라 함)에 대하여 미래에 발생할 수 있는 경제적 손실을 부분적 또는 전체적으로 줄이기 위한 거래를 하는 경우로서 다음의 요건을 모두 충족하는 경우에 한하여 거래를 할 수 있다.

ㄱ. 위험회피 대상을 보유하고 있거나 보유할 예정일 것

ㄴ. 장외파생상품에 대한 약정거래기간 중 해당 거래에서 발생할 수 있는 손익이 위험회피 대상에서 발생할 수 있는 손익의 범위를 초과하지 아니할 것

이 경우 임직원은 투자자가 장외파생상품 거래를 통하여 회피하려는 위험의 종류와 금액을 확인하고, 관련 자료를 보관하여야 한다.

임직원은 장외파생상품에 대한 투자권유를 하는 경우 회사가 정하는 기준에 따라 적합하지 아니하다고 인정되는 투자권유를 하여서는 아니 된다. 일반투자자에게 장외파생상품을 투자권유하고자 하는 경우에는 투자목적이 위험회피인 경우로 한정되므로 파생상품이 아닌 금융투자상품이나 장내파생상품과는 별도로 적합성 판단기준을 정하여야 한다.

《장외파생상품에 대한 적합성 기준(예시)》

<table>
<tr><th colspan="2" rowspan="2">구분</th><th colspan="3">장외파생상품에 대한 투자 경험</th></tr>
<tr><th>1년 미만</th><th>1년 이상 ~ 3년 미만</th><th>3년 이상</th></tr>
<tr><td rowspan="2">개인</td><td>만 65세 이상</td><td>금리스왑
옵션매수</td><td>금리스왑, 통화스왑
옵션매수, 옵션매도
선도거래</td><td>기타 위험회피 목적의
모든 장외파생상품</td></tr>
<tr><td>만 65세 미만</td><td>금리스왑, 통화스왑
옵션매수, 옵션매도
선도거래</td><td colspan="2">기타 위험회피 목적의 모든 장외파생상품</td></tr>
<tr><td rowspan="2">법인 및 개인사업자</td><td>주권 비상장 법인, 개인 사업자</td><td colspan="2">금리스왑, 통화스왑
옵션매수, 옵션매도, 선도거래</td><td>기타 위험회피
목적의 모든
장외파생상품</td></tr>
<tr><td>주권 상장 법인</td><td>금리스왑, 통화스왑
옵션매수, 옵션매도
선도거래</td><td colspan="2">기타 위험회피 목적의 모든 장외파생상품</td></tr>
</table>

* 장외파생상품의 경우 '주의', '경고', '위험' 등 3단계로 분류

* '경고'위험도에 해당하는 장외파생상품 투자에 적합한 투자자 중 위험관리능력, 장외파생상품 투자 경험, 상품에 대한 지식 등이 충분하다고 인정되는 투자자는 기타 위험회피 목적의 모든 장외파생상품에 투자할 수 있음

❷ 적합성 보고서 교부

임직원은 '신규 투자자, 투자성향 부적합 투자자, 고령 투자자 및 초고령 투자자'에게 'ELS, ELF, ELT, DLS, DLF, DLT'의 금융투자상품을 판매하고자 하는 경우 투자자의 올바른 투자판단을 유도하기 위하여 추천사유 및 유의사항 등을 기재한 적합성 보고서를 계약 체결 이전에 투자자에게 교부하여야 한다.

《적합성 보고서 예시》

※ 회사별 기존 서류체계에 맞게 일부 변경하여 활용 가능

〈적합성 보고서〉

고객명 :	고객번호 :

□ 투자정보 확인서 조사 결과

1. 고객연령대:	2. 투자예정기간:
※ 실제 문항별 고객답변 결과 기재	

□ 고객의 투자성향 및 투자권유 상품

투자성향	투자성향 특징
○○○형	(예) ○○○형은 ________ 투자성향입니다. ※ 회사가 분류한 투자성향의 정의
투자권유 상품	(예) ○○증권 제×××회 파생결합증권

□ 투자권유 사유 및 핵심 유의사항

투자권유 사유 (상품가입 사유*)	(예) 고객이 상품 선정 시 가장 중요한 기준으로 일부 손실 발생 가능성이 있더라도 연 5% 이상의 수익 실현이 가능한 상품을 희망함에 따라 투자자의 투자성향에 비추어 투자권유가 가능한 상품 중 기초자산의 변동성이 상대적으로 낮은 동 파생결합증권을 추천하였음 ☞ 투자자 수요를 감안하여 해당 상품을 선정한 핵심적 사유를 기술
핵심 유의사항	☞ 고객의 구체적 상황(재무상황, 위험선호도, 투자예정기간 등)에 따라 각별히 유념하여야 할 사항(기초자산 및 상품의 손익구조 등)이나 불이익(과표소득 증가 등)을 기재

□ 참고사항

- 본 자료는 고객이 제공한 정보 및 투자 관련 요구사항 등을 근거로 작성되었으므로, 상이한 내용이 포함된 경우 수정을 요청하시기 바랍니다.
- 핵심 유의사항은 해당 상품의 특성 또는 고객의 상황에 비추어 볼 때, 가장 유의가 필요한 사항만을 기재한 것으로 일반적인 위험내용 등은 (투자)설명서를 반드시 참조하시기 바랍니다.

(작성일자, 작성자 성명 등 필요사항 기재)

❸ 설명의무

임직원은 투자자에게 투자권유를 하는 경우 금융투자상품의 내용, 투자에 따르는 위험, 금융투자상품의 투자성에 관한 구조와 성격, 투자자가 부담하는 수수료에 관한 사항, 조기상환조건이 있는 경우 그에 관한 사항, 계약의 해제 · 해지에 관한 사항 등을 투자자가 이해할 수 있도록 설명하고, 설명한 내용을 투자자가 이해하였음을 서명등의 방법으로 확인받아야 한다. 설명의무를 이행하는 경우 해당 금융투자상품의 복잡성 및 위험도 등 상품측면과 투자자의 투자경험 및 인식능력 등 투자자측면을 고려하여 설명의 정도를 달리할 수 있다.

임직원은 설명의무를 이행함에 있어서 투자자의 합리적인 투자 판단 또는 해당 금융투자상품의 가치에 중대한 영향을 미칠 수 있는 중요사항을 거짓 또는 왜곡하여 설명하거나 누락하여서는 안된다.

《설명내용 고객 확인서 예시》

상품가입신청서상 설명내용 고객 · 판매 담당 임직원 확인란(예시)

[고객]

1. 설명서를 교부 받았음(설명서 수령을 거부한 경우는 미교부)
2. 상품의 내용, 핵심 투자위험(신용위험, 시장위험, 환위험 등), 원금손실 가능성(예금자보호법상 보호상품 아님*), 수수료, 조기상환조건, 계약의 해제 · 해지, 취약 금융소비자 우선 설명에 관한 사항에 대하여 설명을 [**듣고 이해하였음**]
3. 동 상품의 투자위험은 6등급 중 ○등급(매우 높은 위험/높은위험/다소높은위험/보통위험/낮은위험/매우낮은위험)으로 최대 원금 전액손실이 가능하며 조기상환, 환매 불가 여부 등 해당 상품의 특성을 충분히 이해하였음

[판매 담당 임직원]

1. 상품의 위험도, 최대 손실 가능성, 수수료, 조기상환 또는 환매 조건 등을 충분히 설명하였으며, 고객이 해당 내용을 충분히 이해하였음을 확인하였음

* 금융투자상품이 아닌 현금예수금(위탁자예수금 · 수익자예수금), 신용거래계좌설정보증금, 신용공여담보금 등 일부 담보금, 비과세종합저축 등 저축자예수금은 예금자보호법에 따른 예금자보호 대상임 [※ 회사별 취급상품이 상이한 경우 일부 수정 가능]

임직원은 투자자가 추후에도 파생상품등에 대하여 문의할 수 있도록 자신의 성명, 직책, 연락처 및 콜센터 또는 상담센터 등의 이용방법을 알려야 한다.

section 04 투자권유 시 유의사항

1 투자권유 시 유의사항

임직원등은 투자권유를 함에 있어서 다음의 어느 하나에 해당하는 행위를 하여서는 아니 된다.

ㄱ. 금융투자상품의 내용을 사실과 다르게 알리는 행위

ㄴ. 불확실한 사항에 대하여 단정적 판단을 제공하거나 확실하다고 오인하게 할 소지가 있는 내용을 알리는 행위

ㄷ. 투자자로부터 투자권유의 요청을 받지 아니하고 방문·전화 등 실시간 대화의 방법을 이용하는 행위. 다만, 아래 a, b의 경우를 제외하고 투자권유를 하기 전에 금융소비자의 개인정보 취득경로, 권유하려는 금융상품의 종류·내용 등을 금융소비자에게 미리 안내하고 해당 금융소비자가 투자권유를 받을 의사를 표시한 경우는 예외

a. 일반금융소비자의 경우 : 고난도금융투자상품, 고난도투자일임계약, 고난도금전신탁계약, 사모펀드, 장내파생상품, 장외파생상품

b. 전문금융소비자의 경우 : 장외파생상품

ㄹ. 투자권유를 받은 투자자가 이를 거부하는 취지의 의사를 표시하였음에도 불구하고 투자권유를 계속하는 행위. 다만, 다음의 각 행위는 제외

a. 투자권유를 받은 투자자가 이를 거부하는 취지의 의사표시를 한 후 1개월이 지난 후에 다시 투자권유를 하는 행위

b. 다른 종류의 금융투자상품에 대하여 투자권유를 하는 행위. 이 경우 다음의 각 금융투자상품 및 계약의 종류별로 서로 다른 종류의 금융투자상품

에 해당하는 것으로 봄

- 금융투자상품 : 채무증권, 지분증권, 수익증권, 투자계약증권, 파생결합증권, 증권예탁증권, 장내파생상품, 장외파생상품
- 투자자문계약 또는 투자일임계약
  - 증권에 대한 투자자문계약 또는 투자일임계약
  - 장내파생상품에 대한 투자자문계약 또는 투자일임계약
  - 장외파생상품에 대한 투자자문계약 또는 투자일임계약
- 신탁계약
  - 금전에 대한 신탁계약
  - 증권, 금전채권, 동산, 부동산, 부동산 관련 권리, 무체재산권(지식재산권 포함)에 대한 신탁계약

c. 위 b에도 불구하고 다음에 해당하는 금융투자상품은 다른 유형의 금융투자상품으로 봄

- 기초자산의 종류가 다른 장외파생상품
- 선도, 스왑, 옵션 등 금융투자상품의 구조가 다른 장외파생상품

ㅁ. 투자성 상품에 관한 계약의 체결을 권유하면서 투자자가 요청하지 않은 다른 대출성 상품을 안내하거나 관련 정보를 제공하는 행위

ㅂ. 금융상품의 가치에 중대한 영향을 미치는 사항을 미리 알고 있으면서 투자자에게 알리지 아니하는 행위 또는 투자성 상품의 가치에 중대한 영향을 미치는 사항을 알면서 그 사실을 투자자에 알리지 않고 그 금융상품의 매수 또는 매도를 권유하는 행위

ㅅ. 금융상품 내용의 일부에 대하여 비교대상 및 기준을 밝히지 아니하거나 객관적인 근거 없이 다른 금융상품과 비교하여 해당 금융상품이 우수하거나 유리하다고 알리는 행위

ㅇ. 자기 또는 제3자가 소유한 투자성 상품의 가치를 높이기 위해 투자자에게 해당 투자성 상품의 취득을 권유하는 행위

ㅈ. 투자자가 자본시장법상 미공개정보 이용행위 금지, 시세조정 행위 등의 금지, 부정거래행위 등의 금지에 위반되는 매매, 그 밖의 거래를 하고자 한다는 사실을 알고 그 매매, 그 밖의 거래를 권유하는 행위

ㅊ. 투자자의 사전 동의없이 신용카드를 사용하도록 유도하거나 다른 대출성 상

품을 권유하는 행위

ㅋ. 금융소비자호보법상 적합성원칙을 적용받지 않고 권유하기 위해 투자자로부터 계약 체결의 권유를 원하지 않는다는 의사를 서면 등으로 받는 행위

ㅌ. 관계법령 등 및 회사가 정한 절차에 따르지 아니하고 금전·물품·편익 등의 재산상 이익을 제공하거나 제공받는 행위

임직원은 투자자의 투자자 성향 및 금융투자상품의 특성을 고려하여 장기투자가 유리하다고 판단되는 경우 그 투자자에게 해당 금융투자상품에 대한 장기투자를 권유할 수 있다.

임직원은 투자자의 투자자산이 특정 종목의 금융투자상품에만 편중되지 아니하도록 분산하여 투자할 것을 권유할 수 있다. 다만, 임직원등이 투자자에게 포트폴리오 투자를 권유하는 경우에는 그 임직원이 금융투자협회에 등록된 금융투자전문인력(펀드투자권유자문인력, 증권투자권유자문인력, 파생상품투자권유자문인력)으로서의 업무범위에 해당하는 금융투자상품으로 구성된 포트폴리오만을 권유할 수 있다.

2 계약서류의 교부, 청약의 철회 및 위법계약의 해지

회사는 투자자와 계약을 체결한 경우 다음의 방법으로 그 계약서류를 지체 없이 투자자에게 교부하여야 한다. 투자자는 ① 서면교부 ② 우편 또는 전자우편 ③ 휴대전화 메시지 또는 이에 준하는 전자적 의사표시 등 교부방법을 특정할 수 있다.

회사는 투자자가 투자성 상품중 청약철회가 가능한 대상상품에 대해 7일내에 서면등(전자우편, 휴대전화 문자메시지 등)의 방법으로 청약 철회를 요청하는 경우 이를 수락하여야 한다.

또한 회사는 금소법 제17조(적합성 원칙) 제3항, 제18조(적정성 원칙) 제2항, 제19조(설명의무) 제1항·제3항, 제20조(불공정영업행위 금지) 제1항 또는 제21조(부당권유행위)을 위반하여 금융상품에 관한 계약을 투자자와 체결한 경우 투자자가 서면 등으로 계약해지를 요구하는 경우 이를 수락하여야 한다. 이 경우 위법한 계약체결을 하였음을 안 날로부터 1년 이내에(해당 계약기간은 계약체결일로부터 5년 이내의 범위) 해당 계약의 해지를 요구 할 수 있으며, 회사는 10일 이내에 수락여부를 통지하고, 거절시에는 사유를 함께 통지하여야 한다.

〈계약서류 교부의 예외사항〉

① 매매거래계좌를 설정하는 등 금융투자상품을 거래하기 위한 기본계약을 체결하고 그 계약내용에 따라 계속적·반복적으로 거래를 하는 경우

② 투자자가 계약서류를 받기를 거부한다는 의사를 서면으로 표시한 경우

③ 투자자가 우편이나 전자우편으로 계약서류를 받을 의사를 서면으로 표시한 경우로서 투자자의 의사에 따라 우편이나 전자우편으로 계약서류를 제공하는 경우

3 손실보전 등의 금지

〈금지 행위〉

① 투자자가 입을 손실의 전부 또는 일부를 보전하여 줄 것을 사전에 약속하는 행위

② 투자자가 입은 손실의 전부 또는 일부를 사후에 보전하여 주는 행위

③ 투자자에게 일정한 이익을 보장할 것을 사전에 약속하는 행위

④ 투자자에게 일정한 이익을 사후에 제공하는 행위

4 투자매매업자 및 투자중개업자의 금지행위

(1) 과당매매의 권유금지

임직원은 투자자의 투자목적, 재산상황 및 투자경험 등을 고려하지 않고 일반투자자에게 빈번한 금융투자상품의 매매거래 또는 과도한 규모의 금융투자상품의 매매거래를 권하여서는 안 된다.

〈과당매매 판단기준〉
① 투자자가 부담하는 수수료의 총액
② 투자자의 재산상태 및 투자목적에 적합한지 여부
③ 투자자의 투자지식이나 경험에 비추어 해당 거래에 수반되는 위험을 잘 이해하고 있는지 여부
④ 개별 매매거래 시 권유내용의 타당성 여부

(2) 자기매매를 위한 권유 금지

임직원은 자기 또는 제3자가 소유한 금융투자상품의 가치를 높이기 위해 투자자에게 특정 금융투자상품의 매매를 권유하여서는 아니 된다.

(3) 부당한 권유금지

❶ 임직원은 금융투자상품의 가치에 중대한 영향을 미치는 사항을 미리 알고 있으면서 이를 투자자에게 알리지 아니하고 해당 금융투자상품의 매수나 매도를 권유하여 해당 금융투자상품을 매도하거나 매수하여서는 아니 된다.

❷ 임직원은 투자자에게 회사가 발행한 주식의 매매를 권유하여서는 아니 된다.

❸ 임직원은 자본시장법 제55조(손실보전 등의 금지) 및 자본시장법 제71조(불건전영업행위의 금지)에 따른 금지 또는 제한을 회피할 목적으로 하는 행위로서 장외파생상품 거래, 신탁계약 또는 연계거래 등을 이용하여서는 아니 된다.

❹ 임직원은 신뢰할 만한 정보 · 이론 또는 논리적인 분석 · 추론 및 예측 등 적절하고 합리적인 근거를 가지고 있지 아니하고 특정 금융투자상품의 매매거래나 특정한 매매전략 · 기법 또는 특정한 재산운용배분의 전략 · 기법을 채택하도록 투자자에게 권유하여서는 아니 된다.

❺ 임직원은 해당 영업에서 발생하는 통상적인 이해가 아닌 다른 특별한 사유(회사의 인수계약 체결, 지급보증의 제공, 대출채권의 보유, 계열회사 관계 또는 회사가 수행 중인 기업인수 및 합병 업무대상, 발행주식총수의 1% 이상 보유 등)로 그 금융투자상품의 가격이나 매매와 중대한 이해관계를 갖게 되는 경우에 그 내용을 사전에 투자자에게 알리지 아니하고 특정 금융투자상품의 매매를 권유하여서는 아니 된다. 다만, 다음의 어느 하나에 해당하는 사유로 이를 알리지 아니한 경우는 제외

ㄱ. 투자자가 매매권유당시에 해당 이해관계를 알고 있었거나 알고 있었다고 볼 수 있는 합리적 근거가 있는 경우. 다만, 조사분석자료에 따른 매매권유의 경우는 제외

ㄴ. 매매를 권유한 임직원이 그 이해관계를 알지 못한 경우. 다만, 회사가 그 이해관계를 알리지 아니하고 임직원으로 하여금 해당 금융투자상품의 매매를 권유하도록 지시하거나 유도한 경우는 제외

ㄷ. 해당 매매권유가 투자자에 대한 최선의 이익을 위한 것으로 인정되는 경우. 다만, 조사분석자료에 따른 매매권유의 경우는 제외

❻ 임직원은 특정 금융투자상품의 매매를 권유하는 대가로 권유대상 금융투자상품의 발행인 및 그의 특수관계인 등 권유대상 금융투자상품과 이해관계가 있는 자로부터 재산적 이익을 제공받아서는 아니 된다.

❼ 임직원은 신용공여를 통한 매매거래를 원하지 않는 투자자에게 이를 부추기거나 조장하는 행위를 하여서는 아니 되며, 신용공여를 통한 매매거래를 원하는 투자자에게는 그에 따르는 위험을 충분히 설명하여야 한다.

❽ 임직원은 매매거래에 관한 경험부족 등으로 임직원등의 투자권유에 크게 의존하는 투자자에게 신용공여를 통한 매매거래나 과다하거나 투기적인 거래, 선물·옵션 등 위험성이 높은 금융투자상품의 매매거래를 권유하여서는 아니 된다.

5 기타

❶ 파생상품등에 대한 투자권유대행인에 의한 투자권유는 금지된다.

일정한 요건을 갖추고 금융위원회에 등록된 투자권유대행인(investment solicitor)은 금융투자업자의 위탁을 받아 금융투자상품의 투자를 권유할 수 있으나 파생상품 등에 대해서는 투자권유의 위탁이 불가하다.

❷ 투자의 일임은 별도의 투자일임계약에 의하지 않을 경우 불가능하다.

자본시장법에서는 별도의 일임계약에 의하지 않은 일임거래는 불법이므로 유의하여야 한다.

section 05 불완전판매사례

금융시장의 발전으로 금융상품이 복잡해짐에 따라 투자자들이 상품이나 규제의 내용을 정확히 알기 어려워 금융상품에 대한 불완전판매 등이 초래되고 있다. 또한 투자자는 금융기관에 비해 상대적으로 금융상품에 대한 정보에 있어 열위에 있다.

이에 투자자 보호의 필요성이 강조되고 있으며, 금융투자회사는 상품판매 전단계에서 투자자의 피해를 방지하고 완전판매를 위한 체계를 구축하여야 한다.

2008년 해외주가와 연계된 장외파생상품을 투자대상으로 한 우리파워인컴펀드사건, 은행과 중소기업과의 KIKO거래 등 불완전판매사례와 관련하여 투자자 보호를 위한 제도적 장치구축과 법규준수가 중요시되고 있다.

최근 판례의 경향을 아래의 사례로 비추어 보면, 대상 금융거래 자체의 사법상 효력은 대체로 인정하면서(착오 취소 및 무효 주장, 기망 등은 배척), 투자자 보호의무 위반에 따른 손해배상의무를 인정하는 방식으로 금융기관에게 법적책임을 부담하게 하고 있다.

1 사례 [I] ○○인컴펀드사건[대법원 2010다76382 판결 등 다수]

(1) 사건 개요

해외주가에 연계된 장외파생상품을 투자대상으로 한 펀드사건으로 주된 투자대상인 장외파생상품은 매우 생소한 금융기법인 주식 디폴트 스왑(EDS)에 근거하여 발행된 구조화된 채권으로 투자원금손실 가능성 결정요인과 분기별 확정 수익금 결정 방식을 투자자가 제대로 알기 어려운 상품

(2) 판단 내용

펀드 가입 시 형식적·절차적 요건을 대부분 구비하였음에도 판매회사와 자산운용사의 배상책임을 인정한 사례

❶ 거래신청서(투자자가 직접 서명하고 날인함)

'상기 확인사항을 충분히 설명듣고 본 상품에 가입하였음을 확인합니다.'
'투자설명서를 교부받고 주요 내용에 대한 설명을 들었음을 확인합니다.'
투자자가 기재 후 직접 서명하고 날인함

❷ 거래신청서, 수익증권 통장 등에 원금손실 문구 명시

'가입(투자)하신 투자신탁상품은 은행예금이 아니며 운용실적에 따라 수익이 배분되는 실적배당상품으로 투자원금의 손실이 발생할 수 있습니다.'라고 명시

❸ 기타 확인서(투자신탁상품 가입고객 확인서, 투자설명서교부 및 주요 내용 설명확인서) 서명, 날인, 투자설명서 교부, 자산운용보고서 발송, 손실발생 관련 안내문 발송

(3) 결론

❶ 피고들로서는 이 사건 장외파생상품 투자의 수익과 위험을 정확하게 이해한 후에, 투자자들이 합리적인 투자판단을 할 수 있도록 균형을 갖춘 올바른 정보를 제공하고 그 내용을 투자자들이 이해할 수 있도록 설명함으로써 투자자들을 보호할 의무가 있다.

❷ 피고들(판매은행, 자산운용사)이 작성하여 고객들에게 제공한 자료들만으로는 위와 같은 투자자 보호의무를 다한 것으로 볼 수 없다고 하며 (불법행위) 손해배상책임 인정

❸ 다만, 그 외 원고들의 ① 약관규제법상의 명시·설명의무 위반 주장, ② 계약의 무효 또는 취소(기망, 착오) 주장 및 ③ 원금지급약정 주장은 모두 배척

❹ 대법원 2011.8.25. 선고2010다77613 판결 : 원고들의 과실비율 55%

❺ 대법원 2011.8.18. 선고2010다105242 판결 : 원고들에게 과실을 인정한 이유는 위 대법원판결(2010다77613)과 사실상 동일하나, 다만 이 사건 각 펀드 가입 전에 투자경험이 없었던 원고들에게는 과실비율을 60%로, 투자경험이 있던 원고들에게는 과실비율을 70%로 인정

2 사례 [2] 키코사건[대법원 2011다53683 전원합의체 판결 등]

(1) 계약 무효주장-배척

❶ 민법 제104조 불공정한 행위 : 계약 체결 시 기준으로는 일방에게 현저히 불공정한 계약으로 볼 수 없음으로 해당되지 않음

❷ 약관규제법 위반 주장 : 약관이 아니므로 배척

❸ 파생상품업무처리 모범규준 위반 주장 : 모범규준은 금융회사가 고려할 사항을 권고하기 위한 것, 모범규준에 반하는 거래라 하더라도 그 자체로 사법상 효력이 부인되지는 않음

(2) 기망 또는 착오로 인한 취소 주장-배척

(3) 투자자 보호의무(적합성 원칙, 설명의무) 위반 주장-일부 사안에서 인정(SS정밀)

❶ SS정밀 사안(대법원 2013.9.26. 선고 2012다1146 전원합의체 판결)-인정

병은행 지점장이 투기거래의 목적이 없는 갑에게 과대한 위험성을 수반하는 투기적 성격을 지닌 위 계약을 환 헤지 목적의 거래라고 하면서 적극적으로 권유하여 갑이 체결하게 하였고, 위 계약 체결에 이르기까지 경과 및 계약 내용등에 비추어 갑은 위 계약 자체의 구조와 위험성은 인식하고 있었지만은 은행과 체결한 다른 두 건의 계약 및 현물환의 예상 보유액을 함께 고려한 위험성까지는 미처 인식하지 못하였던 것으로 보이는데 병은행 지점장이 실제로는 투기적 성격을 지닌 위 계약을 헤지계약이라고 설명함으로써 갑이 이를 오인하여 계약을 체결하게 하였으므로, 위 계약 체결과 관련하여 병 은행은 적합성의 원칙을 위반하고, 설명의무를 다하지 않았다고 한 사례

❷ SS중공업 사안(대법원 2013.9.26. 선고2011다 53683, 53690 전원합의체 판결)-배척

ㄱ. 적합성 원칙 위반 여부 : 유사한 거래경험이 있고 원고의 경영상황에 비추어 과대한 위험을 초래하는 것으로 볼 수 없음

ㄴ. 설명의무 위반 여부 : 유사한 거래경험이 있다는 사실 등 제반 사정에 비추어 볼 때 원고가 당시 해당 거래의 구조나 위험성을 충분히 이해할 수 있었을 것

chapter 02

계좌 개설 업무

section 01 계좌 개설

1 개요

신규계좌의 개설은 고객과의 파생상품거래 매매업무 수탁을 위한 요건으로서 고객과 회사 간에 파생상품거래에 관한 기본적인 계약을 체결하고 필요한 정보를 획득하는 일련의 과정이다.

계좌 개설 단계에서 법이나 규정상에서 필요로 하는 과정을 이행하지 않을 경우 향후 책임소재 등의 문제가 발생할 수 있으며, 분쟁을 유발할 수 있으므로 불완전판매를 예방하기 위한 정확한 설명과 위험고지 및 정보파악이 필요하다.

2 제반 서류 준비

(1) 파생상품계좌 개설 신청서

성명, 주민(사업자)등록번호, 주소, 연락처, 거래인감 또는 서명 등 기본정보를 입력하고 계좌 개설을 신청하는 가장 기본적인 서류

(2) 파생상품거래 위험고지서

관련 법규에 의해 고객에게 설명되고 제공되어야 하는 기본서류이며, 파생상품거래와 관련한 거래 유의사항 및 관련 위험을 고지하고 거래의 주요 내용을 설명하는 서류

(3) 파생상품거래 약관

파생상품거래와 관련된 회사와 고객 간의 기본적인 계약사항

(4) 일반투자자 투자자 정보 확인서

투자자의 투자목적, 재산상황, 투자경험 등을 감안한 적합한 투자권유를 하기 위하여 제출받는 서류

(5) 일중매매거래위험고지서

일중매매거래 손실 위험에 대하여 설명하는 서류

(6) 이체약정(등록, 변경, 해지) 신청서, 결제계좌(등록, 변경, 해지) 신청서, 은행 이체약관, 대용증권 이체약관

현금, 대용증권의 입출금 관련 계좌 등록 및 관련 사항에 대한 약관

(7) 전자금융거래(등록, 변경, 해지) 신청서 및 전자금융거래약관

Home Trading System 등을 이용할 경우 별도 신청 · 교부하는 서류

(8) 위임장

본인이 아닌 대리인이 계좌를 개설할 경우 대리인에게 권한을 위임한다는 서류

(9) 사용인감신고서

법인고객의 경우 법인인감을 매번 사용할 경우 인감증명서를 매번 제출해야 하는 등 이용상의 불편함이 있을 수 있으므로 사용인감을 따로 등록하여 거래 편의성을 도모하게 되는데 이때 필요한 사용 인감을 등록하는 신청서

(10) 주문대리인 위임장

투자자와 주문대리인은 위임장 등 서면서류를 작성

(11) 거래전문회원 · 비회원 계좌 개설 신고서

(12) 적격 개인투자자 제도에 따른 서류

❶ 장내파생상품 거래확인서 : 개인투자자의 거래 단계를 확인하기 위한 장내파생상품 거래확인서

❷ 신규 개인투자자

ㄱ. 사전교육 수료 확인증 : 금융투자협회 사전교육(최소 1시간 이상 회원이 정하는 시간) 이수 후 금융투자협회 홈페이지에서 확인

ㄴ. 모의거래 이수 확인서 : 거래소 또는 거래소가 인증한 금융투자회사 모의거래과정을 최소 3시간(회원이 정하는 시간) 이상 이수한 후 거래소 홈페이지 또는 회원사에서 확인

❸ 자격증, 재직증명서 : 파생상품을 별도 과목으로 둔 금융자격증 보유자 및 금융투자회사에서 파생상품 업무경력 1년 이상인 업계 종사자

ㄱ. 자격증 보유자 : 사전교육 면제, 모의거래만 이수

ㄴ. 금융투자회사에서 파생상품 업무경력 1년 이상자 : 사전교육 · 모의거래 면제

a. 사전교육 면제 적용을 위한 시험에 합격하고 그 효력이 상실되지 아니한 자

b. 금융투자회사(겸영금융투자회사 제외)에서 파생상품 업무경력 1년 이상인 투자자로 파생상품을 매매 또는 중개하는 업무를 수행하는 부서 또는 그 업무를 직접적으로 지원하는 부서(리스크관리, 컴플라이언스, 결제, 제도 및 기획, IT)

ㄷ. 금융투자일임업자를 통해 투자가능 상품으로 한국거래소에 상장된 파생상품이 포함된 투자일임계약에 따른 투자일임계좌 : 사전교육 · 모의거래 면제

3 신규계좌 개설 신청서류의 접수 및 교부서류

(1) 계좌 개설 신청서 접수

❶ 위탁자명 및 비밀번호는 필히 고객 자필로 작성하여야 한다.

❷ 비밀번호는 숫자로 4~6자리(4자리 필수)

〈전자금융감독규정상 이용자 비밀번호 관리방법〉

① 주민등록번호, 동일 숫자, 연속숫자 등 제3자가 쉽게 유추할 수 있는 비밀번호의 등록 불가

② 통신용 비밀번호와 계좌원장 비밀번호를 구분해서 사용

③ 5회 이내의 범위에서 미리 정한 횟수 이상의 비밀번호 입력 오류가 발생한 경우 즉시 해당 비밀번호를 이용하는 거래를 중지시키고 본인 확인절차를 거친 후 비밀번호 재부여 및 거래 재개(이체 비밀번호 등 동일한 비밀번호가 다양한 형태의 전자금융거래에 공통으로 이용되는 경우, 입력오류 횟수는 이용되는 모든 전자금융거래에 대하여 통산한다)

④ 금융회사가 이용자로부터 받은 비밀번호는 거래전표, 계좌 개설신청서 등에 기재하지 말고 핀패드(PIN pad) 등 보안장치를 이용하여 입력 받을 것

⑤ 신규 거래, 비밀번호 변경, 이체 신청과 같이 비밀번호를 등록 · 사용하는 경우 사전에 신청서 등에 기입하지 않고, 핀패드 등 보안장치를 이용하거나 이용자가 사후에 전자적 장치를 이용하여 직접 입력하는 방식으로 운영할 것

❸ 실명확인증표를 징구하고 대리인일 경우 위임장과 위임한 고객의 인감증명서 및 위임인과 위임받은 사람의 실명확인증표를 징구하여야 한다.

(2) 서면에 의한 계약 체결

파생상품 계좌를 설정하고자 하는 때에는 다음의 사항이 기재된 서면으로 파생상품 계좌 설정 계약을 체결하여야 한다. 다만, 위탁자가 거래를 하는 것이 적합하지 아니하

다고 인정되는 경우에는 파생상품 계좌 설정계약을 체결하지 않아야 한다.

❶ 금융투자업자(거래소 회원)와 위탁자는 시장에서의 거래를 위하여 파생상품계좌를 설정한다는 사항

❷ 위탁자는 시장에서의 거래의 수탁과 관련하여 회원이 사전에 정한 계약의 내용(파생상품 거래약관)을 승인한다는 사항

(3) 파생상품거래 약관의 교부

❶ 거래소 회원은 위탁자와 파생상품 계좌 설정 계약을 체결하는 때에는 위탁자에게 파생상품 관계법규 및 관련 조치의 준수에 관한 사항, 수탁의 거부에 관한 사항 등 파생상품거래 약관의 중요 내용을 설명하고 해당 약관을 교부하여야 한다.

〈약관의 필수적 기재사항〉

① 파생상품 관계법규 및 관련 조치의 준수에 관한 사항
② 수탁의 거부에 관한 사항
③ 지정결제 회원에 관한 사항
④ 기본예탁금의 예탁에 관한 사항
⑤ 위탁증거금의 예탁에 관한 사항
⑥ 대용증권 및 외화증권의 이용제한에 관한 사항
⑦ 위탁증거금의 추가 예탁 또는 결제를 이행하지 아니하거나 사후 위탁증거금의 예탁시한까지 사후 위탁증거금을 예탁하지 않을 경우의 조치에 관한 사항
⑧ 위탁수수료의 징수에 관한 사항
⑨ 기초자산 수수의 제한 및 책임에 관한 사항
⑩ 최종 결제대금, 권리행사결제대금 및 기초자산의 사전 예탁에 관한 사항
⑪ 위탁자의 결제조건의 변경, 최종 결제 가격 등의 재산출 및 손해배상청구권의 제한에 관한 사항
⑫ 위탁증거금의 추가 예탁 통지 등 위탁자에 대한 통지에 관한 사항
⑬ 사후 위탁증거금 적용 위탁자의 위험 노출액 한도 초과시 수탁의 거부에 관한 사항
⑭ 거래의 실적 대비 과다한 호가건수를 제출한 파생상품계좌에 대한 과다호가부담금에 관한 사항
⑮ 주식상품거래의 종결에 관한 사항

⑯ 대량투자자착오거래의 구제에 관한 사항
⑰ 거래의 취소에 관한 사항
⑱ 외국인 통합계좌의 설정 및 관리, 외국인 통합계좌를 통한 주문 · 결제 등에 관한 사항
⑲ 그 밖에 위탁자의 권리 또는 의무에 관한 사항으로서 회원이 필요하다고 인정하는 사항

❷ 약관의 신고 및 변경

ㄱ. 금융투자업자는 약관을 제정 또는 변경하는 경우에는 변경후 7일 이내에 금융위원회 또는 금융투자협회에 보고하여야 하며, 다만 투자자의 권리나 의무에 중대한 영향을 미칠 수 있는 다음의 경우에는 약관의 제정 또는 변경 전에 미리 신고하여야 한다.

a. 약관의 제정으로써 금융서비스와 제공내용 · 방식 · 형태 등과 차별성이 있는 내용을 포함하는 경우

b. 투자자의 권리를 축소하거나 의무를 확대하기 위한 약관으로써

• 변경전 약관을 적용받는 기존 투자자에게 변경된 약관을 적용하는 경우
• 기존 금융서비스의 제공 내용 · 방식 · 형태 등과 차별성이 있는 내용을 포함하는 경우

ㄴ. 금융투자협회는 표준약관을 제정할 수 있으며, 협회가 표준약관을 제정하거나 변경하는 경우 미리 금융위원회에 신고하여야 한다.

ㄷ. 금융위원회는 협회 또는 금융투자업자로부터 약관을 신고 또는 보고 받은 경우에 적합하면 신고를 수리하고 공정거래위원회에 이를 통보하여야 한다.

(4) 파생상품거래 위험고지서의 교부

거래소 회원은 위탁자와 파생상품 계좌 설정 계약을 체결하기 전에 위탁증거금 이상의 손실 발생 가능성, 위탁증거금의 추가 예탁 가능성 등의 내용이 기재된 파생상품거래 위험고지서를 위탁자에게 교부하고 그 내용을 충분히 설명하여야 하며, 위탁자로부터 '파생상품거래 위험고지서를 충분히 숙지한 후, 자신의 판단과 책임으로 거래한다'는 취지의 내용을 기재한 '파생상품거래 위험고지서 교부확인서를 징구하여야 한다'(위탁자의 기명날인 또는 서명 필요).

(5) 기타 사항

❶ 위탁자가 동일 거래소 회원 내에 위탁계좌를 개설한 상태에서 추가로 파생상품 계좌를 개설하는 경우에는 파생상품 거래약관 및 파생상품거래 위험고지서의 교부·설명, 파생상품거래 위험고지서 교부확인서의 징구, 위탁자 관련 사항의 확인 등을 하지 않아도 된다. 하지만 그 내용 등의 변경이 있는 경우에는 교부 또는 확인하여야 한다.

❷ 거래소 회원은 사후 위탁증거금계좌(일반계좌, 할인계좌)를 설정·변경 또는 해지하는 때에 해당 계좌에 관한 사항을 거래소에 신고하여야 하며, 사후 위탁증거금할인계좌의 설정에 관한 사항을 신고하는 때에는 동일인의 주권연계계좌와 사후 위탁증거금일반계좌도 신고하여야 한다.

❸ 거래소 회원은 파생상품 계좌 설정 계약에 관한 서면, 파생상품 거래위험고지서 교부확인서 및 위탁자 관련 사항에 관한 서면을 10년 이상 보관하여야 한다.

❹ 파생상품거래 관련 : 일반 개인투자자(전문 개인투자자 및 비거주 외국인을 제외한 개인)의 파생상품교육과정의 이수는 금융투자협회가 개설하여 운영하는 파생상품거래 관련 사전 교육(최소 1시간 이상)을 이수하는 것을 말하고, 모의거래과정의 이수는 거래소가 개설하여 운영하는 파생상품 모의거래과정 또는 거래소가 인증한 금융투자회사의 파생상품모의거래과정을 최소 3시간 이상 이수하여야 한다.

4 실명확인

(1) 의의

현재 우리나라에서는 「금융실명거래 및 비밀보장에 관한 법률」에 의해 모든 금융기관과의 계좌 개설 및 입출금 거래 시에 실질 명의에 의해 거래가 이뤄지도록 하여 금융거래의 투명성과 경제정의 실천을 도모하고 있다. 따라서 계좌 개설 또는 기타 거래가 본인 실질명의에 의한 것인지를 확인하는 절차가 매우 중요하며 이와 관련한 실무적인 절차 또한 미리 숙지하고 있어야 한다.

(2) 실명의 정의

실명의 정의는 다음과 같으며 다음에 해당되지 않는 것은 실명으로 인정받지 못한다.

❶ 개인

구분	실명(실지명의)
내국인	• 주민등록표상에 기재된 성명 및 주민등록번호
재외국인	• 여권에 기재된 성명 및 여권번호 • 여권이 발급되지 않은 재외국인은 재외국인 등록법상의 등록부에 기재된 성명 및 등록번호 • 외국인계좌(외화계좌)를 개설하는 경우 투자등록증상의 성명과 투자등록번호(고유번호)
외국인	• 여권에 기재된 성명 및 여권번호 • 외국인등록증에 기재된 성명 및 등록번호 • 투자등록증상의 성명과 투자등록번호(고유번호)

❷ 법인

구분	실명(실지명의)
법인 (법인으로 보는 법인격 없는 사단 등을 포함)	• 법인세법의 규정에 의하여 교부받은 사업자등록증에 기재된 법인명 및 등록번호
	• 사업자등록증을 교부받지 아니한 법인은 법인세법의 규정에 의하여 납세번호를 부여받은 문서에 기재된 법인명 및 납세번호

* 사업자 구분이 81~85인 것만 해당된다.

❸ 법인이 아닌 단체

구분	실명(실지명의)
법인이 아닌 단체	• 당해 단체를 대표하는 실지 명의
	• 부가가치세법의 규정에 의하여 고유번호를 부여받은 단체의 경우에는 그 문서에 기재된 단체명 고유번호*
외국단체	• 투자등록증에 기록된 명칭 및 투자등록번호 • 외국단체 등록증에 기록된 명칭 및 등록번호 • 당해 국가의 정부가 발행한 것으로서 그 단체가 당해 국가에 설립·설정되어 있음을 증명하는 서류에 기록된 명칭 및 번호

* 고유번호를 부여받은 단체의 경우 고유번호를 부여받은 문서의 사업자 구분이 80인 것만 해당된다.

(3) 실명 확인자

실제로 고객의 실명을 확인한 직원이 실명확인필을 날인한다.

❶ 실명 확인자는 실명확인 업무에 대한 권한·의무가 주어진 영업점(본부의 영업부서 포함) 직원이며, 후선부서 직원(본부직원, 서무원, 청원경찰 등)은 실명확인을 할 수 없다.

❷ 금융기관의 임원 및 직원이 아닌 금융상품 모집인 및 카드모집인(임시사용인) 등은 실명확인을 할 수 없으나, 본부부서 근무직원이 실명확인 관련 업무를 처리하도록 명령받은 경우는 실명확인을 할 수 있다.

❸ 업무위탁 계약에 의해 은행 및 다른 금융투자업자에게 실명확인 업무를 위탁한 경우 다른 은행 및 금융투자업자에 의한 실명확인이 가능하다(이 경우에도 위험고지 등 필수적인 업무의 위탁은 불가하며 실명확인 이외의 본질적인 업무에 대해서는 별도로 조치를 취하여야 한다).

(4) 대리인에 의한 계좌 개설 시 실명확인방법

❶ 대리인(가족 외)의 계좌 개설 시 징구서류

ㄱ. 본인 및 대리인 모두의 실명확인증표(본인의 실명확인증표는 사본 가능)

ㄴ. 본인의 인감증명서(용도 : 금융계좌 개설용) 및 법인인감증명서

ㄷ. 위임장(인감도장날인)

❷ 가족이 계좌 개설 시 징구서류

ㄱ. 가족의 범위는 본인의 직계존비속(부, 조부, 자, 손자, 배우자부모 포함) 및 배우자

ㄴ. 대리인 실명확인증표(본인의 실명확인증표 불필요)

ㄷ. 가족확인서류 : 주민등록등본, 가족관계증명서 또는 재외국민등록부 등

(5) 기타

❶ 불법행위를 목적으로 하는 차명거래 금지

❷ 금융회사 종사자는 불법 차명거래를 알선·중개해서는 안된다.

❸ 금융회사 종사자는 거래자에게 불법차명거래가 금지된다는 사실을 설명해야 한다. 금융회사는 계좌 개설 시 문서 또는 구두로 설명해야 하며, 설명한 내용을 거래자가 이해하였음을 서명, 기명날인, 녹취 등의 방법으로 확인받아야 한다.

5 서명거래

(1) 서명거래의 개요

거래하는 신고인감 외에 본인의 서명을 사전에 등록하고 등록된 서명을 사용하여 거래할 경우 인감거래와 동일하다.

(2) 서명등록 및 거래의 원칙

❶ 서명등록은 필히 본인이 등록(단, 상임대리인과 법정대리인의 경우는 대리인의 서명등록이 가능)
❷ 인감 없이 서명만 등록 가능
❸ 법인계좌는 계좌 특성상 서명거래 불가
❹ 서명거래 시 필수적으로 실명확인증표에 의해 본인 확인
❺ 성명과 서명은 필히 별도로 기재(성명과 서명이 같더라도 별도로 기재)

6 외국인의 계좌 개설

(1) 외국인의 계좌 개설

외국인이 파생상품거래를 위한 계좌를 개설하는 경우 외국인의 관계법령에서 인정하는 실명확인증표(개인의 경우 여권, 외국인투자등록증, 외국인국내거소신고증 등, 법인의 경우 투자등록증 등 증명하는 서류 등)

❶ 거래증거금으로 대용증권을 사용할 경우는 투자등록증이 필요함
❷ 투자등록증 : 외국인이 유가증권을 취득 또는 처분 시 사전에 금융감독원에 본인의 인적사항 등을 등록한 증명서
❸ 외국인은 취득한 유가증권을 투자매매업자, 투자중개업자, 예탁결제원, 외국환은행, 투자신탁회사, 외국보관기관 등에 보관하여야 함
❹ 상임대리인은 유가증권보관기관 및 한국은행법에 의한 한국은행(외국 중앙은행, 국제금융기구, 외국 정부 등이 보유 또는 보유예정인 국고채권, 재정증권 및 통화안정증권에 관한 업무에 한함) 중에서 선임

(2) 외국인계좌 입·출금 업무

❶ 원화계좌는 내국인과 동일

❷ 외화계좌 개설은 비거주 외국인의 경우에는 의무적으로 개설

❸ 외국인은 은행의 '외국인 투자전용 비거주자 원화계정'의 이체를 통해서만 입·출금 가능

❹ 금융투자업자에게 외화계좌를 개설한 자는 반드시 은행에 파생상품투자전용 대외계정(은행 외화계좌)과 파생상품투자전용 비거주자 원화계정(은행 원화계좌)을 개설

7 해외파생상품 거래 계좌

(1) 해외파생상품 계좌의 종류(자기계좌, 총괄계좌, 중개계좌로 구분)

❶ 자기계좌 : 장내파생상품의 투자매매업자 또는 투자중개업자가 해외파생상품시장거래를 자기의 명의와 계산으로 하기 위하여 해외파생상품시장회원 또는 해외파생상품중개인에게 거래를 중개할 수 있는 자에게 개설하는 계좌

❷ 총괄계좌 : 장내파생상품의 투자중개업자가 자기의 명의와 위탁자의 계산으로 해외파생상품시장거래를 하기 위하여 해외파생상품시장회원 또는 해외파생상품중개인에게 개설하는 계좌이다. 즉 금융투자업자 명의의 단일 계좌이지만 회사는 내부적으로 여러 고객을 Sub계좌로 관리하는 것이며 거래 상대방인 해외파생상품시장회원 또는 해외파생상품중개인은 금융투자업자 명의의 1계좌로만 처리한다(해외파생상품시장회원 또는 해외파생상품중개인 입장에서는 ○○선물회사의 1개 계좌이며 미결제약정은 100계약이지만, 실제로 ○○선물회사는 내부적으로 10명의 고객으로부터 각각 10계약씩의 미결제를 보유하는 것이다. 옴니버스 계좌라고도 한다).

❸ 중개계좌 : 위탁자가 장내파생상품의 투자중개업자의 중개를 통하여 해외파생상품시장거래를 하기 위하여 해외파생상품시장회원 또는 해외파생상품중개인에게 자기의 명의와 계산으로 개설하는 계좌로 중개자인 금융투자업자는 주문의 집행 등 중개업무만 수행하고 실질적인 자금의 이체 등은 위탁자가 직접 해외파생상품시장회원 또는 해외파생상품중개인과 수행하게 된다.

(2) 위험고지서

해외 파생상품거래의 특성상 다음의 사항이 위험고지서상에 포함되어야 한다.

❶ 해외 파생상품거래는 환율 변동 위험이 수반된다는 사실

❷ 해외 파생상품시장거래는 가격정보 획득, 주문처리 속도 등 제반 거래여건이 불리하다는 사실

❸ 해외 파생상품시장제도는 국내 제도와 다를 수 있다는 사실

(3) 신용거래

❶ 국내 파생상품거래와 달리 금융투자업자 또는 중개계좌를 개설한 위탁자는 해외 파생상품시장회원 또는 해외 금융투자업자인 중개인(Futures commission merchant : FCM)이 제공하는 신용으로 거래가 가능하다(국내 파생상품거래는 신용공여가 일절 불가능하다).

❷ 금융투자업자는 총괄계좌에 대하여 해외신용을 획득한 경우라도 이를 위탁자에게 제공하거나 그 사용대가를 위탁자에게 부담시킬 수 없다.

chapter 03

주문의 접수 및 거래체결 업무

section 01 주문의 접수

1 거래시간 및 휴장일

(1) 거래시간

❶ 주식 파생상품 시장의 정규 거래시간은 8시 45분(유로스톡스50 선물은 9시)부터 15시 45분까지이다. 단, 돈육선물의 경우에는 10시 15분부터 15시 45분까지이다.

❷ 최종 거래일이 도래한 종목의 경우

ㄱ. 주식상품시장 08:45~15:20, 코스피200변동성지수선물시장은 08:45~15:35

ㄴ. 금리 · 통화상품시장 09:00~11:30. 다만 미국달러옵션시장은 09:00~15:30

ㄷ. 돈육선물시장 10:15~15:45, 금선물시장은 09:00~15:20

❸ 선물 스프레드 거래의 거래시간은 대상 선물거래의 접속거래시간에만 가능하다.

❹ 거래소가 거래시간을 변경할 수 있는 경우

ㄱ. 거래소 파생상품시스템 또는 회원 파생상품시스템의 장애발생으로 정상적인 거래를 할 수 없는 경우

ㄴ. 주식시장의 매매거래시간 등 기초자산의 거래시간이 변경되는 경우

ㄷ. 선물 스프레드의 경우 선물 스프레드를 구성하는 선물거래의 거래시간이 변경되는 경우

ㄹ. 미국 달러플렉스선물시장의 경우에는 미국 달러선물시장의 거래시간이 변경되는 경우

❺ 호가 접수시간은 거래시간과 다른 개념이다. 호가 접수시간은 거래시간의 개시 15분 전부터 거래시간의 종료 전까지이다(즉, 일반적으로 8시 30분부터 호가를 접수하고, 거래는 8시 45분부터 시작되며, 거래종료 시점인 15시 45분에 호가 접수와 거래가 종료된다).

(2) 휴장일

❶ 공휴일, 근로자의 날, 토요일

❷ 12월 31일(12월 31일이 공휴일 또는 토요일인 경우에는 직전의 거래일)

❸ 기초자산이 주식 또는 주가지수일 경우 유가증권시장 또는 코스닥시장의 휴장일

❹ 돈육선물시장의 경우에는 축산물품질평가원이 '돈육 대표가격 관리기준'에서 정한 축산부류도매시장 및 축산물공판장의 과반수가 휴장하는 날

❺ 기초자산이 변동성지수인 경우에는 변동성지수를 산출하는 대상이 되는 옵션시장의 휴장일

❻ 기타 경제사정의 급변 또는 급변이 예상되거나 거래소가 시장관리상 필요하다고 인정하는 날

2 주문 접수의 방법

(1) 주문 내용의 확인

회원은 위탁자로부터 거래의 위탁을 받는 경우에는 다음의 주문 내용을 확인하여야

한다.

1. 성명(법인명), 주민등록번호(법인등록번호 등), 비밀번호 및 파생상품계좌번호(외국인 통합계좌의 경우에는 최종 투자자 구분코드)
2. 주문의 유형, 종목, 수량
3. 가격이 지정되는 주문의 경우에는 그 가격
4. 매도와 매수의 구분
5. 비회원인 투자중개업자 또는 투자매매업자로부터 위탁을 받는 경우에는 위탁거래와 자기거래의 구분
6. 주문의 조건 및 유효기간이 있는 경우에는 그 조건과 유효기간
7. 회원이 필요하다고 인정하는 사람

(2) 주문의 수탁 방법

회원이 위탁자로부터 주문수탁 시 문서에 의한 방법, 전화 등에 의한 방법, 전자통신에 의한 방법으로 할 수 있다.

1. 문서에 의한 방법 : 투자자가 회원의 영업점에서 주문표에 수기로 주문 내용을 기재하고 기명날인 또는 서명하는 방법
2. 전화등에 의한 방법 : 투자자가 전화 · 전보 · 팩스 등으로 회원에게 주문 내용을 지시하면 회원이 주문표에 주문 내용을 기재하고 기명날인 또는 서명하는 방법
3. 전자통신에 의한 방법 : 투자자가 컴퓨터통신 등의 전자통신을 이용하여 직접 주문 내용을 입력하면 직접 회원시스템에 도달하는 방법

전자통신에 의한 방법으로 주문을 제출하는 경우 사전에 투자자와 회원 간에 전자통신방법의 수탁에 관한 계약을 체결하여야 한다.

주문수탁의 방법을 거래소가 정하고 일정 요건을 부과하는 것은 추후에 발생할 수 있는 거래 부인(주문을 낸 위탁자가 주문을 내지 않았다거나 사실관계를 왜곡하면서 이의제기나 손해배상을 청구하는 것)을 방지하기 위한 것이므로 고객과 회사, 영업직원의 안전과 보다 확실한 거래 입증을 위해 반드시 거래소가 지정한 방법으로만 주문의 수탁을 하여야 한다.

(3) 주문의 처리

1. 회사는 거래의 위탁을 받는 경우 문서에 의한 방법의 경우에는 주문표에, 전화 등

방법의 경우에는 주문표 또는 전산주문표에, 전자통신방법의 경우에는 회원의 파생상품거래 시스템에 그 접수시각을 기록하여야 한다.

❷ 회사는 주문을 접수한 시간의 순서에 따라 즉시 주문 내용을 회원의 파생상품 시스템 또는 회원 단말기를 통하여 거래소 파생상품 시스템으로 입력하여야 한다.

❸ 주문 접수에 관한 기록은 그 접수일로부터 10년간 기록·유지하여야 한다.

(4) 수탁의 거부

회사는 거래소 규정의 수탁의 거부조항에 해당하는 경우 매매거래의 수탁을 거부하여야 한다.

회사는 공익과 투자자 보호 또는 시장에서의 거래질서의 안정을 위하여 필요하다고 인정하는 경우, 위탁자의 신용상태 및 재산상태 등을 감안하여 거래의 수탁이 부적절한 경우에는 거래의 수탁을 거부할 수 있다.

회사가 거래의 수탁을 거부한 경우 그 이유를 주문표, 전산주문표, 그 밖에 주문 내용을 기록한 문서에 기재하고 그 사실을 즉시 위탁자에게 통지하여야 한다.

3 주문 접수의 유형 및 조건

(1) 주문의 유형

주문이란 투자자(위탁자)가 선물 또는 옵션 등의 거래를 위하여 투자중개업자에게 하는 매도의 의사표시 또는 매수의 의사표시를 말한다.

구분	내용
지정가 주문	종목, 수량, 가격을 지정하는 주문으로써 지정한 가격 또는 지정한 가격보다 유리한 가격으로 거래를 하고자 하는 주문
시장가 주문	종목 및 수량은 지정하되 가격은 지정하지 않는 주문
조건부지정가 주문	시장에 도달된 때에는 지정가주문으로 거래하나, 만약 종가 단일 가격 거래 전까지 체결되지 않은 경우에는 종가 단일 가격 거래 시에 시장가주문으로 전환되는 주문
최유리지정가 주문	종목 및 수량은 지정하되 가격은 매도의 경우 가장 높은 매수호가가격(매수호가가 없는 경우 가장 낮은 매도호가 가격에서 호가단위가격을 뺀 가격, 매도매수호가가 없는 경우 직전약정가격), 매수의 경우 가장 낮은 매도호가가격(매도호가가 없는 경우 가장 높은 매수호가가격에서 호가가격단위를 더한 가격, 매도매수호가가 없는 경우 직전약정가격)으로 거래하려는 주문

(2) 주문의 조건

일부 충족조건 (FAK, IOC)	당해 주문의 접수 시점에서 주문한 수량 중 체결될 수 있는 수량에 대하여는 거래를 성립시키고 체결되지 아니한 수량은 취소하는 조건
전량 충족조건 (FOK)	당해 주문의 접수 시점에서 주문한 수량의 전부에 대하여 체결할 수 있는 경우에는 거래를 성립시키고 그러하지 아니한 경우에는 당해 수량 전부를 취소하는 조건

(3) 주문의 효력

입력된 주문은 거래체결, 주문의 취소·정정 등의 경우를 제외하면 접수된 때부터 당일의 거래 종료 시까지 효력을 지속한다.

(4) 호가의 입력 제한

호가란 거래소의 회원이 거래소가 개설한 파생상품시장에서 거래하기 위하여 매도의 의사 표시 또는 매수의 의사표시를 말한다.

적용 대상	입력 제한
원월종목	시장가호가, 조건부지정가호가 및 최유리지정가호가 단, 최근월종목의 최종 거래일부터 기산하여 소급한 4거래일간은 차근월종목도 최근월종목과 동일하게 모든 호가의 종류를 허용
단일가호가	최유리지정가호가. 다만, 취소호가는 입력 가능
종가단일가호가시간	조건부지정가호가. 다만, 취소호가는 입력 가능
최종 거래일 도래 종목 (통화선물거래, 돈육선물 거래 종목 제외)	조건부지정가호가
선물 스프레드 거래	시장가호가, 조건부지정가호가 및 최유리지정가호가, 단일가호가시간의 호가 다만 취소호가는 입력가능최근월종목 거래시간 종료 후 기초자산이 동일한 선물 스프레드 거래의 호가
일부·전량 충족조건	조건부지정가호가, 단일가호가, 시장조성 계좌를 통한 호가
시장조성 계좌	시장가호가, 조건부지정가호가 및 유리지정가호가, 일부 충족조건 및 전량 충족조건의 호가
조건부지정가호가	호가의 가격을 상한가로 지정한 매수호가, 호가의 가격을 하한가로 지정한 매도호가
예상 체결 가격 공표시간	단일가호가시간의 종료 전 1분간 정정·취소호가

실시간 가격 제한제도 미적용거래 및 종목	시장가호가, 조건부지정가호가 및 최유리지정가호가 단, 해당 상품에 대해 실시간 가격 제한의 적용이 해제*되는 경우 시장가호가 및 최유리지정가호가
기타	해외지수선물거래, 주식선물거래, 주식옵션거래, ETF선물거래, 위안선물거래 또는 돈육선물거래 : 시장가호가, 조건부지정가호가, 최유리지정가호가

* 직전 약정 가격이 시장 상황과 상당히 괴리되는 경우 등 거래소가 별도로 정하는 경우

4 주문 가격 및 수량의 제한

(1) 일중 가격 제한제도

❶ 기준 가격을 기준으로 상한가보다 높거나 하한가보다 낮은 가격은 주문이 제한된다.

❷ 레버리지 효과가 큰 파생상품거래의 특성상 손실이 무한대로 될 수 있고 일시적인 수급 불균형으로 인한 가격의 급변을 방지하기 위하여 가격 제한폭을 설정하고 있다.

기준 가격

① 거래 개시일부터 최초 거래 성립일
- 이론 가격. 다만, 주식선물거래에서 배당락 등이 있는 경우에는 주식선물 조정이론 가격으로 한다.
- 돈육선물거래의 경우 : 전일에 공표된 돈육 대표 가격
- 코스피200변동성지수선물거래의 경우 : 전일의 최종 코스피200변동성지수의 수치

② 최초 거래성립일의 다음 거래일 이후의 경우
- 전일의 정산 가격. 다만, 미국 달러플렉스선물거래의 경우에는 선물 이론 가격으로 한다.

(2) 실시간 가격 제한제도

접속매매 시간 중, 거래가 체결될 때마다 그 약정 가격을 기준으로 실시간 상·하한가(직전 약정 가격±가격 변동폭)를 설정하고 실시간 상한가를 초과하는 매수호가와 실시간 하한가 미만의 매도호가 접수를 거래소에서 거부한다. 투자자 또는 회원의 착오거래로

인한 장중 가격 급변으로 시장 혼란을 방지하기 위한 제도이다.

❶ 실시간 가격 제한 적용 거래 및 종목

ㄱ. 실시간 가격 제한 적용대상 상품 : 코스피200선물거래, 코스피200옵션거래, 주식선물거래, 3년국채선물거래 및 10년 국채선물거래, 미국달러선물거래, 미니코스피200선물거래 및 코스닥150선물거래

ㄴ. 실시간 가격 제한 적용 종목

a. 선물거래 및 옵션거래의 경우 : 최근월종목 및 결제주(weekly) 종목. 다만, 최근월종목의 최종 거래일부터 소급한 4거래일간은 차근월종목을 포함한다.

b. 선물 스프레드 거래의 경우 : 선물거래의 최근월종목과 차근월종목 간 1개의 종목(최근월종목의 최종 거래일부터 소급한 4거래일간에 한정한다)

❷ 실시간 가격 제한제도 미적용 되는 경우

ㄱ. 시가·종가·장중 단일가호가 접수시간과 당일 중 시가형성 전까지

ㄴ. 야간거래, 협의거래, 기초자산이 정리매매종목인 주식선물거래

ㄷ. 실시간 가격 제한제도 미적용 상품은 모든 거래시간 동안 지정가호가만 허용

❸ 실시간 가격 제한제도가 적용되는 접속매매시간에는 실시간 가격 제한 범위 내에서만 거래체결이 가능하고 실시간 가격 제한 범위를 벗어나는 시장가호가의 경우 전량이 즉시 실시간 상·하한가의 지정가로 전환되며 FOK, IOC 조건 시 체결 가능한 수량 외에는 자동 취소됨

표 3-1 일중 가격 제한제도(Price limit)와 실시간 가격 제한제도(Price band)비교

구분	일중 가격 제한제도	실시간 가격 제한제도
목적	경제급변 등으로 인한 과도한 가격 변동 방지	장중 직전가 대비 과도한 가격 급변을 방지
상·하한가	당일 기준 기격⊥기격 변동폭 (가격 변동폭 : 전일 장 종료 후 당일 고정)	직전 약정 가격±가격 변동폭 (가격 변동폭 : 거래 체결 시 실시간 변동)
적용상품	전 상품	유동성이 풍부한 상품[1)]
적용종목	전 종목	선물 : 최근월물, 차근월물, 제1스프레드 옵션 : 최근월물, 차근월물
설정횟수	1일 중 1회	체결 시마다
적용시간	정규거래 호가접수시간	접속거래시간 중(09:00~15:35)

1) 코스피200선물거래, 미니코스피200선물거래, 코스피200옵션거래, 코스닥150선물거래, 주식선물거래, 3년 및 10년 국채선물거래, 미국달러선물거래

(3) 호가수량의 제한

❶ 호가당 지정할 수 있는 수량의 최대치를 말한다. 일시에 대량의 주문이 집행되어 시장을 교란하거나 착오 등에 의한 체결이 있을 수 있는 가능성을 방지하기 위한 것이다. 다만, 주문수량 이상으로 주문을 일시에 넣을 수 없는 것이지 주문수량을 나누어 여러번 넣는다면 주문이 가능하다(코스피200선물거래 3,500계약 주문 시 2,000계약과 1,500계약으로 2회에 걸쳐 주문을 집행하면 가능).

❷ 호가수량한도

상품	구분	호가수량한도
선물거래	코스피200선물, 코스피200변동성지수선물, 미니코스피200선물과 통화선물(글로벌거래)을 제외한 모든 선물거래	1,000계약 다만, 유동성 관리상품 100계약
	코스피200선물, 코스피200변동성지수선물, KRX300선물거래와 ETF선물거래	2,000계약 다만, 유동성 관리상품 200계약
	미니코스피200선물	10,000계약 다만, 유동성 관리상품 1,000계약
	미국달러선물거래(정규거래), 엔선물거래, 유로선물거래, 위안선물거래	5,000계약 다만 유동성 관리상품의 모든 종목 500계약
	주식선물거래	1,000계약, 2,000계약, 5,000계약, 10,000계약 중 거래소가 별도로 정하는 수량 다만, 유동성 관리상품의 경우에는 해당 수량의 10분의 1
선물스프레드거래	선물스프레드거래(코스닥150선물스프레드거래 등)	1,000계약
	코스피200선물스프레드거래, 코스피200변동성지수선물스프레드거래, 국채선물스프레드거래, 일반상품선물스프레드거래, KRX300선물스프레드거래, ETF선물스프레드거래, 5년국채선물스프레드거래, 10년국채선물스프레드거래	2,000계약
	미니코스피200선물스프레드거래와 통화선물스프레드거래	10,000계약
	3년국채선물스프레드거래	5,000계약
	주식선물스프레드거래	1,000계약, 2,000계약, 5,000계약, 10,000계약 중 거래소가 별도로 정하는 수량
	코스피200선물 글로벌 거래	100계약

❸ 누적호가수량한도 : 거래소는 코스피200 선물·옵션 등을 매매하는 과정에서 주

문 시스템의 오류로 인해 호가가 반복 또는 잘못 제출되는 사고를 사전에 통제하기 위해 계좌별 누적호가수량한도를 설정하고 있다. 코스피200선물거래(선물스프레드거래 포함)와 코스피200옵션거래, 미니코스피200선물거래, 미니코스피200옵션거래를 하는 회원의 자기거래계좌와 사후 위탁증거금계좌에 한정하여 적용한다. 단 협의거래와 글로벌 거래는 제외한다.

구분			누적호가수량한도
자기계좌, 사후 위탁 증거금계좌	코스피200선물거래(선물스프레드거래를 포함한다) 및 코스피200옵션거래	알고리즘 거래계좌	상승 · 하락 방향별 15,000
		알고리즘거래 계좌가 아닌 계좌	상승 · 하락 방향별 30,000
	미니코스피200선물거래(선물스프레드거래를 포함한다) 및 미니코스피200옵션거래	알고리즘 거래계좌	상승 · 하락 방향별 75,000
		알고리즘거래 계좌가 아닌 계좌	상승 · 하락 방향별 150,000

(4) 미결제약정의 제한

❶ 제한의 목적 : 시세 조종 등 불공정 행위의 사전 예방, 과당투기 방지 및 결제불이행 방지 등

❷ 제한내용

ㄱ. 회원이 자기계산으로 행하거나 동일인 위탁자별로 위탁받을 수 있는 순미결제약정 수량 또는 종목별 미결제약정수량을 제한하고 있다. 다만, 자기거래의 경우 회원의 시장조성계좌에 보유하고 있는 수량은 제외한다.

ㄴ. 제한대상거래 : 투기거래. 단, 차익 · 헤지거래 관련 수량은 보유 수량 산출 시 제외. 이 경우, 회원은 회원 자기거래 또는 위탁거래 중 차익 · 헤지 증빙서류를 다음 거래일의 10시까지 거래소에 제출해야 한다.

❸ 미결제약정수량 보유한도

구분	미결제약정수량 보유한도
코스피200선물, 코스피200옵션, 미니코스피200선물 및 미니코스피200옵션	코스피200선물, 코스피200옵션, 미니코스피200선물 및 미니코스피200옵션의 모든 종목에 대한 선물환산 순델타포지션 기준으로 2만 계약. 다만, 개인투자자의 경우 1만 계약

코스피200변동성지수선물	순미결제약정수량을 기준으로 2만 계약. 다만, 개인투자자의 경우 1만 계약
KRX300선물	순미결제약정수량기준 2만 계약. 다만, 개인투자자의 경우 1만 계약
코스닥150선물, 코스닥150옵션	순미결제약정수량기준 2만 계약. 다만, 개인투자자의 경우 1만 계약(상장지수집합투자기구의 경우 10만 계약)
섹터지수선물	순미결제약정수량을 기준으로 1만 계약. 다만, 개인투자자의 경우 5천 계약
해외지수선물	순미결제약정수량을 기준으로 5만 계약. 다만, 개인투자자의 경우 2만 5천 계약
주식선물 및 주식옵션	동일한 기초주권별로 선물환산순델타포지션 기준으로 다음 계산식에 따라 산출(1천 계약 미만은 절사한다)하여 공표하는 수량 ㄱ. 산식 : Max {5천, 기초주권의 보통주식 총수×1천분의 5÷Max(동일한 기초주권 종목의 거래승수)} ㄴ. 매년 첫 번째 거래일에 인터넷 홈페이지 등 거래소가 운영하는 전자전달매체 등을 통하여 제한수량을 공표하며, 제한수량 공표일부터 기산하여 7거래일 후부터 적용한다. 다만, 기초주권의 유무상증자, 주식분할 등으로 보통주식총수가 10% 이상 변경되는 경우에는 그 때마다 제한수량을 변경하여 공표한다.
ETF선물거래	각 기초자산별로 상이(5천~2만 계약)
돈육선물거래	순미결제약정수량을 기준으로 3천 계약. 최근월종목의 경우 최종거래일이 속하는 월의 두 번째 목요일부터는 미결제약정수량을 기준으로 9백 계약
금선물거래	순미결제약정수량을 기준으로 3,000 계약

5 기타 거래소 제도

(1) 알고리즘계좌의 사전신고

❶ 알고리즘거래는 사전에 정한 일정한 규칙에 따라 투자의 판단, 호가의 생성 및 제출 등을 사람의 개입 없이 자동화된 시스템으로 하는 거래로써, 회원은 알고리즘거래시 발생할 수 있는 위험을 파악하고 관리하여야 한다.

❷ 알고리즘거래계좌를 설정, 변경 또는 해지하는 경우 사전에 거래소에 신고하여야

하며, 알고리즘거래계좌로 신고하지 않은 계좌의 당일 호가건수가 초당 2건이상 및 장종료시점을 기준으로 5천 건 이상인 경우 소명 자료를 다음 거래일 장 종료시까지 제출하여야 한다.

❸ 계좌단위호가처리(Kill Switch) : 알고리즘 오류, 시스템 장애 등의 발생 시 해당 계좌에서 제출한 모든 호가를 일괄 취소 후, 추가적인 호가 접수를 차단(협의대량거래는 제외)

(2) 장중 추가 증거금

❶ 외부 이벤트 등에 의한 시황급변 시, 결제위험을 축소를 위해 장중에 미결제약정 보유상황에 따라 추가 증거금을 부과하고 있다.

❷ 매 거래일 매시(9:01, 10시, 11시, 12시, 1시, 2시) 산출된다.

❸ 부과조건 : 두 기준 모두 충족 시 부과하며, 산출 시점으로부터 1시간이 지난 시점 부과 여부 결정 및 통보된다.

ㄱ. 가격 변동기준 : 코스피200지수의 가격 변동률이 코스피200선물의 거래증거금률의 100분의 80 이상인 경우

ㄴ. 금액기준 : 회원별로 산출된 장중거래증거금이 예탁총액의 100분의 120 이상인 경우

6 거래의 중단

거래소는 시스템의 장애발생 등의 사유 기타 거래상황에 이상이 있거나 그 우려가 있어 거래를 계속하는 것이 곤란하다고 인정하는 경우 전부 또는 일부종목의 거래를 중단할 수 있다.

〈거래중단 사유〉

① 거래소 파생상품시스템 또는 회원 파생상품시스템의 장애발생으로 정상적인 거래를 할 수 없는 경우

② 주식시장의 시스템 장애발생으로 주가지수 구성종목중 일정 종목수 이상의 거래를 할 수 없는 경우 및 주식선물·옵션거래에 있어서 기초주권의 매매거래가 중단·정지된 경우 등

거래소는 현물 가격이 급변하는 경우 일정기간 냉각기간을 부여하여 냉철한 투자판단을 할 수 있도록 하는 Circuit Breakers를 마련하여 필요적으로 모든 종목의 대상이 동일한 주가지수선물거래를 중단하도록 하고 있다.

현물시장(유가증권시장 또는 코스닥시장) 지수의 급변에 따른 자체 Circuit Breakers가 발동된 경우에는 파생상품(선물 · 옵션)거래를 중단하게 된다.

7 거래의 체결

(1) 일반원칙

파생상품거래는 거래소에 제출된 호가끼리 일정한 경쟁원칙에 따라 개별적으로 거래를 성립시키는 개별 경쟁거래가 원칙이다.

개별 경쟁거래방식은 집중거래방법의 단일 가격에 의한 개별 경쟁거래(단일가 거래)와 계속적 거래방법의 복수 가격에 의한 개별 경쟁거래(접속거래)방법으로 구분된다.

또한, 상대거래방식으로 거래를 체결하는 협의거래제도를 두고 있으며, 협의대량거래, 기초자산조기인수도부거래 및 미국 달러플렉스선물거래가 있다. 협의거래는 대량의 주문을 일정한 가격으로 체결시키기를 희망하는 대량의 거래, 만기 등을 거래당사자 간 정할 수 있는 플렉스상품 등 경쟁거래방식이 적합하지 않은 거래에 대하여 적용하고 있다.

❶ 경쟁거래 : 매도측과 매수측이 모두 복수인 경우로서, 매도자는 매도자끼리 매수자는 매수자끼리 가격 경쟁을 하고, 다시 매도측과 매수측 간에 가격을 통해 경쟁을 하여 거래를 체결하는 방법

❷ 상대거래 : 매도측과 매수측이 모두 단수인 경우의 체결 유형으로, 거래당사자 쌍방이 임의로 상대방을 선택하고 서로의 합의에 의해 수량, 가격 등을 결정하여 거래를 체결시키는 방법

표 3-2 개별 경쟁거래의 원칙

① 가격우선의 원칙	• 호가 간 가격이 다른 경우 매수호가는 가격이 높은 호가가 가격이 낮은 호가에 우선하고, 매도호가는 가격이 낮은 호가가 가격이 높은 호가에 우선 • 시장가호가는 시장에서 제일 유리한 가격으로 체결시키려는 호가로 지정가 호가에 우선
② 시간우선의 원칙	• 가격이 동일한 호가 간에는 먼저 접수된 호가가 나중에 접수된 호가에 우선
③ 수량우선의 원칙	• 단일가 거래의 약정 가격이 상한가 · 하한가로 결정되는 경우에 상한가 또는 하한가로 제출된 단일가 호가 간에는 시간우선의 원칙이 배제되는 대신에 상 · 하한가로 제출된 단일가호가 간에는 호가수량이 많은 호가부터 적은 호가순으로 각각의 호가수량이 전량 체결될 때까지 수량을 배분한다.

(2) 개별 경쟁거래의 종류

❶ 단일가매매 : 일정 시간 동안 접수된 다수의 호가에 대하여 매도호가 간의 경합, 매수호가 간의 경합에 의하여 하나의 단일 가격으로 계약을 체결한다.

단일가매매는 시가 및 종가를 결정하는 때와 매매거래를 중단한 후 재개 시의 최초 가격을 결정하는 때에 적용한다.

단일가 거래 적용대상	단일가호가의 범위
최초 약정 가격	정규거래시간의 개시 전 30분간
시장의 전부 또는 일부가 정지된 후 재개 시의 최초 약정 가격	시장 또는 거래를 재개한 때부터 10분간(전산장애 시에는 거래소가 정하는 시간 동안의 호가)
거래중단 후 재개 시 최초 약정 가격	
최종 약정 가격	정규거래시간의 종료 전 10분간
기초주권이 정리매매종목인 주식선물 및 주식옵션	정규거래의 장 개시 시점부터 30분 간격(종가 단일가 결정 시에는 15시부터 15시 45분까지)

• 거래체결방법 : 단일가 거래는 매도호가의 합계수량과 매수호가의 합계수량이 일정한 가격에서 합치한 가격(합치 가격)으로 호가의 우선순위에 따라 합치 가격으로 거래를 체결시킨다. 매도호가의 합계수량과 매수호가의 합계수량이 '합치'된다는 의미는 '동일'하다는 뜻이 아니라 매도 · 매수자 모두에게 가격적으로 불리하지 않으면서 가장 많은 수량이 체결될 수 있는 상황이다.

❷ 접속매매

접속매매는 단일가매매를 이용하는 경우를 제외한 경우에 이용된다. 거래시간 중에 언제든지 거래가 가능한 호가가 접수되면 즉시 거래가 이루어지고 복수의 약정가격이 계속적으로 형성된다.

접속매매는 매수호가의 가격이 매도호가의 가격 이상(매도호가의 가격이 매수호가의 가격 이하)인 경우에 먼저 접수된 호가의 가격을 약정 가격으로 하여 가격우선의 원칙 및 시간우선의 원칙을 적용하여 거래를 체결한다.

(3) 협의대량거래(Block Trade)

❶ 거래체결은 원칙적으로는 공개적이고 경쟁적인 개별 경쟁방법으로 이루어지나, 예외적으로 당사자 간에 사전에 협의된 가격이나 수량으로 거래를 체결시키는 상대거래방식의 협의거래 제도

❷ 거래당사자가 종목, 가격 및 수량에 관하여 협의하고 그 협의된 내용을 회원을 통해 거래소에 신청한 경우, 그 신청내용이 거래소가 사전에 정한 요건에 부합하면 신청한 내용대로 거래를 체결시켜주는 제도이다. 협의대량거래는 기관투자자 등이 대량의 포지션을 신속·원활하게 결제월 간 이월(Roll-over)하도록 해준다.

❸ 회원은 거래소 규정에 따라 일정 요건에 의한 협의대량거래(위탁자 간에 사전에 약정된 범위 내에서 가격, 수량 등을 지정하여 거래할 수 있는 일종의 장내화된 장외거래)를 수탁할 수 있으며 이 경우 다음의 내용을 확인하여야 한다.

ㄱ. 종목, 가격, 수량, 계좌번호(외국인 통합계좌의 경우 최종 투자별 구분코드), 매수와 매도의 구분

ㄴ. 상대방 회원의 명칭 및 파생상품 계좌번호

ㄷ. 협의대량거래에 관한 협의가 완료된 시각

❹ 협의대량거래의 대상

① 주식상품거래의 경우 : 코스피200선물거래, 코스피200옵션거래, 미니코스피200선물거래, 미니코스피200옵션거래, 코스닥150선물거래, 코스닥150옵션거래, KRX300선물거래, 섹터지수선물거래, 해외지수선물거래, 주식선물거래, 주식옵션거래 및 ETF선물

② 금리상품선물거래의 경우 : 3년국채선물거래, 10년국채선물거래, 30년국채선물거래, 3개월무위험지표금리선물거래

③ 통화상품거래의 경우 : 미국달러선물거래, 엔선물거래, 유로선물거래, 위안선물거래

④ 일반상품선물거래의 경우 : 금선물거래

⑤ 선물스프레드거래의 경우 : 3년국채선물스프레드거래, 10년국채선물스프레드거래, 3개월무위험지표금리선물스프레드거래, 미국달러선물스프레드거래, 엔선물스프레드거래, 유로선물스프레드거래, 위안선물스프레드거래

❺ 협의대량거래의 신청시간 : 정규거래시간(단일가 호가시간 포함)

주식상품거래의 경우 당일 정규거래시간까지로 하되, 협의대량거래신청시각이 협의완료시각으로부터 1시간이상 지체되는 경우에는 사유를 기록·보관하여야한다. 금리상품선물거래, 통화상품선물거래, 일반상품선물거래 및 선물스프레드거래의 경우에는 협의완료된 시각으로부터 1시간이내에 협의대량거래를 신청하여야 한다.

(4) 장 개시 전 협의거래

❶ 거래소와 제휴 또는 계약을 체결한 외국 거래소에서 거래소의 파생상품을 기초자산으로 하는 거래로서 회원이 해당 거래의 종목 및 수량에 관하여 당사자 간에 협의된 거래의 체결을 거래소에 신청하는 방법

❷ 대상 : 유렉스가 상장한 KRX상품을 기초자산으로 하는 선물거래로서 거래기간이 1일인 거래의 최종 결제를 위하여 하는 코스피200옵션거래로써, 거래되는 KRX상품은 코스피200선물, 미니코스피선물, 코스피200옵션, 미국달러선물이 이에 해당된다.

❸ 거래시간 : 7:30~8:30

(5) 기초자산조기인수도부거래(EFP, Exchange of Futures for Physicals)

❶ 기초자산조기인수도부거래는 거래당사자가 선물거래의 미결제약정을 최종 거래일 이전에 해소하기 위하여 종목, 가격 및 수량에 관하여 회원이 당사자 간에 협의된 거래의 체결을 거래소에 신청하고, 해당 미결제약정수량에 관한 기초자산과 대금을 수수하는 제도이다.

❷ 미국 달러선물에 도입되어 있으며, 거래자가 원하는 시기에 한 번의 거래로 선물포지션 해소와 실물 인수도가 가능하여 수출기업 등 외환 실수요자들이 유용하게 이용할 수 있다.

구분	내용
대상상품	미국 달러선물
신청가능수량	1~15,000계약
가격 제한범위	선물가격 : 협의대량거래의 가격 제한 범위와 동일 현물가격 : 협의완료시각 직전에 서울외국환중개(주)의 미국달러 당일의 현물환 거래에서 형성된 환율

신청시간	정규거래시간 개시 후 10분부터 종가단일가 호가시간의 개시전 10분까지 시간 중 단일가호가 제외시간
거래제한	해당 종목의 미결제약정 보유수량을 초과하는 신청 당일의 현물환시장에서 형성된 환율이 없는 경우의 신청
신청방법	회원은 투자자의 기초자산조기인수도부거래를 거래소에 전산으로 신청
실물인수도 방법	① 위탁자는 거래신청 전에 회원에게 기초자산 및 대금예탁 ② 회원은 EFP 거래를 거래소에 신청하고 거래가 체결되면 지체 없이 실물인수도 진행 ③ 회원은 거래소와 실물인수도 이행 후 위탁자에게 기초자산 및 대금을 지급

(6) 플렉스협의거래(FLEX, Flexible Exchange)

❶ 플렉스협의거래는 최종 거래일, 최종 결제방법, 가격 및 수량에 관하여 당사자 간에 협의된 내용을 거래소에 신청한 경우 거래를 체결시켜주는 제도이다.

❷ 미국 달러플렉스선물에 도입되어 있으며, 중소기업 등이 은행과 행하고 있는 미국 달러 선물환 거래와 유사한 성격의 거래를 거래소 장내 통화선물시장에서 낮은 거래비용으로 보다 안전하고 편리하게 이용할 수 있다.

구분	내용
대상상품	미국 달러플렉스 선물
최종거래일	미국 달러선물거래의 여섯 번째 연속결제월물 최종거래일 직전 2거래일까지의 기간에서 선택 가능 다만, 해당 종목의 거래가 개시되지 않은 경우 협의거래 신청일, 미국 달러선물거래의 각결제월종목의 최종 거래일 및 최종 거래일 전후 1거래일은 제외
최종결제방법	실물 인수도 또는 현금결제
신청 가능 수량	10~5,000계약
신청 시한	협의가 완료된 시각으로부터 10분 이내
가격 제한 범위	기준 가격±(기준 가격×1/100)이내 ☞ 기준 가격 : 협의가 완료된 시각의 미국 달러선물거래 기준종목의 직전 약정 가격+[전일 미국 달러플렉스선물거래 종목의 정산 가격(정산 가격이 없는 경우에는 거래소가 정하는 이론 가격으로 한다)－전일 미국 달러선물거래 기준종목의 정산 가격]
신청시간	정규거래시간 개시 후 10분부터 종료 전 20분까지 시간 중 미국 달러선물거래의 단일가호가 시간을 제외한 시간
신청방법	회원은 투자자의 플렉스협의거래를 협의 완료 시각으로부터 10분 이내에 거래소에 전산으로 신청

8 거래체결 내역 등의 통지

(1) 의의

거래체결 내역을 통지하는 것은 거래내용의 사실 관계 확인과 이에 대해 이의가 없다는 최종적인 확인을 하는 절차이다. 이는 또한 내부 직원에 의한 부정이나 오류를 방지하는 절차이기도 하기 때문에 거래의 체결을 담당한 직원과 거래내역을 통보하는 직원은 분리되어 운영되는 것이 바람직하다(front office와 back office의 분리).

(2) 거래내역의 통지

❶ 통지 시기

ㄱ. 위탁자의 주문에 대하여 거래가 체결된 경우 즉시 거래내용(체결 연월일, 종목, 수량, 가격 등)을 통지하여야 한다(즉시 통지).

ㄴ. 월간 거래내용 등의 통지 : 월간으로 거래가 있는 고객의 경우 상기 즉시 통보와 별도로 월간 거래내역 및 월말 잔고현황을 다음달 20일까지 통지한다.

ㄷ. 반기 잔고현황 등의 통지 : 반기(6개월)간 거래가 없는 고객의 경우에도 반기말 잔고현황을 반기 종료 후 20일까지 통지하여야 한다.

ㄹ. 사고, 변경 통지 : 위탁자의 거래인감 변경, 선물카드 재발급, 통합계좌 해제 등이 발생한 계좌에 대해서는 잔액조회를 실시하고 미결제약정 현황 및 위탁자 예탁재산 내역을 투자자에게 지체 없이 통보하여야 한다.

❷ 통지 내용

ㄱ. 즉시 통지의 경우 통지하여야 하는 거래내용은 체결 연월일, 종목, 수량, 가격, 매도와 매수의 구분, 그 밖에 회원이 위탁자에게 통지할 필요가 있다고 인정하는 사항이다.

ㄴ. 월간 거래내용 등의 통지 등의 경우 월간 매매 및 기타 거래내용, 월말 잔액 또는 잔량 현황, 월말 현재 파생상품의 미결제약정 현황, 예탁재산잔고, 위탁증거금 필요액 현황을 통지한다.

❸ 통지의 예외 : 다음의 경우는 통지를 한 것으로 본다.

ㄱ. 전자통신의 방법으로 매매주문을 위탁하는 투자자의 경우 이와 유사한 방식으로 사전에 고지하는 바에 따라 월간 거래내역 등을 통지하는 경우(이 경우 투

자자로 하여금 전자통신 등의 방법으로 해당 규정에 따른 통지내용을 수시로 조회할 수 있도록 하여야 한다)

ㄴ. 월간 거래내역 등의 통지를 원하지 아니하는 투자자의 계좌에 대하여 투자자가 요구 시 즉시 통지할 수 있도록 이를 영업점에 비치하거나 전산상의 기록을 유지하는 경우

ㄷ. 우편 발송한 월간 거래내역 등이 3회 이상 계속 반송된 투자자의 계좌에 대하여 투자자 요구 시 즉시 통지할 수 있도록 영업점에 이를 비치한 경우

ㄹ. 투자자의 동의나 신청에 따라 전자우편 등 컴퓨터 기타 이와 유사한 전자통신 방법으로 통지하는 경우

ㅁ. 매매 기타의 거래내용을 투자자가 수시로 확인할 수 있도록 통장으로 거래하는 경우

9 착오거래의 정정

(1) 의의

착오거래는 거래소의 시스템 장애, 프로그램 오작동 등 거래소의 잘못으로 일어나는 경우와 회원 시스템이나 프로그램 장애로 발생하는 것, 주문집행상의 키보드 조작 오류 등 영업직원의 인적 실수에 의한 것의 세 가지로 구분될 수 있다. 어느 경우에나 위탁자의 입장에서는 원하는 주문이 집행되지 않음으로 해서 금전적 손실이나 기회 손실이 발생할 수밖에 없으므로 해당 착오를 인지하는 즉시 위탁자의 원 주문을 정상적으로 재실행하고 이미 착오로 집행된 주문은 귀책사유를 따져 거래소 또는 회원이 부담하는 것이 원칙이다.

(2) 착오거래의 정정

❶ 착오거래의 정정 신청 : 착오거래의 정정 신청은 착오가 발생한 날의 장 종료 후 30분 이내에 회원이 착오거래의 정정을 신청하는 경우에 할 수 있다. 장 종료 후 30분 이내에만 하면 되므로 장중에도 신청할 수 있다.

❷ 착오거래의 정정방법

표 3-3 거래소 · 회원 착오에 대해 정정 가능

구분	착오 사유	정정방법
거래소 착오거래	종목, 수량, 가격, 매도/매수, 호가의 종류 및 위탁자의 파생상품계좌번호 등에 대한 착오거래	회원의 자기거래로 인수 후 단일가 호가로 반대거래한 손익을 해당 회원과 거래소가 정산
	위탁/자기거래, 투자자 구분에 대한 착오거래	해당 구분에 부합되도록 정정
회원 착오거래	종목, 수량, 가격, 매도/매수, 호가의 종류 등에 대한 착오거래	회원의 자기거래로 인수
	위탁자의 파생상품계좌번호에 대한 착오거래	회원의 자기거래로 인수 또는 착오거래가 성립된 파생상품계좌를 개설한 위탁자의 동의를 얻어 파생상품계좌번호를 정정

* 거래소 착오거래 : 거래소 시스템, 프로그램운영 장애 등으로 인해 호가내용에 부합되지 아니하게 성립된 거래
* 회원 착오거래 : 주문의 접수, 호가의 입력 등을 함에 있어서 착오로 주문 내용에 부합되지 아니하게 성립된 거래

❸ 기초자산조기인수도부거래의 경우에는 거래체결 즉시 실물 인수도가 이루어지기 때문에 착오거래의 정정대상에서 제외된다.

10 대량 투자자 착오거래의 구제

(1) 구제대상

회원 또는 위탁자의 착오로 인하여 본래의 의사와 다르게 성립된 거래 중 대량 투자자 착오거래(결제가 곤란하고 시장에 혼란을 줄 우려가 있다고 인정하는 경우로서 일정 요건을 충족하는 거래)에 대하여 회원의 신청이 있는 경우에는 이를 구제할 수 있다. 다만, 시장 상황의 급변, 그 밖에 시장관리상 필요하다고 인정하는 경우에는 제외한다.

(2) 대량 투자자 착오거래의 구제요건

❶ 약정 가격과 착오거래 구제기준 가격과의 차이에 해당 거래의 약정수량 및 거래승수를 곱하여 산출되는 수치를 합산한 금액이 상품시장별로 100억 원 이상일 것. 이 경우 선물 스프레드 시장의 경우에는 기초자산이 동일한 선물시장에 해당 금액을 포함하여 계산하고, 주식선물시장 및 주식옵션시장의 경우에는 각각 기

초주권별로 구분하여 금액을 계산한다.

ㄱ. 착오거래구제기준가격 : 대량투자자 착오거래 성립직전 약정가격

ㄴ. 착오거래구제제한폭 : 직전거래일의 기초자산종가에 착오거래구제제한비율을 곱하여 산출한 수치

ㄷ. 착오거래구제제한비율은 상품별로 다르게 정하고 있으며, 주가지수선물거래 및 주가지수옵션거래 3%, 주식선물거래 5%, 3년국채선물거래 0.5% 등으로 정하고 있음

❷ 약정 가격이 착오거래 구제제한 범위를 벗어날 것

❸ 착오거래가 동일한 착오에 의하여 연속적으로 체결될 것

❹ 착오자가 대량 투자자 착오거래 구제제도를 악용하지 않을 것

❺ 그 밖에 안정적이고 원활한 결제를 위하여 해당 착오거래를 구제할 필요가 있을 것

(3) 착오거래의 구제신청

회원 파생상품시스템을 통하여 거래소 파생상품시스템에 해당 착오거래의 내용을 입력하거나 신청서를 거래소에 제출하는 방법으로 착오거래의 구제를 신청할 수 있다(다만, 협의거래와 글로벌 거래의 경우에는 착오거래의 구제를 신청할 수 없다). 구제의 신청은 해당 착오거래가 발생한 때부터 30분 이내에 하여야 한다. 다만, 거래소는 착오거래가 지속되거나 회원 파생상품시스템의 장애 발생 등으로 불가피하다고 인정하는 경우에는 신청시한을 연장할 수 있다.

(4) 착오거래의 구제방법

거래소는 요건을 모두 충족하는 경우에는 해당 착오거래를 구제할 수 있다.

(5) 구제여부 결정통지

구제신청을 받은 날의 장 종료 후 30분까지. 다만, 구제신청 및 소명자료의 제출시점과 내용, 시장상황을 고려하여 다음 거래일의 장종료 후 30분까지 확정할 수 있다.

11 미결제약정의 인계

(1) 개요

위탁자는 파생상품계좌설정계약을 체결한 회원에게 있는 미결제약정을 다른 회원에게 인계할 수 있다. 또한 거래전문회원의 경우에도 결제위탁계약을 체결한 지정결제회원에 있는 미결제약정을 다른 지정결제회원에게 인계할 수 있다. 이 경우 인계의 요건이 따로 정하여진 것은 아니며 위탁자 또는 거래전문회원의 판단에 따라 임의로 이관을 요청할 수 있다.

(2) 이관의 방법

❶ 위탁자(거래전문회원)의 미결제약정의 인계는 인계하고자 하는 위탁자(거래전문회원)의 미결제약정이 있는 회원과 당해 미결제약정을 인수하는 회원 간에 상대거래의 방법으로 체결하며 거래소가 이를 중개한다.

❷ 인수회원과 인계회원은 미결제약정의 인계에 관하여 거래소가 정하는 사항을 기재한 서면을 거래소에 제출하여야 한다.

❸ 미결제약정의 인계를 위한 상대거래가 체결되는 경우에는 위탁자(거래전문회원)는 인계회원에 예탁되어 있는 위탁증거금 이상을 인수회원에게 이전하여야 한다.

section 02 기본예탁금

1 개요

기본예탁금은 미결제약정이 없는 위탁자가 파생상품거래를 하기 위하여 금융투자업자에게 예탁하여야 하는 최소한의 거래 개시 기준금액이다. 따라서 미결제약정이 없는 위탁자는 기본예탁금을 금융투자업자에게 납부한 이후에만 거래가 가능하다. 기본예탁금제도는 개인투자자가 고위험의 파생상품시장에 무분별하게 참여하는 것을 방지하기 위하여 도입되었다.

2 기본예탁금액

기본예탁금은 다음의 금액범위에서 회원이 위탁자 관련 사항을 파악하여 위탁자별로 구분하여 정하는 금액으로 한다.

❶ 코스피200변동성 지수 선물거래를 제외한 선물거래 및 옵션을 매수하고자 하는 위탁자 경우 : 1천만원 이상

❷ 모든 파생상품을 거래하고자 하는 위탁자 : 2천만원 이상

3 예탁 시점

회원은 고객이 파생상품계좌를 최초로 개설한 경우나 보유하고 있는 미결제약정을 전량해소하여 결제시한(다음 거래일 12시)이 경과한 후에 신규 주문을 제출하려면 기본예탁금을 예탁받아야 한다. 다만, 사후 위탁증거금계좌는 기본예탁금이 면제되고 있다.

기본예탁금은 현금, 대용증권, 외화 또는 외화증권으로 납부할 수 있으며, 위탁증거금으로 사용(충당)할 수 있다.

❶ 미결제약정이 없는 위탁자가 신규 주문 시 예탁한다.

❷ 미결제약정을 보유하고 있는 경우에는 기본예탁금의 체크 없이 신규 주문이 가능하다.

❸ 미결제약정을 전량 반대매매하여 미결제약정이 'Zero'가 된 경우에도 결제시한인 익일 12시까지는 미결제약정이 있는 것으로 보며 따라서 기본예탁금의 체크 없이 신규 주문이 가능하다. 다만, 미결제약정이 전량 소멸된 후 결제시한(12시) 이전에 위탁한 주문이 1계약도 체결되지 아니한 상태에서 그 소멸된 미결제약정의 결제시한이 지난 위탁자에 대해서는 기본예탁금을 예탁하여야 한다.

❹ 익일 결제시한인 12시 이후에는 미결제약정이 완전 소멸되었기 때문에 신규 주문 시 기본예탁금을 예탁하여야 한다.

표 3-4 상황별 기본예탁금 확인 여부

<table>
<tr><th colspan="3">구분</th><th>확인 여부</th><th>비고</th></tr>
<tr><td colspan="3">미결제약정보유 시</td><td>미확인</td><td></td></tr>
<tr><td rowspan="3">미결제약정 전량 해소</td><td colspan="2">결제시한 도래 전</td><td>미확인</td><td>미결제약정이 있는 것으로 간주</td></tr>
<tr><td rowspan="2">결제시한 이후</td><td>미체결주문이 없이 신규 주문</td><td>미확인</td><td>기본예탁금 예탁</td></tr>
<tr><td>결제시한 이전 제출 미체결주문 존재</td><td>미확인</td><td>기본예탁금 예탁 또는 미체결주문 전량 취소</td></tr>
<tr><td colspan="3">기본예탁금 인출 후</td><td>미확인</td><td>기본예탁금 예탁</td></tr>
</table>

4 기본예탁금의 예탁

회원은 거래소가 정하는 금액의 범위에서 위탁자의 신용상태, 투자목적, 투자경험 등을 감안하여 위탁자별로 구분하여 차등적용하여야 한다.

❶ 면제계좌는 사후 위탁증거금 적용계좌 및 예탁자산에 대한 헤지거래만을 하는 파생상품계좌(헤지전용계좌)이다.

❷ 금선물거래 또는 돈육선물거래만을 위해 파생상품계좌를 설정하는 위탁자에 대하여는 기본예탁금액을 50만 원 이상으로 정할 수 있다.

❸ 회원은 기본예탁금 적용기준(위탁자별 적용단계, 단계별 적용금액 및 적용기간 기타 필요한 사항)을 정하여야 하며, 해당 기준을 정하거나 변경하는 때에는 사전에 이를 공표하고 그 적용일로부터 7거래일 이내에 거래소에 통지하여야 한다.

5 기본예탁금의 인출

신규 주문증거금이 없으면서 다음에 해당하는 경우 기본예탁금의 인출이 가능하다(다만, 위탁자가 회원에게 지급하여야 할 결제금액 등은 차감하여 계산한다). 다만, 회원은 글로벌 거래와 관련하여 기본예탁금액을 글로벌 거래에 참여하는 위탁자에게 지급하지 않을 수 있다.

❶ 반대거래, 최종 결제, 권리행사의 신고·배정 또는 옵션의 소멸로 파생상품거래

의 미결제약정이 전량 해소된 때

❷ 옵션 매수의 미결제약정만 보유한 상태에서 미결제약정의 전량을 해소하기 위하여 하한가로 위탁한 매도의 주문이 호가된 때

기본예탁금을 인출한 위탁자로부터 다시 매매거래를 위탁받는 경우에는 사전에 기본예탁금을 예탁 받아야 한다.

다만, 옵션거래의 매수 미결제약정만 보유한 위탁자가 호가 최저 한도 가격으로 매도주문(예탁금 인출 후에는 취소 또는 정정 불가)을 제출했음에도 체결되지 않아 익일에 다시 하한가로 반대거래의 위탁을 받는 경우는 기본예탁금 체크 없이 주문할 수 있다.

section 03 증거금 제도

1 개요

파생상품거래는 거래상대방을 알 수 없는 익명의 시장에서 이루어지며 고위험, 고수익 거래로 손실 위험이 크므로 결제이행에 대한 담보가 필수적이다. 따라서 거래에 대한 결제이행을 담보하기 위한 보증금 성격으로 파생상품시장의 변화 등 여러 가지 요소를 체계적으로 고려하여, 각 참가자별 보유 포지션(위험 노출액)에 상응하는 액수의 금전 등을 징수함으로써, 거래상대방 위험에 대비하는데 이러한 제도가 증거금 제도이다. 이러한 증거금은 현금, 대용증권, 외화 또는 외화증권으로 납입할 수 있다.

2 증거금 등의 종류

납부주체에 따라 고객이 회원에게 납부하는 '위탁증거금'과 회원이 거래소에 납부하는 '거래증거금'으로 구분된다.

(1) 위탁증거금

❶ 고객이 회원에게 파생상품거래의 주문을 위탁할 때에는 해당 주문에 대한 위탁증거금을 납부

❷ 위탁증거금은 기초상품의 변동성을 감안하여 거래소가 정한 증거금률 이상을 위탁자가 회원에게 사전에 예탁하여 결제이행의 보증을 하게 되는 보증금 성격

❸ 위탁증거금은 예탁시기에 따라 주문제출 시에 예탁받는 사전 위탁증거금과 적격기관투자자에 대하여 거래 종료 후에 예탁받는 사후 위탁증거금으로 구분됨. 그리고 신규거래 시 납부하는 증거금을 개시증거금이라 하고, 미결제약정을 유지하는데 필요한 최소한의 증거금을 유지위탁증거금이라 함

(2) 거래증거금

❶ 위탁자로부터 예탁받은 위탁증거금 중에서 회원이 실제로 거래소에 납부하여야 하는 증거금

❷ 거래증거금은 회원이 거래소에 대하여(위탁증거금은 위탁자가 회원에 대하여) 거래의 이행을 보증하기 위해 납부하는 보증금으로 위탁증거금의 2/3 수준으로 설정되어 있음

(3) 납부시기

❶ 납부시기에 따라 주문제출 전에 납부하는 '사전증거금'과 거래 종료 후에 납부하는 '사후증거금'으로 구분

❷ 거래증거금은 사후증거금제도가 적용되며, 위탁증거금의 경우 적격기관투자자는 사후증거금제도가 그 외 일반투자자는 사전증거금제도가 적용

3 한국거래소(KRX)의 증거금 제도 개요

거래소의 증거금 제도인 COMS(composite optimized margin system)는 보유하고 있는 선물 및 옵션거래의 전체 포트폴리오를 고려하여 순위험방식으로 평가하는 증거금 체계이다. 주가지수, 주식, 채권, 통화, 일반상품 등 기초자산의 특성이 유사한 상품군(Product Group)별로 증거금을 산출 후, 상품군별 증거금을 단순 합산하는 방식으로 구성되어 있

다. COMS는 사전 위탁증거금과 사후 위탁증거금을 병행해서 운영하는 혼합형 증거금 제도이다.

4 위탁증거금

(1) 개요

❶ 고객은 회원에게 헤지거래 · 차익거래 또는 투기거래 등을 통해 미결제약정을 증가시키는 파생상품거래의 주문을 위탁할 때에는 해당 주문에 대한 위탁증거금을 납부하여야 한다.

회원은 고객이 보유한 미결제 약정 및 주문의 위험을 고려하여 위탁증거금으로 예탁받을 금액을 산출하게 되는데, 이를 위탁증거금액이라고 한다. 즉, 위탁증거금액은 고객의 보유위험을 평가한 최소한의 위탁증거금 소요액을 말하고, 위탁증거금은 그러한 최소 금액 이상으로 고객이 파생상품계좌에 납부한 증거금을 말한다. 따라서 고객이 파생상품계좌에 예탁한 현금, 대용증권, 외화, 외화증권은 모두 위탁증거금이 된다.

❷ 위탁증거금의 종류 : 위탁증거금은 예탁시기에 따라 거래의 위탁을 받기 이전에 예탁받는 사전 위탁증거금과 적격기관투자자에 대하여 정규거래시간의 종료 후에 예탁받는 사후 위탁증거금으로 구분된다. 위탁증거금은 현금으로 예탁받아야 하며 다만, 현금 예탁 필요액을 제외한 위탁증거금은 현금에 갈음하여 대용증권, 외화 또는 외화증권으로 예탁받을 수 있다. 사후 위탁증거금의 예탁시한은 당일 중에서 회원이 정하는 시간 또는 다음 거래일의 10시 이내에서 회원이 정하는 시간으로 한다. 회사는 위탁자의 파생상품계좌별로 위탁증거금을 예탁받아야 하며 증거금을 납부하는 주문은 해당 종목의 미결제약정을 증가시키는 주문에 한한다.

❸ 거래소가 정한 위탁증거금액은 최소 수준으로 위탁자의 신용상태, 투자목적, 시장 상황 등을 감안하여 위탁증거금률, 계약당 위탁증거금액 및 위탁증거금 부과방식 등을 고객별로 차등징수가 가능하다.

(2) 사전 위탁증거금

위탁자로부터 거래의 위탁을 받기 이전에 예탁받는 위탁증거금을 말한다. 산출방법은 다음과 같다.

주문증거금	+	순위험증거금	+	결제예정금액

❶ 미결제약정이 없는 주문의 증거금 계산

ㄱ. 선물거래의 매도·매수주문 시 : 전일 기초자산기준 가격×위탁증거금률(1/2 이상 현금예탁)

ㄴ. 선물 스프레드 거래 주문 시 : 위탁수량×스프레드 위탁증거금액(전액 대용증권 가능)

ㄷ. 옵션 매수주문 시 : 위탁금액 전액(전액 현금)

ㄹ. 옵션 매도주문 시 : ①, ②, ③ 중 큰 금액(전액 대용증권 예탁이 가능하나, 회원 자율)

① [거래승수×(옵션조정증거금이론 가격* − 옵션위탁증거금기준 가격)×30%]

* 기초자산기준 가격이 위탁증거금률의 2배만큼 상승·하락했을 때의 이론 가격

② [거래승수×(옵션증거금이론 가격 − 옵션위탁증거금기준 가격)]

③ 계약당 최소 증거금액

❷ 미결제약정이 있는 주문의 증거금 계산(미체결분 증거금+체결분 증거금)

미결제약정을 보유한 상태에서 처음 주문을 제출하거나 이미 주문을 제출한 후 다시 주문을 제출하는 경우 증거금은 현재 제출하는 주문에 대한 증거금뿐만 아니라 이미 제출된 주문 중 미체결분에 대한 증거금 및 미결제약정에 대한 증거금도 감안하여 산출한다.

체결분증거금은 주문제출 이전에 보유중인 미결제약정에 대한 증거금(파생상품거래의 미결제약정에 대하여 발생할 수 있는 최대 순위험으로 순위험위탁증거금액과 최소순위험위탁증거금액 중 큰 금액에 옵션가격증거금액을 합한 금액)과 결제예정금액(장중선물순손실금액, 장중옵션순매수금액, 당일결제금액 및 익일결제금액의 합계액)에서 익일결제금액을 뺀 금액으로 구성된다.

(3) 사후 위탁증거금

정규거래시간의 종료 후에 예탁받는 위탁증거금을 말한다.

❶ 개요

순위험증거금	+	결제예정금액

금융투자업자, 은행 등 적격기관투자자에 대해서는 주문에 대한 증거금을 부과하지 않고, 장 종료 시점에 보유하고 있는 미결제약정에 대한 순위험증거금액과 익일결제금액을 더한 위탁증거금액을 산출하고 다음거래일 10시 이내에서 회원이 정하는 시간까지 위탁증거금을 예탁하도록 하고 있는데 이를 '사후위탁증거금제도'라고 한다.

❷ 적용대상 및 관리

기관투자자 중 회원이 재무건전성, 신용상태, 미결제약정의 보유상황, 시장 상황 등에 비추어 결제이행능력이 충분하다고 인정하는 자에 대하여 적용한다.

적격기관투자자의 범위

적격기관투자자는 유형요건과 자산규모요건을 충족하여야 한다. 다만, 회원의 위험관리부서가 결제이행능력을 심사하여 결제이행능력이 충분하다고 인정하는 경우에는 자산규모요건을 적용하지 않을 수 있다.

Ⅰ 유형요건

1. 국가
2. 한국은행
3. 금융기관

   은행법상 금융기관, 산업은행, 기업은행, 수출입은행, 농협중앙회, 수협중앙회, 금융투자업자(투자자문업자 제외), 종합금융회사, 상호저축은행중앙회, 상호저축은행, 보험회사, 여신전문금융회사, 산림조합중앙회, 새마을금고연합회, 증권금융회사, 자금중개회사, 금융지주회사, 신용협동조합중앙회

4. 기타 전문투자자

예금보험공사 및 정리금융기관, 한국자산관리공사, 한국주택금융공사, 한국투자공사, 집합투자기구, 신용보증기금, 기술신용보증기금, 법률에 따라 설립된 기금을 관리 · 운용하는 법인, 법률에 따라 공제사업을 영위하는 법인, 지방자치단체, 외국정부, 조약에 따라 설립된 국제기구, 외국 중앙은행, 이에 준하는 외국법인 · 단체

☞ 자본시장법에 명기된 전문투자자 중 주권상장법인, 금융위원회에 전문투자자로 신고한 법인·개인, 금융투자업자 중 투자판단에 대한 자문을 업으로 하는 투자자문업자는 거래소 규정상의 적격기관투자자에서 제외다.

5. 알고리즘계좌를 보유한 국내의 법인으로 회원의 위험관리부서가 심사하여 선정한 법인

[2] 자산규모요건

자산총액이 5천억원 이상이거나 운용자산총액이 1조원 이상일 것

❸ 사후 위탁증거금의 종류

ㄱ. 모든 유형의 거래에 적용되는 ① 사후 위탁증거금 일반계좌와 헤지 또는 차익거래 실수요 증빙 제출 시 적용되는 ② 사후 위탁증거금 할인계좌로 분류된다.

ㄴ. 사후 위탁증거금 할인계좌

사후 위탁증거금이 적용되는 고객의 계좌 중에서 차익거래 또는 헤지거래를 하는 계좌(사후 위탁증거금 할인계좌)에 대하여는 증거금액을 할인하여 적용한다.

❹ 적용

당일 중 신규거래가 있는 사후 위탁증거금 계좌는 당일 기준 순위험 위탁증거금액에 장 종료 후 수수일 전 순손실금액을 더한 금액 이상을 사후 위탁증거금액으로 예탁하여야 한다. 사후 위탁증거금은 장 종료 시점의 미결제약정에 대하여만 증거금을 부과하므로 주문에 대한 증거금은 없다.

❺ 사후 증거금의 예탁시한

ㄱ. 당해 거래일 중에 거래가 성립된 계좌(미결제약정을 감소시키는 거래만 한 계좌는 제외)는 장 종료 후 당일 중 또는 다음 거래일 10시 이내에서 회원이 정하는 시간까지 사후증거금을 예탁하여야 한다.

ㄴ. 미결제약정을 감소시키는 거래(반대매매)만 있는 계좌나 당일 중 거래가 전혀 성립되지 않은 계좌는 당일 중 사후증거금의 예탁은 필요하지 않고 예탁금이

유지증거금 수준을 하회한 경우(추가 증거금 발생)에만 다음 거래일 12시까지 추가증거금을 예탁하면 된다. 예탁총액(현금)과 유지(현금)증거금 비교로 Margin Call 발생 여부 판단 후 사전 위탁증거금 계좌와 동일하게 추가증거금을 납부한다.

ㄷ. 예탁시한까지 예탁을 하지 아니한 위탁자의 경우 당일의 글로벌 개시부터 증거금 예탁 시까지 위탁증거금액을 감소시키는 반대거래주문 이외에는 수탁을 거부하고 예탁 시 수탁을 재개한다.

(4) 위탁증거금의 지급 · 충당

회원은 고객의 예탁총액(예탁된 현금과 대용증권의 대용 가격, 외화 및 외화증권의 평가가액의 합계액)이 위탁증거금액을 초과하거나 예탁현금이 현금 예탁 필요액을 초과하는 경우에는 해당 초과하는 금액 이하의 금액을 지급하거나 위탁자로부터 예탁받아야 하는 위탁증거금에 충당할 수 있다.

chapter 04

정산, 결제 및 인수도

section 01 일일정산 및 결제

1 일일정산

(1) 개요

파생상품거래는 소액의 증거금만으로 만기까지 비교적 장기간의 거래를 약속하는 계약이다. 따라서 만기 시에 손익을 일시에 정산할 경우 증거금액 이상의 손익을 주고 받아야 할 경우가 생기며 이에 따라 결제불이행의 가능성도 높아지게 된다. 따라서 이런 결제불이행을 막기 위해 매 거래일마다 당일 체결된 선물거래의 체결 가격 및 전일 선물 종가로 평가되어 있는 미결제약정을 매일의 선물 종가로 재평가하고, 그 재평가에 따라 발생하는 차손익을 매일 수수함으로써 결제금액을 소액화하고 결제사무를 단순화하도록 하고 있다.

(2) 미결제약정수량 산출

❶ 매수미결제약정수량 : 전일 매수미결제약정수량+당일 매수거래수량−당일 매도거래수량

❷ 매도미결제약정수량 : 전일 매도미결제약정수량+당일 매도거래수량−당일 매수거래수량

❸ 매도 · 매수 대등수량의 소멸 : 회원은 위탁자의 파생상품계좌별로 동일한 종목의 매도와 매수의 약정수량(전일의 미결제약정수량 포함) 중 대등한 수량을 상계한 것으로 보아 소멸시킨다(자동상계).

❹ 미결제약정수량 산출 예시

ㄱ. 매수미결제약정수량

a. 투자자 A가 3년국채선물 동일 종목에 대해 다음과 같은 약정 현황을 보유하고 있는 경우 매수미결제약정수량은 다음과 같다.

전일 미결제약정 현황	당일 거래체결 내역
㉠ 매수미결제약정수량 : 100	㉡ 당일 체결 매수거래 : 50 ㉢ 당일 체결 매도거래 : 80

⇒ 당일 매수미결제약정수량 : 100(㉠)+50(㉡)−80(㉢)=70

b. 투자자 B가 3년국채선물 동일 종목에 대해 다음과 같은 약정 현황을 보유하고 있는 경우 매수미결제약정수량은 다음과 같다.

전일 미결제약정 현황	당일 거래체결 내역
㉠ 매수미결제약정수량 : 80	㉡ 당일 체결 매수거래 : 50 ㉢ 당일 체결 매도거래 : 200

⇒ 당일 미결제약정수량 : 80(㉠)+50(㉡)−200(㉢)=−70

즉, 매수미결제약정을 보유하고 있다가 당일 매도거래의 증가로 인해 매도미결제약정의 보유로 바뀌었다.

ㄴ. 매도미결제약정수량

a. 투자자 C가 3년국채선물 동일 종목에 대해 다음과 같은 약정 현황을 보유하고 있는 경우 매도미결제약정수량은 다음과 같다.

전일 미결제약정 현황	당일 거래체결 내역
㉠ 매도미결제약정수량 : 70	㉡ 당일 체결 매수거래 : 80 ㉢ 당일 체결 매도거래 : 50

⇒ 당일 매도미결제약정수량 : 70(㉠)－80(㉡)＋50(㉢)＝40

b. 투자자 D가 3년국채선물 동일 종목에 대해 다음과 같은 약정 현황을 보유하고 있는 경우 당일 미결제약정수량은 다음과 같다.

전일 미결제약정 현황	당일 거래체결 내역
㉠ 매도미결제약정수량 : 80	㉡ 당일 체결 매도거래 : 50 ㉢ 당일 체결 매수거래 : 200

⇒ 당일 미결제약정수량 : 80(㉠)＋50(㉡)－200(㉢)＝－70

즉, 매도미결제약정을 보유하고 있다가 당일 매수거래의 증가로 인해 매수미결제약정의 보유로 바뀌었다.

(3) 산출방법

선물거래의 가격 변화에 따라 매 거래일 각 종목에 대하여 정산 가격으로 산정한 당일차금 및 갱신차금을 결제회원과 거래소, 거래전문회원과 지정결제회원 간에 수수하여야 할 금액

❶ 당일차금 : 당일 체결된 매수·매도거래수량에 대하여 해당 거래체결 가격과 당일 정산 가격을 비교하여 산출한 손익

ㄱ. 당일 매수거래＝당일 매수수량×(당일 정산 가격－당일 체결 가격)×거래승수

ㄴ. 당일 매도거래＝당일 매도수량×(당일 체결 가격－당일 정산 가격)×거래승수

※ 정산 가격 : 일일정산의 기준이 되는 가격으로 거래소에서 제공

❷ 갱신차금 : 전일의 미결제약정에 대하여 전일의 정산 가격과 당일의 정산 가격을 비교하여 산출한 손익

ㄱ. 매수미결제약정＝전일 매수미결제약정수량×(당일 정산 가격－전일 정산 가격)×거래승수

ㄴ. 매도미결제약정＝전일 매도미결제약정수량×(전일 정산 가격－당일 정산 가격)×거래승수

※ 거래승수

- 코스피200선물 : 250,000
- 미니코스피200선물 : 50,000
- 코스닥150선물 : 10,000
- 코스피200옵션 : 250,000
- 미니코스피200옵션 : 50,000
- 섹터지수선물 : 10,000(코스피고배당50, 코스피배당성장50 : 2,000)
- 변동성지수선물 : 250,000
- 주식선물 : 10
- 주식옵션 : 10
- 3년국채선물 : 100,000,000
- 5년국채선물 : 100,000,000
- 10년국채선물 : 100,000,000
- 미국 달러선물 : 10,000
- 엔선물 : 1,000,000
- 유로선물 : 10,000
- 미국 달러옵션 : 10,000
- 금선물 : 100
- 돈육선물 : 1,000
- ETF선물 : 100

《예시》 정산차금 산출 사례(예 : 미국 달러선물)

	T−1일	T일
회원 A	매수 10계약 미결제약정	매수 2계약 (체결 가격 : 1,192.8) 매도 6계약 (체결 가격 : 1,192.6)
회원 B	매도 10계약 미결제약정	매도 2계약 (체결 가격 : 1,192.8) 매수 6계약 (체결 가격 : 1,192.6)
정산 가격	1,191.6	1,193.0

《T일 정산차금 계산 결과》

구분	종류	내역
회원 A	당일차금	{(1,193.0 − 1,192.8) × 2 × 10,000} + {(1,192.6 − 1,193.0) × 6 × 10,000} = −20,000원
	갱신차금	(1,193.0 − 1,191.6) × 10 × 10,000 = 140,000원
	합 계	−20,000 + 140,000 = 120,000원 이익
회원 B	당일차금	{(1,192.8 − 1,193.0) × 2 × 10,000} + {(1,193.0 − 1,192.6) × 6 × 10,000} = 20,000원
	갱신차금	(1,191.6 − 1,193.0) × 10 × 10,000 = − 140,000원
	합 계	20,000 − 140,000 = 120,000원 손실

2 결제

(1) 일일결제

❶ 장 중 또는 거래분에 대한 익일결제대금을 계좌잔고 또는 주문 가능액에 반영하는 업무로 위탁자는 결제에 대한 의무를 지니며, 결제회원은 이에 대한 보증과 대납 의무를 수반

❷ 결제회원과 거래소는 결제일이 동일한 날에 수수하는 당일차금, 갱신차금, 최종결제차금, 옵션대금, 권리행사차금의 총지급액과 총수령액의 차감액을 수수한다.

(2) 결제금액의 산출

❶ 장 종료 후 일일정산과정에서 당일차금, 갱신차금, 최종 결제차금, 옵션대금, 권리행사차금, 인수도차금 등으로 발생하여 예탁현금에 반영되는 금액

❷ 결제금액＝미수금±정산차금±최종 결제차금±옵션대금±권리행사차금±인수도차금

ㄱ. 미수금 : 전일 이전에 발생한 결제금액으로서 당일 장 종료 전까지 미납부된 금액

ㄴ. 정산차금 : 장 종료 후 당일 거래분과 전일 미결제약정에 대한 손익을 당일차금과 갱신차금으로 각각 계산하여 합산한다.

ㄷ. 옵션대금 : 당일 체결된 옵션거래의 매수옵션대금과 매도옵션대금을 합산한다.

ㄹ. 최종 결제차금 : 최종 거래일의 미결제약정의 정산 가격을 최종 결제 가격으로 평가함에 따라 발생하는 금액(현금결제방식의 선물거래)

ㅁ. 권리행사차금 : 옵션의 행사나 배정을 받은 경우 권리행사 가격과 권리행사 결제 기준 가격의 차에 행사수량 또는 배정수량에 거래승수를 곱하여 산출한 금액(현금결제방식의 옵션거래)

ㅂ. 인수도차금 : 인수도일에 인수자와 인도자 간에 수수되어야 할 금액. 선물의 경우 최종 결제 가격을 기준으로 산출되며 옵션의 경우 행사 가격을 기준으로 산출한다.

ㅅ. 차감결제금액 및 인수도차금의 수수는 수수일 및 수수시한이 동일한 총지급액과 총수령액과의 차감액을 거래소와 결제회원, 거래전문회원과 지정결제

회원, 회원과 위탁자 간에 수수하는 것으로 결제하여야 한다.

❸ 결제금액의 처리

ㄱ. 결제금액은 장 종료 후 산출하여 예탁현금에 반영한다. 단, 예탁현금이 부족하여 미결제금액이 발생한 경우 회원은 위탁자에게 미결제금액을 추가 증거금현금으로 징수해야 한다.

ㄴ. 예탁현금에 결제금액을 차감하는 경우의 처리

a. 예탁현금 충분 시 : 예탁현금에서 결제금액만큼 차감한다.

b. 예탁현금 부족 시 : 예탁현금을 0으로 줄이고 인출되지 못한 금액만큼 미결제금액을 발생시킨다.

ㄷ. 예탁현금에 결제금액을 가산하는 경우의 처리 : 예탁현금에 결제금액을 가산

(3) 선물거래의 결제

❶ 결제회원은 거래소, 거래전문회원은 지정결제회원, 회원은 위탁자와 거래일마다 결제금액을 수수한다.

❷ 결제금액(결제수량)은 총지급액(총지급수량)과 총수령액(총수령수량)의 차감액(차감수량)을 수수한다(차감결제).

❸ 최종결제 : 결제회원은 거래소와, 거래전문회원은 지정결제회원과 회원은 위탁자와 거래가 만료된 종목의 미결제약정에 대하여 현금결제 또는 인수도 결제 방법 중 상품별로 정하는 바에 의하여 최종 결제일에 결제하여야 한다.

ㄱ. 현금결제 : 최종 거래일의 정산 가격과 최종 결제 가격(현물 가격) 간의 차에 의해 산출되는 최종 결제금액을 최종 결제일에 현금으로 수수한다(거래소에서 거래되는 통화선물을 제외한 모든 상품결제방식은 현금결제임).

ㄴ. 인수도결제 : 최종 거래일까지 반대매매되지 않고 남은 미결제약정에 대해서는 최종 결제일에 기초자산(실물)을 직접 인수도하고 그에 대한 결제대금을 수수하는 방식으로 최종 결제처리(통화선물)

(4) 옵션거래의 결제

❶ 옵션거래의 결제방법

옵션(권리)과 프리미엄(대가)의 수수, 반대매매, 권리행사 및 권리포기

그림 4-1 옵션거래

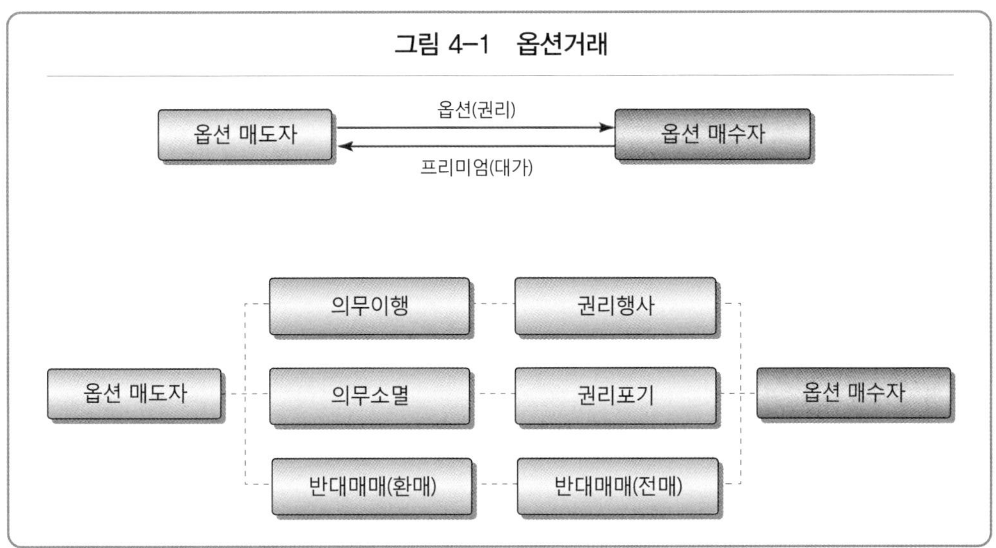

❷ 옵션(권리)과 프리미엄(대가)의 수수

옵션의 매도자는 최종 거래일에 권리행사 가격으로 매도 또는 매수할 수 있는 권리를 매수자에게 부여하고, 그 대가(옵션대금)로 매수자로부터 프리미엄을 수수

☞ 대가(옵션대금) : 체결 가격×체결수량×거래승수

권리보유자인 매수자는 반대매매, 권리행사, 권리포기 중에서 자유롭게 선택할 수 있지만, 의무부담자인 매도자는 자신의 의무를 소멸시키는 방법으로 반대매매만 선택할 수 있다.

결제대금수수시한은 결제금액이 발생한 익일 12시까지이며, 회원과 거래소 간의 경우에는 익일 16시이다.

(5) 결세차금 등의 수수시한

❶ 결제회원과 거래소 : 거래일 다음 거래일 16시까지(공휴일은 순연)

❷ 지정결제회원과 거래전문회원 : 거래일 다음 거래일 내 지정결제회원이 정한다.

❸ 회원과 위탁자 : 거래일 다음날 12시까지

❹ 미국 달러선물의 달러결제차금, 엔선물의 엔결제금액, 유로선물의 유로결제금액, 금선물의 금괴 및 인수도차금의 수수시한은 최종결제일 12시까지

section 02 추가 증거금(마진콜)

1 위탁증거금의 일별 추가 예탁(일별 추가 증거금)

장 종료 시점을 기준으로 사전 위탁증거금을 적용받는 위탁자의 예탁총액이 유지위탁증거금액보다 적거나 예탁현금이 유지현금 예탁 필요액보다 적은 경우에는 위탁증거금을 추가로 예탁받아야 한다. 위탁증거금의 추가 예탁기한은 다음거래일 12시까지이다.

2 위탁증거금의 장중 추가 예탁(장중 추가 증거금)

정규거래시간 중 위탁자의 예탁 총액이 장중 유지위탁증거금액보다 적은 경우에는 위탁증거금을 추가로 예탁받아야 한다.

표 4-1 한국거래소 파생상품 증거금율 (2024. 9. 1. 기준)

상품명	거래증거금률	위탁증거금률	유지증거금율
코스피200선물 코스피200옵션 미니코스피200선물 미니코스피200옵션	8.90%	13.35%	8.90%
코스닥150선물 코스닥150옵션	11.00%	16.50%	11.00%
KRX300선물	10.60%	15.90%	10.60%
유로스톡스50선물	6.20%	9.30%	6.20%
코스피200 변동성지수선물	66.60%	99.90%	66.60%
3년국채선물	0.58%	0.87%	0.58%
5년국채선물	0.95%	1.425%	0.95%
10년국채선물	1.73%	2.595%	1.73%
미국달러선물	2.78%	4.17%	2.78%
엔선물	5.49%	8.235%	5.49%

유로선물	2.71%	4.065%	2.71%
위안선물	2.31%	3.465%	2.31%
금선물	4.60%	6.90%	4.60%

* 참고 : 한국거래소는 매월 자산의 변동성을 고려하여 증거금율을 조정함.

3 결제불이행 시 조치(결제금액 및 추가 증거금의 미납부)

❶ 회원은 선량한 관리자의 주의로서 결제불이행 위탁자의 미결제약정을 소멸시키게 되는 매도 또는 매수 거래를 하거나 위탁증거금으로 예탁받은 대용증권 또는 외화를 매도할 수 있다.

ㄱ. 매도호가의 경우 : 다음 각 목의 어느 하나의 가격

a. 직전 약정 가격 및 그 가격에서 호가가격단위를 순차적으로 뺀 9개의 가격

b. 최우선매수호가의 가격(최우선매수호가의 가격이 없는 경우에는 최우선매도호가의 가격으로 한다) 및 그 가격에서 호가가격단위를 순차적으로 뺀 9개의 가격

ㄴ. 매수호가의 경우 : 다음 각 목의 어느 하나의 가격

a. 직전 약정 가격 및 그 가격에서 호가 가격 단위를 순차적으로 더한 9개의 가격

b. 최우선매도호가의 가격(최우선매도호가의 가격이 없는 경우에는 최우선매수호가의 가격으로 한다) 및 그 가격에서 호가 가격 단위를 순차적으로 더한 9개의 가격

ㄷ. 거래소의 유가증권시장 또는 코스닥시장에 상장된 주권 매도의 경우 시장가호가

❷ 미결제약정, 대용증권 또는 외화의 반대매매 후에도 부족액이 있는 때에는 위탁자에 대하여 그 부족액의 납부를 청구할 수 있다.

❸ 회원은 위탁자의 미수금에 대하여 위탁자로부터 연체이자를 징수할 수 있으며, 결제의 불이행으로 인하여 회원이 부담한 손실 및 제반비용을 징구할 수 있다.

section 03 통화선물의 인수도 결제

1 최종 거래일(T일)

회원은 최종 거래일의 장 종료(15 : 45) 후부터 회원이 정하는 시간까지 통화선물거래의 최종 결제수량, 통화의 수수액, 최종 결제대금 등 인수도 내역을 위탁자에게 통지하여야 한다.

2 최종 결제일(T+2일)

12시 이전까지 매수미결제를 보유한 위탁자는 인수도 대금을, 매도미결제를 보유한 위탁자는 해당 인수도 물품인 통화를 회원에게 납부하여야 하며, 회원은 납부된 인수도 대금 및 인수도 물품을 거래소와 차감 결제하고 해당 위탁자에게 인수도 대금 및 물품을 지급하여야 한다.

chapter 05

대용증권

section 01 대용증권 및 외화관리 업무

1 대용증권관리 업무

(1) 대용증권의 정의

현금을 대신하여 증거금으로 사용할 수 있는 일정 기준 이상의 유가증권을 대용증권이라고 한다. 현금만으로 파생상품거래를 할 경우 위탁자의 자금의 기회비용이 발생하게 되므로 파생상품거래에 수반하는 거래비용이 증가되는 효과가 있다. 따라서 신인도 있는 유가증권으로 거래 이행을 담보하게 함으로써 파생상품거래에 따른 비용을 절감하여 투자자의 시장 참여를 용이하게 하는 측면이 있다.

(2) 대용증권의 예탁

❶ 위탁자는 위탁증거금에서 현금 예탁 필요액을 제외한 금액에 대해서 대용증권으로 예탁할 수 있다.

❷ 회원은 위탁자가 위탁증거금으로 예탁한 대용증권을 거래증거금 등으로 이용할 수 있다. 단, 이 경우 위탁자의 서면에 의한 사전 동의가 필요하다.

(3) 담보관리 전용계좌 개설

❶ 증거금용 대용증권을 예탁결제원을 통하여 관리하기 위해 예탁원에 예탁계좌(담보관리 전용계좌)를 개설하고 예탁자 통신시스템을 설치

❷ 제출서류 : 계좌 개설 신청서, 법인등기부등본, 법인 인감증명서, 사업자등록증 사본, 사용인감신고서, 인감표, 출입직원등록 신청서, 계좌입금 의뢰서

(4) 위탁대용 계좌 개설

위탁자가 위탁계좌 개설 시 당해 금융투자업자는 위탁자의 대용증권관리를 위한 위탁대용계좌가 예탁결제원에 개설될 수 있도록 동 내역을 전송(계좌 자동 개설)하며, 전송 시 위탁자의 원천징수 관련 자료 포함

2 대용증권의 종류 및 대용 가격의 산정

(1) 대용증권의 종류

❶ 납입 가능 대용증권의 종류 : 거래증거금으로 예탁 가능한 대용증권의 종류는 다음과 같다.

ㄱ. 유가증권시장, 코스닥시장, 코넥스시장에 상장되어 있는 주권 및 상장외국주식예탁증권 중 유동화기간이 10일 이하이고 직전 1년간 거래성립일 비중 75% 이상인 종목. 다만, 관리종목, 정리매매종목, 상장폐지신청에 따른 매매거래정지종목, 투자위험종목 및 기타 매매거래정지종목 제외

ㄴ. 회사채 : 상장회사채(신용등급 BBB+이상)

ㄷ. 상장채권(국공채) : 국채, 지방채, 특수채

ㄹ. ETF : 지수자산 유형 중 원자재 또는 분류내용이 레버리지, 인버스 등 주식군

(파생형)인 경우는 제외

ㅁ. ETN : 지수자산 유형이 채권형이 아니거나 분류내용이 레버리지, 인버스 등 주식군(파생형)인 경우는 제외

❷ 거래소는 환금이 제한되는 대용증권에 대해 효력을 정지할 수 있다.

❸ 결제회원은 자신을 지정결제회원으로 하는 거래전문회원이 거래전문회원증거금으로 사용 가능한 대용증권의 종류를 제한할 수 있으며, 회원은 위탁자가 사용할 수 있는 대용증권의 종류를 제한할 수 있다.

❹ 회원은 자기가 발행한 유가증권을 거래증거금 또는 거래전문회원증거금으로 사용할 수 없다(다만, 위탁자로부터 예탁받은 유가증권이 자기가 발행한 것일 경우 예외로 한다).

❺ 회원은 위탁자가 위탁증거금으로 예탁한 대용증권을 해당 위탁자 이외의 자(회원 자신 포함)의 거래증거금으로 예탁할 수 없다.

(2) 대용 가격의 산정

❶ 대용 가격 : 대용증권별 기준 시세 및 사정비율 기타 대용 가격의 산정에 관하여는 거래소가 규정으로 정하고 있으며, 거래소는 신용리스크, 유동성리스크 및 시장리스크를 고려하여 담보자산별 유동화기간 내 충분한 처분가치를 확보할 수 있도록 매분기 과거 1년간의 시장데이터를 기준으로 담보인정비율을 산출

❷ 예탁결제원은 거래소로부터 대용증권 기준가액 산정에 필요한 기준 가격을 통보받아 사정비율을 곱하여 산정하고 이를 대용증권 수량에 곱하여 대용 가격을 산출한 후 동 대용 가격 정보를 전송

ㄱ. 대용 가격＝대용증권의 기준 시세×사정비율

ㄴ. 사정비율 산정기준

a. 외화 : 외화의 담보인정비율은 99%수준의 2일간(유동화기간)의 가격변동과 원화로 환전하는 경우 발생할 수 있는 부대비용을 커버할 수 있는 수준으로 산출한다(최대 95% 상한선).

b. 주식군 : 담보인정비율은 종목별 유동화기간과 일평균거래대금으로 설정한 유동성 등급과 종목별 99%수준 3일간 수익률로 설정한 수익률 등급을 고려하여 담보인정비율(60~80%)을 결정

c. 채권군 : 담보인정비율은 발행자의 지급능력(발행주체, 신용등급)에 따라 설정한 등급과 잔존만기 구간을 고려

ㄷ. 거래소가 시장관리상 필요하다고 인정하는 경우에는 대용증권의 효력을 일시 정지시킬 수 있다.

❸ 관리종목, 정리매매종목, 매매거래정지종목, 투자위험종목으로 지정된 대용증권은 그 사유 발생일의 다음날부터 대용증권의 효력을 정지하며 그 사유 소멸일부터 대용증권의 효력을 회복한다.

❹ 산출시기 : 외화 및 주식군 대용증권은 매 분기말, 채권군 대용증권은 매매거래일

3 대용증권 입출고방법

(1) 대용증권의 예탁

❶ 위탁자가 회원에게 대용증권을 위탁증거금으로 예탁하는 경우 고객이 예탁원 또는 금융투자업자에 예탁한 유가증권에 대하여 회원이 질권을 취득하는 방법으로 예탁

❷ 결제회원이 대용증권을 거래증거금으로 거래소에 예탁하는 경우에는 결제회원이 예탁원에 예탁한 유가증권 또는 자신을 지정결제회원으로 하는 거래전문회원이 예탁원에 예탁한 유가증권에 대하여 거래소가 질권 또는 전질권을 취득하는 방법으로 예탁

❸ 거래전문회원이 대용증권을 거래전문회원증거금으로 지정결제회원에게 예탁하는 경우에는 거래전문회원이 예탁원에 예탁한 유가증권에 대하여 지정결제회원이 질권 또는 전질권을 취득하는 방법으로 예탁

❹ 회원은 대용증권을 거래증거금, 거래전문회원증거금으로 예탁하는 경우에는 자기재산과 수탁재산을 구분하여 예탁

❺ 회원은 위탁자로부터 예탁받는 대용증권을 문서에 의한 위탁자의 사전 동의를 받아 수탁거래에 관한 거래증거금, 거래전문회원증거금으로 이용 가능

(2) 대용증권의 인출

대용증권의 인출은 질권을 말소하는 방법으로 하며, 증거금으로 예탁된 대용증권 중 증거금 필요액을 초과하는 대용증권은 장 중 수시로 인출할 수 있다.

(3) 대용증권의 처분

거래에 의한 채무를 이행하지 아니하는 경우 질권자인 거래소 또는 회원은 질권설정자인 회원 또는 위탁자에 대한 통지 또는 최고 없이 임의로 처분하여 채무의 변제에 충당할 수 있다.

4 외화관리 업무

(1) 증거금으로 예탁 가능한 외화

미국 달러화, 일본 엔화, 유럽연합 유로화, 영국 파운드화, 홍콩 달러화, 호주 달러화, 싱가포르 달러화, 스위스 프랑화, 캐나다 달러화, 중국 위안화의 총 10개 통화

(2) 외화의 기준 시세 및 사정비율

❶ 기준 시세

ㄱ. 미국 달러화, 중국 위안화 : 산출일 다음날 매매기준율

ㄴ. 미국 달러화, 중국 위안화 이외 : 산출일의 매매기준율

❷ 사정비율 : 외화별 매매기준율의 수익률을 기준으로 산출

5 외화증권

(1) 증거금으로 예탁 가능한 외화증권

❶ 미국 단기 재무부 국채(US Treasury Bill)

❷ 미국 중기 재무부 국채(US Treasury Note)

❸ 미국 장기 재무부 국채(US Treasury Bond)

❹ 그 밖에 거래소가 인정하는 외화증권

(2) 사정비율

외화증권의 기준 시세에 매매기준율 및 사정비율을 곱하여 산출한다.

PART 2

실전예상문제

01 다음 중 투자권유에 대한 설명으로 적절하지 않은 것은?

① 투자자 유형에 따라 투자권유의 내용이 달라질 수 있으므로 먼저 일반투자자인지 전문투자자인지를 구별해야 한다.

② 일반투자자에게 투자권유를 하기 전에 면담, 질문 등을 통해 투자목적, 재산상황 및 투자경험 등의 정보를 파악하고 서명(전자서명은 불가), 기명날인, 녹취 등의 방법으로 확인을 받아야 한다.

③ 정부는 전문투자자이다.

④ 금융투자업자는 파생상품의 투자권유 시 투자목적, 경험 등을 고려하여 일반투자자 등급별로 차등화된 투자권유준칙을 마련하여야 한다.

02 다음 중 파생상품 거래약관의 필수적 기재 사항이 아닌 것은?

① 일정한 경우 수탁을 거부할 수 있다는 수탁의 거부에 관한 사항

② 기본예탁금의 예탁에 관한 사항

③ 위탁증거금의 추가 예탁 통지 등 위탁자에 대한 통지에 관한 사항

④ 회사의 리스크 관리 정책에 관한 사항

03 다음 중 계좌 개설에 대한 설명으로 옳은 것은?

① 실명확인은 위탁자 본인을 통해서만 할 수 있다.

② 계좌 개설 시 인감 없이 서명만으로는 등록이 불가능하다.

③ 해외 선물 계좌를 개설할 경우 제공되는 위험고지서는 국내 선물의 경우와 같다.

④ 계좌 개설 신청서는 투자자가 작성하는 것이 원칙이다.

해설

01 ② 전자서명도 가능하다.

02 ④ 리스크 관리 정책은 필수적 기재사항이 아니다.

03 ④

04 다음 중 가격 제한제도에 대한 설명으로 적절하지 않은 것은?

① 주식선물거래(주식선물 스프레드 거래를 포함)의 경우에는 거래상황 등을 고려하여 기초주권별로 실시간 가격 제한의 적용 여부를 별도로 정할 수 있다.

② 가격제한폭은 시장 상황 등에 따라 거래소가 거래의 상황에 이상이 있거나 시장관리상 필요하다고 인정하는 경우에는 바꿀 수 있다.

③ 실시간 가격 제한 적용 종목은 선물거래 및 옵션거래의 경우 최근월종목 및 결제주종목이다.

④ 코스피200선물거래, 코스피200옵션거래, 협의거래는 실시간가격제한을 적용한다.

05 다음 중 협의 대량거래에 대한 설명으로 옳은 것으로만 묶은 것은?

> ㉠ 시장조성자계좌를 통한 협의거래는 신청할 수 없다.
> ㉡ 코스피200선물거래의 협의대량거래의 신청시간은 단일가호가시간을 제외한 당일 정규거래시간으로 한다.
> ㉢ 협의거래 신청시 호가는 지정가호가이어야 한다.
> ㉣ 협의대량거래를 신청한 회원은 관련 자료를 10년간 보관하여야 한다.

① ㉠, ㉡, ㉢, ㉣　　② ㉠, ㉡, ㉢

③ ㉠, ㉢, ㉣　　④ ㉠, ㉡

해설

04 ④ 협의거래는 적용되지 않는다.

05 ③ 단일가호가시간은 아니다.

06 다음 중 한국거래소의 기본예탁금 제도에 대한 설명으로 적절하지 않은 것은?

① 미결제약정이 없는 위탁자가 파생상품거래를 하기 위하여 금융투자업자에게 예탁하여야 하는 최소한의 거래 개시 기준금액이다.

② 기본예탁금의 예탁 면제 계좌는 사후 위탁증거금 적용계좌이다.

③ 금선물거래 또는 돈육선물거래만을 위해 파생상품계좌를 설정하는 위탁자에 대하여는 기본예탁금액을 50만 원 이상으로 할 수 있다.

④ 미결제약정을 전량 반대매매하여 미결제약정이 '0'이 된 경우에는 결제시한에 상관없이 신규 주문 즉시 기본예탁금을 예탁하여야 한다.

07 다음 중 한국거래소의 주문유형 및 조건에 대한 설명으로 적절하지 않은 것은?

① 조건부지정가호가 : 시장에 도달된 때에는 지정가주문으로 거래하나, 만약 종가 단일 가격 거래 전까지 체결되지 않은 경우에는 종가 단일 가격 거래 시에 시장가주문으로 전환되는 주문

② 최유리지정가호가 : 종목 및 수량은 지정하되 가격은 시장에 도달하는 시점에서 가장 유리하게 거래되는 가격으로 지정되는 주문

③ 일부 충족조건 : 당해 주문의 접수 시점에서 주문한 수량 중 체결될 수 있는 수량에 대하여는 거래를 성립시키고 체결되지 아니한 수량은 호가잔량으로 남기는 조건

④ 전량 충족조건 : 당해 주문의 접수 시점에서 주문한 수량의 전부에 대하여 체결할 수 있는 경우에는 거래를 성립시키고 그러하지 아니한 경우에는 당해 수량 전부를 취소하는 조건

해설

06 ④ 미결제약정이 '0'이 된 경우에도 결제시한인 익일 12시까지는 미결제약정이 있는 것으로 보며 기본예탁금의 체크 없이 신규 주문이 가능하다.

07 ③ 체결되지 아니한 수량은 취소된다.

08 다음 자료의 경우 갱신차금은 얼마인가?

> ㉠ 전일 미결제약정 3년국채선물 매수 10계약(체결가 110.50, 정산가 110.55)
> ㉡ 당일 신규 매수 2계약(체결가 110.62), 매도 5계약(체결가 110.58), 정산가 110.65

① 1,000,000원　　② 710,000원
③ −290,000원　　④ 1,500,000원

09 다음 중 거래증거금으로 납부할 수 없는 대용증권은?

① 코스닥시장 상장주권
② 코스피200을 지초지수로 하는 레버리지 ETF
③ 상장외국주식예탁증권
④ 코넥스시장 상장주권

해설

08 ① (110.65−110.55)×10×1,000,000
09 ② 파생형 ETF는 대용증권으로 할 수 없다.

정답 01 ② | 02 ④ | 03 ④ | 04 ④ | 05 ③ | 06 ④ | 07 ③ | 08 ① | 09 ②

part 03

직무윤리

chapter 01

직무윤리 일반

section 01 직무윤리에 대한 이해

1 도덕적 딜레마(Ethical Dilemma)와 윤리기준[1]

우리는 자라면서 어떤 행위에 대한 '옳고 그름의 판단기준'을 가지게 되고 이를 근거로 어떤 행위가 옳다거나 그르다고 판단하게 된다. 그러나 우리에게는 이렇게 하자니 이런 점에서 문제가 생기고, 저렇게 하자니 또 다른 점에서 문제가 생기는 혼란스러운 상황을 마주하게 된다. 각각으로 보면 모두가 그 나름대로 정당한 이유를 가지지만, 동시에 두 가지를 모두 할 수는 없기 때문에 이러지도 저러지도 못하게 되는 이러한 상황

1 논술포커스, 정남구 외.

을 우리는 '도덕적 딜레마(Ethical Dilemma)' 상황이라고 부른다.

도덕적 딜레마 상황에서 우리는 언제까지나 선택을 미룰 수는 없다. 어느 쪽이든 판단을 내려야 하며, 이 경우 판단의 근거가 바로 우리가 습득하게 된 '옳고 그름의 판단기준' 즉 도덕적인 규칙 또는 윤리기준인 것이다.

2 법과 윤리[2]

(1) 법의 개념

우리가 법이라는 말을 들을 때 가장 먼저 떠올리는 말은 '정의'다. 즉 법이란 '바른 것, 정당한 것을 지향하는 규범'이라 할 수 있다. 그리고 법은 우리가 반드시 지켜야 할 것이라고 생각한다. 즉 법은 '반드시 지켜야 하고, 어긴 사람에게는 책임을 묻는 규범'이라 할 수 있다.

또 법에는 헌법을 비롯하여 민법, 형법, 행정법, 상법, 소송법 등의 분야가 있고, 불문법으로는 관습법, 판례법 등이 있다. 이것은 결국 법이 사람들 간의 다양한 사회적 관계를 규정한다는 말이다. 즉 법이란 '다양한 사회 관계를 규정하는 규범'이라 하겠다.

이상을 근거로 정의를 내리자면, '법이란 정당한 사회관계를 규정하기 위하여 강제력을 갖는 여러 규범들의 종합'이라고 할 수 있겠다. 이것이 가장 일반적인 법에 대한 개념이다.

(2) '있는 그대로의 법'과 '있어야 할 법'

앞에서도 살펴보았듯이 도덕규칙, 즉 윤리는 그 사회 내에서 정해진 '인간이 인간으로서 마땅히 해야 할 도리 내지 규범'을 말한다. 윤리가 좀 더 개인적이고 내면적인 규범으로 되면 '도덕'이라 하고, 그것이 사회적인 범위로 확장되면 '정의'라 부른다. 윤리와 비윤리를 나누는 경계선은 없지만, 경계선이 없다고 해서 사람들이 윤리와 비윤리를 혼동하지는 않는다. 왜냐하면 윤리는 무수한 세월을 거치면서 내려왔고, 사람들이 사회생활을 하면서 저절로 체득하는 것이기 때문이다. 즉 윤리는 절대 다수의 합의를 전제로 하는 일종의 '문화 현상'이다.

우리는 법과 윤리가 충돌하는 경우를 종종 발견한다. 그 이유는 법의 목적과 윤리의

2 법적 강제와 도덕적 자율성, 황경식, 1996.

목적이 다르기 때문이다. '법은 정당한 사회관계를 규정하는 규범'이라 정의했듯이, 법이 지키고자 하는 정의는 '사회적'인 것이다. 즉 사회 질서의 수호를 전제로 한 윤리의 실현인 것이다. 반면에 윤리의 목적은 '개인적'이다. 즉 개인의 도덕심을 지키는 데 가장 큰 목적이 있는 것이다.

윤리에 합당한 법, 즉 정당한 법은 오랜 인류의 꿈이다. 법 철학자들은 이를 일컬어 '있어야 할 법'이라 한다. 한편 윤리적이든 비윤리적이든 모든 사회에는 법이 있다. 이를 '있는 그대로의 법'이라 한다. 인류의 오랜 법 생활은 '있는 그대로의 법'이 '있어야 할 법'으로 되기를 꿈꾸고 실현해 오는 과정이라 할 수 있다.

법과 윤리의 관계는 어떤 법 질서에서도 '본질적으로 불가분의 관계' 또는 '서로 업고 업히는 관계'다. 즉 법은 궁극적으로 윤리의 실현을 목적으로 한다.

(3) 법적 강제와 윤리적 자율성

법이건 윤리이건 두 가지 모두 인간이 공동생활을 함에 있어 필요한 규범이라는 점에 있어서는 동일하다. 법의 성격이나 방향이 윤리와 다름에도 불구하고 또 실제로는 윤리와는 상관없는 법률이 있기는 하나 법은 그 기초에 있어서 윤리원리에 입각하고 윤리에 합당한 내용을 갖지 않으면 안 된다.

법은 윤리와 그 영역을 달리하면서도 윤리의 기본 원칙을 따르고 그 주요한 요구를 법규범의 내용으로 채택하는 것이다. 예를 들어 헌법상의 범죄 유형으로서 살인, 상해, 사기, 횡령, 독직, 위증 등 대부분은 윤리적으로 시인될 수 없는 반윤리적인 행위이다. 이러한 관점에서 '법은 최소한의 윤리'라는 말이 의미를 갖게 된다. 윤리의 요구는 또한 사법상의 원칙으로서 인정되는 신의 성실이라든지 사회 질서와 같은 기본적인 일반 조항 속에서도 단적으로 나타나 있다.

이와 같이 법은 필요한 한도 내에서 윤리를 스스로의 영역 속에 채택하여 이를 강권으로 보장하는 동시에 일반적으로 윤리를 전제로 하면서 이 윤리와 더불어 사회 질서 유지에 임하는 것이다. 따라서 윤리나 인간애를 강조한 나머지 인위적이고 강권적인 법을 무조건 배척하거나 반대로 합법적이기만 하면 무조건 책임을 문제 삼지 않으려는 법 만능주의 모두가 그릇된 생각이라 하지 않을 수 없는 것이다.

법이란 우리가 공동생활을 영위하기 위해 서로 간에 행한 하나의 약속이고 계약이다. 그런데 이러한 계약은 대부분의 사람들이 충실히 이행하는 가운데 소수의 사람들이 이를 파기함으로써 이득을 볼 가능성을 언제나 남긴다. 따라서 이러한 무임편승자를 견제하기 위해 계약을 감독하고 그 불이행에 대해서는 처벌을 행하는 강권적 존재가 요청된다. 이것이 바로 사회 계약론자들이 내세우는 정부의 존재 근거인 것이다. 그런데 여기에 감독기관이나 감독자들 자신을 감독해야 하는 문제가 남게 되며 나아가서 그 감독자를 감시하는 사람을 또 감독해야 하는 등 무한소급의 문제가 생겨난다. 결국 약속을 이행하고 법을 준수하게 하는 행위가 외적 권위에 의해 강제될 경우에는 해결하기 어려운 문제를 야기하게 되는 것이다.

그런데 만일 사람들이 자신의 행위를 감독 할 수 있는 장치를 자기 안에 소유하고 있다면 이와 같은 문제는 해소될 수 있을 것이다. 다시 말하면 법을 준수하고 약속을 이행하는 행위가 자신의 양심이나 이성과 같이 내적인 권위에 의해 강제될 수 있다면, 즉 인간이 자율적인 도덕적 행위 주체가 될 수 있다면 타인에 의해 감독을 받음으로써 타율적으로 행동할 경우의 문제가 해결될 수 있을 것이다. 이러한 내적 강제를 가능하게 하는 장치가 효율적으로 작용만 할 수 있다면 이것은 손쉽게 범법 행위를 제거할 수 있는 방법이 될 것이다. 우리 인간에게 필요한 이와 같은 장치가 바로 자율적 도덕감으로서 우리 안에 내면화된 준법 정신, 즉 '윤리'인 것이다.

인간은 교육과 훈련을 통해서 자기 스스로의 행위를 제재할 수 있는 능력을 기를 수 있다. 준법정신은 어릴 때부터 교육을 통하여 길러져야 하고 그럼으로써 그것은 생활화, 습관화, 체질화되어야 할 도덕적인 인격의 한 요소이다. 그러나 인간은 기계와 달라서 그러한 장치를 고정시킬 수가 없는 까닭에 교육을 통하여 길러진 준법정신은 사회환경적인 영향에 의해 지속적으로 강화되고 다져져야 한다. 다시 말하면 법을 존중하는 사회풍토를 조성하고 준법이 이익이 된다는 것을 느낄 수 있는 사회여건의 조성이 중요하다.

(4) 현대 사회에서의 법과 윤리

사회가 변함에 따라 윤리관도 급격하게 변한다. 그에 따라 그전까지는 당연하게 받아들이던 가치도 얼마 가지 않아 낡은 것으로 치부되기 일쑤다. 또 하나의 가치관이 다른 가치관으로 넘어가는 시기에는 신·구 세력 간에 엄청난 논란이 벌어지기도 한다.

법은 그 성격상 특히 '보수적'이다. 왜냐하면 법은 사회 구성원 대다수가 합의한 이후에 제정되는 것이 보통이고, 한번 제정된 법은 좀처럼 바뀌지 않기 때문이다. 법이 시류에 따라 금방 바뀐다면 그 사회 전체의 질서가 위험에 빠지기 쉽다. 이런 이유 때문에 현대 사회에서는 '낡은' 법과 '새로운' 윤리가 충돌하는 경우가 많다.

법과 윤리가 시대의 변화에 따라 함께 변해야 하는 것은 당연하지만, 그 절대적 기준에는 변함이 없다는 점에 우리는 주목할 필요가 있다. 즉 법의 수단은 현실에 따라 얼마든지 변할 수 있지만, 법의 목적은 결코 변함이 없다는 것이다.

급속도로 변화하고 있는 현대 사회에서 법과 윤리도 전문화, 기술화되어야 하지만, 그것은 어디까지나 본질적 목적－인간－을 더욱 효율적으로 달성하기 위해서만 그렇다는 것을 잊지 말아야 할 것이다.

3 직무윤리와 윤리경영

우리가 앞서 살펴보았던 도덕적 딜레마 상황은 개인의 일상적인 생활에서뿐만 아니라 경영환경에서도 나타난다. 앞에서 설명한 바와 마찬가지로 이 경우에도 매 사례마다 옳고 그름을 판단하는 기준이 필요한바, 이를 통칭하여 '기업윤리' 혹은 '직무윤리'라 한다. 그렇다면 기업윤리(Corporate Ethics) 혹은 직무윤리(Business Ethics)는 어떻게 정의내릴 수 있는가?

기업윤리는 경영환경에서 발생할 수 있는 모든 도덕적, 윤리적 문제들에 대한 판단기준, 즉 경영전반에 걸쳐 조직의 모든 구성원들에게 요구되는 윤리적 행동을 강조하는 포괄적인 개념이다. 반면, 직무윤리는 조직 구성원 개개인들이 자신이 맡은 업무를 수행하면서 지켜야 하는 윤리적 행동과 태도를 구체화한 것으로 추상적인 선언에 그칠 수 있는 윤리의 개념을 업무와 직접적인 관련성을 높임으로써 실질적인 의미를 갖도록 만든 것으로 볼 수 있다. 즉 기업윤리가 거시적인 개념이라면 직무윤리는 미시적인 개념인 것이다.[3]

이에 따라 통상 국내에서 포괄적 개념인 기업윤리는 '윤리강령' 등의 형태를 지닌 추상적인 선언문 형태를 지니고 있는 반면, 직무와 연결된 구체적인 기준을 담고 있는 직무윤리는 '임직원 행동강령' 등으로 그 형태를 조금 달리하고 있다.4

윤리경영은 직무윤리를 기업의 경영방식에 도입하는 것으로 간단히 정의될 수 있다. 그러나 윤리경영의 문제는 기업의 경영활동에 있어 잠재적인 이해상충이 발생하는 상

3 기업윤리 브리프스 2015－07호, 유규창.

4 본 교재에서는 발간목적에 맞춰 기업의 전반적이고 추상적인 기업윤리보다는 조직 구성원에게 적용되는 구체적인 직무윤리를 주로 다루고 있기 때문에 독자의 혼란을 막기 위하여 향후에는 '직무윤리'라는 단어로 통일하여 사용한다.

황, 즉 기업의 지배구조, 내부자 거래, 뇌물수수 및 횡령, 직원 또는 고객에 대한 차별을 포함하여 기업의 사회적 책임(CSR : Corporate Social Responsibility)과 고객과의 신임관계(Fiduciary Duty)로부터 파생되는 문제들까지 모두 포괄하는 통합적 개념이라는 사실을 염두에 두어야 한다.

4 윤리경영과 직무윤리가 강조되는 이유

1) '윤리경쟁력'의 시대

직무윤리와 이를 반영한 경영방식의 도입 — 윤리경영 — 은 현대를 살고 있는 우리에게 매우 중요한 의미를 갖는다. 기업의 윤리경영 도입 여부와 해당 기업 조직구성원의 직무윤리 준수 여부 — 이를 '윤리경쟁력'이라고 하자 — 가 해당 기업을 평가하는 하나의 잣대가 되고 있으며 이는 곧 기업의 지속적인 생존 여부와 직결되고 있기 때문이다. 왜 새삼 윤리경영과 직무윤리를 강조하는가?

(1) 환경의 변화

현재와 다가올 미래의 세계는 고도의 정보와 기술에 의한 사회이며, 매우 복잡한 시스템에 의하여 운영되는 사회이다. 이러한 고도의 정보와 기술이나 시스템이 잘못 사용될 경우 사회적, 국가적으로 엄청난 파국과 재난을 불러올 가능성이 있기 때문에 이를 다루는 자들에게 고도의 직무윤리가 요구되고 있다.

(2) 위험과 거래비용

위험(Risk)은 예측하기 어렵고, 불안감을 낳지만 '식섭적으로 감지되지 않는 위험'이다. 이러한 사회에서 개별 경제주체는 눈에 보이는 비용(예 : 거래수수료) 이외에 상대방이 자신의 이익에 반하는 행동을 할 경우에 발생하는 위험비용(예 : 부실한 자산관리에 따른 손해위험)까지를 거래비용(transaction cost)에 포함시켜 그 거래비용이 가장 적은 쪽을 선택하게 되며, 이러한 사실은 미국의 법경제학(law & economics)의 분석방법에 의해서도 검증되고 있다. 즉 개인은 위험을 통제함으로써 가장 적은 거래비용이 발생할 수 있도록 거래와 관련된 자들에게 직무윤리를 요구하고 있는 것이다.

(3) 생산성 제고

기존에는 경제적 가치에 절대적 우위를 부여함으로써 정당하고 올바른 직무윤리를 상대적으로 소홀히 할 가능성이 많았던 상황이었으나, 직무윤리가 전통적인 윤리규범을 공공재로 만들게 되고, 이는 더 많은 경제적 효용의 산출을 위하여 필요한 투입이라는 인식이 기업을 중심으로 보편화되고 있다(Hirsch, F., Social Limits To Growth). 즉 생산성의 제고를 통한 장기적 생존의 목적으로 윤리경영의 중요성이 강조되고 있는 것이다.

비윤리적인 기업은 결국 시장으로부터 외면당하고 시장에서 퇴출될 가능성이 크다. 윤리경영은 단순히 '착하게 살자'는 것이 아니고 '가치 있는 장기생존'이 그 목적이다. 경영자가 윤리와 본분에 어긋나는 행동을 하거나, 고객과 직원을 무시하는 경영을 하거나, 기업 오너의 오만 또는 기업 자체에서 생산되는 비윤리적인 행위들을 묵인하거나, 내부에서 끊임없이 지적되는 위험에 대한 목소리 또는 경고를 무시하는 등 윤리경영을 하지 않는 것은 자기 파멸의 최대 원인이 될 수 있다.

윤리경영은 단순히 구호에 그치거나 다른 기업과 차별화하려는 홍보수단에 그치는 것이 아니라 기업의 생존조건이 되고 생산성을 제고시킴으로써 지속 가능한 성장의 원동력이 된다.

(4) 신종 자본

직무윤리는 오늘날 새로운 무형의 자본이 되고 있다. 산업혁명 직후에는 땅, 돈 등과 같은 유형의 자본이 중요시되었으나, 현재는 신용(credit) 또는 믿음이 새로운 무형의 자본으로 인정되기에 이르렀다(Francis Fukuyama). 고객들도 믿음, 신뢰, 신용이라는 무형의 가치에 대하여 돈을 지불할 자세가 충분히 갖추어져 있다. 특히, 금융산업은 서비스산업으로서 신용에 바탕을 두고 있으며 신용도가 그 기업의 가장 중요한 자산이다.

(5) 인프라 구축

윤리는 공정하고 자유로운 경쟁의 전제조건이 된다. 즉, 공정하고 자유로운 경쟁이 가능하려면 그 전제로 게임의 룰(rule of game)인 법제가 공정하여야 할 뿐만 아니라 윤리가 전제되어야 한다. 따라서 경쟁은 성장을 위한 원동력이 되고 윤리는 지속적인 성장을 위한 인프라의 하나로서 '윤리 인프라'가 된다.

(6) 사회적 비용의 감소

비윤리적인 행동은 더 큰 사회적 비용(social cost)을 가져오며, 이를 규제하기 위한 법적 규제와 같은 타율적인 규제가 증가하게 된다. 그렇게 되면 규제법령의 준수를 위한 기관과 조직의 운영비용이 증가하게 되어 결과적으로 사회 전체의 비용이 증가하게 된다. 또한 해당 기업이나 개인으로서도 비윤리적인 행동으로 신뢰(reliability)와 평판(reputation)이 실추되면 이를 만회하기 위해서는 더 큰 비용과 시간이 소요된다.

2) 금융투자업에서의 직무윤리

금융투자업에서는 윤리경영과 직무윤리의 중요성이 다른 분야에 비하여 더욱 강조된다. 그 이유는 다음과 같다.

(1) 산업의 고유 속성

금융투자업은 고객의 자산을 위탁받아 운영·관리하는 것을 주요 업무로 하므로 그 속성상 고객자산을 유용하거나 고객의 이익을 침해할 가능성(즉, 이해상충의 발생 가능성)이 다른 어느 산업보다 높다. 특히 자본시장에서의 정보 비대칭 문제를 감안할 때, 금융투자업에 종사하는 자들의 행위를 법규에 의하여 사후적으로 감독하는 것만으로는 수탁받은 금융재산의 안정성 유지와 금융거래자(금융소비자)의 보호라는 기본적인 역할을 수행하는 데에는 한계가 있다. 자본시장에서 금융소비자[5] 보호가 효과적으로 이루어지지 않으면 결국 투자가 위축되어 자본시장이 제대로 기능을 수행할 수 없게 된다. 그러므로 금융투자업에 종사하는 자들의 엄격한 직무윤리는 「자본시장과 금융투자업에 관한 법률」(이하 '자본시장법'이라 한다)', 금융소비자보호에 관한 법률(이하 '금융소비자보호법'이라 한다)과 「금융회사의 지배구조에 관한 법률」(이하 '지배구조법'이라 한다)'의 목적인 금융소비자 보호와 금융투자업 유지·발전을 위하여 필요한 자본시장의 공정성·신뢰성 및 효율성을 확보하기 위한 필수적인 전제요건이 된다.

---

5 최근 투자자에 대한 보호가 강화되면서 관련 규정 등에서는 공식적으로 '금융소비자'라고 통칭하고 있고, 금융투자업계에서는 이를 위한 부서 신설 시 '금융소비자보호부' 등을 사용하고 있는바, 이하 법령 등의 조문을 인용하는 경우 이외에는 투자자, 고객 등을 모두 금융소비자라 표기함.

(2) 상품의 특성

자본시장에서는 취급하는 상품의 특성상 직무윤리가 더욱 중요시된다. 자본시장에서 취급하는 금융투자상품은 대부분 '투자성', 즉 '원본손실의 위험'을 내포하고 있다.[6] 또한 급속도로 발달하는 첨단기법으로 인해 일반적인 투자자가 쉽게 이해하기 어려운 복잡성을 지니고 있으며 매우 다양하기도 하다. 이 때문에 고객과의 분쟁 가능성이 상존하고, 더욱이 자본시장이 침체국면에 빠져있는 경우에는 집단적인 분쟁으로 확대될 소지가 있다. 그러므로 평소 관련 법령 및 이에 근거한 규정 등을 준수함은 물론이고 철저한 직무윤리의 준수를 통해 고객과 돈독한 신뢰관계를 구축해두어야 한다.

(3) 금융소비자의 질적 변화

자본시장에서 금융소비자의 성격이 질적으로 변화하고 있다. 전통적으로 금융투자업에 있어서 금융소비자는 정확하고 충분한 정보만 제공되면 투자 여부를 스스로 알아서 판단할 수 있는 합리적인 인간상을 전제로 한 것이었다. 그러나 오늘날은 전문가조차도 금융투자상품의 정확한 내용을 파악하기가 어려울 정도로 전문화·복잡화·다양화되고 있다. 그에 따라 금융소비자에게 제공하는 정보의 정확성이 담보되는 것만으로는 불충분하고, 보다 적극적으로 금융소비자보호를 위한 노력과 법이 요구하는 최소한의 수준 이상의 윤리적인 업무자세가 요구되고 있다.

(4) 안전장치

직무윤리를 준수하는 것은 금융투자업 종사자들을 보호하는 안전장치(safeguard)로서의 역할을 한다. 금융투자업 종사자들은 자신이 소속된 기업의 영업방침과 실적달성을 위하여 자기의 의사와는 어긋나게 불법·부당한 행위를 강요당하는 경우가 있을 수 있다. 직무윤리기준을 준수하도록 하는 것은 외부의 부당한 요구로부터 금융투자업 종사자 스스로를 지켜주는 안전판 내지 자위수단이 된다.

이러한 이유로 '금융투자회사의 표준윤리준칙' 제1조에서는 금융투자회사 및 임직원

---

6 자본시장법상 '금융투자상품'이란 이익을 얻거나 손실을 회피할 목적으로 현재 또는 장래의 특정 시점에 금전, 그 밖의 재산적 가치가 있는 것을 지급하기로 약정함으로써 취득하는 권리로서, 그 권리를 취득하기 위하여 지급하였거나 지급하여야 할 금전 등의 총액이 그 권리로부터 회수하였거나 회수할 수 있는 금전 등의 총액을 초과하게 될 위험이 있는 것을 뜻하는 것이 원칙이다(동법 3조 1항).

이 준수하여야 할 직무윤리의 수립 목적에 관해 '금융투자회사의 윤리경영 실천 및 금융투자회사 임직원의 올바른 윤리의식 함양을 통해 금융인으로서의 책임과 의무를 성실하게 수행하고, 투자자를 보호하여 자본시장의 건전한 발전 및 국가경제 발전에 기여함을 목적으로 한다'고 명시하고 있다.

자본시장법 및 지배구조법에서 직무윤리의 역할

① 자본시장법에서는 금융소비자보호에 관한 법제적 장치가 강화되었다. 이에 따라 자본시장법이 제정되기 전에는 단순히 금융소비자에 대한 배려차원에서 자발적으로 이루어지던 서비스 중 상당 부분이 금융소비자(특히 자본시장법에서 규정하고 있는 전문투자자가 아닌 일반투자자의 경우)에 대한 법적 의무로 제도화된 것들이 있다.

② 자본시장법은 유가증권의 개념과 범위에 관하여 한정적 열거주의를 취하였던 종전의 증권거래법과는 달리 금융투자상품의 기능적 속성을 기초로 포괄적으로 정의하는 포괄주의를 도입하였다. 이에 따라 그 적용대상과 범위가 확대되어 법의 사각지대를 메워주는 직무윤리의 중요성이 증대하였다.

③ 금융소비자보호를 위한 법적 규제의 수준이 높아짐에 따라 그에 상응하여 요구되는 윤리적 의무의 수준도 한층 높아졌다. 전문투자자의 경우는 규제관리의 효율성 제고와 규제완화의 관점에서 자본시장법에 의한 주된 보호의 대상에서 빠져 있지만, 이에 대한 금융투자회사의 윤리적 책임까지 완전히 면제되는 것은 아니다.

④ 자본시장법에서는 금융투자회사에 대한 종전의 업무영역과 취급 가능한 상품 등에 대한 규제를 대폭 완화함에 따라 경쟁상황이 더욱 치열해지게 되었다. 이에 따라 새로운 업무와 상품에 대한 전문적 지식의 습득은 물론이고 금융소비자에 대한 고도의 윤리의식을 가지고 이를 준수함으로써 금융소비자의 신뢰를 확보하는 것은 '평판위험(reputation risk)'을 관리하는 차원에서도 자본시장과 금융투자업에 종사하는 사람들에게 더욱 중요한 자질로 인식되고 있다.[7]

⑤ 지배구조법은 금융회사의 건전한 경영과 금융시장의 안정성을 기하고, 투자자 등 그 밖의 금융소비자를 보호하는 것을 목적으로 한다. 특히 기업의 윤리경영은 해당 기업의 지배구조와도 밀접한 관련이 있는바, 윤리경영의 영역에 있던 지배구조와 관련된 부분을 법제화시킴으로써 준수의 강제성을 추가했다는 점에서 의의를 찾을 수 있다.

⑥ 지배구조법은 주요 업무집행자와 임원에 대한 자격요건 및 겸직요건을 정하고 윤리경영의 실행을 포함한 내부통제제도를 강화하여 독립성을 보장함으로써 금융투자회사가 윤리경영을 실천

7 자본시장법에서는 위험 감수능력을 기준으로 투자자를 일반투자자와 전문투자자로 구분하여 차별화하고 있다(동법 9조 5항 참조). 또한 자본시장법에서는 투자권유대행인(introducing broker) 제도를 도입하고 있는데(동법 51조), 회사의 점포를 벗어나 감독이 이완된 환경에서 업무가 처리되는 만큼 관련 금융투자업무 종사자의 직무윤리의 준수가 더욱 요청된다.

할 수 있도록 법적인 강제성을 부여한다.

⑦ 아울러 금융소비자보호법은 금융투자회사의 임직원이 사전정보제공-금융상품판매-사후피해 구제에 이르는 금융소비의 전과정에서 금융소비자보호를 포괄하는 체계를 구축하고 있다.

section 02 직무윤리의 기초 사상 및 국내외 동향

1 직무윤리의 사상적 배경 및 역사

근대 자본주의 출현의 철학적·정신적 배경에 대한 대표적인 설명 중 하나는 칼뱅주의를 토대로 한 종교적 윤리의 부산물로 이해하는 베버(Max Weber)의 사상이다.

칼뱅(Jean Calvin, 1509~1564)의 금욕적 생활윤리는 초기 자본주의 발전의 정신적 토대가 된 직업윤리의 중요성을 강조하고 있다. 칼뱅은 모든 신앙인은 노동과 직업이 신성하다는 소명을 가져야 할 것을 역설하였으며, 근검·정직·절제를 통하여 부(富)를 얻는 행위는 신앙인의 정당하고 신성한 의무라는 점을 강조하였다. 이러한 칼뱅의 금욕적 생활윤리는 자본주의 발전의 정신적 원동력이자 지주로서의 역할을 하였을 뿐만 아니라 서구사회의 건전한 시민윤리의 토대를 이루었다.

칼뱅으로부터 영향을 받은 베버(Max Weber, 1864~1920)는 '프로테스탄티즘의 윤리와 자본주의정신'에서 서구의 문화적 속성으로 합리성·체계성·조직성·합법성을 들고, 이들은 세속적 금욕생활과 직업윤리에 의하여 형성되었다고 설명한다.

근현대사에서 직무윤리는 노예제도, 제국주의, 냉전시대 등 역사적인 시대상을 반영하면서 진화, 발전해왔으며, '직무윤리'(Business Ethics)라는 단어는 1970년대 초반 미국에서 널리 사용되기 시작했다. 1980년대 후반부터 1990년대 초반에 미국의 기업들은 직무윤리 준수 여부에 특히 관심을 기울였는데 이는 1980년대 말 발생한 미국 내 저축대부조합 부도사태(the savings and loan crisis, the S&L drift)를 겪고 나서 그 중요성을 인식했기 때문이다.

국내에서는 1997년 외환위기를 겪으면서 특히 중요성이 부각된 것으로 보는 것이 일반적인데 기존의 법률과 제도로 통제하지 못하는 위험의 발생을 사전에 예방하기 위한 하나의 방편으로 접근하다가 2000년대 이후 기업의 생존과 직결된다는 점이 더욱 강조되며, 직무윤리에 대한 관심은 학계, 언론 및 기업들의 주의를 이끌었다.

2 윤리경영의 국제적 환경

개방화와 국제화 시대를 살고 있는 기업에 있어서 기업윤리의 수준과 내용은 국제적으로 통용될 수 있는 것(소위 'global standard'에 부합될 수 있는 것)이어야 한다. 미국의 엔론(Enron) 사태에서 보는 바와 같이 비윤리적인 기업은 결국 시장으로부터 퇴출당할 수밖에 없는 것이 현실이다. 이에 따라 국제적으로 '강한 기업(strong business)'은 윤리적으로 '선한 기업(good company)'이라는 인식이 일반적으로 수용되고 있다.

OECD는 2000년에 '국제 공통의 기업윤리강령'을 발표하고, 각국의 기업으로 하여금 이에 준하는 윤리강령을 제정하도록 요구하였다. 국제 공통의 기업윤리강령은 강제규정은 아니지만 이에 따르지 않는 기업에 대해서는 불이익을 주도록 하고 있다. 여기서 말하는 비윤리적인 부패행위에는 탈세, 외화도피, 정경유착, 비자금 조성, 뇌물수수, 허위·과장 광고, 가격조작, 주가조작, 부당한 금융관행, 오염물질 배출, 환경파괴 등을 포함한다.

이를 측정·평가하는 지수 중 하나는 '부패인식지수'(CPI)이다.

국제투명성기구(TI : Transparency International)는 1995년 이래 매년 각 국가별 부패인식지수(CPI : Corruption Perceptions Index)를 발표하고 있다. 이는 전문가, 기업인, 애널리스트들의 견해를 반영하여 공무원들과 정치인들의 부패 수준이 어느 정도인지에 대한 인식의 정도를 지수로 나타낸 것이다. 우리나라는 아직도 경제규모에 비하여 윤리 수준이 낮게 평가됨으로써 국제신인도와 국제경쟁력에 부정적인 영향을 미치고 있는 실정이다.[8]

또한, 영국의 BITC(Business in the community)와 사회적 책임을 평가하는 CR Index(Corporate Responsibility Index) 역시 윤리경영을 평가하는 지수로 사용된다.

---

8 부패인식지수는 해당 국가 공공부문의 부패인식과 전문가 및 기업인 등의 견해를 반영해 사회 전반의 부패인식을 조사한 것으로, 점수가 낮을수록 부패정도가 심한 것이다. 2012년부터 조사방법론이 바뀌었기 때문에 점수보다는 순위의 변동추이를 살펴보아야 한다(출처 : 국제투명성기구(www.transparency.org)).

3 윤리경영의 국내적 환경

국내적으로도 기업의 비윤리적인 행위가 가져오는 경제적 손실과 기업 이미지 실추에 따른 타격이 매우 크다는 점에 대해서는 공감대가 형성되어 있다. 거액의 정치자금 제공 스캔들, 거액의 회계부정, 기업의 중요 영업비밀과 기술의 유출사건, 회사기회의 편취, 기업 내에서의 횡령사건 등은 자주 발생하는 대표적인 비윤리적 행위들이다. 이러한 행위가 발생한 기업은 결국 소비자들의 불매운동으로 인한 매출 저하, 주가의 폭락 등은 물론이고, 기업 이미지가 극도로 훼손됨으로써 퇴출의 위기를 맞는 경우가 비일비재하다.

이러한 시대적 변화에 따라 정부차원에서도 2003년 1월 부패방지법과 부패방지위원회를 출범시켰고, 같은 해 5월에 시행된 공직자윤리강령을 제정하여 공직자는 물론이고 정부와 거래하는 기업의 비리와 부정행위에 대해 처벌을 할 수 있도록 규제를 하였다.

또한, 2008년 2월 29일 부패방지와 국민의 권리보호 및 규제를 위하여 국민권익위원회를 출범시켰고, 국민권익위원회는 2016년 9월 28일 「부정청탁 및 금품 수수등의 금지에 관한 법률」(이하 '청탁금지법'이라 한다)을 시행하기에 이른다.

법안을 발의한 당시 국민권익위원회의 위원장이었던 김영란 전 대법관의 이름을 따 소위 '김영란법'이라고도 불리는 청탁금지법은 그동안 우리나라에서 관행, 관습이라는 이름하에 묵인되어 왔던 공직자 등에 대한 부정청탁 행위 및 부당한 금품 등을 제공하는 행위 등을 강력하게 금지하고 있다.

이 법은 우리 사회에 만연한 연고주의·온정주의로 인한 청탁이 부정부패의 시작임을 인지하고 부정청탁 행위의 금지를 통해 부정부패로 이어지는 연결고리를 차단하는데 그 목적이 있으며, 공직자 등이 거액의 금품 등을 수수하더라도 대가성 등이 없다는 이유로 처벌받지 않아 국민들의 불신이 증가하고 있다는 데에 착안하여 공직자 등이 직무관련성, 대가성 등이 없더라도 금품 등의 수수를 하는 경우에는 제재가 가능하도록 함으로써 국민의 신뢰를 회복하고자 제정된 법이다.

청탁금지법은 단순히 공직자 등에게만 국한된 것이 아니라, 일반 국민 전체를 적용대상으로 하고 있다는 점에서 그 영향력은 매우 크며, 위반 시 제재조치 또한 강력하여 우리나라의 투명성 제고는 물론 국민들의 인식 변화에 큰 도움이 될 것으로 보이며 이에 따른 국가경쟁력이 강화될 것으로 예상된다.

이 같은 국내외의 환경변화에 적극적으로 대응하기 위하여 개별기업 또는 업종단체별로 기업윤리를 바탕으로 한 윤리경영 실천을 위한 노력을 기울이고 있다.

또한 국내적으로도 기업들의 윤리경영 실천노력을 평가하기 위한 척도들을 만들려는 노력이 지속되고 있다.

2003년 개발된 산업정책연구원의 KoBEX(Korea Business Ethics Index)가 대표적인 것으로 이 지표는 공통지표(CI)와 추가지표(SI)로 구성된다.

공통지표(CI : Common Index)는 공기업과 민간기업에 상관없이 모든 조직에 적용되는 지표로 크게 CEO, 작업장, 지배구조, 협력업체, 고객, 지역사회로 구성하여 평가하며, 총 52개 항목이 개발되어 있다. 추가지표(SI : Supplementary Index)는 공기업과 민간기업의 특성에 따라 추가로 개발된 지표를 말하며, 작업장, 지배구조, 협력업체, 고객, 자본시장, 지역사회로 구분하여 총 32개 항목이 개발되어 있다.[9]

전국경제인연합(전경련)에서는 2007년 '윤리경영자율진단지표(FKI－BEX : FKI－Business Ethics Index)'를 개발하였는데 자율진단영역은 윤리경영제도 및 시스템, 고객, 종업원, 주주 및 투자자, 경쟁업체, 협력업체 및 사업파트너, 지역 및 국제사회 등 7대 부문으로 구성된다. 이 지표는 각 기업의 윤리경영 수준 및 개선점을 파악하고, 기업별 수준에 맞는 윤리경영을 추진할 수 있는 방향을 제시하는 컨설팅 기능을 수행하는 등 종합적인 지침서 역할을 수행하기 위해 개발되었다. 기존 지표와는 다르게 기업이 공통적으로 적용할 수 있는 공통항목 외에 업종별로 각기 다른 사업환경과 특성을 감안해 생산재 제조업, 소비재 제조업, 금융업, 건설업, 유통서비스업 등 5대 업종별로 나누어 구체적인 차별화를 시도하였다.[10]

학계에서도 이에 대한 관심을 가지고 2010년 서강대 경영전문대학원 경영연구소가 서강대 윤리경영지표(Sobex)를 개발하였다.

4 기업의 사회적 책임이 강조되는 시대상

사회나 경제가 발달하면서 각 기업(혹은 조직의 구성원)은 새로운 사업을 하거나 기존의 경영활동을 지속적으로 유지하려고 하는 경우 기존에 접하지 못했던 판단의 문제들이

9 산업정책연구원(www.ips.or.kr)
10 전국경제인연합회(www.FKI.co.kr)

발생할 수 있으며 이는 전형적인 윤리기준 — 정직, 일관성, 전문가적인 행동, 환경문제, 성희롱 문제 및 그 외 부패행위로 보는 것들 — 과 정면으로 부딪힐 수도 있다.

최근 자본주의 경제가 갖는 이러한 문제점과 폐단이 부각되면서 자본주의 체제가 갖추어야 할 윤리와 이로부터 필연적으로 파생되는 기업의 사회적 책임(CSR : corporate social responsibility)이 강조되고 있다. 기업은 한 사회의 구성원으로서 그 책임을 다하기 위해 영리활동을 통하여 얻은 이익의 일부를 수익의 원천이 되는 사회에 환원하여야 한다는 것이다.[11] 윤리성이 결여된 자본주의 경제는 결국 체제 몰락과 붕괴로 갈 수밖에 없음을 인식한 결과이다.

이러한 상황에서는 단순히 기업의 지배구조를 개선하는 차원에서 한 걸음 더 나아가 기업의 인적 구성원인 직무종사자들의 윤리무장이 더욱 강조될 수밖에 없다.

section 03 본 교재에서의 직무윤리

1 직무윤리의 적용대상

직무윤리 및 직무윤리기준은 금융투자업의 경우 '금융투자업 종사자 내지 금융투자전문인력의 직무행위' 전반에 대하여 적용된다. 이에 관하여는 '금융투자회사 표준내부통제기준' 제1조를 준용할 수 있는데, 해당 조항에서는 '지배구조법 제24조 내지 제30조에 따라 회사의 임직원(계약직원 및 임시직원 등을 포함한다. 이하 이 기준에서 같다)'이라고 적용대상을 규정하고 있다.

직무윤리는 투자 관련 직무에 종사하는 일체의 자를 그 적용대상으로 한다. 이에는 투자권유자문인력(펀드/증권/파생상품), 투자권유대행인(펀드/증권), 투자자산운용사, 금융

---

11 최근 기업의 사회적 책임을 법제화하는 경향 역시 늘어나고 있다. 사회적 기업 육성법 등이 그 일례이다. 그러나 기업의 사회적 책임이 강조된다고 해서 영리와 이익추구를 목적으로 하는 기업 본연의 모습이 달라지는 것은 아니다. 기업의 사회적 책임의 이행은 생산과 분배 전 과정에서 요구되지만 오늘날은 그 이익을 분배하는 과정에서 특히 강조되는 경향이 있다.

투자분석사, 재무위험관리사 등의 관련 전문자격증을 보유하고 있는 자(즉, '금융투자전문인력')뿐만 아니라, 이상의 자격을 갖기 이전에 관련 업무에 실질적으로 종사하는 자, 그리고 직접 또는 간접적으로 이와 관련되어 있는 자를 포함하고, 회사와의 위임계약관계 또는 고용계약관계 및 보수의 유무, 고객과의 법률적인 계약관계 및 보수의 존부를 불문한다. 따라서 회사와 정식 고용관계에 있지 않은 자나 무보수로 일하는 자도 직무윤리를 준수하여야 하며, 아직 아무런 계약관계를 맺지 않은 잠재적 고객에 대해서도 직무윤리를 준수하여야 한다. 이 교재에서는 이를 총칭하여 "금융투자업 종사자 내지 금융투자전문인력"이라 부르기로 한다.

여기에서 "직무행위"라 함은 자본시장과 금융투자업과 관련된 일체의 직무활동으로서 투자정보의 제공, 투자의 권유, 금융투자상품의 매매 또는 그 밖의 거래, 투자관리 등과 이에 직접 또는 간접으로 관련된 일체의 직무행위를 포함한다. 이에는 회사에 대한 직무행위뿐만 아니라 對고객관계, 나아가 對자본시장관계까지를 포함한다.

2 직무윤리의 성격

앞에서도 살펴본 바와 같이 법규는 때로 우리가 준수해야 할 직무윤리의 가이드라인이 되기도 하지만, 대부분의 경우는 윤리가 법규의 취지 또는 근본이 되거나 법조문에서 규정하고 있지 않는 부분을 보완하는 역할을 한다. 즉 법규와 윤리는 서로 보완해나가는 주체로서 떼려야 뗄 수 없는 불가분의 관계에 있다. 그러나 법규 또는 윤리기준을 위반하는 경우 그 제재의 정도에 따른 강제성의 측면에서는 그 성격이 달라진다.

법규는 사회구성원들이 보편적으로 옳다고 인식하는 도덕규칙(이나 윤리기준) 또는 경영활동의 평등성(이나 정당성)을 확보하기 위해 정당한 입법절차를 거쳐 문서화한 것이다. 따라서 법규를 위반하는 경우 벌금의 부과, 면허나 자격 등의 취소, 재산이나 권리의 제한 등을 포함하여 중대한 위반행위가 있는 경우 신체의 자유를 구속하는 투옥 등 그 위반행위에 대한 책임을 묻는 제재규정이 직접적으로 명확히 존재하는 반면, 직무윤리 및 직무윤리기준은 일종의 자율규제로서의 성격을 지니고 있어 위반 시 위반행위에 대한 명시적인 제재가 존재하지 않을 수도 있다.

지배구조법 제24조에서는 내부위험관리체계(Internal Risk Management)인 동시에 위법행위에 대한 사전예방(Compliance)체계로서 금융투자업자로 하여금 직무윤리가 반영된 내부통제기준을 자율적으로 제정하여 시행하도록 규정하고 있다. 즉 법규로써 규정하지 못 하는 부분에 대해 보완적인 형태로 그 완전성을 도모하는 것이다.

반면 직무윤리는 자율적 준수라는 장점이 있지만 법규에 비하여 강제수단이 미흡하다는 취약점이 있다. 이 때문에 직무윤리의 준수가 단순한 구호에 그치기 쉬우므로, 자율적으로 직무윤리 위반행위에 대한 실효성 있는 제재 및 구제 수단을 확보하는 것이 요구된다.

직무윤리는 법규와 불가분의 관계를 가지고 있는 만큼 직무윤리를 위반한 경우 단순히 윤리적으로 잘못된 것이라는 비난에 그치지 않고, 동시에 실정법 위반행위로서 국가기관에 의한 행정제재·민사배상책임·형사책임 등의 타율적 규제와 제재의 대상이 되는 경우가 많음을 유의하여야 한다.

3 직무윤리의 핵심

금융투자업에서의 직무윤리는 취급하는 업종의 내용이나 고객 내지 거래처와의 접촉 내용에 따라 다소의 차이는 있지만, 그 기본적 내용에 있어서는 대동소이하다. 그 핵심적 내용은 "자신과 상대방의 이해가 상충하는 상황(conflicts of interests)에서는 상대방 이익(You First)의 입장에서 자신에 대한 상대방의 신뢰를 저버리지 않는 행동(Fiduciary Duty)을 선택하라"는 것이다. 여기에서 우리는 '고객우선의 원칙'과 '신의성실의 원칙'이라는 핵심적이고 가장 근본이 되는 2가지 원칙, 즉 직무윤리의 핵심을 도출하게 된다.

chapter 02

금융투자업 직무윤리

section 01 기본원칙

금융투자업 종사자와 금융소비자 사이에는 기본적으로 신임관계에 있으며, 이에 따라 금융투자업 종사자는 금융소비자에 대하여 신임의무(信任義務, Fiduciary Duty)가 발생한다. "신임의무"라 함은 위임자로부터 '신임'을 받은 수임자는 자신에게 신뢰를 부여한 위임자에 대하여 진실로 충실하고, 또한 직업적 전문가로서 충분한 주의를 가지고 업무를 처리하여야 할 의무를 진다는 뜻이다. 신임의무가 특히 문제되는 상황은 수임자와 신임자의 이익이 서로 충돌하는 경우이다. 이러한 경우 수임자는 자기(혹은 회사 또는 주주를 포함한 제3자)의 이익을 우선하는 것이 금지되고 신임자의 이익을 우선시하여야 할 의무를 진다. 이때 수임자가 지켜야 할 신임의무를 선량한 관리자로서의 주의의무, 즉 '선관주의 의무'라고 표현할 수 있고 이는 금융소비자로부터 수임을 받게 되는 모든 금융투자업자에게 적용되는 공통적인 직무윤리이자 가장 높은 수준의 기준이며 금융투자업에서 준수해야 할 가장 중요한 두 가지 직무윤리인 '고객우선의 원칙'과 '신의성실의 원칙'의 기본적인 근거가 된다.

금융투자업에서 직무윤리의 준수가 갖는 중요성은 너무 크기에, 금융투자협회에서는 금융투자회사가 준수해야 할 '금융투자회사의 표준윤리준칙'을 2015. 12. 4. 제정하였고, 앞서 말한 두 가지 중요한 직무윤리 — 1) 책임과 의무를 성실히 수행하고, 2) 투자자를 보호하여야 한다 — 를 동 준칙 제1조에서 다음과 같이 명시하고 있다.

이 준칙은 금융투자회사의 윤리경영 실천 및 임직원의 올바른 윤리의식 함양을 통해 금융인으로서의 책임과 의무를 성실히 수행하고, 투자자를 보호하며 자본시장의 건전한 발전 및 국가경제 발전에 기여함을 목적으로 한다.

1 고객 우선의 원칙

금융투자회사의 표준윤리준칙 제2조
회사와 임직원은 항상 고객의 입장에서 생각하고 고객에게 보다 나은 금융서비스를 제공하기 위해 노력하여야 한다.

금융소비자보호법 제2조 제1호에서는 금융소비자 보호의 대상이 되는 '금융상품'에 대해 다음과 같이 정의하고 있다.

가. 「은행법」에 따른 예금 및 대출
나. 「자본시장과 금융투자업에 관한 법률」에 따른 금융투자상품
다. 「보험업법」에 따른 보험상품
라. 「상호저축은행법」에 따른 예금 및 대출
마. 「여신전문금융업법」에 따른 신용카드, 시설대여, 연불판매, 할부금융
바. 그 밖에 가부터 마까지의 상품과 유사한 것으로서 대통령령으로 정하는 것

또한, 같은 법 제3조에서는 각 금융상품의 속성에 따라 예금성 상품/대출성 상품/투자성 상품/보장성 상품으로 구분하고 있어 금융소비자 보호의 대상이 되는 상품의 범위를 더욱 확대하였다.

고객우선의 원칙은 모든 금융상품에 적용되어야 하는 것이나 본 교재의 특성을 고려

하여 본 장에서는 금융투자업과 관련한 직무윤리를 다루기로 한다.

금융투자업은 주로 금융투자상품[1]을 다루는 산업으로 자본시장법 제3조 제1항에서는 '금융투자상품'에 대해 "이익을 얻거나 손실을 회피할 목적으로 현재 또는 장래의 특정 시점에 금전, 그 밖의 재산적 가치가 있는 것(이하 '금전 등'이라 한다)을 지급하기로 약정함으로써 취득하는 권리로서 그 권리를 취득하기 위하여 지급하였거나 지급하여야 할 금전 등의 총액(판매수수료 등 대통령령으로 정하는 금액을 제외한다)이 그 권리로부터 회수하였거나 회수할 수 있는 금전 등의 총액(해지수수료 등 대통령령으로 정하는 금액을 포함한다)을 초과하게 될 위험(이하 '투자성'이라 한다)이 있는 것을 말한다"라고 정의하고 있다.

금융투자업에 종사하는 자는 금융투자상품 가격의 평가에 공정을 기하고, 수익가능성과 위험을 예측하여 금융소비자에게 합리적인 투자판단의 기초자료를 제공하는 역할을 수행하며, 금융투자상품의 공급자와 금융소비자 사이에 발생하기 쉬운 정보의 격차를 줄임으로써 자본시장을 통한 자원의 효율적 배분에 기여하는 역할을 담당한다.

금융소비자의 금융투자상품 소비활동에는 금융투자업 종사자의 이러한 역할 수행으로 인해 발생하는 비용이 포함되어 있기 때문에 금융소비자는 이 비용을 최소화시킴으로써 투자수익률을 제고하고자 하는 욕구가 발생하는 반면, 금융투자업 종사자는 이 비용을 최대화시킴으로써 영업수익률을 제고하고자 하는 욕구가 발생하므로 양자 간에는 각자의 이익을 최대화시키려는 갈등 상황, 즉 서로의 이해가 상충되는 상황이 발생할 수 있다.

이러한 상황에서 금융투자업 종사자는 신임의무에 근거하여 자신(소속 회사, 소속 회사의 주주를 포함)의 이익보다 상대방인 금융소비자의 이익을 우선적으로 보호해야 한다는 것, 즉 고객의 입장에서 생각하라는 것이 표준윤리준칙 제1조에서 규정하고 있는 사항이다.

2 신의성실의 원칙

금융투자회사의 표준윤리준칙 제4조

회사와 임직원은 정직과 신뢰를 가장 중요한 가치관으로 삼고, 신의성실의 원칙에 입각하여 맡은 업무를 충실히 수행하여야 한다.

---

1 금융소비자보호법에서는 자본시장법상의 금융투자상품을 '투자성 상품'으로 정의하고 있으나, 본 교재에서는 구분의 실익이 낮으므로 두 단어를 혼용하기로 한다.

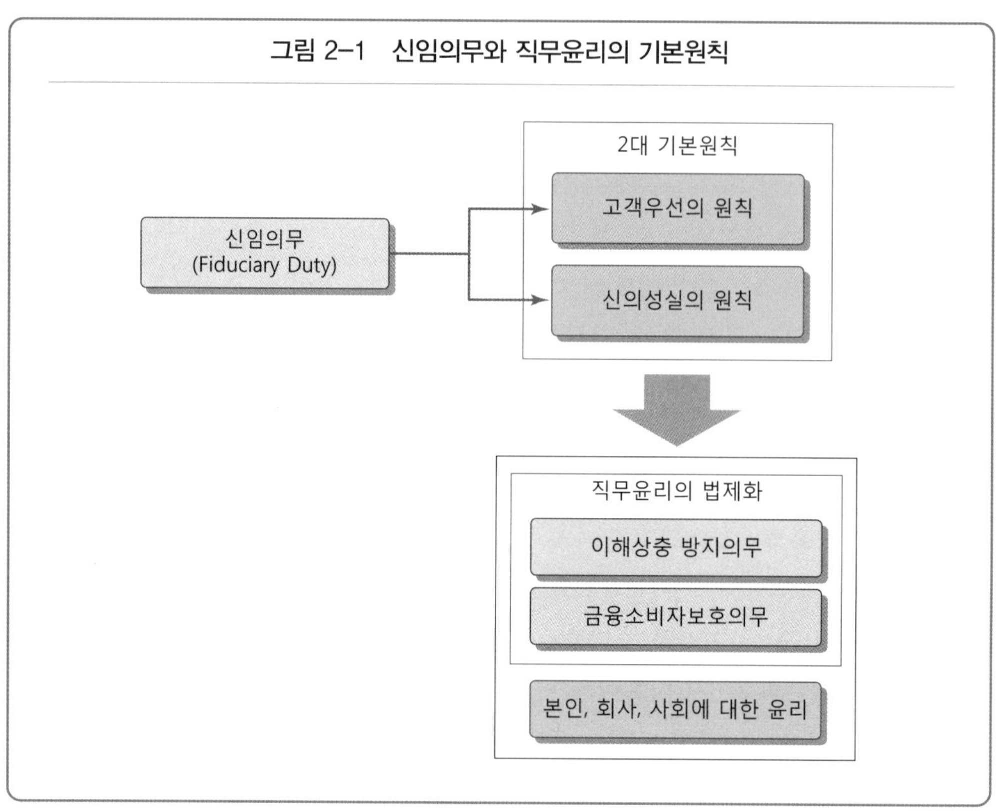

신의성실(信義誠實)은 모든 사람이 사회공동생활의 일원으로서 상대방의 신뢰에 반하지 않도록 성의있게 행동할 것을 요구하는 법칙이다. 즉, 금융투자업 종사자는 직무수행에 있어서 상대방의 정당한 이익을 배려하여 형평에 어긋나거나 신뢰를 저버리는 일이 없도록 성실하게 행동해야 한다.

금융투자업에서 신의성실은 단순히 윤리적 원칙에 그치지 않고 법적 의무로 승화되어 있다. 자본시장법 제37조 제1항에서는 "금융투자업자는 신의성실의 원칙에 따라 공정하게 금융투자업을 영위하여야 한다"고 명기하고 있다. 또한 금융소비자보호법 제14조 제1항에서는 "금융상품판매업자 등은 금융상품 또는 금융상품자문 등에 관한 계약의 체결, 권리의 행사 및 의무의 이행을 신의성실의 원칙에 따라 해야 한다"고 규정하고 있다. 이는 민법 제2조 제1항의 "권리의 행사와 의무의 이행은 신의에 좇아 성실히 하여야 한다"는 신의성실의 원칙을 금융투자업에 맞추어 적절하게 변형한 것이다.

따라서 신의성실의 원칙은 금융투자회사의 임직원이 준수해야 할 직무윤리이면서 동시에 강제력이 있는 법적 의무이므로 금융투자업 종사자가 선관주의의무 혹은 충실의무를 위반하는 경우 불법행위에 대한 손해배상책임을 부담하게 된다(대법원 1996. 8. 23. 선고 94다38199 판결; 대법원 1997. 10. 24. 선고 97다24603 판결).

지금까지 금융투자업 종사자로서 반드시 지켜야 할 두 가지의 기본적이고 핵심적인 '고객우선의 원칙'과 '신의성실의 원칙'을 이해하였고 이 직무윤리는 지배구조법, 자본시장법 및 금융소비자보호법 등에서 '이해상충 방지의무'와 '금융소비자보호의무'로 대표되는 법적 의무로 승화되어 있음을 확인하였다.

사례 1

ELS(Equity Linked Securities : 주가연계증권) 발행회사의 헤지 거래

(사건 개요)

투자자는 중간 평가일에 기초자산의 가격이 일정 수준 이상인 경우 조기 상환받을 수 있는 ELS상품에 가입을 하였다. 하지만 동 ELS상품의 중간 평가일 14시 50분까지 조기상환이 가능한 주가 이상이었던 기초자산의 주가는 해당 ELS의 발행회사가 동시호가 시간에 대량매도에 나서는 방식으로 델타 헤지(Delta Hedge : ELS 등 파생금융상품을 발행하는 금융투자회사가 주가 하락 시 매수, 주가 상승 시 매도로 기초자산의 수량을 적절히 보유하면서 손익을 상쇄하고 그 과정에서 생기는 운용수익을 ELS 상환자금으로 사용하는 기법)를 시도하여, 시장이 종료될 때 해당 기초자산의 주가는 조기상환을 할 수 없는 기준주가 밑으로 형성되었고 결국 해당 ELS는 조기상환을 하지 못하였다.

(판단 내용)

발행회사는 기초자산인 주식을 14시 40분까지는 기준 가격 이상으로 지속적인 매도 주문을 하였으나 대부분의 매도 주문이 체결되지 않았고, 동시호가 시간대인 14시 50분부터는 기준가격보다 낮은 가격에 매도 주문을 실행하였다. 발행회사는 손실을 회피하기 위한 불가피한 델타 헤지 거래였음을 주장하나, 이는 금융소비자보호의무를 소홀히 한 것으로 신의성실의 원칙에 위배되는 행위이다(대법원 2015.5.14.선고 2013다 2757).

사례 2

○○증권회사의 착오 배당 사고

(사건 개요)

○○증권회사의 업무담당자는 2018.4.5. 우리사주 조합원에 대한 현금배당업무를 하면서 착오로 전산시스템상의 주식배당 메뉴를 잘못 선택하여 주식을 입력하였고, 관리자인 팀장은 이를 인지하지 못한 채 승인하였다. 이에 2018.4.6 오전 9시 30분경 우리사주 조합원(2,018명) 계좌로 현금배당(주당 1천 원) 대신 동사 주식 총 28.1억 주(주당 1천 주)를 착오로 입고하였고, 입고 직후부터 강제 매도중단조치를 하기까지 31분간 동사 직원 22명은 총 1,208만 주를 주식시장에 매도 주문하여 이 중 16명이 총 501만 주를 체결시켰다. 이로 인해 당일 오전 동사 주가가 전일 종가 대비 최대 11.7% 하락하는 등 주식시장에 큰 충격을 미치게 되었다.

또한 착오입고 직후 동사는 사고를 인지하고도 조속히 매매주문 차단, 착오입고주식 일괄출고를 하지 못하여 직원의 대규모 주식매도 주문을 방지하는 데 실패하였다.

(문제점)

1. 우리사주 배당 내부통제 부실
   ㄱ. 배당시스템이 현금배당과 주식배당을 동일한 화면에서 처리하도록 구성
   ㄴ. 정상적인 업무처리 순서(조합장 계좌 출고→조합원 계좌 입고)가 아닌 반대순서로 업무처리가 실행되도록 구성되어 있어 착오로 인한 입·출고를 사전에 통제 불가
   ㄷ. 발행주식 총수가 넘는 주식이 입고되어도 오류 검증 또는 입력거부 기능 부재
   ㄹ. 동사의 직무분류상 A부서가 수행해야 함에도 B부서가 실질적으로 수행하는 등 업무분장이 미흡하고, 관련 업무매뉴얼 부재
2. 사고대응 미흡
   ㄱ. 지배구조법에서 정하고 있는 '금융사고 등 우발상황에 대한 위험관리 비상계획' 부재
   ㄴ. 사내 방송시설, 비상연락망 등을 갖추고 있지 않아 신속한 사고내용 전파 및 매도금지 요청 불가
3. 일부 직원의 윤리의식 부재에 따른 주식 매도주문
   ㄱ. 총 22명의 1,208만 주 매도주문 중 총 16명의 501만 주가 체결
   ㄴ. 특히 최초 '주식매도금지'를 공지한 시각 이후에도 매도 주문된 수량은 총 14명의 946만 주로 전체의 78.3% 차지
4. 실물주식 입고시스템의 문제
   예탁결제원의 확인 없이 매도되도록 시스템이 설계되어 위조 주식이 거래될 가능성 존재
5. 전산시스템 계약의 문제
   전체 전산시스템 위탁계약의 72%가 계열사와 체결한 것으로 그중 수의계약 비중이 91%를

차지하는 등 계열사 부당지원 문제도 존재

(제재 등 조치)

1. 금융위원회는 동 사고가 지배구조법 제24조에서 정하고 있는 '내부통제기준 마련' 및 제27조의 '위험관리 비상계획 마련' 의무를 위반한 사항으로 판단하여 다음과 같이 제재하였다.
   ㄱ. ○○증권회사의 업무(신규 투자자에 대한 지분증권 투자중개업) 일부 정지 6월 및 과태료 1억 4천 4백만 원 부과
   ㄴ. 전(前) 대표이사 3명에 대해 해임요구 상당(2명) 및 직무정지 1월 상당(1명)
   ㄷ. 현(現) 대표이사 직무정지 3월
2. 증권선물위원회는 착오로 입고된 주식을 매도한 직원 중 동 주식의 시장 가격을 왜곡한 것으로 판단되는 13인에 대해 자본시장법 제178조의2(시장질서 교란행위 금지) 위반을 이유로 각각 7명에 대해 2,250만 원 및 6명에 대해 3,000만 원의 과징금 부과를 결정하였다. 다만 이 중 8명은 자본시장법 위반으로 기소 중인 상황을 고려하여 법원의 확정판결 시까지 과징금 조치를 유예하였다.
3. 금융감독원은 주식을 매도한 직원 21명에 대해 정직(3월) 2명, 정직(2월) 1명, 감봉 3명, 견책 1명, 퇴직자 위법사실 통지 1명의 조치를 내렸다.

(시사점)

동 사고는 해당 업무를 담당한 직원 및 부서의 관리자가 본인의 업무를 수행함에 있어 '선량한 관리자로서의 주의의무'를 준수하지 않음에서 비롯된 것이라 볼 수 있다.

또한 착오입고된 주식을 매도(주문)한 직원은 '선관주의의무'를 준수하지 않아 시장에 충격을 줌으로써 다수의 금융소비자들이 피해를 입도록 하였고 다시 이를 회사가 보상하는 과정에서 회사에 손실을 입혔으며, 본인 역시 금전적 손실을 포함한 각종 제재를 받는 불이익을 받게 되었다.

회사 전체적으로도 '윤리경영'을 바탕으로 임직원에 대한 지속적 교육 및 각종 내부통제기준을 수립·실행하여 금융소비자를 보호하고, 금융시장의 안정성을 추구하여야 함에도 이를 준수하지 않아 금전적으로 막대한 손실은 물론, 금융회사에서 가장 중요한 자산으로 꼽히는 '고객의 신뢰'를 잃게 되었다.

윤리경영의 근간인 '선량한 관리자로서의 의무'가 더욱 중요시되는 이유다.

section 02 이해상충의 방지 의무

1 개요

자본시장법 제37조 제2항

금융투자업자는 금융투자업을 영위함에 있어서 정당한 사유 없이 투자자의 이익을 해하면서 자기가 이익을 얻거나 제3자가 이익을 얻도록 하여서는 아니 된다.

금융소비자보호법 제14조 제2항

금융상품판매업자 등은 금융상품판매업등을 영위할 때 업무의 내용과 절차를 공정히 하여야 하며, 정당한 사유없이 금융소비자의 이익을 해치면서 자기가 이익을 얻거나 제3자가 이익을 얻도록 해서는 아니 된다.

금융투자업 종사자는 신의성실의 원칙에 입각하여 투자자 즉 금융소비자의 이익을 최우선으로 하여 업무를 수행하여야 하며, 자본시장법에서는 이를 제37조(신의성실의 의무 등)를 포함하여 제44조(이해상충의 관리), 제45조(정보교류의 차단)에서 구체화시킴으로써 금융투자업 종사자가 이를 준수하도록 강제성을 부여하고 있다.

여기에서 금융소비자의 이익을 최우선으로 한다는 것은 '금융소비자의 입장에서 최선의 이익'을 구한다는 것으로, 이는 소극적으로 금융소비자 등의 희생 위에 자기 또는 회사나 주주 등을 포함한 제3자의 이익을 도모해서는 안 된다는 것에 그치는 것이 아니고, 적극적으로 금융소비자 등의 이익을 위하여 실현 가능한 최대한의 이익을 추구하여야 하는 것을 말한다(최선집행의무). 그러나 이것은 단순히 결과에 있어서 최대의 수익률을 얻어야 한다는 뜻은 아니다. '결과'와 '과정' 양자 모두에 있어서 최선의 결과를 얻도록 노력하여야 한다는 뜻이다.

2 이해상충의 발생원인

이해상충이 발생하는 원인은 크게 세 가지로 볼 수 있다.

첫째, 금융투자업자 내부의 문제로서 금융투자업을 영위하는 회사 내에서 공적 업무영역(자산관리, 증권중개 등 공개된 정보에 의존하거나 이러한 정보를 이용하여 투자권유 혹은 거래를 하는 부서 및 소속 직원)에서 사적 업무영역(기업의 인수·합병·주선업무 등 미공개중요정보를 취득할 수 있는 부서 및 소속 직원)의 정보를 이용하는 경우에 이해상충이 발생하게 된다.

둘째, 금융투자업자와 금융소비자 간의 문제로서 이들 사이에는 정보의 비대칭이 존재 함에 따라 금융투자업자가 금융소비자의 이익을 희생하여 자신이나 제3자의 이익을 추구할 가능성이 높다.

셋째, 법률적 문제로서 자본시장법에서 발달하고 있는 금융투자업에 대해 복수의 금융투자업 간 겸영 업무의 허용범위를 넓혀주고 있어 이해상충이 발생할 위험성이 더욱 높아졌다.

금융소비자와 이해상충이 발생하는 사례

금융투자업자와 금융소비자 사이에 대표적으로 발생하는 이해상충의 사례 중 하나는 과당매매이다. 금융투자중개업자인 경우 금융소비자로부터 보다 많은 수수료 수입을 창출하여야 하는 반면, 금융소비자는 보다 저렴한 수수료를 부담하기 원하는 경우가 일반적이다. 이때, 금융투자중개업자에 속하는 임직원이 회사 또는 자신의 영업실적을 증대시키기 위해 금융소비자의 투자경험 등을 고려하지 않고 지나치게 자주 투자권유를 하여 매매가 발생하는 경우 이해상충이 발생하게 된다. 특정 거래가 빈번한 거래인지 또는 과도한 거래인지 여부는 a. 일반투자자가 부담하는 수수료의 총액, b. 일반투자자의 재산상태 및 투자목적에 적합한지 여부, c. 일반투자자의 투자지식이나 경험에 비추어 당해 거래에 수반되는 위험을 잘 이해하고 있는지 여부, d. 개별 매매거래 시 권유내용의 타당성 여부 등을 종합적으로 고려하여 판단한다(금융투자업규정 제4-20조 제1항 제5호, 금융투자회사의 표준내부통제기준 제39조 제1항).

사례

투자자가 일임한 투자원금 전액을 특정 주식 한 종목만을 과도하게 매매하여 손해를 입힌 경우 과당매매행위로 인한 불법행위책임을 인정한 사례

(사건 개요)

증권회사 직원은 코스닥 시장에 상장된 학습지 회사에 투자자가 일임한 자금 전액을 투자했다가 동 종목이 상장폐지되면서 투자자는 거의 전액을 손해 보게 되었다. 그동안의 매매 결과를 확인한 결과 32개월의 투자기간 동안 동 종목 하나만을 대상으로 매매하였으며, 회전율은 2,046%로 과다한 거래를 하였으며, 이로 인해 발생한 수수료 등이 총 투자원금의 약 13%로 적

지 않은 수준이었다.

(판단 내용)
투자자는 투자원금 전부를 특정한 종목에만 투자하는 등 투기적인 단기매매를 감수할 정도의 투기적 성향을 갖고 있다고 할 수 없음에도 불구하고 증권회사 직원은 한 종목에만 투기적인 단기매매를 반복하는 등 전문가로서 합리적인 선택이라 할 수 없다. 이는 충실의무를 위반해 고객의 이익을 등한시하고 무리하게 빈번한 회전매매를 함으로써 투자자에게 손해를 입힌 과당매매행위로 불법행위가 성립한다(대법원 2012.6.14.선고 2011다 65303).

3 이해상충의 방지체계

앞에서 설명한 바와 같은 이유로 인해 자본시장법 및 관련법령 등에서는 금융투자업자에게 인가·등록 시부터 아래와 같이 이해상충방지체계를 갖추도록 의무화하고 있다.

(1) 이해상충의 관리(자본시장법 제44조)

금융투자업자는 금융투자업의 영위와 관련하여 금융투자업자와 투자자 간, 특정 투자자와 다른 투자자 간의 이해상충을 방지하기 위하여 이해상충이 발생할 가능성을 파악·평가하고, 지배구조법 제24조에 따른 내부통제기준이 정하는 방법 및 절차에 따라 이를 적절히 관리하여야 한다.

금융투자업자는 이해상충이 발생할 가능성을 파악·평가한 결과 이해상충이 발생할 가능성이 있다고 인정되는 경우에는 그 사실을 미리 해당 투자자에게 알려야 하며, 그 이해상충이 발생할 가능성을 내부통제기준이 정하는 방법 및 절차에 따라 금융소비자 보호에 문제가 없는 수준으로 낮춘 후 매매, 그 밖의 거래를 하여야 한다.

이러한 조치에도 불구하고 그 이해상충이 발생할 가능성을 낮추는 것이 곤란하다고 판단되는 경우 금융투자업자는 해당 매매, 그 밖의 거래를 하여서는 아니 된다.

(2) 정보교류의 차단(Chinese Wall 구축)의무(자본시장법 제45조)

금융투자업자는 금융투자업과 관련 법령 등에서 허용하는 부수업무 등을 영위하는 경우 미공개중요정보 등에 대한 회사 내부의 정보교류차단 뿐만이 아니라 계열회사를 포함한 제3자에게 정보를 제공하는 경우 등에 대해 내부통제기준을 마련하여 이해상충이 발생할 수 있는 정보를 적절히 차단해야 한다.

내부통제기준에는 정보교류 차단을 위해 필요한 기준 및 절차, 정보교류 차단의 대상이 되는 정보의 예외적 교류를 위한 요건 및 절차, 그 밖에 정보교류 차단의 대상이 되는 정보를 활용한 이해상충 발생을 방지하기 위하여 대통령령으로 정하는 사항이 포함된다.

이를 위해 금융투자업자는 정보교류 차단을 위한 내부통제기준의 적정성에 대한 정기 점검을 실시하고, 정보교류 차단과 관련되는 법령 및 내부통제기준에 대한 임직원 대상 교육을 해야 하며, 그 밖에 정보교류 차단을 위해 대통령령으로 정하는 사항을 준수하여야 한다.

이 부분은 뒤에서 다루게 될 '회사에 대한 윤리'에서도 연결하여 살펴보도록 한다.

(3) 조사분석자료의 작성 대상 및 제공의 제한

투자분석업무와 관련한 이해상충의 문제는 금융투자회사 및 금융투자분석업무 종사자와 이들에 의하여 생산된 정보를 이용하는 자(투자정보이용자) 사이에서 생길 가능성이 크기 때문에 금융투자협회의 '금융투자회사의 영업 및 업무에 관한 규정(이하 '협회 영업규정'이라 한다)' 제2-29조에서는 조사분석 대상법인의 제한을 통해 금융투자업자 자신이 발행하였거나 관련되어 있는 대상에 대한 조사분석자료의 공표와 제공을 원천적으로 금지하고 있다.

(4) 자기계약(자기거래)의 금지(자본시장법 제67조)

투자매매업자 또는 투자중개업자는 금융투자상품에 관한 같은 매매에 있어 자신이 본인이 됨과 동시에 상대방의 투자중개업자가 되어서는 아니 된다.

금융투자업 종사자는 금융소비자가 동의한 경우를 제외하고는 금융소비자와의 거래당사자가 되거나 자기 이해관계인의 대리인이 되어서는 아니 된다.

자기가 스스로 금융소비자에 대하여 거래의 당사자, 즉 거래상대방이 되는 경우 앞에서 설명한 바와 같이 금융투자업 종사자가 기본적으로 준수하여야 할 충실의무, 다시 말해 금융소비자를 위한 최선의 이익추구가 방해받을 가능성이 있다. 그래서 금융소비자의 동의가 있는 경우를 제외하고는 자기거래를 금지한 것이다.

같은 이유로 금융투자업 종사자가 직접 금융소비자의 거래당사자가 되는 것은 아니지만 '이해관계인'의 대리인이 되는 경우도 역시 금지된다. 여기서 '자기 이해관계인'에는 친족이나 소속 회사 등과 같이 경제적으로 일체성 내지 관련성을 갖는 자 등이 모두 포함되는데 법률적 이해관계에 국한하지 않고 사실상의 이해관계까지도 모두 포함하기 위한 것이다. 이를 위반한 경우 형사 처벌의 대상이 된다(자본시장법 제446조 제12호).

그러나 상대방이 우연히 결정되어 투자자의 이익을 해칠 가능성이 없는 다음의 경우에는 예외적으로 허용이 되고 있다.

❶ 투자중개업자가 투자자로부터 증권시장, 파생상품시장 또는 다자간매매체결회사에서의 매매의 위탁을 받아 증권시장, 파생상품시장 또는 다자간매매체결회사를 통하여 매매가 이루어지도록 한 경우

❷ 투자매매업자 또는 투자중개업자가 자기가 판매하는 집합투자증권을 매수하는 경우

❸ 종합금융투자사업자가 자본시장법 제360조에 따른 단기금융업무 등 동법 시행령 제77조의6 제1항 제1호에 따라 금융투자상품의 장외매매가 이루어지도록 한 경우

❹ 그 밖에 공정한 가격 형성과 거래의 안정성·효율성 도모 및 투자자 보호에 우려가 없는 경우로서 금융위원회가 정하여 고시하는 경우

사례

투자자문업을 영위하는 A회사의 펀드매니저인 B는 투자일임계약을 맺고 있는 고객 중의 한 사람인 C로부터 주식투자에 의한 고수익(high return) 운용을 지시받았기 때문에 가까운 장래에 공개가 예상되어 있는 장외주식도 편입하여 운용하고 있다. 하지만 사정이 있어서 C는 계좌를 해약하였다. C는 계좌에 편입되어 있는 주식은 환금하지 말고 해약을 신청한 날의 상태 그대로 반환받고 싶다는 의사를 표시하였다. C의 계좌에는 곧 공개가 예정되어 있는 D사의 주식이 포함되어 있다. D사의 주식은 공개가 되면 매우 높은 가격으로 거래될 것으로 예상되기 때문에 B는 해약신청 직후에 C의 허락을 얻지 아니하고 D사 주식을 장부가로 자기의 계좌에 넘겼다.

(평가)

B는 C로부터 투자일임계좌의 자산을 환금시키지 말고 해약 당일의 상태 그대로 반환하였으면 좋겠다는 요청을 받았음에도 불구하고 C의 허락 없이 D사 주식을 자기의 계좌로 넘겼다. 이러한 행위는 고객과 거래당사자가 되어서는 아니 된다는 윤리기준에 반한다. 더욱이 D사의 공개 후에 기대되는 주식매각의 이익을 얻을 수 있는 기회를 무단으로 C로부터 가로챈 것은 투자일임계좌의 수임자로서의 신임의무에도 반하는 것이므로 고객에 최선의 이익이 돌아갈 수 있도록 전념하고 고객의 이익보다 자신의 이익을 우선시해서는 아니 된다는 윤리기준에도 위반하였다. B의 행위는 자기계약을 금지하는 자본시장법 제67조에 위반될 가능성도 있다.

section 03 금융소비자 보호 의무

1 개요

1) 기본개념

금융소비자보호법 제2조 제8호에서는 '금융소비자'의 정의를 '금융상품에 관한 계약의 체결 또는 계약 체결의 권유를 하거나 청약을 받는 것(이하 '금융상품계약체결등'이라 한다)에 관한 금융상품판매업자의 거래상대방 또는 금융상품자문업자의 자문업무의 상대방인 전문금융소비자 또는 일반금융소비자를 말한다'라고 규정하고 있다.

이는 예금자, 투자자, 보험계약자, 신용카드 이용자 등 금융회사와 거래하고 있는 당사자뿐만 아니라 장래 금융회사의 상품이나 서비스를 이용하고자 하는 자를 포괄하는 개념이다.

금융소비자보호는 금융시장의 공급자인 금융상품의 개발자와 판매자에 비해 교섭력과 정보력이 부족한 수요자인 금융소비자의 입지를 보완하기 위하여 불공정하고 불평등한 제도와 관행을 바로잡는 일련의 업무이다.

금융소비자보호는 금융상품을 소비하는 금융소비자의 관점에서 금융시장에서의 불균형을 시정하여 소비자들이 금융기관과 공정하게 협상할 수 있는 기반을 확보하고, 금융소비자의 신뢰 제고를 통하여 장기적으로 금융서비스의 수요를 증가시키는 효과가 발생하게 되므로, 궁극적으로 우리나라의 자본시장을 발전시키는 역할을 수행한다.

금융소비자 등이 금융투자업 종사자에게 업무를 맡기는 이유는 금융투자업 종사자를 전문가로서 인정하고 이를 신뢰하기 때문이다. 따라서 금융투자업 종사자는 일반인(아마추어)에게 요구되는 것 이상의 '전문가로서의 주의'를 기울여 그 업무를 수행하여야 한다. 어떻게 행동하면 이 같은 주의의무를 다하는 것인가는 수행하는 업무의 구체적인 내용에 따라서 다르지만, 일반적으로는 '신중한 투자자의 원칙(Prudent Investor Rule)'이 그 기준이 될 수 있다.

신중한 투자자의 원칙이란 미국의 신탁법에서 수탁자의 행위기준으로서 널리 인정받은 바 있는 "Prudent Man Rule"(신중한 사람의 원칙)을 자산운용에 관한 이론 및 실무의 발전을 받아들여 수정한 것이다. 이에 의하면, 수탁자가 자산운용업계에서 받아들여지고 있는 포트폴리오(portfolio) 이론에 따라서 자산을 운용한다면 그것은 일반적으로 적법한 것으로서 인정된다. 이 원칙은 1992년에 간행된 미국의 「제3차 신탁법 Restatement」에 의하여 채택되었다. 신중한 투자자원칙의 구성원리인 신중성은 수탁자의 투자판단에 관한 의무이행뿐만 아니라 충실의무(duty of loyalty)와 공평의무(duty of impartiality)와 같이 투자관리자가 수익자의 이익을 위하여 행동하여야 하는 의무와 수익전념의무를 포함한다(의무의 포괄성). 우리나라 판례에서도 투자관리자와 투자자인 고객 사이의 관계는 본질적으로 신임관계에 기초하여 고객의 재산관리사무를 대행하는 지위에서 비롯된다고 하여 이를 확인하고 있다(대법원 1995. 11. 21. 선고 94도1538 판결).

이렇듯 '신중한 투자자의 원칙'을 고려하여 보면 '전문가(profession)로서의'라는 것은, 주의를 기울이는 정도와 수준에 있어서 일반인 내지 평균인(문외한) 이상의 당해 전문가 집단(예를 들어 증권투자권유자문인력이라면 그 집단)에 평균적으로 요구되는 수준의 주의가 요구된다는 뜻이다.

'주의(care)'라는 것은 업무를 수행하는 데에 있어서 관련된 모든 요소에 기울여야 하는 마음가짐과 태도를 말한다. 이 같은 주의의무는 적어도 업무수행이 신임관계에 의한 것인 한, 사무처리의 대가가 유상이건 무상이건을 묻지 않고 요구된다.

특히 금융투자업자는 금융기관의 공공성으로 인하여 일반적인 회사에 비하여 더욱 높은 수준의 주의의무를 요한다. 즉, 금융기관은 금융소비자의 재산을 보호하고 신용질서유지와 자금중개 기능의 효율성 유지를 위하여 금융시장의 안정성 및 국민경제의 발전에 이바지해야 하는 공공적 역할을 담당하는 위치에 있기 때문에 일반적인 선관의무 이외에 그 공공적 성격에 걸맞은 내용의 선관의무를 다할 것이 요구된다(대법원 2002. 3. 15. 선고 2000다9086 판결).

따라서 금융투자업 종사자가 고의 또는 과실로 인해 전문가로서의 주의의무를 다하여 업무를 집행하지 않은 경우, 위임인에 대한 의무 위반을 이유로 한 채무불이행책임(민법 390조)과 불법행위책임(민법 750조) 등과 같은 법적 책임을 지게 된다.

이러한 '전문가로서의 주의'의무는 금융회사가 금융소비자에게 판매할 상품을 개발하는 단계부터 판매 단계 및 판매 이후의 단계까지 적용된다.

2) 금융소비자보호 관련 국내외 동향

(1) 국제 동향

연금자산 확대 등 개인의 금융자산이 증대되고 있는 가운데 개인들의 금융거래가 경제생활에서 차지하는 중요성이 날로 확대되고 있는 반면, 금융산업은 겸업화 및 글로벌화가 진행됨에 따라 금융상품이 복잡·다양해지고 있어 금융소비자들이 금융상품에 내재된 위험과 수익구조를 이해하기 어려워지고 있다.

또한 금융소비자는 금융기관에 비해 상대적으로 정보 면에서 열위에 있어 금융소비자의 불만이 증대되고, 이로 인하여 불필요한 사회적 비용이 발생되고 있다.

이러한 문제를 인식하고 대처하기 위한 노력은 비단 한 국가만의 문제가 아닌바, 국제적으로는 우리나라를 포함하여 현재 38개국이 참여하는 OECD(Organization for Economic Coorperation and Development : 경제협력개발기구)가 주축이 되어 지금 현재도 'Covid－19 시대의 금융소비자 보호 방안', '노령인구에 대한 금융소비자 보호', 'Digital 세대를 위한 금융소비자 보호정책' 등에 관한 자료를 발간하며 금융소비자 보호를 위해 지속적인 노력을 기울이고 있다.

특히 OECD 국가 중 선진 20개국이 참여하는 G20는 2010년 서울에서 열린 'G20 정상회의'에서 '금융소비자보호 강화'를 향후 추진 이슈로 선정하였으며, 이에 따라 2011년 칸에서 열린 'G20 정상회의'에서 OECD가 제안한 '금융소비자보호에 관한 10대 원칙'을 채택하였고, 이는 각국의 금융소비자보호 관련 법규 제정 등의 기초가 되고 있다.

이후 2014년 케언즈에서 열린 G20 정상회의에서도 '금융소비자보호 정책의 실행을 위한 효율적 접근 방안' 등을 발표하는 등 국제사회의 금융소비자보호를 강화하기 위한 노력은 현재도 지속되고 있다.

금융소비자보호 10대 원칙

원칙 1. 법 규제 체계

- 금융소비자보호는 법률, 규제 및 감독체계의 한 부분으로 자리 잡아야 하고, 각국의 다양한 상황과 세계시장, 금융규제 발전 상황 등을 반영해야 한다.
- 규제는 금융상품 및 소비자의 특성과 다양성, 소비자들의 권리 및 책임에 맞도록 설정

하고, 새로운 상품 구조 등에 대응해야 한다.
- 금융서비스 제공자와 중개대리인은 적절한 규제를 받도록 해야 한다.
- 정부 이외의 이해관계자는 금융소비자보호에 관한 정책, 교육 책정 시 의견을 구해야 한다.

원칙 2. 감독기관의 역할
- 금융소비자보호에 관한 명확한 책임을 갖고, 업무수행에 필요한 권한을 지닌 감독기관을 설치해야 하고, 당해 기관에 명확하고 객관적으로 정의된 책임과 적절한 권한을 주어야 한다.
- 감독기관은 소비자 정보 및 기밀정보에 관한 적절한 정보보호기준과 이해상충 해소 등 높은 직업윤리기준을 준수해야 한다.

원칙 3. 공평 · 공정한 소비자 대우
- 모든 금융소비자는 금융서비스 공급자와의 모든 관계에서 공평, 공정한 대우를 받아야 한다.
- 모든 금융서비스 공급자는 공정한 고객대응을 기업문화로 정착시켜야 한다.
- 약자인 금융소비자에게 특히 배려해야 한다.

원칙 4. 공시 및 투명성
- 금융서비스 공급자와 중개대리인은 소비자에게 상품의 편익, 리스크 및 모든 영업과정에서 적절한 정보를 제공해야 한다.
- 계약 전 단계에서 동일한 성격의 상품, 서비스 비교 등 표준화된 정보공시 관행을 정비해야 한다.
- 자문 제공은 가능한 한 객관적으로 하고, 일반적으로는 상품의 복잡성, 상품에 수반된 리스크, 소비자의 재무상태, 지식, 능력 및 경험 등 소비자 성향에 기반을 둬야 한다.

원칙 5. 금융교육과 인식
- 금융교육 및 계발은 전체 이해관계자에게 추진하고, 소비자가 소비자보호, 권리 및 책임에 관한 명확한 정보를 쉽게 입수할 수 있게 해야 한다.
- 현재 및 장래 소비자가 리스크를 적절하게 이해할 수 있게끔 지식, 기술 및 자신감을 향상할 수 있게 해 충분한 정보에 기초한 의사결정을 가능케 하고, 정보의 습득과 소비자 스스로 경제적 건전성을 높이기 위한 효과적 행동을 할 수 있는 체계를 적절히 구축해야 한다.

• 모든 이해관계자는 OECD의 금융교육에 관한 국제네트워크(INFE)가 책정한 금융교육에 관한 국제적 원칙과 가이드라인의 실시를 권고한다.

원칙 6. 금융회사의 책임영업행위 강화

• 금융회사는 소비자의 최선의 이익을 고려해 업무를 수행하고, 금융소비자보호를 실현할 책임을 지도록 해야 한다.
• 금융서비스 공급자는 중개대리인의 행위에 대해 책임을 지는 동시에 설명책임도 지게끔 한다.

원칙 7. 금융소비자 자산의 보호 강화

• 정보, 관리 및 보호에 관한 메커니즘에 따라 적절하고 확실하게 소비자의 예금, 저축 및 여타 유사 금융자산을 보호해야 한다. 여기에는 부정행위, 횡령, 기타 악용행위 등으로부터의 보호도 포함된다.

원칙 8. 금융소비자의 개인정보 보호 강화

• 소비자에 관한 재무 및 개인정보는 적절한 관리, 보호체계에 따라 보호되어야 한다.

원칙 9. 민원처리 및 시정절차 접근성 제고

• 관할 국가 또는 지역은 소비자가 적정한 민원 해결 및 구제제도를 이용할 수 있도록 해야 하고, 그 제도는 이용 가능성, 지급 가능성, 독립성, 공정성, 설명책임, 적시성 및 효율성을 갖추고 있어야 한다.

원칙 10. 경쟁환경 조성

• 소비자에 대한 금융서비스 선택의 폭 확대, 경쟁력 있는 상품 제공, 혁신 확대 및 서비스의 질 유지, 향상 등을 위해 국내외 시장 경쟁을 촉진하고 금융서비스 제공자들의 경쟁을 유도한다.

(2) 국내 동향

우리나라는 2000년대 들어서면서 금융소비자 보호에 대한 인식이 전면적으로 제고되었다.

금융감독원은 2006년 9월 '금융소비자보호 모범규준'을 제정하여 소비자 불만을 예방하고 금융피해를 신속히 구제하기 위한 노력을 시작했고, 2008년 글로벌 금융위기 이후 전 세계적으로 금융소비자보호를 강화하는 방향으로 금융의 패러다임이 변화함에 따라 여러 차례의 개정을 거쳐 금융소비자보호 총괄책임자 지정, 금융상품의 개발부터 사후관리까지 전 과정에서의 내부통제 강화 등을 추가하여 2021년 9월까지 시행하였다.

그러나, 모범규준은 법령 등에 비해 상대적으로 그 강제성이 제한되는바, 금융소비자보호를 더욱 강화하기 위하여 2020년 3월 24일, 금융소비자보호법을 제정하여 2021년 3월 25일(일부 9.25일)부터 시행 중이다.

금융소비자보호법은 G20 정상회의에서 채택한 '금융소비자보호 10대 원칙'의 내용을 포함하고 있으며, 제1조에서 명확히 하고 있듯이 '금융소비자의 권익 증진'과 '금융상품판매업 및 금융상품자문업에 대한 건전한 시장질서를 구축'하는 것을 목적으로 한다. 동 법 및 시행령과 이에 근거한 금융감독규정(금융소비자보호 감독규정)이 제정·시행됨에 따라, 기존의 금융소비자보호 모범규준에서 정한 사항들이 법적인 의무사항으로 강화되었고, 자본시장법에서 제한적으로 적용되던 금융소비자 보호에 관한 사항이 금융상품 전체로 확대되었으며, 금융소비자 보호를 위한 신설제도 등이 도입되는 등 금융소비자를 위한 보호정책은 점차 강화되고 있는 추세이다.

3) 금융소비자보호 내부통제체계

금융소비자보호법은 금융소비자 보호 업무를 준법감시 업무와 마찬가지로 '내부통제' 업무로 본다. 이에 따라 금융소비자보호법의 적용을 받는 모든 금융회사는 회사 내부에 금융소비자보호에 관한 내부통제체계를 구축해야 하고, 이에 관한 규정은 각 업권별로 표준내부통제기준을 통해 반영(예를 들어 은행연합회 등에서 정하고 있는 표준내부통제기준)하고 있는바, 이 교재에서는 금융투자협회의 '금융투자회사의 금융소비자보호 표준내부통제기준(이하 '금융소비자보호 표준내부통제기준'이라 한다)'을 중심으로 살펴본다.

금융소비자보호 표준내부통제기준 제5조 제1항에서는 "회사는 금융소비자보호 업무에 관한 임직원의 역할과 책임을 명확히 하고, 업무의 종류 및 성격, 이해상충의 정도 등을 감안하여 업무의 효율성 및 직무 간 상호 견제와 균형이 이루어질 수 있도록 업무분장 및 조직구조를 수립하여야 한다"고 규정함으로써 각 금융회사의 금융소비자보호 내부통제체계를 구축하여야 할 것으로 의무화하였다.

또한 같은 조 제3항에서는 "회사의 금융소비자보호에 관한 내부통제조직은 이사회,

대표이사, 금융소비자보호 내부통제위원회, 금융소비자보호 총괄기관 등으로 구성된다"고 명시하여 기존의 금융소비자보호 모범규준과는 달리 금융소비자보호에 관한 내부통제업무의 승인 권한을 회사의 최고의사결정기구인 이사회까지 확대시킴으로써 금융소비자보호의 중요성을 여실히 보여주고 있다.

이제 금융소비자보호에 관한 각 조직별 권한과 의무를 살펴보도록 하자.

(1) 이사회

금융소비자보호 표준내부통제기준 제6조에 따라 이사회는 최고 의사결정기구로서 회사의 금융소비자보호에 관한 내부통제체계의 구축 및 운영에 관한 기본방침을 정한다. 또한 내부통제에 영향을 미치는 경영전략 및 정책을 승인하고 금융소비자보호의 내부통제와 관련된 주요사항을 심의·의결한다.

(2) 대표이사

금융소비자보호 표준내부통제기준 제7조에 따라 대표이사는 이사회가 정한 내부통제체계의 구축 및 운영에 관한 기본방침에 따라 금융소비자보호와 관련한 내부통제체계를 구축·운영하여야 한다.

대표이사는 회사의 금융소비자보호 내부통제체계가 적절히 구축·운영되도록 내부통제환경을 조성하고, 관련법규의 변경, 영업환경 변화 등에도 금융소비자보호 내부통제체계의 유효성이 유지될 수 있도록 관리하여야 한다.

한편, 대표이사는 다음의 사항에 대한 권한 및 의무가 있다.

❶ 금융소비자보호 내부통제기준 위반 방지를 위한 예방대책 마련
❷ 금융소비자보호 내부통제기준 준수 여부에 대한 점검
❸ 금융소비자보호 내부통제기준 위반내용에 상응하는 조치방안 및 기준 마련
❹ 위의 ❶ 및 ❷를 위해 필요한 인적, 물적 자원의 지원
❺ 준법감시인과 금융소비자보호 총괄책임자의 업무 분장 및 조정

다만, 대표이사는 ❶, ❷ 및 ❸에 해당하는 업무를 금융소비자보호 총괄책임자에게 위임할 수 있으며, 업무를 위임하는 경우 위임하는 업무의 범위를 구체적으로 명시해야 하고, 위임의 절차를 명확히 해야 한다. 대표이사가 해당 업무를 금융소비자보호 총괄책임자에게 위임하는 경우 금융소비자보호 총괄책임자는 매년 1회 이상 위임업무의 이

행사항을 금융소비자보호 내부통제위원회(내부통제위원회가 없는 경우 대표이사)에 보고하여야 한다.

(3) 금융소비자보호 내부통제위원회

금융소비자보호 표준내부통제기준 제9조 제1항에서는 금융소비자보호 관련법령 등에 따라 내부통제위원회 설치를 예외로 적용하는 경우를 제외하고는 각 금융회사별로 금융소비자보호에 관한 내부통제를 수행하기 위하여 필요한 의사결정기구로서 대표이사를 의장으로 하는 '금융소비자보호 내부통제위원회'를 설치하도록 의무화하고 있다.

금융소비자보호 내부통제위원회는 매 반기마다 1회 이상 의무적으로 개최해야 하며, 개최결과를 이사회에 보고하는 것은 물론 최소 5년 이상 관련 기록을 유지해야 한다.

금융소비자보호 내부통제위원회의 의결 및 심의사항은 다음과 같다.

❶ 금융소비자보호에 관한 경영방향

❷ 금융소비자보호 관련 주요 제도 변경사항

❸ 임직원의 성과보상체계에 대한 금융소비자보호 측면에서의 평가

❹ 금융상품의 개발, 영업방식 및 관련 정보공시에 관한 사항

❺ 금융소비자보호 내부통제기준 및 법 제32조 제3항에 따른 금융소비자보호기준의 적정성·준수실태에 대한 점검·조치 결과

❻ 법 제32조 제2항에 따른 평가(이하 '금융소비자보호 실태평가'라 함), 감독(법 제48조 제1항 에 따른 '감독'을 말함) 및 검사(법 제50조에 따른 '검사'를 말함) 결과의 후속조치에 관한 사항

❼ 중요 민원·분쟁에 대한 대응 결과

❽ 광고물 제작 및 광고물 내부 심의에 대한 내부규정(단, 준법감시인이 별도로 내부규정 마련 시 제외 가능)

❾ 금융소비자보호 총괄기관과 금융상품 개발·판매·사후관리 등 관련부서 간 협의 필요사항

❿ 기타 금융소비자보호 총괄기관 또는 기타 관련부서가 내부통제위원회에 보고한 사항의 처리에 관한 사항

(4) 금융소비자보호 총괄기관

금융소비자보호 표준내부통제기준 제10조에 따라 각 회사는 책임과 권한을 가지고 금융소비자보호에 관한 내부통제 업무를 수행하기 위하여 필요한 조직으로서 금융소비자보호 총괄기관을 설치하여야 한다. 금융소비자보호 총괄기관은 소비자보호와 영업부서 업무 간의 이해상충 방지 및 회사의 소비자보호 업무역량 제고를 위하여 금융상품 개발·판매 업무로부터 독립하여 업무를 수행해야 하고, 대표이사 직속 기관으로 두어야 한다.

금융회사는 금융소비자보호업무를 원활하게 수행할 수 있도록 고객 수, 민원건수, 상품개발 및 판매 등 관련 타부서와의 사전협의 수요 등을 고려하여 업무수행에 필요한 인력을 갖춰야 하며, 금융소비자보호 업무를 원활하게 수행할 수 있는 직원을 업무담당자로 선발하여 운영하여야 한다.

금융소비자보호 총괄기관의 권한은 다음과 같다.

❶ 금융소비자보호에 관한 경영방향 수립

❷ 금융소비자보호 관련 교육의 기획 및 운영

❸ 금융소비자보호 관련 제도 개선

❹ 금융상품의 개발, 판매 및 사후관리에 관한 금융소비자보호 측면에서의 점검 및 조치

❺ 민원, 분쟁의 현황 및 조치 결과에 대한 관리

❻ 임직원의 성과보상체계에 대한 금융소비자보호 측면에서의 평가

❼ 금융상품의 개발, 변경, 판매 중단 및 관련 약관의 제·개정 등을 포함하여 판매촉진, 영업점 성과평가 기준 마련 등에 대한 사전 협의

❽ 금융소비자보호 내부통제위원회의 운영(❶부터 ❺까지의 사항을 내부통제위원회에 보고하는 업무를 포함한다)

❾ 금융소비자보호 내부통제 관련 규정 등 수립에 관한 협의

금융소비자보호 총괄기관은 금융소비자보호 및 민원예방 등을 위해 아래의 사항을 포함하는 제도개선을 관련부서에 요구할 수 있으며, 제도개선 요구를 받은 부서는 제도개선 업무를 조속히 수행하여야 한다. 다만, 해당 부서가 부득이한 사유로 제도개선 업무의 수행이 불가능할 경우 그 사유를 내부통제위원회(내부통제위원회가 없는 경우 대표이사)에 소명해야 한다.

❶ 업무개선 제도운영 및 방법의 명확화
❷ 개선(안) 및 결과 내역관리
❸ 제도개선 운영성과의 평가
❹ 민원분석 및 소비자만족도 분석 결과 등을 토대로 현장 영업절차 실태 분석 및 개선안 도출

금융소비자보호 총괄기관은 금융소비자의 권리를 존중하고 민원을 예방하기 위하여 아래의 사항을 포함한 절차를 개발 및 운영하여야 한다.

❶ 금융소비자보호를 위한 민원예방
❷ 금융소비자보호와 관련된 임직원 교육 및 평가, 대내외 홍보
❸ 유사민원의 재발방지를 위한 교육 프로그램 및 제도개선 방안

또한, 금융소비자보호 총괄기관은 금융소비자보호 제도와 관련하여 임직원 등에 대한 교육 및 특정한 조치가 필요하다고 판단되는 경우 관련부서에 협조를 요청할 수 있으며, 협조 요청을 받은 관련부서는 특별한 사정이 없는 한 이에 협조하여야 한다.

(5) 금융소비자보호 총괄책임자(CCO)

금융회사는 금융소비자보호 표준내부통제기준 제12조에 따라 금융소비자보호 총괄기관의 장으로서 금융소비자보호 업무를 총괄하는 임원을 '금융소비자보호 총괄책임자(CCO : Chief Consumer Officer)로 지정하여야 하며, CCO는 대표이사 직속으로 준법감시인에 준하는 독립적 지위를 보장받으며, 적법한 직무수행과 관련하여 부당한 인사상 불이익을 받지 않는다.

금융소비자보호 총괄책임자가 수행하는 직무는 다음과 같다.

❶ 금융소비자보호 총괄기관의 업무 통할
❷ 상품설명서, 금융상품 계약서류 등 사전 심의(단, 준법감시인 수행 시 제외)
❸ 금융소비자보호 관련 제도 기획 및 개선, 기타 필요한 절차 및 기준의 수립
❹ 금융상품 각 단계별(개발, 판매, 사후관리) 소비자보호 체계에 관한 관리·감독 및 검토
❺ 민원접수 및 처리에 관한 관리·감독 업무
❻ 금융소비자보호 관련부서 간 업무협조 및 업무조정 등 업무 총괄

❼ 대내외 금융소비자보호 관련 교육 프로그램 개발 및 운영 업무 총괄
❽ 민원발생과 연계한 관련부서·직원 평가 기준의 수립 및 평가 총괄
❾ 금융소비자보호 표준내부통제기준 준수 여부에 대한 점검·조치·평가 업무 총괄
❿ 대표이사로부터 위임받은 업무
⓫ 금융소비자보호 관련 이사회, 대표이사, 내부통제위원회로부터 이행을 지시·요청받은 업무
⓬ 기타 금융소비자의 권익증진을 위해 필요하다고 판단되는 업무

이와는 별도로 금융소비자보호 총괄책임자는 금융소비자의 권익이 침해되거나 침해될 현저한 우려가 발생한 경우 지체 없이 대표이사에게 보고하여야 하며, 대표이사는 보고받은 사항을 확인하여 신속히 필요한 제반사항을 수행·지원하여야 한다.

4) 금융소비자보호 관련 평가

금융소비자보호 관련 평가는 내부 평가와 외부 평가로 구분할 수 있다.

내부적으로 금융회사는 금융소비자보호법 및 관련 규정 등에 따라 회사 및 임직원이 업무를 수행함에 있어 금융소비자보호에 충실하였는지를 조직과 개인의 성과평가에 반영할 수 있는 평가도구를 마련하여 정기적으로 실행하여야 한다. 금융소비자보호 표준내부통제기준에서는 이를 금융소비자보호 내부통제위원회 및 금융소비자보호 총괄기관의 직무로 명시하고 있다.

외부적으로 금융회사는 외부 감독기구 등으로부터 금융소비자보호법 제32조 제2항에 따라 정기적인 금융소비자보호 실태평가를 받으며, 같은 법 제48조 제1항에 따른 감독 및 같은 법 제50조에 따른 검사를 받아야 한다.

특히 외부 감독기구의 금융소비자보호 실태평가 결과는 언론보도 등을 통해 공개되고 있어 그 평가 결과가 좋지 않을 경우, 금융소비자들의 해당 금융회사에 대한 신뢰도 등이 저하되므로 금융소비자의 신뢰가 가장 중요한 금융회사로서는 적극 대응할 필요가 있어, 향후 각 회사는 경영전략 수립 시 우선적으로 금융소비자보호를 고려하여야 한다.

2 상품개발 단계의 금융소비자보호

금융회사는 신상품 개발 및 마케팅 정책을 수립하는 경우 금융소비자를 보호할 수 있도록 다음의 절차를 수립하여 운영하여야 한다.

(1) 사전협의절차

사전협의는 통상 금융상품을 개발하는 부서와 해당 금융상품에 대한 마케팅을 수립하는 부서 및 금융소비자보호 총괄기관 간에 이루어지며, 금융소비자보호 총괄기관은 금융소비자보호 측면에서 금융소비자보호법령 및 회사의 내부통제기준에 부합하는지 여부를 점검하여야 한다. 만일 점검 결과 문제점이 발견되는 경우 해당 문제를 해결할 수 있도록 부서 간 사전협의 절차와 정보공유체계를 구축하고 운영하여야 한다.

이때 사전협의를 하는 대상은 금융업종마다 다르기는 하지만 통상 아래와 같다.

❶ 신상품(또는 금융서비스) 등의 개발 혹은 변경에 대한 검토
❷ 신상품 등의 개발 중단 또는 판매 중단에 대한 검토
❸ 신상품 등의 안내장(설명서), 약관, 가입신청서(설계서) 등 관련서류에 대한 검토
❹ 상품 등 판매절차의 개발 또는 변경에 대한 검토
❺ 고객 관련 판매촉진(이벤트, 프로모션 등) 전략의 적정성 검토
❻ 상품판매와 관련한 평가기준의 수립 및 변경 시 금융소비자 보호 측면에서의 적정성 여부 검토

사전협의절차를 진행하는 경우 금융소비자보호 총괄기관은 금융소비자보호 표준내부통제기준 제18조 제3항에 따라 금융상품의 위험도·복잡성, 금융소비자의 특성 및 금융상품 발행인의 재무적 건전성, 금융상품 운용 및 리스크 관리능력을 고려하여야 하며, 사전협의 대상에 금융소비자보호 측면에서 문제가 있다고 판단되는 경우 관련 부서에 금융상품 출시 및 마케팅 중단, 개선방안 제출 등을 요구할 수 있다.

이와 관련하여 금융소비자보호 총괄기관은 상품개발 또는 마케팅 정책수립 부서 등이 정해진 사전협의절차를 충실히 이행하고 있는지 여부를 정기적으로 점검하여야 한다.

사전협의절차는 판매 단계 및 판매 이후의 단계까지 영향을 미치게 되므로 만일 점검 중 사전협의가 누락된 경우 금융소비자보호 총괄기관은 금융소비자보호 표준내부통제

기준 제18조 제5항에 따라 동 사실을 해당 부서의 성과 평가 또는 민원 평가에 반영하여야 한다.

(2) 금융상품 개발 관련 점검 절차

금융소비자보호 총괄기관은 금융소비자보호 표준내부통제기준 제19조에 따라 금융상품을 개발하는 경우 금융소비자에게 불리한 점은 없는지 등을 진단하기 위한 점검항목을 마련해야 하며, 상품개발부서에게 이를 제공해야 한다.

상품개발부서는 새로운 상품을 출시하거나 상품의 중요내용을 변경하는 경우, 금융소비자보호 총괄기관에서 제공한 점검항목에 따라 해당 상품이 금융소비자보호 측면에서 적정한지 여부를 자체적으로 점검하여야 하며, 금융소비자보호 총괄기관과 사전협의 시 이를 제공함으로써 적정성 여부를 판단받을 수 있다.

또한 회사는 금융관련 법규 등에서 정한 바에 따라 금융상품 개발과정에서 다음의 사항을 포함한 내부규정을 수립하여 운영하여야 한다.

❶ 금융상품 개발부서명 및 연락처를 상품설명 자료에 명기하는 등 책임성 강화

❷ 금융상품 개발부서의 금융상품 판매자에 대한 충분한 정보 공유 책임 강화(판매회사, 부서, 담당직원뿐 아니라 판매회사가 금융상품 판매를 재위탁한 경우 위탁회사의 직원까지 포함)

(3) 외부 의견 청취

회사는 금융소비자보호 표준내부통제기준 제20조 제1항 및 제2항에 따라 금융상품 개발 초기 단계부터 금융소비자의 불만 예방 및 피해의 신속한 구제를 위해 이전에 발생된 민원, 소비자만족도 등 금융소비자 의견이 적극 반영될 수 있도록 업무절차를 마련해 운영하여야 한다.

여기에는 금융상품의 기획·개발 단계에서 외부전문가의 의견이나 금융소비자들의 요구를 회사경영에 반영할 수 있는 고객참여제도 등의 채널을 마련하고 이를 적극 활용하는 것이 포함되며, 회사는 이렇게 수집된 금융소비자의 제안이 상품개발 담당 부서 등에서 적절하게 반영되고 있는지 주기적으로 활용실적 분석 등을 실시해야 한다.

그림 2-2 ㅇㅇ금융투자회사의 외부 의견 청취 및 상품개발 등 반영 절차 흐름도

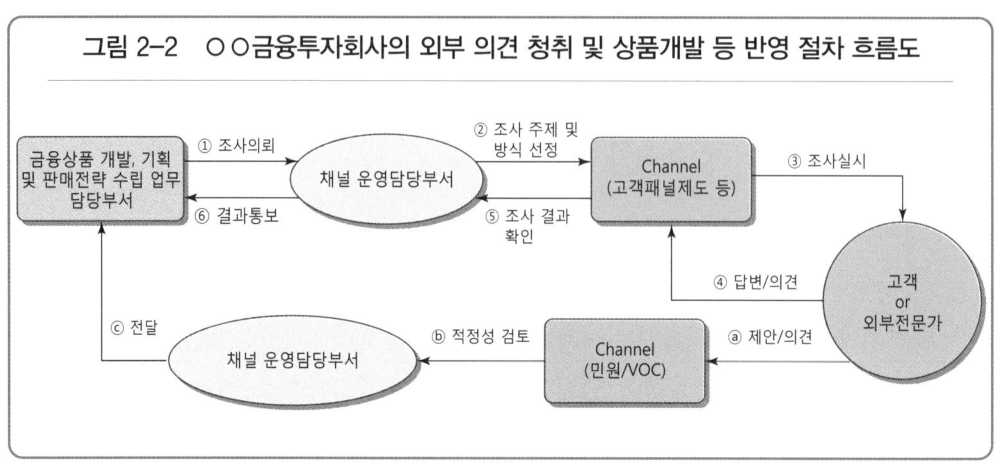

3 금융상품 판매절차 구축

금융소비자보호 표준내부통제기준 제21조에서는 금융회사가 금융상품 판매과정에서 불완전판매가 발생하지 않도록 판매 전 절차와 판매 후 절차로 구분하여 판매절차를 구축하도록 다음과 같이 규정하고 있다.

1) 금융상품 판매 전 절차

(1) 교육체계의 마련

영위하는 업종에 따라 다르지만 통상 금융회사는 수시 또는 정기적으로 전 임직원을 대상으로 하여 집합교육 또는 온라인을 통한 개별교육을 실시하여 왔다.

그러나 금융소비자보호법이 시행된 이후 이 교육에 대한 해석은 보다 구체화되어, 금융소비자보호 표준내부통제기준 제32조 제3항에서는 각 회사가 판매임직원 등을 대상으로 금융소비자에게 제공되는 '개별상품'별 교육을 실시하도록 규정하고 있다.

예를 들어 펀드의 경우 과거에는 주식형 펀드 전체 혹은 펀드라는 특정 금융상품 유형 전체에 대해 교육을 진행했다면 현재는 실제 금융소비자에게 제공되는 개별 펀드별로 교육을 실시하여 각 상품별 특성과 위험 등에 대해 판매하는 임직원 등이 명확히 이해하고 판매에 임할 수 있도록 하여야 하는 것이다.

이와 더불어 같은 조 제1항에서는 회사가 판매임직원 등을 대상으로 해당 회사의 금융소비자보호 내부통제기준 및 금융소비자보호관련법령 등의 준수에 관한 교육을 의무적으로 실시하도록 명시하고, 이 교육을 받지 않은 임직원의 경우 금융상품을 판매할 수 없도록 하는 등 금융상품의 판매 전 교육을 통해 불완전판매가 발생하지 않도록 하고 있다.

(2) 판매자격의 관리

금융소비자보호 표준내부통제기준 제33조에서는 회사의 임직원 등이 금융상품을 판매하기 위한 자격요건을 규정하고 있는데, 여기에는 기존에 관련 법규 등에서 정하고 있는 자격증 취득 여부 및 교육 이수 여부 등을 기본으로 하여 추가적으로 회사가 취급하는 금융상품에 대하여 회사가 정한 기준에 따른 평가 결과, 전문성과 숙련도가 낮은 판매임직원 등일 경우 및 기타 불완전판매 관련 민원이 회사가 정한 기준 이상으로 발생하여 회사가 개별적으로 판매를 제한하는 판매임직원 등일 경우에는 금융상품의 판매를 제한하는 내용이 포함되어 있다.

현재 거의 모든 금융회사는 각 임직원이 회사가 취급하고 있는 금융상품을 판매할 수 있는 특정 자격증을 보유하고 있는지, 자격 유지를 위한 보수교육은 이수하고 있는지 상시 또는 주기적으로 관리하고 있다.

예를 들어 ○○금융투자회사의 상품별 판매자격기준은 다음과 같다.

취급상품명	판매자격기준
집합투자증권(펀드)	펀드투자권유자문인력
주식, ELB/DLB	증권투자권유자문인력
채권, CP, RP, CMA	증권투자권유자문인력
선물, 옵션, ELW, ELS/DLS	파생상품투자권유자문인력
Wrap Account	운용대상자산별 자격증
방카슈랑스	생명보험, 손해보험, 변액보험, 제3보험 대리점
신탁	(파생상품이 포함된 금전신탁의 경우) 파생상품투자권유자문인력

사례

무자격 투자상담사(現, 투자권유대행인)의 대체출고 후 편취행위는 회사업무와 연관성이 있으므로 회사의 사용자 책임을 인정한 사례

(사건 개요)

증권회사 지점장은 A가 투자상담사 자격이 없음을 인지하였음에도 불구하고 본인이 근무하는 지점에 채용하였고, A의 고객은 A에 의해 큰 수익이 발생하자, 추가로 투자금액을 증액하였다. 이후 A는 해당 고객에게 특정 종목을 너무 많이 거래하면 감독당국으로부터 지적을 당하는 등 문제가 발생할 소지가 있으니 다른 사람 명의의 계좌로 해당 주식을 분산하고 향후 돌려주겠다고 제의하여 고객의 동의를 받았으며, 분산시켜 놓은 해당 주식을 고객에게 반환하지 않고 잠적하였다.

(판단 내용)

무자격 투자상담사의 불법행위는 외관상 업무연관성이 있으므로 증권회사는 사용자로서 불법행위의 책임이 인정된다. 또한 지점장 역시 A의 불법행위를 방조한 것으로 공동 불법행위를 구성하므로 증권회사는 지점의 사용자로서도 불법행위의 책임이 인정된다. 다만, 고객에게도 대체출고를 동의한 점 등 잘못이 있어 이를 손해액 산정에 감안한다(대법원 2006.9.14.선고 2004다 53203).

(3) 판매과정별 관리절차 및 확인 절차 마련

금융회사는 판매임직원 등이 금융소비자보호법 등 관련법령을 준수하고 불완전판매가 발생하지 않도록 문자메시지, 전자우편 등을 활용하여 금융상품을 판매하는 경우 각 판매과정별 관리절차를 마련하여 운영하여야 한다.

여기에는 반드시 판매임직원 등이 지켜야 할 사항에 대한 점검항목을 제공하고 실제 이를 준수하고 있는지 점검하는 내용이 포함된다.

또한 금융소비자가 금융상품을 선택하는 과정에서 반드시 알아야 할 사항 및 금융상품의 주요 위험요인 등에 대해 이해하고 있는지 확인하는 등의 절차를 마련하여야 한다.

2) 금융상품 판매 후 절차

금융회사의 상품 판매 및 마케팅 담당부서는 상품 판매 개시 이전에 상품 판매 이후 준수해야 할 절차를 마련하여야 한다.

첫째, 금융소비자가 본인의 금융상품 구매내용 및 금융거래에 대한 이해의 정확성 등 불완전판매 여부를 확인할 수 있는 절차가 마련되어 있어야 한다.

둘째, 금융회사는 불완전판매 및 불완전판매 개연성이 높은 상품에 대해서는 해당 금융상품의 유형을 고려하여 재설명 및 청약철회, 위법계약해지 등의 금융소비자보호절차를 마련해야 한다. 이는 상품의 판매 단계에서 판매임직원 등이 금융소비자에게 설명의무를 이행할 시 반드시 설명해야 할 사항들로 금융회사는 자체 교육 및 대내외 미스터리 쇼핑 실시 등을 통해 점검하게 된다.

셋째, 문자메시지, 전자우편 등을 활용한 투자성 상품 매매내역 통지, 신탁 또는 일임의 운용내역 통지 등 금융소비자에 대한 통지 체계를 마련하고 운영하여야 한다. 금융회사는 문자메시지나 전자우편 등을 이용한 통지 체계의 적정성 여부를 수시 또는 정기로 점검하여 개선사항 등이 필요한지를 확인하여야 한다.

4 상품 판매 단계의 금융소비자보호

금융소비자보호법은 제13조부터 제16조를 통해 금융회사의 영업행위 일반원칙을 다음과 같이 법적인 의무로 규정하고 있다.

제13조(영업행위 준수사항 해석의 기준)
누구든지 이 장의 영업행위 준수사항에 관한 규정을 해석·적용하려는 경우 금융소비자의 권익을 우선적으로 고려하여야 하며, 금융상품 또는 계약관계의 특성 등에 따라 금융상품 유형별 또는 금융상품판매업자 등의 업종별로 형평에 맞게 해석·적용되도록 하여야 한다.

제14조(신의성실의무 등)
① 금융상품판매업자 등은 금융상품 또는 금융상품자문에 관한 계약의 체결, 권리의 행사 및 의무의 이행을 신의성실의 원칙에 따라 하여야 한다.
② 금융상품판매업자 등은 금융상품판매업 등을 영위할 때 업무의 내용과 절차를 공정히 하여야 하며, 정당한 사유 없이 금융소비자의 이익을 해치면서 자기가 이익을 얻거나 제3자가 이익을 얻도록 해서는 아니 된다.

제15조(차별금지)

금융상품판매업자 등은 금융상품 또는 금융상품자문에 관한 계약을 체결하는 경우 정당한 사유 없이 성별·학력·장애·사회적 신분 등을 이유로 계약조건에 관하여 금융소비자를 부당하게 차별해서는 아니 된다.

제16조(금융상품판매업자 등의 관리책임)

① 금융상품판매업자 등은 임직원 및 금융상품판매대리·중개업자(「보험업법」 제2조 제11호에 따른 보험중개사는 제외. 이하 이 조에서 같음)가 업무를 수행할 때 법령을 준수하고 건전한 거래질서를 해치는 일이 없도록 성실히 관리하여야 한다.

② 법인인 금융상품판매업자 등으로서 대통령령으로 정하는 자는 제1항에 따른 관리업무를 이행하기 위하여 그 임직원 및 금융상품판매대리·중개업자가 직무를 수행할 때 준수하여야 할 기준 및 절차(이하 "내부통제기준"이라 함)를 대통령령으로 정하는 바에 따라 마련하여야 한다.

앞에서도 설명한 바와 같이 금융투자업 종사자가 준수하여야 할 2가지 핵심직무윤리는 '신의성실의 원칙'과 '고객우선의 원칙'으로 이 핵심직무윤리는 단순히 준수해야 할 윤리기준을 넘어서 법적으로 의무화되어 있다.

금융투자업 종사자는 그 업무를 수행함에 있어서 개인적인 관계 등에 의하여 금융소비자를 차별해서는 아니 되고 모든 금융소비자를 공평하게 취급함으로써 금융투자업 종사자에 대한 사회적 신뢰를 유지하여야 한다.

"공평하게"라고 하는 것은 반드시 "동일하게"라는 의미라기보다는 "공정하게"라는 의미가 더 강하다. 예를 들면 어떤 투자정보를 금융소비자에게 제공하거나, 또는 이것을 수정하거나, 추가 정보를 제공함에 있어서, 모든 금융소비자에 대하여 완전히 동일한 조건이어야 하는 것은 아니고 금융소비자의 투자목적, 지식·경험, 정보제공에 대한 대가 등에 따라서 필요한 정보를 적절하게 차별하여 제공하는 것은 허용된다. 즉, 동일한 성격을 가진 금융소비자 내지 금융소비자군(群)에 대하여 제공되는 서비스의 질과 양 및 시기 등이 동일하다면 공정성을 유지하고 있는 것으로 볼 수 있다.

금융소비자보호법 제15조의 차별금지에 관한 예를 들어보면 다음과 같다.

금융투자회사의 표준내부통제기준 제40조의5 제1항에서는 "회사는 거래소로부터 받은 시세정보를 투자자에게 제공하는 경우 시세정보의 제공형태나 제공방식 등에 대해서 투자자가 선택할 수 있도록 고지하지 않고 특정 위탁자에게만 매매주문 관련 자료나 정보를 차별적으로 제공하는 행위를 하여서는 아니 된다"라고 규정하고 있다. 만일 A와 B가 동일한 서비스 제공군에 속하는 일반투자자인 경우 A에게 제공되는 시세 정보가 B보다 빠르다면 A는 항상 B보다 앞서서 투자결정을 내릴 수 있을 것이며 이는 결국 A와 B의 투자손익에 막대한 차이가 발생하는 원인이 될 수 있다. 이는 모두에게 공정성을 유지하는 것이 아니므로 윤리기준뿐만 아니라 금융소비자보호법을 위반하는 것이 된다.

사례

A는 주식형 펀드를 담당하는 펀드매니저이다. A는 최근 매출된 주식형 펀드를 포함하여 5개의 펀드를 운용하고 있지만 시간과 노력의 대부분은 최근 매출한 2개의 신규 펀드에 기울이고 있다. 나머지 3개의 펀드는 비교적 오래전의 펀드에 대해서는 잔고가 적다는 것과, 이미 일정한 이율이 확보되었기에 그 내용을 변경하지 않고 있다. 신규 펀드에 대해서는 새롭게 입수한 투자정보에 기하여 적극적으로 포트폴리오의 내용을 교체하고 있지만 오래전의 펀드에 대해서는 그렇게 하고 있지 않다.

(평가)
A는 모든 금융소비자를 공정하게 취급하여야 한다는 윤리기준을 위반하고 있다. 운용전략이 동일한 성격의 펀드에 대해서는 동등하게 운용하여야 한다.

또한 금융소비자보호법 제16조에서는 금융회사가 임직원 및 위탁계약을 체결한 대리인 등을 관리하여야 할 책임을 명확히 규정하고 이를 위해 직무 수행 시 준수해야 할 기준 및 절차가 담긴 내부통제기준을 반드시 마련하도록 의무화함으로써 사용자 책임을 강화하고 있다.

이제 금융상품의 판매 단계에서 적용되는 가장 중요한 '6대 판매원칙'에 대해 세부적으로 알아보도록 한다.

1) 적합성 원칙(Principle of Suitability)

금융소비자보호법 제17조(적합성원칙) (발췌)

① 금융상품판매업자등은 금융상품계약체결등을 하거나 자문업무를 하는 경우에는 상대방인 금융소비자가 일반금융소비자인지 전문금융소비자인지를 확인하여야 한다.

② 금융상품판매업자등은 일반금융소비자에게 다음 각 호의 금융상품 계약 체결을 권유(금융상품자문업자가 자문에 응하는 경우를 포함. 이하 이 조에서 같다)하는 경우에는 면담·질문 등을 통하여 다음 각 호의 구분에 따른 정보를 파악하고, 일반금융소비자로부터 서명(전자서명법 제2조 제2호에 따른 전자서명을 포함. 이하 같다), 기명날인, 녹취 또는 그 밖에 대통령령으로 정하는 방법으로 확인을 받아 이를 유지·관리하여야 하며, 확인받은 내용을 일반금융소비자에게 지체 없이 제공하여야 한다.

2. 투자성 상품(자본시장법 제9조 제27항에 따른 온라인소액투자중개의 대상이 되는 증권 등 대통령령으로 정하는 투자성 상품은 제외. 이하 이 조에서 같다) 및 운용 실적에 따라 수익률 등의 변동 가능성이 있는 금융상품으로서 대통령령으로 정하는 예금성 상품
   가. 일반금융소비자의 해당 금융상품 취득 또는 처분 목적
   나. 재산상황
   다. 취득 또는 처분 경험
3. 대출성 상품
   가. 일반금융소비자의 재산상황
   나. 신용 및 변제계획
4. 그 밖에 일반금융소비자에게 적합한 금융상품 계약의 체결을 권유하기 위하여 필요한 정보로서 대통령령으로 정하는 사항

③ 금융상품판매업자등은 제2항 각 호의 구분에 따른 정보를 고려하여 그 일반금융소비자에게 적합하지 아니하다고 인정되는 계약 체결을 권유해서는 아니 된다. 이 경우 적합성 판단 기준은 제2항 각 호의 구분에 따라 대통령령으로 정한다.

④ 제2항에 따라 금융상품판매업자등이 금융상품의 유형별로 파악하여야 하는 정보의 세부적인 내용은 대통령령으로 정한다.

⑤ 금융상품판매업자등이 자본시장법 제249조의2에 따른 전문투자형 사모집합투자기구의 집합투자증권을 판매하는 경우에는 제1항부터 제3항까지의 규정을 적용하지 아니한다. 다만, 같은 법 제249조의2에 따른 적격투자자 중 일반금융소비자 등 대통령령으로 정하는 자가 대통령령으로 정하는 바에 따라 요청하는 경우에는 그러하지 아니하다.

⑥ 제5항에 따른 금융상품판매업자등은 같은 항 단서에 따라 대통령령으로 정하는 자에게 제1항부터 제3항까지의 규정의 적용을 별도로 요청할 수 있음을 대통령령으로 정하는 바에 따라 미리 알려야 한다.

금융투자업 종사자는 금융소비자에게 금융투자상품의 투자권유 등을 함에 있어 신의

성실의 원칙에 따라 선량한 관리자로서의 주의의무를 지기 때문에 금융소비자에게 투자를 권유하는 경우, 투자목적, 투자경험, 자금력, 위험에 대한 태도 등에 비추어 가장 적합한 투자를 권유하여야 한다.

이때 응대하는 금융소비자가 가지고 있는 투자에 관한 개별적인 요소 또는 상황이 모두 다를 수 있기 때문에 그에 맞는 적합한 투자권유나 투자상담을 하기 위해서는 우선 금융소비자에 관한 정보파악이 필요하고 이를 상황 변화에 따라 적절히 수정하여야 한다.

통상 개별 금융소비자에 대한 투자 권유 전 실행해야 하는 절차는 다음과 같은 순서로 실행된다.

❶ 투자권유를 하기에 앞서 먼저 해당 금융소비자가 투자권유를 원하는지 아니면 원하지 않는지를 확인

- 투자권유를 희망하지 않는 경우 판매자의 투자권유 불가 사실 안내

❷ 해당 금융소비자가 일반금융소비자인지 전문금융소비자인지 확인

- 전문 금융소비자인 경우 별도의 등록절차 진행

❸ 일반금융소비자인 경우 금융소비자보호법 제17조 제2항에서 정하고 있는 바에 따라 계약체결을 권유하는 금융상품별 항목에 대하여 면담·질문 등을 통하여 해당 금융소비자의 정보를 파악

- 금융소비자가 본인의 정보를 미제공하는 경우 관계 법령 등에 따라 일부 금융상품(파생형 펀드 등 적정성 원칙 적용대상 상품)의 가입제한 사실 안내

❹ 파악된 금융소비자의 정보를 바탕으로 금융소비자의 투자성향 분석결과 설명 및 확인서 제공

- 서명(전자서명을 포함), 기명날인, 녹취, 또는 이와 비슷한 전자통신, 우편, 전화자동응답시스템의 방법으로 금융소비자로부터 확인
- 투자성향 분석결과 및 확인서의 제공은 일회성에 그치는 것이 아니라 금융소비자가 금융상품을 가입할 때마다 실행

❺ 투자자금의 성향 파악

- 원금보존을 추구하는지 확인하고, 원금보존을 추구하는 경우에는 상품 가입에 제한이 있음을 안내

이러한 절차를 거쳐 얻게 된 금융소비자의 정보를 토대로 하여, 금융투자업 종사자는

개별 금융소비자에게 가장 적합한 금융상품을 권유하여야 하며, 해당 금융상품이 적합하지 않다고 판단되는 경우에는 계약체결을 권유할 수 없다. 다만, 금융소비자보호법에서 정하고 있는 바에 따라 예금성 상품은 제외된다.

만일 금융소비자가 투자권유를 희망하지 않고, 본인의 정보를 제공하지 않는 경우 판매임직원은 해당 금융소비자에게 적합성 원칙 및 설명의무가 적용되지 않는다는 사실을 안내하여야 한다.

사례

A는 금융투자회사의 창구에서 투자상담을 하고 있다. A는 동 지점의 주된 고객을 예탁된 자산규모에 따라서 1억 원, 5천만 원~1억 원, 5천만 원 이하로 구분하여 오직 자산규모가 큰 고객에 대해서만 환율 위험이 있는 외화표시상품과 파생투자상품을 혼합한 복잡한 금융상품을 권장하고 있다. 자산규모가 큰 고객은 일반적으로 고위험 고수익(high risk high return)형의 상품에 관심이 높고, 또한 약간 손실이 발생하여도 다른 운용자산의 이익과 상쇄할 수 있는 경우가 많기 때문이라는 생각에서이다.

(평가)

예탁된 자산규모가 크다고 해서 반드시 위험 허용도가 큰 것은 아니므로 A는 금융소비자보호법상의 적합성 원칙을 위반하고 있다. A는 고객의 재무상황, 투자경험과 투자목적도 고려하여 개별적으로 고객의 투자성향에 적합한 투자를 권유하여야 한다.

2) 적정성 원칙(Principle of Adequacy)

금융소비자보호법 제18조(적정성원칙) (발췌)

① 금융상품판매업자는 대통령령으로 각각 정하는 보장성 상품, 투자성 상품 및 대출성 상품에 대하여 일반금융소비자에게 계약 체결을 권유하지 아니하고 금융상품 판매 계약을 체결하려는 경우에는 미리 면담·질문 등을 통하여 다음 각 호의 구분에 따른 정보를 파악하여야 한다.

2. 투자성 상품: 제17조 제2항 제2호 각 목의 정보
3. 대출성 상품: 제17조 제2항 t제3호 각 목의 정보
4. 금융상품판매업자가 금융상품 판매 계약이 일반금융소비자에게 적정한지를 판단하는 데 필요하다고 인정되는 정보로서 대통령령으로 정하는 사항

② 금융상품판매업자는 제1항 각 호의 구분에 따라 확인한 사항을 고려하여 해당 금융

상품이 그 일반금융소비자에게 적정하지 아니하다고 판단되는 경우에는 대통령령으로 정하는 바에 따라 그 사실을 알리고, 그 일반금융소비자로부터 서명, 기명날인, 녹취, 그 밖에 대통령령으로 정하는 방법으로 확인을 받아야 한다. 이 경우 적정성 판단 기준은 제1항 각 호의 구분에 따라 대통령령으로 정한다.

③ 제1항에 따라 금융상품판매업자가 금융상품의 유형별로 파악하여야 하는 정보의 세부적인 내용은 대통령령으로 정한다.

④ 금융상품판매업자가 자본시장법 제249조의2에 따른 일반 사모집합투자기구의 집합투자증권을 판매하는 경우에는 제1항과 제2항을 적용하지 아니한다. 다만, 같은 법 제249조의2에 따른 적격투자자 중 일반금융소비자 등 대통령령으로 정하는 자가 대통령령으로 정하는 바에 따라 요청하는 경우에는 그러하지 아니하다.

⑤ 제4항에 따른 금융상품판매업자는 같은 항 단서에 따라 대통령령으로 정하는 자에게 제1항과 제2항의 적용을 별도로 요청할 수 있음을 대통령령으로 정하는 바에 따라 미리 알려야 한다.

적정성 원칙은 앞서 설명한 적합성 원칙과 유사하나 금융소비자에 대한 계약체결의 권유 여부에 따라 달리 적용되는 원칙이다.

즉 적합성 원칙은 금융투자업 종사자가 일반금융소비자에게 금융상품의 계약체결을 권유할 때 적용되는 반면, 적정성 원칙은 금융투자업 종사자가 일반금융소비자에게 금융상품의 계약체결을 권유하지 않고, 해당 일반금융소비자가 스스로 투자성 상품 등에 대해 계약체결을 원하는 경우 적용된다.

금융상품을 판매하는 금융회사는 투자권유를 하지 않더라도 각 금융상품별로 해당 일반금융소비자에 대한 정보를 면담 또는 질문을 통해 파악하여야 하며, 수집된 정보를 바탕으로 해당 금융상품이 금융소비자에게 적정하지 않다고 판단되는 경우에는 즉시 해당 금융소비자에게 그 사실을 알리고, 금융소비자보호법에서 정한 서명 등의 방법을 통해 해당 금융소비자로부터 동 사실을 알렸다는 내용을 확인받아야 한다.

3) 설명의무

금융소비자보호법 제19조(설명의무) (발췌)

① 금융상품판매업자등은 일반금융소비자에게 계약 체결을 권유(금융상품자문업자가 자문에 응하는 것을 포함)하는 경우 및 일반금융소비자가 설명을 요청하는 경우에는 다음 각 호

의 금융상품에 관한 중요한 사항(일반금융소비자가 특정 사항에 대한 설명만을 원하는 경우 해당 사항으로 한정)을 일반금융소비자가 이해할 수 있도록 설명하여야 한다.

1. 다음 각 목의 구분에 따른 사항

   나. 투자성 상품

      1) 투자성 상품의 내용

      2) 투자에 따른 위험

      3) 대통령령으로 정하는 투자성 상품의 경우 대통령령으로 정하는 기준에 따라 금융상품직접판매업자가 정하는 위험등급

      4) 그 밖에 금융소비자가 부담해야 하는 수수료 등 투자성 상품에 관한 중요한 사항으로서 대통령령으로 정하는 사항

   라. 대출성 상품

      1) 금리 및 변동 여부, 중도상환수수료(금융소비자가 대출만기일이 도래하기 전 대출금의 전부 또는 일부를 상환하는 경우에 부과하는 수수료를 의미. 이하 같다) 부과 여부·기간 및 수수료율 등 대출성 상품의 내용

      2) 상환방법에 따른 상환금액·이자율·시기

      3) 저당권 등 담보권 설정에 관한 사항, 담보권 실행사유 및 담보권 실행에 따른 담보목적물의 소유권 상실 등 권리변동에 관한 사항

      4) 대출원리금, 수수료 등 금융소비자가 대출계약을 체결하는 경우 부담하여야 하는 금액의 총액

      5) 그 밖에 대출계약의 해지에 관한 사항 등 대출성 상품에 관한 중요한 사항으로서 대통령령으로 정하는 사항

2. 제1호 각 목의 금융상품과 연계되거나 제휴된 금융상품 또는 서비스 등(이하 "연계·제휴서비스등"이라 한다)이 있는 경우 다음 각 목의 사항

   가. 연계·제휴서비스등의 내용

   나. 연계·제휴서비스등의 이행책임에 관한 사항

   다. 그 밖에 연계·제휴서비스등의 제공기간 등 연계·제휴서비스등에 관한 중요한 사항으로서 대통령령으로 정하는 사항

3. 제46조에 따른 청약 철회의 기한·행사방법·효과에 관한 사항

4. 그 밖에 금융소비자 보호를 위하여 대통령령으로 정하는 사항

② 금융상품판매업자등은 제1항에 따른 설명에 필요한 설명서를 일반금융소비자에게 제공하여야 하며, 설명한 내용을 일반금융소비자가 이해하였음을 서명, 기명날인, 녹취 또는 그 밖에 대통령령으로 정하는 방법으로 확인을 받아야 한다. 다만, 금융소비자 보호 및 건전한 거래질서를 해칠 우려가 없는 경우로서 대통령령으로 정하는 경

우에는 설명서를 제공하지 아니할 수 있다.

③ 금융상품판매업자등은 제1항에 따른 설명을 할 때 일반금융소비자의 합리적인 판단 또는 금융상품의 가치에 중대한 영향을 미칠 수 있는 사항으로서 대통령령으로 정하는 사항을 거짓으로 또는 왜곡(불확실한 사항에 대하여 단정적 판단을 제공하거나 확실하다고 오인하게 할 소지가 있는 내용을 알리는 행위를 말한다)하여 설명하거나 대통령령으로 정하는 중요한 사항을 빠뜨려서는 아니 된다.

④ 제2항에 따른 설명서의 내용 및 제공 방법·절차에 관한 세부내용은 대통령령으로 정한다.

(1) 개요

설명의무는 6대 판매원칙 중 적합성 원칙, 적정성 원칙과 더불어 중요한 위치를 차지하고 있는바, 몇 가지 유의할 사항에 대해 세부적으로 살펴보도록 한다. 특히 설명의무의 위반과 관련하여 금융소비자보호법 제57조 및 제69조에서는 중요한 사항을 설명하지 않거나, 설명서를 사전에 제공하지 않거나, 설명하였음을 금융소비자로부터 확인받지 아니한 경우 금융회사에 대해 해당 금융상품의 계약으로부터 얻는 수입(수수료, 보수 등의 금액이 아니라 매출액 등 금융소비자로부터 받는 총금액으로 해석함이 일반적)의 최대 50% 이내에서 과징금을 부과할 수 있으며, 별도로 종전의 자본시장법에서 정하였던 최대 과태료

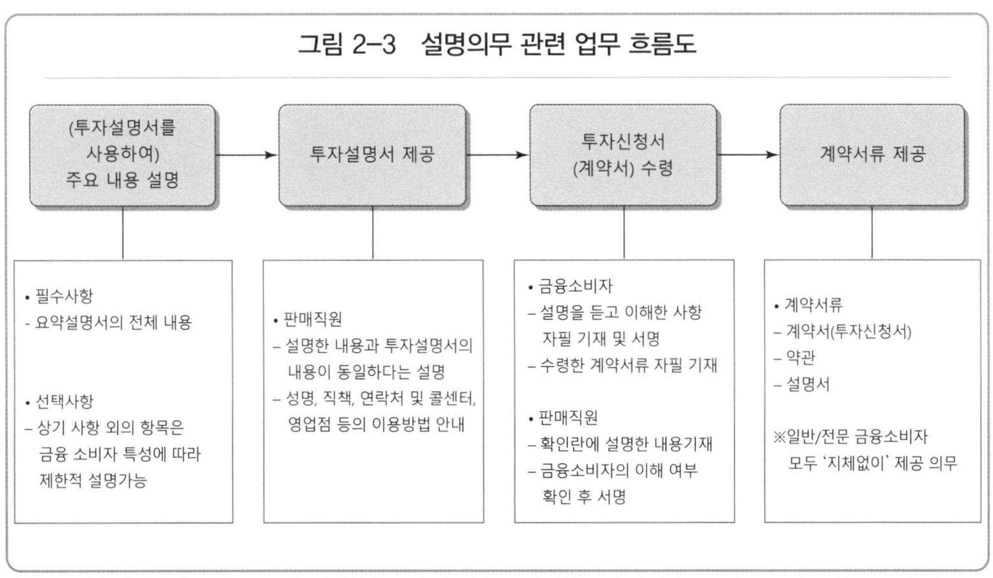

금액 5천만원의 2배인 최대 1억원 이내에서 과태료를 부과할 수 있도록 함으로써 설명의무 준수의 중요성을 강조하고 있다.

❶ 적용대상의 확대

기존 자본시장법에서는 설명의무를 투자성 상품에 대해서만 규정하고 있었으나, 금융소비자보호법에서는 그 대상이 예금성 상품, 대출성 상품, 보장성 상품, 투자성 상품으로 구분되어 확대되었기 때문에, 금융회사는 각 금융상품별로 금융소비자에게 계약의 체결을 권유하는 경우 및 계약체결의 권유가 없더라도 일반금융소비자가 요청하는 경우 각 금융상품별 중요사항에 대해 금융소비자에게 고지하고 이해할 수 있도록 설명하여야 한다.

이때 '중요한 사항'이란 사회통념상 금융상품 계약 여부의 결정에 영향을 미칠 수 있는 사항으로, 금융소비자의 합리적인 판단 또는 해당 금융상품의 가치에 중대한 영향을 미칠 수 있는 사항을 말하는 것으로 금융소비자보호법 제19조의 내용을 상품유형별로 요약하면 다음과 같다.

- 투자성 상품 : 상품의 주요 내용, 투자에 따른 위험(최대손실액 및 근거 등), 위험등급, 수수료, 계약의 해지 및 해제에 관한 사항 등
- 대출성 상품 : 금리 및 변동여부, 기간 및 수수료율, 중도상환수수료 부과여부, 상환방법, 담보권 설정 등
- 보장성 상품 : 위험보장의 주요 내용, 보험료, 해약 및 만기 시 환급금, 보험금 지급제한 사유 등
- 예금성 상품 : 상품의 주요 내용, 이자율 및 해지 시 적용이자율과 산출근거, 계약 해지 시 불이익 등

금융소비자보호법에서 정하고 있는 4가지 상품유형에 대해 각 상품과 연계하거나 제휴하는 서비스가 있는 경우에도 금융상품과 마찬가지로 설명의무의 적용대상으로 확대되었다는 점에 유의하여야 한다.

아울러, 설명의 대상에는 민원 및 분쟁조정 절차, 청약철회권, 위법계약해지권, 자료열람요구권 등이 포함되므로 금융상품 판매를 담당하는 종사자는 이러한 권리를 금융소비자가 충분히 이해할 수 있도록 안내하여야 한다. 각 금융소비자의 권리에 대한 세부내용은 투자권유의 업무절차를 고려하여 관련 항목에서 별도로 살펴보도록 한다.

❷ 설명서의 제공 및 확인 의무

금융회사는 금융상품에 관한 계약의 체결을 권유하는 경우 금융소비자보호법 시행령 제14조 제3항에 따라 서면, 우편 또는 전자우편, 휴대전화 문자메시지 또는 이와 유사한 방법 등을 통해 반드시 사전에 금융소비자에게 해당 금융상품의 설명서를 제공해야 한다. 다만, 동법 시행령 제14조 제4항에서 열거하고 있는 예외적인 경우(예를 들어, 기존 계약과 동일한 내용으로 계약을 갱신하는 경우 또는 법인인 전문 금융소비자가 설명서 제공을 원하지 않는 경우 등)에는 설명서의 제공의무가 면제된다.

또한 금융회사는 일반금융소비자에게 설명의무를 이행한 경우, 설명한 내용을 일반금융소비자가 이해하였음을 서명, 기명날인, 녹취 또는 그 밖에 대통령령으로 정하는 방법으로 확인을 받고 해당 기록을 유지, 보관할 의무가 있다. 이와 관련하여 감독기구에서는 금융소비자가 충분한 이해 없이 금융회사가 설명의무를 이행했다고 확인하는 경우 향후 관련된 소송이나 분쟁 등이 발생하였을 때 금융소비자 본인에게 불리하게 작용할 수도 있다는 점을 금융회사가 안내하도록 권고하고 있다.

(2) 설명 시 유의사항

금융회사는 금융상품 및 해당 상품과 연계된 제휴 서비스의 주요 사항을 설명할 때 거짓으로 설명하거나, 불확실한 사항에 대한 단정적 판단을 제공하거나, 확실하다고 오인하게 할 소지가 있는 내용을 알리는 행위를 하여서는 안 된다.

이에 따라 금융회사는 금융소비자에게 설명을 할 때 사용하는 정보 및 이를 보여주는 상품안내장, 약관, 광고, 홈페이지 등도 그 적정성을 갖추고 있는지 아래와 같이 확인하여야 한다.

❶ 금융소비자에게 제공하는 정보는 다음의 요건을 갖추어야 한다.
- 금융소비자가 알기 쉽도록 간단·명료하게 작성
- 객관적인 사실에 근거해서 작성하고, 금융소비자가 오해할 우려가 있는 정보는 작성 금지
- 금융회사 상호 간 공정경쟁을 해치거나 사실을 왜곡하는 내용 포함 금지
- 공시내용에 대한 담당부서, 담당자 지정 및 명확한 표시

❷ 금융소비자에 대한 정보제공은 그 제공시기 및 내용을 금융소비자의 관점에서

고려하여 적절한 시기에 이루어져야 하며, 공시자료의 내용이 변경된 경우 특별한 사유가 없는 한 지체 없이 해당 정보를 수정하여 금융소비자에게 정확한 정보가 제공되도록 하여야 한다.

❸ 금융소비자에게 제공하는 정보는 알아보기 쉽도록 글자 크기가 크고, 읽기 쉽게 제작하여야 하며, 가급적 전문적인 용어의 사용은 피해 일상적인 어휘를 사용하고, 이해도를 높이기 위해 그림, 기호 등 시각적인 요소를 적극 활용하여야 한다.

❹ 금융소비자에게 제공하는 정보는 금융소비자의 권익을 침해하는 다음과 같은 표시를 하여서는 안 된다.

- 이자, 기타 수익성에 대하여 표시 시점에 확정되어 있는 것보다 현저히 우량 또는 유리한 것으로 오인시킬 우려가 있는 표시, 기타 예저금(預貯金)의 수익성에 관하여 오인될 우려가 있는 표시
- 실제로는 원본 보전이 되지 않음에도 불구하고 마치 원본 보전이 되는 것처럼 오인될 우려가 있는 표시, 기타 예저금 등의 안정성에 관해 오인될 우려가 있는 표시
- 실제로는 예입 또는 지불에 관한 제한이 있음에도 불구하고 마치 이것이 없는 것처럼 오인될 우려가 있는 표시, 기타 예저금의 유동성에 관하여 오인될 우려가 있는 표시
- 실제로는 스스로 행하지 않는 업무를 마치 행하고 있는 것처럼 오인될 우려가 있는 표시, 또는 실제로 업무제휴를 행하고 있지 않음에도 불구하고 마치 행하고 있는 것처럼 오인될 우려가 있는 표시
- 자기가 제공하는 서비스(다른 사람과 제휴에 의해 제공하는 것도 포함)에 대해 실제로는 수수료를 징수함에도 불구하고 무료로 이용할 수 있는 것처럼 오인될 우려가 있는 표시
- 실제로는 적용되지 않는 금리 또는 수수료(표시 직전 상당기간 실제로 적용되고 있었던 금리 또는 수수료를 제외)를 비교 가격으로 함으로써 실제의 것보다도 현저히 유리한 것으로 오인될 우려가 있는 표시
- 실제로 거래할 의사가 없는 것으로 인정되는 금융상품 또는 서비스에 대해 거래할 수 있는 것으로 오인될 우려가 있는 표시
- 금융상품 등에 관한 구체적인 정보를 제공하기 위한 것도 아니며 단지 다른 사람 또는 기타 금융상품 등의 단점을 지적하려는 비방 또는 중상하려는 목적의

표시 등

(3) 청약철회권

금융소비자보호법의 시행으로 인해 금융회사가 금융소비자에게 새롭게 설명해야 하는 사항 중 하나는 바로 '청약철회권'이다. 새로 도입된 청약철회권 제도에 대해 금융소비자보호법 제46조는 이렇게 설명하고 있다.

금융소비자보호법 제46조(청약의 철회) (발췌)

① 금융상품판매업자등과 대통령령으로 각각 정하는 보장성 상품, 투자성 상품, 대출성 상품 또는 금융상품자문에 관한 계약의 청약을 한 일반금융소비자는 다음 각 호의 구분에 따른 기간(거래 당사자 사이에 다음 각 호의 기간보다 긴 기간으로 약정한 경우에는 그 기간) 내에 청약을 철회할 수 있다.

2. 투자성 상품, 금융상품자문 : 다음 각 목의 어느 하나에 해당하는 날부터 7일
   가. 제23조 제1항 본문에 따라 계약서류를 제공받은 날
   나. 제23조 제1항 단서에 따른 경우 계약체결일
3. 대출성 상품 : 다음 각 목의 어느 하나에 해당하는 날[다음 각 목의 어느 하나에 해당하는 날보다 계약에 따른 금전·재화·용역(이하 이 조에서 '금전·재화등'이라 한다)의 지급이 늦게 이루어진 경우에는 그 지급일]부터 14일
   가. 제23조 제1항 본문에 따라 계약서류를 제공받은 날
   나. 제23조 제1항 단서에 따른 경우 계약체결일

② 제1항에 따른 청약의 철회는 다음 각 호에서 정한 시기에 효력이 발생한다.

1. 보장성 상품, 투자성 상품, 금융상품자문 : 일반금융소비자가 청약의 철회의사를 표시하기 위하여 서면(대통령령으로 정하는 방법에 따른 경우를 포함. 이하 이 절에서 '서면등'이라 한다)을 발송한 때
2. 대출성 상품 : 일반금융소비자가 청약의 철회의사를 표시하기 위하여 서면등을 발송하고, 다음 각 목의 금전·재화등(이미 제공된 용역은 제외하며, 일정한 시설을 이용하거나 용역을 제공받을 수 있는 권리를 포함. 이하 이 항에서 같다)을 반환한 때
   가. 이미 공급받은 금전·재화등
   나. 이미 공급받은 금전과 관련하여 대통령령으로 정하는 이자
   다. 해당 계약과 관련하여 금융상품판매업자등이 제3자에게 이미 지급한 수수료 등 대통령령으로 정하는 비용

③ 제1항에 따라 청약이 철회된 경우 금융상품판매업자등이 일반금융소비자로부터 받

은 금전·재화등의 반환은 다음 각 호의 어느 하나에 해당하는 방법으로 한다.

2. 투자성 상품, 금융상품자문 : 금융상품판매업자등은 청약의 철회를 접수한 날부터 3영업일 이내에 이미 받은 금전·재화등을 반환하고, 금전·재화등의 반환이 늦어진 기간에 대해서는 대통령령으로 정하는 바에 따라 계산한 금액을 더하여 지급할 것. 다만, 대통령령으로 정하는 금액 이내인 경우에는 반환하지 아니할 수 있다.
3. 대출성 상품 : 금융상품판매업자등은 일반금융소비자로부터 제2항 제2호에 따른 금전·재화등, 이자 및 수수료를 반환받은 날부터 3영업일 이내에 일반금융소비자에게 대통령령으로 정하는 바에 따라 해당 대출과 관련하여 일반금융소비자로부터 받은 수수료를 포함하여 이미 받은 금전·재화등을 반환하고, 금전·재화등의 반환이 늦어진 기간에 대해서는 대통령령으로 정하는 바에 따라 계산한 금액을 더하여 지급할 것

④ 제1항에 따라 청약이 철회된 경우 금융상품판매업자등은 일반금융소비자에 대하여 청약의 철회에 따른 손해배상 또는 위약금 등 금전의 지급을 청구할 수 없다.

⑥ 제1항부터 제5항까지의 규정에 반하는 특약으로서 일반금융소비자에게 불리한 것은 무효로 한다.

⑦ 제1항부터 제3항까지의 규정에 따른 청약 철회권의 행사 및 그에 따른 효과 등에 관하여 필요한 사항은 대통령령으로 정한다.

일반금융소비자는 예금성 상품을 제외한 3가지 유형의 금융상품 계약의 청약 이후 각 상품유형별로 금융소비자보호법 제46조 제1항에서 정하고 있는 기간 내에 '청약철회요청서' 등 서면을 이용하여 계약 청약의 철회를 금융회사에 요구할 수 있다. 청약철회권은 금융회사의 고의 또는 과실 사유 여부 등 귀책사유가 없더라도 일반금융소비자가 행사할 수 있는 법적 권리로 금융소비자의 권익이 크게 강화된 제도라고 할 수 있다. 다만, 3가지 유형의 모든 상품이 해당되는 것은 아니며 금융소비자보호법 시행령 제37조에서 각 유형별 상품을 정하고 있는바, 금융투자업을 중심으로 볼 때 청약철회권의 대상이 되는 상품은 다음과 같다.

❶ 투자성 상품 : 다음의 금융상품. 다만, 일반금융소비자가 법 제46조 제1항 제2호에 따른 청약 철회의 기간 이내에 예탁한 금전 등을 운용하는 데 동의한 경우는 제외

– 자본시장법 시행령에 따른 고난도금융투자상품(일정 기간에만 금융소비자를 모집하고 그 기간이 종료된 후에 금융소비자가 지급한 금전등으로 자본시장법에 따른 집합투자를 실시하는

것만 해당)

– 자본시장법 시행령에 따른 고난도투자일임계약

– 신탁계약(자본시장법에 따른 금전신탁은 제외)

– 자본시장법 시행령에 따른 고난도금전신탁계약

❷ 대출성 상품 : 다음의 것을 제외한 금융상품

– 자본시장법 제72조 제1항에 따른 신용의 공여(법 제46조 제1항 제3호에 따른 청약 철회의 기간 이내에 담보로 제공된 증권을 처분한 경우만 해당)

– 그 밖에 청약의 철회가 건전한 시장질서를 해칠 우려가 높은 것으로서 금융위원회가 정하여 고시하는 대출성 상품(예시 : 주식 담보대출)

금융소비자의 청약 철회를 받은 금융회사는 청약이 철회가 접수된 날(대출성 상품은 금전, 재화, 이자 등의 반환을 받은 날)로부터 3영업일 이내에 이미 받은 금전, 재화 등을 반환해야 하며, 반환이 지체되는 경우에는 반환대상에 지연이자를 가산하여 지급하여야 한다. 이때 투자성 상품은 원금을 반환하며, 대출성 상품은 대출금, 약정이자율에 의한 이자, 제3자에게 지급한 수수료 등이 포함된다.

4) 불공정영업행위의 금지

금융소비자보호법 제20조(불공정영업행위의 금지)

① 금융상품판매업자등은 우월적 지위를 이용하여 금융소비자의 권익을 침해하는 다음 각 호의 어느 하나에 해당하는 행위(이하 "불공정영업행위"라 한다)를 해서는 아니 된다.

1. 대출성 상품, 그 밖에 대통령령으로 정하는 금융상품에 관한 계약체결과 관련하여 금융소비자의 의사에 반하여 다른 금융상품의 계약체결을 강요하는 행위
2. 대출성 상품, 그 밖에 대통령령으로 정하는 금융상품에 관한 계약체결과 관련하여 부당하게 담보를 요구하거나 보증을 요구하는 행위
3. 금융상품판매업자등 또는 그 임직원이 업무와 관련하여 편익을 요구하거나 제공받는 행위
4. 대출성 상품의 경우 다음 각 목의 어느 하나에 해당하는 행위

가. 자기 또는 제3자의 이익을 위하여 금융소비자에게 특정 대출 상환방식을 강요하는 행위

나. 1)부터 3)까지의 경우를 제외하고 수수료, 위약금 또는 그 밖에 어떤 명목이든 중도상환수수료를 부과하는 행위

1) 대출계약이 성립한 날부터 3년 이내에 상환하는 경우
2) 다른 법령에 따라 중도상환수수료 부과가 허용되는 경우
3) 금융소비자 보호 및 건전한 거래질서를 해칠 우려가 없는 행위로서 대통령령으로 정하는 경우

다. 개인에 대한 대출 등 대통령령으로 정하는 대출상품의 계약과 관련하여 제3자의 연대보증을 요구하는 경우

5. 연계·제휴서비스등이 있는 경우 연계·제휴서비스등을 부당하게 축소하거나 변경하는 행위로서 대통령령으로 정하는 행위. 다만, 연계·제휴서비스등을 불가피하게 축소하거나 변경하더라도 금융소비자에게 그에 상응하는 다른 연계·제휴서비스등을 제공하는 경우와 금융상품판매업자등의 휴업·파산·경영상의 위기 등에 따른 불가피한 경우는 제외한다.
6. 그 밖에 금융상품판매업자등이 우월적 지위를 이용하여 금융소비자의 권익을 침해하는 행위

② 불공정영업행위에 관하여 구체적인 유형 또는 기준은 대통령령으로 정한다.

불공정영업행위는 금융회사가 자신의 우월적 지위를 이용하여 금융상품의 계약 체결에 있어 금융소비자에게 불리한 행위를 요구하는 것을 말한다. 소위 '갑질'이라고 표현될 수도 있는 이 불공정영업행위는 다른 금융상품에 비해 상대적으로 대출성 상품의 계약 체결에서 발생할 가능성이 높고 그 발생가능성도 빈번하기 때문에 금융소비자보호법도 대출성 금융상품에 대한 규제가 강한 편이다.

불공정영업행위는 현재 우리가 살펴보고 있는 핵심적인 직무윤리이자 법적 의무인 '신의성실의 원칙'과 '고객우선의 원칙'을 정면으로 위반하는 행위이므로 금융소비자보호법에서는 설명의무의 위반과 동일하게 이를 위반하는 금융회사에 대해 해당 금융상품의 계약으로부터 얻는 수입의 최대 50% 이내에서 과징금을 부과할 수 있으며, 별도로 최대 1억원 이내에서 과태료를 부과할 수 있도록 하고 있다.

5) 부당권유 행위 금지

금융소비자보호법 제21조(부당권유행위 금지) (발췌)

금융상품판매업자등은 계약 체결을 권유(금융상품자문업자가 자문에 응하는 것을 포함. 이하 이 조에서 같다)하는 경우에 다음 각 호의 어느 하나에 해당하는 행위를 해서는 아니 된

다. 다만, 금융소비자 보호 및 건전한 거래질서를 해칠 우려가 없는 행위로서 대통령령으로 정하는 행위는 제외한다.

1. 불확실한 사항에 대하여 단정적 판단을 제공하거나 확실하다고 오인하게 할 소지가 있는 내용을 알리는 행위
2. 금융상품의 내용을 사실과 다르게 알리는 행위
3. 금융상품의 가치에 중대한 영향을 미치는 사항을 미리 알고 있으면서 금융소비자에게 알리지 아니하는 행위
4. 금융상품 내용의 일부에 대하여 비교대상 및 기준을 밝히지 아니하거나 객관적인 근거 없이 다른 금융상품과 비교하여 해당 금융상품이 우수하거나 유리하다고 알리는 행위
6. 투자성 상품의 경우 다음 각 목의 어느 하나에 해당하는 행위
   가. 금융소비자로부터 계약의 체결권유를 해줄 것을 요청받지 아니하고 방문·전화 등 실시간 대화의 방법을 이용하는 행위
   나. 계약의 체결권유를 받은 금융소비자가 이를 거부하는 취지의 의사를 표시하였는데도 계약의 체결권유를 계속하는 행위
7. 그 밖에 금융소비자 보호 또는 건전한 거래질서를 해칠 우려가 있는 행위로서 대통령령으로 정하는 행위

금융소비자보호법에서는 부당권유행위를 크게 7가지로 구분하고 있는데, 이는 기존의 자본시장법 제49조에서 정하고 있던 부당권유행위보다 구체적이고 적용대상을 확대한 것이다.

부당권유행위가 발생한 경우 금융소비자보호법에서는 앞서 말한 설명의무 위반, 불공정영업행위의 발생과 마찬가지로 위반하는 금융회사에 대해 해당 금융상품의 계약으로부터 얻는 수입의 최대 50% 이내에서 과징금을 부과할 수 있으며, 별도로 최대 1억원 이내에서 과태료를 부과할 수 있다.

(1) 합리적 근거 제공 등

금융투자업 종사자의 금융소비자에 대한 금융상품의 계약 체결 또는 권유는 합리적이고 충분한 근거에 기초하여야 하고, 여러 관련 요소 중에서 선택하여야 할 사항이 있는 경우 그 취사 여부는 합리적인 판단에 기초하여야 한다. 여기에서 '합리적 판단'이란 유사한 상황에서 유사한 지식을 보유한 자가 대부분 선택할 수 있어야 함을 의미하

며 이는 선량한 관리자로서의 주의의무와 연결된다. 이와 관련하여 금융투자업규정 제4－20조 제1항에서는 "신뢰할 만한 정보·이론 또는 논리적인 분석·추론 및 예측 등 적절하고 합리적인 근거를 가지고 있지 아니하고 특정 금융투자상품의 매매거래나 특정한 매매전략·기법 또는 특정한 재산운용배분의 전략·기법을 채택하도록 투자자에게 권유하는 행위"를 불건전 영업행위 중 하나로 규정함으로써 부당권유행위의 발생을 방지하고 있다.

합리적 근거의 제공은 다른 금융상품과 비교하여 우위를 가릴 때에도 적용된다.

금융소비자보호법에서는 계약의 체결을 권유하는 금융상품과 다른 금융상품을 비교할 때 반드시 명확한 비교대상 및 기준을 밝히도록 의무화하였으며, 우수성 및 금융소비자에 대한 유리 여부에 대한 판단을 할 때 그 사유를 명확히 하도록 요구하고 있다. 따라서 금융소비자의 의사결정에 중대한 영향을 미칠 수 있는 정보를 제공할 때에는 당해 사실 또는 정보의 출처(또는 정보제공자)를 밝힐 수 있어야 한다.

또한 금융상품의 가치에 중대한 영향을 미치는 사항에 대해 금융회사가 알고 있는 경우 해당 사항은 반드시 금융소비자에게 설명하여야 하는바, 종전의 자본시장법에서는 이를 설명의무의 위반으로 보았으나, 금융소비자보호법에서는 설명의무 위반과 동시에 부당권유행위 금지 위반에 해당한다고 볼 수 있으므로 각별한 주의가 필요하다.

사례

투자권유자문인력 A는 보다 중립적이고 객관적인 자료에 근거하여 금융소비자의 투자성향에 따라 소극적인 투자를 권유하고 있다. 반면에 투자권유자문인력 B는 비관적인 자료보다는 가능한 '장밋빛' 전망을 내는 자료에 기초하여 투자를 권유하고 있다.

(평가)

B의 행위는 객관적인 판단에 입각하기보다는 시류에 영합함으로써 신임의무에 기초한 '신의성실의 원칙'을 위배하고 있다. B는 '전문가로서 독립적으로 그 직무를 수행하여야 한다'는 직무윤리를 위반하고 있고, 동시에 투자정보 등을 제공함에 있어서 정밀한 조사분석에 입각하여 합리적인 근거에 의하여야 한다는 자본시장법에 따른 규정을 위반하고 있다.

(2) 적정한 표시 의무

가. 중요 사실에 대한 정확한 표시

'중요한 사실'이라 함은 금융소비자의 금융상품 계약 체결 판단에 중요한 영향을 미친다고 생각되는 사실로서 금융상품 자체에 관한 중요한 정보뿐만 아니라, 수익에 영향을 줄 수 있는 거시경제·자본시장과 금융시장에 관한 정보, 국내에 영향을 미칠 수 있는 외국의 정보 등이 모두 포함한다.

'정확한 표시'라 함은 금융상품 계약 체결 판단에 필요한 중요한 사항은 빠짐없이 모두 포함시켜야 하고, 그 내용이 충분하고 명료할 것을 의미하는데, 이때 고려해야 할 사항은 정보를 제공받는 대상의 지식 및 이해 수준, 전체적 맥락에서 당해 정보가 불필요한 오해를 유발할 소지가 있는지 여부, 내용의 복잡성이나 전문성에 비추어 정보의 전달방법이 상대방에게 정확하게 정보가 전달될 수 있는지 여부 등이다. 표시의 방법은 조사분석자료 등과 같은 문서에 의하건 구두 또는 그 밖의 다른 방법(예 : e-mail 전송 등)에 의하건 방법을 불문한다.

사례

증권회사 직원이 무상증자 신주배정기준일을 잘못 이해하고 알려준 경우 배상책임을 인정한 사례

(사건 개요)

증권회사 직원이 고객에게 무상증자가 예정된 종목에 대한 매수를 권유하면서 신주배정기준일을 잘못 이해하고 알려주어서 고객은 권리락 이후 주식매수를 하게 되었고 이로 인해 무상증자를 받지 못하였다.

(판단 내용)

증권회사 직원은 주식거래에 관한 정확한 정보를 제공해야 할 '신의성실의 원칙'상 의무가 있음에도 불구하고 신주배정기준일의 개념을 잘못 알고서 안내를 해 고객에게 손해를 입혔으므로 직원 및 사용자 책임이 있는 증권회사에서는 연대하여 배상할 책임이 있다. 다만 고객도 잘못된 설명을 확인하지 않은 점, 권리락 후 해당 종목을 저렴하게 매수한 점, 권리락 이전이라면 매수할 수 있는 주식의 수량도 줄었고 이에 따라 무상증자분도 적었을 것이라는 점 등을 참작해 직원 및 증권회사의 책임을 30%만 인정하였다(서울북부지법 2009.5.15.선고 2008가단66235).

나. 투자성과보장 등에 관한 표현의 금지

금융상품 중 투자성 상품이라고 하는 가격 변동이 큰 위험상품에 대한 투자는 반드시 예상한 대로 투자성과가 이루어진다는 것을 그 누구도 보장할 수 없다. 이러한 '위험성'이 존재함에도 불구하고 금융소비자에게 투자권유를 하면서 일정한 투자성과를 확실하게 보장하는 듯한 표현을 하면, 거시적인 관점에서는 자본시장의 가격 형성 기능을 왜곡시키고 금융투자업계 전반의 신뢰도를 하락시킬 수 있으며, 개별 금융투자업자의 관점에서는 그러한 단정적 표현과는 다른 상황이 전개되었을 경우 필연적으로 금융소비자와 분쟁이 발생하게 되어 해당 금융투자업 종사자는 물론 소속된 금융투자업자의 신뢰를 손상시키게 됨으로써 금융투자업자의 재무건전성에도 영향을 미치게 된다.

'투자성과를 보장'하는 경우에 해당하는 것인지에 대한 판단은 개별적인 사안에서 구체적으로 판단하여야 하는데 예를 들어 증권투자상담을 하면서 특정 종목을 매수하여 특정 기간 내에 일정한 기대성과를 확약하는 것은 투자성과를 보장하는 표현에 해당된다고 볼 수 있다.

사례

금융투자회사의 영업사원인 A는 X회사가 자금조달을 위하여 발행하는 신주의 모집을 추진하기 위하여 고객 B에게 청약하여 줄 것을 권유하면서 "이번 청약을 통해 원금의 손실이 발생하더라도 향후 준비되어 있는 신규 공모주로 보충하기 때문에 B에게는 절대 손실이 없다"라고 했다.

(평가)

A는 "절대 손실이 없다"라고 함으로써 투자성과를 보장하는 듯한 표현을 하였고, 이에 대한 합리적인 근거도 제시하지 않았다. 또한 신주 청약으로 인해 발생할 수 있는 손실 등 위험에 대해 고지하지도 않음으로써 '신의성실의 원칙'이라는 직무윤리를 위반하였을 뿐만 아니라 자본시장법에서 금지하고 있는 부당권유행위를 하였다.

다. 허위 · 과장 · 부실표시의 금지

금융투자업 종사자는 소속 회사 또는 자신의 실적을 좋게 보이기 위하여 자의적으로 부풀려진 실적을 제시하는 것은 금지되어 있다. 이는 비단 집합투자기구의 운용역(펀드매니저)뿐만 아니라 투자중개업이나 투자자문업에 종사하는 자에게도 적용되는데 예를 들어 펀드매니저가 자신이 운용하고 있는 펀드의 운용실적을 산출하는 과정에서 명확하게 허위의 것을 제시하는 것이 허용되지 않은 것은 물론이지만, 운용실적 산출과정에서 여러 가지 선택 가능한 방법 중 운용실적 등을 좋게 보이도록 자의적으로 취사선택을 한다면 이는 정확하지 않은 방법으로 측정되어 해당 펀드의 운용실적이 부풀려지게 되고 운용실적이라는 정보에 기초하여 투자권유를 하는 투자중개업자 등 해당 펀드 판매회사의 종사자 및 의사결정을 하는 금융소비자로 하여금 오인시킬 소지가 있으므로 허용되지 않는다.

그 밖에도 수탁된 자산규모를 부풀린다든지, 운용실적이 좋은 펀드매니저를 대표 펀드매니저로 제시한다든지, 운용실적을 제시한 기간을 조작함으로써 운용실적을 실제 이상으로 과장하는 행위도 허용되지 않는다.

사례

유사투자자문업자가 허위정보를 제공해 투자자가 손해를 본 경우 민법상 불법행위책임을 인정한 사례

(사건 개요)

인터넷 증권방송업체가 특정 회사에 대해 대형계약을 체결하고 M&A에 관한 양해각서도 곧 발표할 것이라는 취지의 확인되지 않은 내용을 방송하였다. 이 내용을 믿고 해당 주식에 투자를 하여 피해를 입은 고객은 해당 증권방송업체를 사기혐의로 고소했으나 무혐의 처분이 내려지자 민사소송을 제기하였다.

(판단 내용)

유사투자자문업자가 자본시장법상의 금융소비자보호의무를 지는 대상은 아니더라도 허위정보를 제공하여 손해를 입혔다면 민법 제750조(불법행위의 내용)에 따라 불법행위책임을 물을 수 있다고 판단하였다. 유사투자자문업자가 허위정보를 제공해 손해를 끼쳤어도 기존에는 자본시장법상 책임을 물을 수 없어 고객의 피해를 보전할 방법이 없었으나, 이 판결로 인해 민법상 불법행위책임을 물을 수 있게 되었다(대법원 2015.7.9.선고 2013다 13849).

(3) 요청하지 않은 투자권유 금지

투자성 금융상품의 경우 금융소비자로부터 아무런 요청이 없음에도 불구하고 해당 금융소비자의 자택 또는 직장을 방문하거나, 길거리에서의 호객행위, 또는 무작위적인 전화통화를 통하여 투자를 권유하면 개인의 평온한 사생활을 침해할 우려가 있고 충동구매와 불필요한 투자를 유발할 가능성이 있으므로 투자권유는 금융소비자가 원하는

경우에만 하여야 한다. 특히 고위험 금융투자상품인 장외파생상품의 경우는 원본손실의 가능성이 매우 크고 그에 따른 분쟁의 가능성이 상대적으로 크기 때문에 요청하지 않은 투자권유를 하여서는 아니 된다.

그러나, 금융소비자 보호 및 건전한 거래질서를 해칠 우려가 없는 행위로 투자권유 전에 금융소비자의 개인정보 취득경로, 권유하려는 금융상품의 종류·내용 등을 금융소비자에게 미리 안내하고, 해당 금융소비자가 투자권유를 받을 의사를 표시한 경우에는 투자권유를 할 수 있다. 다만, 금융투자상품의 위험정도와 금융소비자의 유형을 감안하여 제외되는 상품은 아래와 같다(금융소비자보호법 시행령 제16조 제1항 제1호).

❶ 일반금융소비자의 경우 : 고난도금융투자상품, 고난도투자일임계약, 고난도금전신탁계약, 사모펀드, 장내파생상품, 장외파생상품

❷ 전문금융소비자의 경우 : 장외파생상품

또한 투자권유를 받은 금융소비자가 이를 거부하는 취지의 의사를 표시한 경우에는 투자권유를 계속하여서는 안 되며, 다음의 경우에만 예외적으로 허용된다(금융소비자보호법 시행령 제16조 제1항 제2호 및 제3호).

❶ 권유를 받은 투자자가 이를 거부하는 취지의 의사를 표시한 후 금융위원회가 정하여 고시하는 기간(1개월)이 지난 후에 다시 권유를 하는 행위

❷ 다른 종류의 금융(투자)상품에 대하여 권유를 하는 행위

이와 관련하여 2022년 12월 8일부터 시행된 개정 '방문판매에 관한 법률'에 따라 금융소비자를 방문(유선 연락 등 실시간 대화의 방법을 포함)하여 금융상품을 판매하는 경우에는 금융소비자에 대한 사전안내, 자격증명, 판매과정 녹취 등 관련 법령 등에서 정하고 있는 절차를 준수하여야 함에 유의하여야 한다.

(4) 기타 부당권유행위

금융소비자보호법에서 규정하고 있는 부당권유행위 중 하나는 제21조 제7호의 '금융소비자 보호 또는 건전한 거래질서를 해칠 우려가 있는 행위로서 대통령령으로 정하는 행위'이다. 이에 대해 금융소비자보호법 시행령 제16조 제3항에서는 이러한 부당권유행위를 다음과 같이 정하고 있다.

❶ 내부통제기준에 따른 직무수행 교육을 받지 않은 자로 하여금 계약체결 권유와

관련된 업무를 하게 하는 행위

- 대표적인 사례는 개별 금융상품에 대한 교육을 받지 않는 등의 사유로 인해 금융상품 계약체결의 자격이 없는 투자권유대행인 또는 모집인 등이 금융상품 계약을 체결하는 행위 등

❷ 법 제17조 제2항(적합성 원칙)에 따른 일반금융소비자의 정보를 조작하여 권유하는 행위

- 대표적인 사례는 금융상품 판매 시 적합성 원칙의 적용을 회피할 목적으로 금융소비자로 하여금 투자권유를 희망하지 않도록 요구하는 행위 또는 금융소비자의 투자성향에 맞지 않는 부적합한 상품을 권유하면서 '투자성향에 적합하지 않은 투자성 상품거래 확인서' 등의 서면을 작성하게 하는 행위 등

❸ 투자성 상품에 관한 계약의 체결을 권유하면서 일반금융소비자가 요청하지 않은 다른 대출성 상품을 안내하거나 관련 정보를 제공하는 행위

- 대표적인 사례는 일명 '꺾기'라고 알려진 행위로 금융소비자에게 대출을 해주면서 대출금의 일부는 특정 상품에 가입하게 하는 행위 또는 특정 상품에 가입하는 경우 대출금을 증액하는 행위 등

최근 일부 사모 펀드 등 투자성 상품에서 발생하는 막대한 손실발생 등과 관련하여 해당 금융상품을 판매한 금융회사에서 관련 법령 등을 위반하는 사례가 나타나고 있음을 보게 된다.

예를 들어 높은 연령대의 금융소비자에게 내부적으로 캠페인을 하고 있는 파생상품을 이자율이 높은 예금이라고 사실과 다른 내용을 알리고, 이와 관련한 상품에 대한 설명의무도 충실히 이행하지 않은 채 적합성 원칙에 맞지 않는 금융소비자의 정보를 조작하여 판매하는 사례 등이 대표적인 것으로 금융소비자보호법에서는 이러한 사례가 재발하지 않도록 구체화시겨 명시하고 있으며 위반 시 제재를 강화하고 있음을 알 수 있다.

6) 광고 관련 준수사항

6대 판매원칙 중 하나는 '금융상품 등에 대한 광고 관련 사항의 준수'이다.

금융소비자보호법 제22조에서 동 사항을 다루고 있는바, 주요 내용은 다음과 같다.

(1) 광고의 주체

금융소비자보호법상 관련 법령 등에 따라 등록된 금융상품판매업자 등만이 금융상품 또는 업무에 관한 광고가 가능하다. 다만 예외적으로 각 업권별로 법에서 정하고 있는 협회(금융투자협회 등)와 금융회사를 자회사나 손자회사로 두고 있는 지주회사 중 대통령령으로 정하는 경우 등은 광고가 가능하다.

(2) 광고의 내용 등

광고는 금융소비자가 금융상품의 내용을 오해하지 않도록 명확하고 공정하게 전달해야 하며, 다음의 내용이 포함되어야 한다.

❶ 금융상품 계약 체결 전 설명서 및 약관을 읽어볼 것을 권유하는 내용
❷ 금융회사의 명칭 및 금융상품의 내용
❸ 보장성, 투자성, 예금성 상품의 위험, 조건 등 법에서 정하고 있는 주요 사항 등

(3) 준수 및 금지사항

금융회사가 광고를 실행하는 경우 각 금융상품별로 금융소비자를 오인하게 할 소지가 있는 내용 등 법에서 금지하고 있는 내용을 포함해서는 안 되며, 「표시·광고의 공정화에 관한 법률」 제4조 제1항에 따른 표시·광고사항이 있는 경우에는 같은 법에서 정하는 바에 따라 관련 내용을 준수하여야 한다. 기타 광고에 관한 세부적인 사항은 금융소비자보호법 시행령 제17조부터 제21조에서 다루고 있다.

7) 계약서류의 제공 의무

금융소비자보호법 제23조(계약서류의 제공의무)

① 금융상품직접판매업자 및 금융상품자문업자는 금융소비자와 금융상품 또는 금융상품자문에 관한 계약을 체결하는 경우 금융상품의 유형별로 대통령령으로 정하는 계약서류를 금융소비자에게 지체 없이 제공하여야 한다. 다만, 계약내용 등이 금융소비자 보호를 해칠 우려가 없는 경우로서 대통령령으로 정하는 경우에는 계약서류를 제공하지 아니할 수 있다.

② 제1항에 따른 계약서류의 제공 사실에 관하여 금융소비자와 다툼이 있는 경우에는

금융상품직접판매업자 및 금융상품자문업자가 이를 증명하여야 한다.
③ 제1항에 따른 계약서류 제공의 방법 및 절차는 대통령령으로 정한다.

금융소비자보호법에서는 금융회사가 금융소비자와 금융상품의 계약을 체결하는 경우 해당 금융소비자에게 금융소비자보호법 시행령 제22조 제1항에 따라 금융상품 계약서 및 금융상품의 약관을 포함하여, 투자성 상품인 경우에는 금융상품 설명서를 계약서류로 제공하도록 의무화하고 있다. 이때 금융소비자는 일반/전문 여부를 불문하고 '지체 없이' 제공하도록 규정하고 있는데, 여기에서 '지체 없이'는 '즉시 제공하지 못하는 합리적인 사유가 있는 경우 그 사유를 해소한 후 신속하게'로 해석할 수 있다. 이와 관련하여 법제처 법령해석례 11-0134에서는 '몇 시간 또는 몇 일과 같이 물리적인 시간 또는 기간을 의미한다기보다는 사정이 허락하는 한 가장 신속하게 처리해야 하는 기간을 의미한다'고 기술하고 있다. 다만, 법인 전문투자자 등 예외적으로 법령 등에서 정하고 있는 경우에는 해당 금융소비자가 원하지 않으면 설명서를 제공하지 않을 수 있다.

유의해야 할 점은 종전의 자본시장법에서도 계약서류의 제공의무가 규정되어 있었으나, 그 입증책임에 대해서는 규정하고 있지 않았다. 그러나 금융소비자보호법의 시행으로 인해 계약서류의 제공의무에 대한 입증책임은 명백히 금융회사로 전환되었기 때문에 금융투자업에 종사하는 임직원은 법령 등에 따라 계약서류를 제공하고 그 증빙을 갖추어야 하며, 이 부분은 다음의 판매 후 단계에서 기록 및 유지·관리 의무와 연결되므로 반드시 준수하여야 함에 유의하여야 한다.

5 상품 판매 이후 단계의 금융소비자보호

1) 보고 및 기록의무

(1) 처리결과의 보고의무

금융투자업 종사자는 금융소비자로부터 위임받은 업무를 처리한 경우 그 결과를 금융소비자에게 지체 없이 보고하고 그에 따라 필요한 조치를 취하여야 한다.

이는 금융소비자로 하여금 본인의 거래상황을 신속하게 파악하여 적기에 필요한 조치를 취할 수 있도록 하고, 금융소비자의 업무처리에 편의를 제공하기 위함이다. 또한 이렇게 함으로써 거래상황을 투명하게 하고 위법·부당한 거래를 억지(抑止)하는 기능을 기대할 수 있다. 금융소비자는 이러한 통지와 자신의 거래기록을 대조함으로써 임의매매 등 위법한 주식거래가 발생할 소지를 미연에 방지할 수 있다.

'보고'란 단순히 위임받은 업무를 처리하였다는 사실을 통지하는 것만이 아니라 금융소비자가 업무처리내용을 구체적으로 알 수 있고, 그에 따라 금융소비자가 적절한 지시를 할 수 있도록 필요한 사항을 알리는 것을 말한다. 예를 들어 증권위탁매매를 실행한 경우라면, 매매의 시기, 목적물의 종류·수량·가격 등 업무의 처리 결과를 보고하여야 한다.

보고의 방법은 합리적인 것이라면 제한이 없으므로, 구두·문서·전화·모사전송(팩스) 기타 e-mail 등의 전자통신의 방법으로도 가능하지만, 보고의 내용에 대하여 객관적 증빙을 남겨둘 수 있는 것이 바람직하다.

매매명세의 통지

자본시장법 제73조에서는 "매매명세의 통지"에 관하여 "투자매매업자 또는 투자중개업자는 금융투자상품의 매매가 체결된 경우에는 그 명세를 대통령령으로 정하는 방법에 따라 투자자에게 통지하여야 한다"고 규정하고 있으며, 그 구체적 방법은 동법 시행령 제70조 제1항 및 제2항에서 아래와 같이 설명하고 있다.

① 매매가 체결된 후 지체 없이 매매의 유형, 종목·품목, 수량, 가격, 수수료 등 모든 비용, 그 밖의 거래내용을 통지하고, 집합투자증권 외의 금융투자상품의 매매가 체결된 경우 체결된 날의 다음 달 20일까지 월간 매매내역·손익내역, 월말 현재 잔액현황·미결제약정현황 등을 통지할 것
② 집합투자증권의 매매가 체결된 경우 집합투자기구에서 발생한 모든 비용을 반영한 실질 투자수익률, 투자원금 및 환매예상 금액, 그 밖에 금융위원회가 고시하는 사항은 매월 마지막 날까지 통지할 것
③ 다음 어느 하나에 해당하는 방법 중 투자매매업자 또는 투자중개업자와 투자자 간에 미리 합의된 방법(계좌부 등에 의하여 관리·기록되지 아니하는 매매거래에 대하여는 ㉠만 해당한다)으로 통지할 것. 다만, 투자자가 보유한 집합투자증권이 상장지수집합투자기구, 단기금융집합투자기구, 사모집합투자기구의 집합투자증권이거나, 평가기준일의 평가금액이 10만원 이하인 경우(집합투자증권의 매매가 체결된 경우에 한한다) 또는 투자자가 통지를 받기를 원하지 아니하는 경우에는 지점, 그 밖의 영업소에 비치하거나 인터넷 홈페이지에 접속하여 수시로 조회가 가능하게 함으로써 통지를 갈음할 수 있다.
㉠ 서면 교부
㉡ 전화, 전신 또는 모사전송

ⓒ 전자우편, 그 밖에 이와 비슷한 전자통신
ⓔ 예탁결제원 또는 전자등록기관의 기관결제참가자인 투자자 또는 투자일임업자에 대하여 예탁결제원 또는 전자등록기관의 전산망을 통해 매매확인서 등을 교부하는 방법
ⓜ 인터넷 또는 모바일시스템을 통해 수시로 조회할 수 있도록 하는 방법
ⓑ 투자매매업자 또는 투자중개업자 모바일시스템을 통해 문자메시지 또는 이와 비슷한 방법으로 통지하는 방법

(2) 기록 및 유지 · 관리 의무

금융소비자보호법 제28조(자료의 기록 및 유지·관리 등)

① 금융상품판매업자등은 금융상품판매업등의 업무와 관련한 자료로서 대통령령으로 정하는 자료를 기록하여야 하며, 자료의 종류별로 대통령령으로 정하는 기간 동안 유지·관리하여야 한다.

② 금융상품판매업자등은 제1항에 따라 기록 및 유지·관리하여야 하는 자료가 멸실 또는 위조되거나 변조되지 아니하도록 적절한 대책을 수립·시행하여야 한다.

금융투자업 종사자는 업무를 처리함에 있어서 필요한 기록 및 증거물을 금융소비자보호법에서 정하고 있는 절차에 따라 보관하여야 한다.

이는 업무집행의 적정성을 담보하고 후일 분쟁이 발생할 경우를 대비하기 위한 것으로 금융소비자와 금융투자업 종사자 모두를 동시에 보호하는 역할을 한다.

'기록'은 업무수행과 관련된 문서·자료 등의 근거가 되는 입증자료 일체를 말하며, 문서(전자문서 포함)로 작성하는 경우에는 문서로서의 법적 효력을 유지하도록 하되, 문서작성자의 동일성을 확인할 수 있도록 기명날인 또는 서명이 있어야 한다.

'문서'의 보관은 법령과 회사의 규정 등에서 정하는 보존기간 이상의 기간 동안 적법한 방법으로 보관하여야 하며, 그러한 정함이 없는 경우에는 시효기간 등을 고려하여 자율적으로 정하여야 한다.

금융회사가 의무적으로 보관해야 하는 자료의 종류 및 의무적인 보관기간에 관하여는 금융소비자보호법 시행령 제26조 제1항 및 제2항에서 아래와 같이 규정하고 있다.

금융소비자보호법 시행령 제26조(자료의 기록 및 유지·관리 등)

① 법 제28조 제1항에서 "대통령령으로 정하는 자료"란 다음 각 호의 자료를 말한다.

1. 계약체결에 관한 자료
2. 계약의 이행에 관한 자료
3. 금융상품등에 관한 광고 자료
4. 금융소비자의 권리행사에 관한 다음 각 목의 자료
   가. 법 제28조 제4항 후단 및 제5항에 따른 금융소비자의 자료 열람 연기·제한 및 거절에 관한 자료
   나. 법 제46조에 따른 청약의 철회에 관한 자료
   다. 법 제47조에 따른 위법계약의 해지에 관한 자료
5. 내부통제기준의 제정 및 운영 등에 관한 자료
6. 업무 위탁에 관한 자료
7. 제1호부터 제6호까지의 자료에 준하는 것으로서 금융위원회가 정하여 고시하는 자료

② 법 제28조 제1항에서 "대통령령으로 정하는 기간"이란 10년을 말한다. 다만, 다음 각 호의 자료는 해당 각 호의 구분에 따른 기간으로 한다.

1. 제1항 제1호 및 제2호의 자료(보장기간이 10년을 초과하는 보장성 상품만 해당) : 해당 보장성 상품의 보장기간
2. 제1항 제5호의 자료 : 5년 이내의 범위에서 금융위원회가 정하여 고시하는 기간
3. 제1항 제7호의 자료 : 10년 이내의 범위에서 금융위원회가 정하여 고시하는 기간

(3) 자료열람요구권

금융소비자보호법 제28조(자료의 기록 및 유지·관리 등)

③ 금융소비자는 제36조에 따른 분쟁조정 또는 소송의 수행 등 권리구제를 위한 목적으로 제1항에 따라 금융상품판매업자등이 기록 및 유지·관리하는 자료의 열람(사본의 제공 또는 청취를 포함. 이하 이 조에서 같다)을 요구할 수 있다.

④ 금융상품판매업자등은 제3항에 따른 열람을 요구받았을 때에는 해당 자료의 유형에 따라 요구받은 날부터 10일 이내의 범위에서 대통령령으로 정하는 기간 내에 금융소비자가 해당 자료를 열람할 수 있도록 하여야 한다. 이 경우 해당 기간 내에 열람할 수 없는 정당한 사유가 있을 때에는 금융소비자에게 그 사유를 알리고 열람을 연기할 수 있으며, 그 사유가 소멸하면 지체 없이 열람하게 하여야 한다.

⑤ 금융상품판매업자등은 다음 각 호의 어느 하나에 해당하는 경우에는 금융소비자에게

그 사유를 알리고 열람을 제한하거나 거절할 수 있다.

1. 법령에 따라 열람을 제한하거나 거절할 수 있는 경우
2. 다른 사람의 생명·신체를 해칠 우려가 있거나 다른 사람의 재산과 그 밖의 이익을 부당하게 침해할 우려가 있는 경우
3. 그 밖에 열람으로 인하여 해당 금융회사의 영업비밀(「부정경쟁방지 및 영업비밀보호에 관한 법률」 제2조 제2호에 따른 영업비밀을 말한다)이 현저히 침해되는 등 열람하기 부적절한 경우로서 대통령령으로 정하는 경우

⑥ 금융상품판매업자등은 금융소비자가 열람을 요구하는 경우 대통령령으로 정하는 바에 따라 수수료와 우송료(사본의 우송을 청구하는 경우만 해당)를 청구할 수 있다.

⑦ 제3항부터 제5항까지의 규정에 따른 열람의 요구·제한, 통지 등의 방법 및 절차에 관하여 필요한 사항은 대통령령으로 정한다.

❶ 개요

금융소비자보호법에서 금융소비자의 권익을 증진하기 위해 신설된 제도 중 하나는 '자료열람요구권'제도이다.

자료열람요구권은 금융소비자에게 부여된 권리이며, 분쟁조정 또는 소송의 수행 등 권리구제를 위한 목적으로 앞서 살펴본 바와 같이 금융회사가 기록 및 유지·관리하는 자료에 대해 열람, 제공, (녹취인 경우) 청취를 요구할 수 있다. 이 제도는 분쟁조정, 소송 등에서 금융소비자의 권리를 구제하는 것이 목적이므로 기존 자본시장법에 근거하여 금융소비자의 요청에 따라 제공하는 '금융정보열람신청(업권별, 회사별로 명칭이 다를 수 있다)'과는 성격이 약간 다르다고 볼 수 있다.

❷ 열람의 승인 및 연기

금융소비자는 금융소비자보호법 시행령 제26조 제3항에 따라 열람 목적, 범위, 방법 등이 포함된 열람요구서를 금융회사에 제출하여 자료 열람 등을 요구할 수 있으며, 해당 금융회사는 금융소비자보호법 시행령 제26조 제4항에 따라 금융소비자로부터 자료 열람 등을 요구받은 날로부터 6영업일 이내에 해당 자료를 열람할 수 있게 하여야 한다. 이때 열람의 승인, 열람 가능일시, 열람 장소 등에 대해 금융소비자에게 통지할 때에는 금융소비자보호법 시행령 제26조 제5항에 따라 문서로 하는 것이 원칙이나, 열람을 승인하는 경우에는 예외적으로 전화, 팩스, 전자우편, 휴대전화 메시지 등을 통해 통지할 수 있다.

만일 금융소비자가 열람을 요구하는 자료가 6영업일 이내에 열람이 불가능한

것으로 판단되는 정당한 사유가 있는 경우(예, 장기간의 공휴일 등)에는 해당 기간 내에 금융소비자에게 문서로 열람의 연기와 사유를 알리고, 연기의 사유가 된 요인이 해소된 경우에는 지체없이 자료를 열람할 수 있게 하여야 한다. 이때 열람의 연기 통지는 열람의 승인과 다르게 연기사유 등이 명기된 문서로 금융소비자에게 통지하여야 한다.

❸ 열람의 제한 및 거절

금융소비자의 자료열람요구에 대해 금융회사가 무조건 승인을 해야 하는 것은 아니고, 금융소비자보호법 제28조 제5항 및 동법 시행령 제26조 제6항에 따라 다음의 경우에는 자료 열람이 제한되거나 거절될 수 있다.

- 「부정경쟁방지 및 영업비밀보호에 관한 법률」 제2조 제2호에 따른 영업비밀을 현저히 침해할 우려가 있는 경우
- 다른 사람의 생명, 신체를 해칠 우려가 있거나 다른 사람의 재산과 그 밖의 이익을 부당하게 침해할 우려가 있는 경우
- 개인정보의 공개로 인해 사생활의 비밀 또는 자유를 부당하게 침해할 우려가 있는 경우
- 열람하려는 자료가 열람목적과 관련이 없다는 사실이 명백한 경우

금융소비자로부터 자료열람 등을 요구받은 금융회사는 위의 사유 등에 해당되어 자료 열람 등의 제한 또는 거절로 판단되는 경우에는 열람의 연기 통지와 마찬가지로 열람의 제한 또는 거절에 대한 사유를 포함한 문서를 통해 금융소비자에게 통지하여야 한다.

❹ 비용의 청구

금융소비자가 금융회사에 대해 자료 열람 등을 요청할 때 사용하는 자료열람요구서는 앞서 설명한 바와 같이 자료열람의 방법 등이 포함되어 있는바, 금융소비자가 우편 등을 통해 해당 자료열람을 요청한 경우 금융회사는 우송료 등을 금융소비자에게 청구할 수 있으며 열람 승인을 한 자료의 생성 등에 추가 비용 등이 발생하는 경우에는 해당 수수료도 금융소비자에게 청구할 수 있다.

2) 정보의 누설 및 부당이용 금지

자본시장법 제54조(직무 관련 정보의 이용 금지)
금융투자업자는 직무상 알게 된 정보로서 외부에 공개되지 아니한 정보를 정당한 사유 없이 자기 또는 제3자의 이익을 위하여 이용하여서는 아니 된다.

금융소비자보호 표준내부통제기준 제27조(금융소비자 신용정보, 개인정보 관리)
① 회사는 금융소비자의 개인(신용)정보의 관리·보호 정책을 수립하고 실행할 수 있는 내부규정을 마련하는 등 신용정보 및 개인정보의 관리 및 보호에 필요한 체계를 구축·운영하여야 한다.
② 회사는 금융상품 판매와 관련하여 금융소비자의 개인(신용)정보의 수집 및 활용이 필요할 경우 명확한 동의절차를 밟아서 그 목적에 부합하는 최소한의 정보만 수집·활용하여야 하고, 당해 정보를 선량한 관리자의 주의로써 관리하며, 당해 목적 이외에는 사용하지 아니하여야 한다.
③ 회사는 수집된 개인정보를 관리하는 개인정보 관리책임자를 선임하여야 한다.

금융투자업 종사자는 앞에서 설명한 바와 같이 이해상충 방지 및 금융소비자보호를 위해 준수하여야 할 절차를 수행하면서 부득이하게 금융소비자의 재산, 수입상태, 지출상태, 개인의 성향이나 프라이버시, 그 밖의 여러 가지 금융소비자의 개인정보를 포함하여 관련 업무의 수행을 위해 해당 금융소비자의 매매내역 등 신용정보를 취득·이용할 수 있다. 금융소비자에 관한 개인정보 및 신용정보는 당연히 해당 금융소비자에게 귀속하고, 금융투자업 종사자는 업무수행상 불가피하게 이를 보관·관리하는 관리자의 지위에 있을 뿐, 이를 임의로 누설하거나 이용할 수 있는 처분권한은 없다.

금융소비자가 금융투자업 종사자에 대하여 자기의 재산과 수입의 상세한 것을 밝히고 조언을 요청하거나 투자운용을 위임하는 것은 자신 및 자신의 개인정보와 신용정보에 관한 비밀을 유지할 것이라는 당연한 신뢰가 전제되어 있다. 이러한 금융소비자의 신뢰를 저버리는 비밀누설이나 이를 부당하게 이용하는 행위는 금융소비자의 권익을 해칠 뿐만 아니라 당해 업무종사자의 신용을 실추시키게 된다. 즉, 윤리적인 관점에서 보았을 때 이는 이제까지 설명했던 금융투자업 종사자가 준수하여야 할 가장 기본적인 원칙인 신의성실의 원칙에서 벗어나는 것으로 이를 위반하는 경우 금융소비자에 대한 충실의무 및 주의의무를 모두 위반하는 것이 된다. 따라서, 직무윤리의 준수는 이러한 위험을 방지하는 역할을 한다.

또한, 이 원칙은 법률로써 강제화되어 엄격히 통제되는데, 자본시장법 제54조에서 명기하고 있는 "직무상 알게 된 정보"에는 금융투자업 종사자가 취득하게 된 금융소비자에 관한 포괄적인 정보가 포함되며 이의 누설 금지 및 정당한 사유없는 자기 또는 제3자의 이익을 위한 사용을 금지하고 있다.

이와 관련하여 정부차원에서도 2009년 4월 '신용정보의 이용 및 보호에 관한 법률(신용정보법)'을 제정하여 금융소비자의 신용 정보를 철저히 보호하고 있으며, 2011년 3월에는 '개인정보보호법'을 제정하여 정보보호의 범위를 개인 정보로까지 확대하였고, 이를 위반한 자에 대해서는 엄중한 조치를 취하고 있다.

따라서 금융소비자에 대한 정보를 누설하거나 부당하게 이용하는 경우 이는 단순히 윤리기준뿐만 아니라 강행법규를 위반하게 되는 결과를 낳게 된다.

이 절에서는 금융소비자의 정보 보호에 관한 얘기만을 다루었지만, 금융투자업 종사자가 자기의 직무를 수행하면서 취득하게 되는 정보는 비단 금융소비자에 관한 정보보다 훨씬 더 넓은 범위의 정보이므로 이에 대한 사항 역시 다음 절에서 다루기로 한다.

3) 기타 관련 제도

금융소비자보호 표준내부통제기준

제20조(금융소비자의 의견청취 등)

③ 회사는 금융소비자보호를 실천하고 금융소비자 불만 및 불편사항 해결을 위하여 금융상품 판매 및 마케팅 이후 소비자 만족도 및 민원사항을 분석하고 금융소비자의 의견이나 요청을 듣는 등 점검 과정을 실시하며, 점검 결과는 금융상품 개발, 업무개선 및 민원감축 등에 활용하여야 한다.

④ 회사는 제3항에 따른 점검 결과, 제도 개선이 필요한 사안은 즉시 관련부서에 통보하여 적시에 반영될 수 있도록 하여야 한다.

제22조(금융상품의 개발, 판매 및 사후관리에 관한 정책 수립)

② 회사는 신의성실의 원칙에 따라 금융상품 판매 이후에도 상품내용 변경(거래조건, 권리행사, 상품만기, 원금손실조건 충족, 위험성 등) 또는 금융소비자의 대규모 분쟁발생 우려 시 관련사항을 신속하게 안내하여야 한다.

④ 금융소비자보호 총괄기관은 상품 및 서비스와 관련한 금융소비자의 불만이 빈발하는

경우 금융소비자의 불만내용과 피해에 대한 면밀한 분석을 통하여 금융소비자불만의 주요원인을 파악하고 이를 관련부서와 협의하여 개선되도록 하여야 한다.

(1) 판매 후 모니터링 제도(해피콜 서비스)

앞서 살펴본 바와 같이 금융회사는 금융소비자보호 표준내부통제기준 제21조에 따라 상품을 판매하기 전에 소속 금융투자업 종사자가 금융소비자에게 금융상품을 판매하는 과정에서 금융소비자보호의무를 준수하였는지 여부를 확인하는 절차를 마련하여 운영하여야 한다. 이에 따라 금융소비자와 판매계약을 맺은 날로부터 7영업일 이내에 판매직원이 아닌 제3자가 해당 금융소비자와 통화하여 해당 판매직원이 설명의무 등을 적절히 이행하였는지 여부를 확인하는 절차로서 해당 금융소비자와 연결이 되지 않은 경우 추가 문의에 대한 문자메시지를 발송하여 금융소비자를 보호하려는 노력을 하게 된다.

(2) 고객의 소리(VOC : Voice of Consumer) 등

업권마다 회사마다 조금씩 다를 수 있으나, 통상적으로 각 금융회사는 금융소비자의 의견을 청취하기 위한 제도를 마련하고 있다.

금융투자회사는 금융소비자보호 표준내부통제기준에 따라 관련 제도를 운영하고 있는데, 일반적으로 '고객의 소리' 제도로 불린다. 이 제도는 금융소비자의 불만, 제안, 칭찬 등 금융회사 및 소속 임직원에 대한 의견과 금융회사에서 제공하는 서비스 등에 대한 의견을 금융회사가 확인하고 주된 불만 사항 등을 파악하여 개선함으로써 금융소비자의 만족도를 제고하기 위한 목적으로 운영된다.

또한 이 제도의 운영과 별도로 금융소비자를 대상으로 한 정기적인 만족도 조사를 실시하여 금융상품 판매 후 금융소비자의 만족도를 점검하는 절차를 운영함으로써 그 결과를 파악하고 소속 임직원의 성과평가에 반영하는 금융회사도 있고, 별도로 '고객패널제도' 등의 명칭으로 금융소비자 중 일부를 선정하여 금융소비자가 필요로 하는 상품이나 서비스를 사전 조사하거나, 출시가 예정된 신상품에 대한 반응을 확인하여 개선의견을 반영하는 절차를 가지고 있는 금융회사도 있어 금융소비자에 대한 보호 및 만족도 제고 노력은 더욱 강화되고 있는 추세이다.

(3) 미스터리 쇼핑(Mystery Shopping)

금융투자회사 자체적으로 혹은 외주전문업체를 통해서 불완전판매행위 발생여부를 확인하기 위한 제도로 '미스터리 쇼퍼(Mystery Shopper)'라고 불리는 사람들이 금융소비자임을 가장하여 해당 회사 소속 영업점을 방문해서 판매과정에서 금융투자업 종사자의 관련 규정 준수 여부 등을 확인하는 것이다. 개별 회사 자체적으로 실시하거나, 금융감독원 등의 외부기관에서 실시하는데, 외부기관에서 실시하는 경우 통상 미스터리 쇼핑 실시 결과를 공표하여 개별 회사와 금융소비자에게 유용한 정보를 제공하고 있다.

(4) 위법계약해지권

금융소비자보호법 제47조(위법계약의 해지)

① 금융소비자는 금융상품판매업자등이 제17조 제3항, 제18조 제2항, 제19조 제1항·제3항, 제20조 제1항 또는 제21조를 위반하여 대통령령으로 정하는 금융상품에 관한 계약을 체결한 경우 5년 이내의 대통령령으로 정하는 기간 내에 서면등으로 해당 계약의 해지를 요구할 수 있다. 이 경우 금융상품판매업자등은 해지를 요구받은 날부터 10일 이내에 금융소비자에게 수락여부를 통지하여야 하며, 거절할 때에는 거절사유를 함께 통지하여야 한다.

② 금융소비자는 금융상품판매업자등이 정당한 사유 없이 제1항의 요구를 따르지 않는 경우 해당 계약을 해지할 수 있다.

③ 제1항 및 제2항에 따라 계약이 해지된 경우 금융상품판매업자등은 수수료, 위약금 등 계약의 해지와 관련된 비용을 요구할 수 없다.

④ 제1항부터 제3항까지의 규정에 따른 계약의 해지요구권의 행사요건, 행사범위 및 정당한 사유 등과 관련하여 필요한 사항은 대통령령으로 정한다.

❶ 개요

금융소비자보호법에 신설된 금융소비자의 권리 중 하나는 '위법계약해지권'이다. 앞서 설명의무와 관련하여 살펴보았던 '청약철회권'과 유사한 듯 보이지만, 권리행사의 조건과 성격 등이 다르다는 점에 유의해야 한다.

청약철회권은 금융회사에 별도의 귀책사유가 없음에도 금융소비자보호법 제46조에서 정하고 있는 바에 따라 금융소비자가 각 상품별로 정하여진 해당 기간 내에 계약의 청약을 철회할 수 있는 권리. 즉 금융소비자가 금융상품의 계약을 최종적으로 체결하기 전 계약의 청약을 진행하고 있는 단계에서 행사할 수 있는 것이다.

반면, 위법계약해지권은 금융소비자보호법 제47조 제1항에서 명기하고 있는 바와 같이 금융회사의 귀책사유가 있고, 계약이 최종적으로 체결된 이후라는 전제조건이 있다.

다시 말해, 위법계약해지권은 금융상품의 계약 체결에 있어 금융투자업 종사자가 반드시 준수해야 할 적합성 원칙(제17조 제3항), 적정성 원칙(제18조 제2항), 설명의무(제19조 제1항 및 제3항), 불공정 영업행위 금지(제20조 제1항) 및 부당권유행위 금지(제21조) 조항을 위반하여 금융소비자와 최종적으로 금융상품의 계약을 체결한 이후 행사할 수 있는 것이다.

금융소비자는 금융상품의 계약 체결 과정에서 상기 주요 사항 중 하나라도 금융회사가 준수하지 않았을 경우 동 계약의 체결이 위법계약임을 주장하며 계약의 해지를 요구할 수 있다.

❷ 대상 및 절차

위법계약해지권 행사의 대상이 되는 금융상품은 '금융소비자보호 감독규정' 제31조 제1항에 따라 금융소비자와 금융회사 간 계속적 거래가 이루어지고 금융소비자가 해지 시 재산상 불이익이 발생하는 금융상품(다만, 온라인투자연계금융업자와 체결한 계약, 원화 표시 양도성 예금증서, 표지어음 및 이와 유사한 금융상품은 위법계약해지권의 대상이 될 수 없다)이다.

금융소비자는 금융소비자보호법 시행령 제38조 제2항에 따라 금융상품의 계약 체결일로부터 5년 이내이고, 위법계약 사실을 안 날로부터 1년 이내인 경우에만 위법계약의 해지 요구가 가능하며 만일 금융소비자가 위법계약 사실을 안 날이 계약 체결일로부터 5년이 경과한 이후에는 동 금융상품의 계약 체결에 대한 위법계약해지를 요구할 수 없다. 위의 시기 조건은 각각 충족되는 것이 아니라 두 가지 조건을 모두 만족해야 한다는 점에 특히 유의하여야 한다.

위의 전제조건을 충족하여 금융소비자가 금융회사에 대해 위법계약의 해지를 요구하려는 경우에는 금융소비자보호법 시행령 제38조 제3항에 따라 계약 해지를 요구하는 금융상품의 명칭 및 법 위반사실이 명기된 '계약해지요구서'를 작성하여 해당 금융회사에 제출해야 하며, 이때 법 위반 사실을 증명할 수 있는 서류를 같이 제출해야 한다.

❸ 해지 요구의 수락 및 거절

금융회사는 금융소비자의 위법계약 해지 요구가 있는 경우 해당일로부터 10일 이내에 계약 해지 요구의 수락 여부를 결정하여 금융소비자에게 통지하여야 하는데, 금융소비자의 해지 요구를 거절하는 경우에는 그 거절사유를 같이 알려야 한다.

만일 금융회사가 금융소비자의 위법계약해지 요구를 '정당한 사유' 없이 거절하는 경우 금융소비자는 해당 계약을 해지할 수 있는데, 금융소비자보호법 시행령 제38조 및 금융소비자보호에 관한 감독규정 제31조 제4항에서는 '정당한 사유'를 다음과 같이 정하고 있다.

- 위반사실에 대한 근거를 제시하지 않거나 거짓으로 제시한 경우
- 계약 체결 당시에는 위반사항이 없었으나 금융소비자가 계약 체결 이후의 사정변경에 따라 위반사항을 주장하는 경우
- 금융소비자의 동의를 받아 위반사항을 시정한 경우
- 금융상품판매업자등이 계약의 해지 요구를 받은 날부터 10일 이내에 법 위반사실이 없음을 확인하는 데 필요한 객관적·합리적인 근거자료를 금융소비자에 제시한 경우(단, 금융소비자의 연락처나 소재지를 확인할 수 없거나 이와 유사한 사유로 통지기간 내 연락이 곤란한 경우에는 해당 사유가 해소된 후 지체 없이 알려야 한다.)
- 법 위반사실 관련 자료 확인을 이유로 금융소비자의 동의를 받아 통지기한을 연장한 경우
- 금융소비자가 금융상품판매업자등의 행위에 법 위반사실이 있다는 사실을 계약을 체결하기 전에 알았다고 볼 수 있는 명백한 사유가 있는 경우

금융회사가 금융소비자의 위법계약 해지 요구를 수락하여 계약이 해지되는 경우에는 별도의 수수료, 위약금 등 계약의 해지에 따라 발생하는 비용을 부과할 수 없다.

4) 기타 금융소비자의 사후구제를 위한 기타 법적 제도

(1) 법원의 소송 중지

금융소비자보호법 제41조(소송과의 관계)

① 조정이 신청된 사건에 대하여 신청 전 또는 신청 후 소가 제기되어 소송이 진행 중일 때에는 수소법원(受訴法院)은 조정이 있을 때까지 소송절차를 중지할 수 있다.

② 조정위원회는 제1항에 따라 소송절차가 중지되지 아니하는 경우에는 해당 사건의 조정절차를 중지하여야 한다.

③ 조정위원회는 조정이 신청된 사건과 동일한 원인으로 다수인이 관련되는 동종·유사 사건에 대한 소송이 진행 중인 경우에는 조정위원회의 결정으로 조정절차를 중지할 수 있다.

금융소비자와 금융회사 간 분쟁이 발생하여 금융감독원 등의 분쟁조정이 진행 중인 경우 분쟁조정에서 유리한 지위를 차지하기 위하여 금융회사에서 소송을 동시에 진행하는 경우가 있다. 이때 상대적으로 소송의 제기 등에서 불리한 지위를 차지할 가능성이 높은 금융소비자를 강도 높게 보호하기 위하여 해당 법원은 분쟁조정이 진행 중인 소송 사건의 경우 소송 신청 전이든 신청 후든 시기를 불문하고 분쟁조정이 먼저 진행될 수 있도록 소송 절차를 중지할 수 있는 권리를 가진다. 여기에서 주의할 점은 이는 소송을 진행하고 있는 법원(수소법원 : 受訴法院)의 권리이므로 반드시 소송을 중지해야 하는 의무를 갖는 것은 아니라는 점 그리고 2천만원 이하의 소액분쟁사건은 해당되지 않는다는 점에서 아래에 설명할 '소액분쟁사건의 분쟁조정 이탈금지'와는 다르다.

(2) 소액분쟁사건의 분쟁조정 이탈금지

금융소비자보호법 제42조(소액분쟁사건에 관한 특례)

조정대상기관은 다음 각 호의 요건 모두를 충족하는 분쟁사건(이하 "소액분쟁사건"이라 한다)에 대하여 조정절차가 개시된 경우에는 제36조 제6항에 따라 조정안을 제시받기 전에는 소를 제기할 수 없다. 다만, 제36조 제3항에 따라 서면통지를 받거나 제36조 제5항에서 정한 기간 내에 조정안을 제시받지 못한 경우에는 그러하지 아니하다.

1. 일반금융소비자가 신청한 사건일 것
2. 조정을 통하여 주장하는 권리나 이익의 가액이 2천만원 이내에서 대통령령으로 정하는 금액 이하일 것

금융감독원 등의 분쟁조정 기구에서 분쟁조정을 진행하고 있는 경우 해당 사건이 일반금융소비자가 신청하고, 그 가액이 2천만원 이내의 소액분쟁사건인 때에는 금융소비자보호법에서 해당 분쟁조정사건과 관련하여 금융회사가 관련 소송을 제기할 수 없게 함으로써 금융소비자를 보호하는 것으로 이는 위에서 살펴본 수소법원의 소송 중지 권리와는 다르게 반드시 지켜야 할 의무사항으로 금융소비자의 권익을 보다 강화한 것으로 해석된다.

(3) 손해배상책임

금융소비자보호법 제44조(금융상품판매업자등의 손해배상책임)

① 금융상품판매업자등이 고의 또는 과실로 이 법을 위반하여 금융소비자에게 손해를 발생시킨 경우에는 그 손해를 배상할 책임이 있다.

② 금융상품판매업자등이 제19조를 위반하여 금융소비자에게 손해를 발생시킨 경우에는 그 손해를 배상할 책임을 진다. 다만, 그 금융상품판매업자등이 고의 및 과실이 없음을 입증한 경우에는 그러하지 아니하다.

금융회사가 금융소비자보호법을 위반하여 금융소비자와 금융상품 계약체결을 하고, 그로 인해 금융소비자에게 손해가 발생했다면 그 위반의 정도 등을 감안하여 금융회사가 손해배상책임을 진다. 이때 우리가 유의해야 할 점은 앞서 여러 번 강조한 바와 같이 금융소비자보호법 제19조에서 규정하고 있는 설명의무를 금융회사가 위반한 경우에는 해당 손해배상의 입증책임이 금융소비자가 아닌 금융회사에게 있다는 점이다.

즉, 금융소비자와 금융회사 양자 간 분쟁조정, 소송 등이 진행될 때, 손해의 발생 원인을 규명하여야 하는바, 손해배상의 원인이 되는 사실을 각자 주장할 것이나, 금융회사가 설명의무를 위반한 경우에는 금융소비자보호법에서는 금융회사가 고의 또는 과실이 없음을 입증하도록 규정함으로써 금융소비자의 손해배상에 관한 입증책임을 금융회사로 전환하여 금융소비자를 보다 두텁게 보호하고자 하는 것이다.

section 04 본인, 회사 및 사회에 대한 윤리

1 본인에 대한 윤리

1) 법규준수

> **금융투자회사의 표준윤리준칙 제3조(법규준수)**
> 회사와 임직원은 업무를 수행함에 있어 관련 법령 및 제 규정을 이해하고 준수하여야 한다.

금융투자업무 종사자는 직무와 관련된 윤리기준, 그리고 이와 관련된 모든 법률과 그 하부규정, 정부·공공기관 또는 당해 직무활동을 규제하는 자율단체의 각종 규정(이하 '관계법규 등'이라 한다)을 숙지하고 그 준수를 위하여 노력하여야 한다.

"법에 대한 무지(無知)는 변명되지 아니한다"는 법격언이 있다. 이는 법규는 알고 모르고를 묻지 않고 관련 당사자에 대하여 구속력을 갖고, 그 존재 여부와 내용을 알지 못하여 위반한 경우에도 그에 대한 법적 제재가 가해진다는 뜻이다. 또한 직무와 관련된 법규에 대한 지식을 습득하고 있는 것은 전문가에게 요구되는 전문능력의 당연한 요소가 된다. 운동선수가 해당 운동의 규칙(rule of game)을 알지 못하여 반칙하면 퇴장당하는 것과 같은 이치이다.

여기에서의 법규는 자본시장법 및 금융소비자보호법과 같이 직무와 직접적으로 관련 있는 법령뿐만 아니라, 은행법, 보험업법 등 직무와 관련하여 적용되는 인접 분야의 법령을 포함한다. 또한 국가가 입법권에 기하여 만든 제정법뿐만 아니라, 금융위원회와 같은 금융감독기관이 만든 각종 규정과 한국거래소나 한국금융투자협회 등과 같은 자율규제기관이 만든 각종 규정, 그리고 회사가 자율적으로 만든 사규(社規) 등을 모두 포함한다(금융투자회사의 표준내부통제기준 제3조 제2항 참조). 해외에서 직무를 수행하는 경우에는 당해 관할구역(jurisdiction)에 적용되는 법규(예 : 미국법, 중국법 등)를 숙지하고 이를 준수하여야 한다. 이때의 법규는 법조문으로 되어 있는 것은 물론이고, 그 법정신과 취지에 해당하는 것도 포함한다.

2) 자기혁신

금융투자회사의 표준윤리준칙 제7조(자기혁신)
회사와 임직원은 경영환경 변화에 유연하게 적응하기 위하여 창의적 사고를 바탕으로 끊임없이 자기혁신에 힘써야 한다.

금융투자산업은 고도의 전문성을 요하는 금융상품을 취급하고 관련 지식이 양산되며 전 세계의 금융시장이 서로 영향을 주고받는 분야로서 다른 어느 산업보다 그 변화속도가 매우 빠르고 사회 전체에 미치는 영향이 매우 높은 편에 속한다. 따라서 금융투자업 종사자와 회사는 끊임없이 변화하고 있는 경영환경에 유연하게 적응할 수 있는 능력을 배양하여야 한다. 지속적인 변화가 발생하고 있는 경영환경 아래에서는 기존에는 겪어보지 못했던 새로운 문제가 발생하므로 이러한 문제를 해결하기 위해 창의적인 사고를 바탕으로 자기 혁신이 지속적으로 이루어져야 한다.

자기혁신의 방법 중 하나는 금융투자업 종사자 본인이 담당하고 있는 직무 및 관련 업무에 관한 이론과 실무를 숙지하고 그 직무에 요구되는 전문능력을 유지하고 향상시키는 등 전문지식을 배양하는 것이다.

전문지식은 이론과 실무 양 부분 모두에 걸쳐 요구되고, 이는 부단한 학습과 공부에 의해서만 향상될 수 있다. 각종 세미나, 연구모임 등과 같은 자율적인 학습, 각종 자격증제도와 연수 및 교육 프로그램은 일정 수준의 학습과 경험을 통하여 해당 분야에 기본적으로 요구되는 전문능력을 확보하기 위한 부단한 노력이 필요하다.

이러한 자기혁신은 앞에서 살펴본 금융투자업 종사자가 기본적으로 준수하여야 할 신의성실의 원칙에도 해당되는데, 창의적 사고를 바탕으로 한 자기혁신이 이루어지지 않아 급변하는 환경에 제대로 대처하지 못하는 경우 금융소비자의 이익이 의도하지 않게 침해당하는 등 금융소비자에 대한 보호가 충분히 이루어지지 않는 상황이 발생할 수 있다.

또 다른 자기혁신의 방법 중 하나는 금융투자업 종사자(및 회사)가 윤리경영 실천에 대한 의지를 스스로 제고하기 위해 노력하는 것이다. 앞에서도 살펴본 바와 같이 금융투자업 종사자들은 기본적으로 준수하여야 할 직무윤리가 있는데 이는 법률로써 강제화되는 각종 준수의무와 중첩되는 부분이 많다. 이는 금융투자업 종사자가 직무윤리를 위반하는 경우 단순히 사람들의 지탄을 받는 것으로 끝나는 것이 아니라 관련 법률을 위반하게 되는 경우가 많다는 의미이고 이는 본인뿐만 아니라 본인이 소속된 회사 및 금융투자업계 전체의 신뢰도 하락에 큰 영향을 미치게 된다. 이에 따라 개별 금융투자업자 (회사)는 협회의 '표준윤리준칙' 등을 포함하여 각 회사별로 규정하고 있는 윤리기준을 제정하고 이를 위반하는 경우 징계 등의 조치를 취함으로써 보다 큰 법규 위반행위가 발생하지 않도록 통제하고 있다.

사례

A는 B금융투자회사의 지점에서 영업을 맡고 있는 직원이다. 어느 날 객장에 C가 방문하여 파생상품을 거래하고 싶은데 어떤 것인지 쉽게 설명해줄 것을 요청하였다. A는 파생상품에 관한 설명회에 참가한 적은 있지만 실은 그 개념을 잘 파악하지 못하고 있다. 하지만 모른다고 하면 체면이 서지 않을 것 같아 설명한다고 해주었지만 그 고객이 어느 정도 이해하고 돌아갔을지 자신이 없다.

(평가)

A는 영업담당 직원으로서 직무를 수행함에 있어서 필요한 최소한의 전문지식을 갖추어야 한다. A는 회사에 요청하여 관련 강의에 참석하든지, 그 이전이라도 관련 서적을 구입하든가 하여 스스로 부족한 실력을 보충하도록 하여야 한다. 특히, 자본시장법에서는 취득한 투자권유자문인력의 종류에 따라 취급할 수 있는 상품이 제한되어 있기 때문에 이러한 윤리기준을 엄격하게 지켜야 한다.

3) 품위유지

금융투자회사의 표준윤리준칙 제13조(품위유지)
임직원은 회사의 품위나 사회적 신뢰를 훼손할 수 있는 일체의 행위를 하여서는 아니 된다.

품위유지의 일반적 정의는, "일정한 직업 또는 직책을 담당하는 자가 그 직업이나 직책에 합당한 체면과 위신을 손상하는 데 직접적인 영향이 있는 행위를 하지 아니하여야 할 것"을 말한다.

이는 앞에서 살펴본 금융투자업 종사자의 핵심원칙인 '신의성실의 원칙'과도 연결되는 직무윤리로 금융투자업 종사자가 윤리기준을 포함하여 법률 등을 위반한 경우, 본인의 품위뿐만 아니라 본인이 소속된 회사의 품위와 사회적 신뢰를 훼손하는 것이 될 수 있다.

4) 공정성 및 독립성 유지

> 금융소비자보호법 제14조(신의성실의무 등)
> ① 금융상품판매업자등은 금융상품 또는 금융상품자문에 관한 계약의 체결, 권리의 행사 및 의무의 이행을 신의성실의 원칙에 따라 하여야 한다.
> ② 금융상품판매업자등은 금융상품판매업등을 영위할 때 업무의 내용과 절차를 공정히 하여야 하며, 정당한 사유 없이 금융소비자의 이익을 해치면서 자기가 이익을 얻거나 제3자가 이익을 얻도록 해서는 아니 된다.

금융투자업 종사자는 해당 직무를 수행함에 있어서 공정한 입장에 서야 하고 독립적이고 객관적인 판단을 하도록 하여야 한다. 공정성과 독립성 유지는 신의성실의 원칙을 바탕으로 법적의무로 승화되어 있다.

앞에서도 살펴본 바와 같이 금융투자업 종사자는 소속 회사, 금융소비자, 증권의 발행자, 인수업자, 중개인, 그리고 자신의 이해관계가 복잡하게 얽혀 있는 가운데에서 업무를 수행하여야 할 경우가 많다. 이때 금융투자업 종사자는 다양한 이해관계의 상충 속에서 어느 한쪽으로 치우치지 아니하고 특히 금융소비자보호를 위하여 항상 공정한 판단을 내릴 수 있도록 하여야 한다.

또한, 금융투자업 종사자는 독립성을 유지해야 한다. 상급자는 본인의 직위를 이용하여 하급자에게 부당한 명령이나 지시를 하지 않아야 하며, 부당한 명령이나 지시를 받은 직원은 이를 거절하여야 한다.

당연히 직무수행상 협조관계를 유지하거나 상사의 지시에 복종하여야 할 경우도 있지만, 직무수행의 공정성을 기하기 위해서는 금융투자업 종사자 스스로가 독립적으로 판단하고 업무를 수행하여야 한다. 여기서 '독립성'이란 자기 또는 제3자의 이해관계에 의하여 영향을 받는 업무를 수행하여서는 아니 되며, 객관성을 유지하기 위해 합리적 주의를 기울여야 한다는 것을 뜻한다.

사례

A는 금융투자회사에서 투자상담업무를 맡고 있다. A의 절친한 친구 B는 C통신회사의 홍보담당 이사이다. A는 동창회 등의 모임 외에도 수시로 B를 만나고 있으며, B의 알선으로 무료 골프를 수차례 치기도 하였다. B가 특별히 명시적으로 요구한 것은 아니지만 A는 친구 B가 처해 있는 회사에서의 입장을 생각하여 투자상담을 받으려고 객장을 찾아온 고객에게 "좋은 것이

좋은 것이다"라는 생각으로 B회사의 종목에 투자할 것을 권유하였다. 그렇다고 해서 B회사에 특별히 문제가 있는 것은 아니다.

(평가)

인간관계와 의리를 중시하는 한국문화 속에서 A의 위와 같은 행동은 크게 문제 되지 않는다고 생각하기 쉽다. 그러나 A는 수임자로서 해당 직무를 수행함에 있어서 항시 공정한 입장에서 독립적이고 객관적인 판단을 하여야 한다는 윤리기준을 위반하였다.

5) 사적 이익 추구 금지

금융투자회사의 표준윤리준칙 제14조(사적이익 추구금지)

임직원은 회사의 재산을 부당하게 사용하거나 자신의 지위를 이용하여 사적 이익을 추구하여서는 아니 된다.

(1) 부당한 금품 등의 제공 및 수령 금지

금융투자업 종사자는 업무수행의 대가로 이해관계자로부터 부당한 재산적 이득을 제공받아서는 아니 되며, 금융소비자로부터 직무수행의 대가로 또는 직무수행과 관련하여 사회상규에 벗어나는 향응, 선물 그 밖의 금품 등을 수수하여서는 아니 된다.

업무수행과 관련한 부당한 금품수수는 업무의 공정성을 저해할 우려가 있거나 적어도 업무의 공정성에 대한 의구심을 갖도록 할 가능성이 있다. 이 때문에 금융투자업 종사자는 적법하게 받을 수 있는 보수나 수수료 이외는 그 주고받는 행위가 엄격하게 금지된다.

'향응'이란 음식물·골프 등의 접대 또는 교통·숙박 등의 편의를 제공받는 것을 말 하며, '선물'이란 대가 없이(대가가 시장 가격 또는 거래의 관행과 비교하여 현저히 낮은 경우를 포함한다) 제공하는 물품 또는 증권·숙박권·회원권·입장권 기타 이에 준하는 것으로 사회상규에 벗어나는 일체의 것을 모두 포함한다.

부당한 금품의 제공 및 수령에 관한 직무윤리는 그 파급력으로 인해 자본시장법을 비롯하여 규정으로 의무화되어 있다.

자본시장법 시행령 제68조 제5항 제3호에서는 '투자자 또는 거래상대방에게 업무와 관련하여 금융위원회가 정하여 고시하는 기준을 위반하여 직접 또는 간접으로 재산상의 이익을 제공하거나 이들로부터 재산상의 이익을 제공받는 행위'를 불건전한 영업행위의 하나로 금지하고 있다. 또한 금융소비자보호법 제25조에서도 금융소비자, 금융상품 판매대리·중개업자, 금융상품직업판매업자 등에 대해 재산상 이익을 주고받는 것을 엄격히 금지하고 있다. 이를 근거로 금융위원회의 '금융투자업규정' 및 금융투자협회의 '금융투자회사의 영업 및 업무에 관한 규정'에서는 재산상 이익의 제공 및 수령에 관한 사항들을 규정하고 있다.

해당 규정들에서는 원칙적으로 금융투자업 종사자와 거래상대방(금융소비자를 포함하여 직무와 관련이 있는 자) 사이에서 금품 등의 수수 및 제공 등을 금지하고 있으나, 사회적으로 허용되는 범위 내에서는 예외적으로 인정하되, 해당 제공(수령) 내역의 준법감시인 승인 및 기록의 유지 관리 등을 의무화하여 통제를 엄격히 하고 있다.

금융투자협회의 '금융투자회사의 영업 및 업무에 관한 규정'에서는 부당한 재산상 이익의 제공 및 수령을 아래와 같이 정의하고 강력히 금지하고 있다.

제2-68조(부당한 재산상 이익의 제공 및 수령금지)

① 금융투자회사는 다음 각 호의 어느 하나에 해당하는 경우 재산상 이익을 제공하거나 제공받아서는 아니 된다.

1. 경제적 가치의 크기가 일반인이 통상적으로 이해하는 수준을 초과하는 경우
2. 재산상 이익의 내용이 사회적 상규에 반하거나 거래상대방의 공정한 업무수행을 저해하는 경우
3. 재산상 이익의 제공 또는 수령이 비정상적인 조건의 금융투자상품 매매거래, 투자자문계약, 투자일임계약 또는 신탁계약의 체결 등의 방법으로 이루어지는 경우
4. 다음 각 목의 어느 하나에 해당하는 경우로서 거래상대방에게 금전, 상품권, 금융투자상품을 제공하는 경우. 다만, 사용범위가 공연·운동경기 관람, 도서·음반 구입 등 문화활동으로 한정된 상품권을 제공하는 경우는 제외한다.

가. 집합투자회사, 투자일임회사 또는 신탁회사 등 타인의 재산을 일임받아 이를 금융투자회사가 취급하는 금융투자상품 등에 운용하는 것을 업무로 영위하는 자(그 임원 및 재산의 운용에 관하여 의사결정을 하는 자를 포함한다)에게 제공하는 경우

나. 법인 기타 단체의 고유재산관리업무를 수행하는 자에게 제공하는 경우

다. 집합투자회사가 자신이 운용하는 집합투자기구의 집합투자증권을 판매하는 투자매매회사(투자매매업을 영위하는 금융투자회사를 말한다. 이하 같다), 투자중개회사(투자중개업을 영위하는 금융투자회사를 말한다. 이하 같다) 및 그 임직원과 투자권유대행인에게 제공하는 경우

5. 재산상 이익의 제공 또는 수령이 위법·부당행위의 은닉 또는 그 대가를 목적으로 하는 경우
6. 거래상대방만 참석한 여가 및 오락활동 등에 수반되는 비용을 제공하는 경우
7. 금융투자상품 및 경제정보 등과 관련된 전산기기의 구입이나 통신서비스 이용에 소요되는 비용을 제공하거나 제공받는 경우. 다만, 제2-63조 제2항 제1호에 해당하는 경우는 제외한다.
8. 집합투자회사가 자신이 운용하는 집합투자기구의 집합투자증권의 판매실적에 연동하여 이를 판매하는 투자매매회사·투자중개회사(그 임직원 및 투자권유대행인을 포함한다)에게 재산상 이익을 제공하는 경우
9. 투자매매회사 또는 투자중개회사가 판매회사의 변경 또는 변경에 따른 이동액을 조건으로 하여 재산상 이익을 제공하는 경우

② 금융투자회사는 재산상 이익의 제공과 관련하여 거래상대방에게 비정상적인 조건의 금융투자상품의 매매거래나 투자자문계약, 투자일임계약 또는 신탁계약의 체결 등을 요구하여서는 아니 된다.

③ 금융투자회사는 임직원 및 투자권유대행인이 이 장의 규정을 위반하여 제공한 재산상 이익을 보전하여 주어서는 아니 된다.

다만, 그동안 관련 규제가 금융권역 간 차이가 있어온바, 금융투자협회에서는 동 규정을 일부 개정(시행일 : 2017.5.22.)하여 그동안 금융투자업에서만 존재하던 재산상 이익의 제공 및 수령 등에 관한 한도규제를 폐지하는 대신 아래와 같이 내부통제절차를 강화하였다.

❶ 공시의무 신설

금융감독기구는 '금융투자업규정'의 개정을 통해 금융투자회사(및 그 종사자)가 거래상대방에게 제공하거나 거래상대방으로부터 수령한 재산상 이익의 가액이 10억 원을 초과하는 즉시 인터넷 홈페이지를 통해 공시하도록 의무화하였다.

최초 기산시점은 2012.5.23.부터 2017.5.22.로 해당 기간 중 동일한 특정 거래상대방에게 10억 원을 초과하여 재산상 이익을 제공하였거나, 수령한 경우 즉시 공시하여야 하며, 이후에는 10억 원을 초과할 때마다 해당 시점에 즉시 공시하여야 한다.

이때 공시하여야 할 항목은 제공(수령)기간, 제공받은 자(수령의 경우 제공한 자)가 속하는 업종(한국표준산업분류표상 업종별 세세분류에 따른 업종을 말한다), 제공(수령)목적 및

금액이다.

❷ 재산상 이익의 제공에 대한 적정성 평가 및 점검

재산상 이익을 거래상대방에게 제공하는 경우 금융투자회사가 자율적으로 정한 일정 금액을 초과하거나 금액과 무관하게 전체 건수에 대해 금융투자회사는 그 제공에 대한 적정성을 평가하고 점검하여야 한다. 통상 적정성을 평가하는 항목으로는 제공하려는 금액의 합리성, 기존 거래상대방과의 형평성, 관련 절차의 준수 여부, 법령 등의 위반 여부 등이 포함된다. 관련 업무를 주관하는 내부통제부서는 금융투자회사(및 임직원)의 재산상 이익의 제공 현황 및 적정성 점검 결과 등을 매년 이사회에 보고하여야 하며, 이러한 사항들은 금융투자회사의 내부통제기준에 포함·운영되어야 한다.

❸ 이사회의 사전승인

금융투자회사는 이사회가 정한 금액 이상을 초과하여 동일한 거래상대방과 재산상 이익을 제공하거나 수령하려는 경우 이사회의 사전승인을 받아야 한다. 따라서 각 회사별로 자신의 기준에 맞는 금액을 이사회에서 사전에 결의하도록 하여야 하고, 내부통제부서는 정해진 기준 금액을 초과하여 제공하거나 수령하는 경우가 있는지 여부에 대한 점검을 실시함으로써 관련 규정이 준수될 수 있도록 하여야 한다.

❹ 제공(수령) 내역 요청 시 임직원의 동의 의무

금융투자회사(및 임직원)는 재산상 이익을 제공 및 수령하는 경우 해당 사항을 기록하고 5년 이상의 기간 동안 관리·유지하여야 할 의무가 있다. 이때 거래상대방 역시 금융투자회사(및 임직원)인 경우에는 제공과 수령에 대한 상호 교차점검을 할 필요가 있는 바, 거래상대방에게 해당 내역의 제공을 요청하려는 경우에는 소속 임직원의 동의를 반드시 받은 후 대표이사 명의의 서면으로 요청하여야 한다.

또한, 2016년 9월 28일부터 시행된 '부정청탁 및 금품 등 수수의 금지에 관한 법률' 역시 윤리기준을 법제화한 것으로 적용대상이 공직자 등뿐만 아니라 금품 등을 제공할 수 있는 전 국민이라는 점에서 부당한 금품 수수 및 제공에 관한 윤리기준은 보다 더 넓은 범위로 확대되며, 강화되고 있는 추세이다.

(2) 직무 관련 정보를 이용한 사적 거래 제한

금융투자업 종사자는 직무수행 중 알게 된 (중요 미공개)정보를 이용하여 금융투자상품, 부동산 등과 관련된 재산상 거래 또는 투자를 하거나, 다른 사람에게 그러한 정보를 제공하여 재산상 거래 또는 투자를 도와주는 행위를 하여서는 아니 된다.

금융투자업 종사자는 금융투자업의 특성상 금융소비자를 포함한 보통의 일반인들보다 경제적 정보에 보다 쉽고 빠르게 접근할 수 있다. 또한 금융소비자와의 거래를 통해(혹은 거래하는 그 당사자로부터) 일반인들에게는 노출되지 않은 정보를 취득할 수 있는 기회가 많은 편이다. 이는 모두 직무를 수행하면서 취득하게 되는 정보들로 경제시장에서 모두가 알 수 있도록 공표되기 전이라면 미공개 정보로 취급되어야 하며, 이를 자신 또는 제3자의 이익을 위해 사용해서는 안 된다.

자본시장법 및 관련 규정 역시 이러한 행위들을 '미공개중요정보의 이용 금지' 및 '시장질서 교란행위'로 규정하고 직무수행상 알게 되는 정보를 이용하거나 이를 다른 사람에게 알리는 유통행위를 엄격히 금지하고 있으며 위반하는 경우 엄중한 처벌을 하고 있는 만큼 특히 유의하여야 한다.

직무 관련 정보를 이용한 위법 사례

OO공제회 주식운용역 J씨는 지인들에게 내부정보를 알려 해당 종목을 먼저 사게 한 뒤, 자신이 운용하는 OO공제회의 자금 운용계좌에서 같은 종목을 매수하여 주가를 인위적으로 상승시킨 후, 지인들이 낮은 가격에 산 주식을 팔게 하여 단기매매로 차익을 얻게 하였다. 그는 위법 사실을 숨기기 위하여 자신의 명의로는 매매를 하지 않았고, 그와 공모한 지인들로부터 발생한 수익의 일정 부분을 되돌려 받는 방식으로 사적인 이익을 취하였다. 결국 그는 선행매매, 통정매매 등 불공정거래 및 배임 혐의로 20○○년 ○월 ○○일 검찰에 구속 기소되었다.

(3) 직위의 사적 이용 금지

금융투자업 종사자는 직무의 범위를 벗어나 사적 이익을 위하여 회사의 명칭이나 직위를 공표, 게시하는 등의 방법으로 자신의 직위를 이용하거나 이용하게 해서는 아니 된다.

회사가 임직원에게 부여한 지위도 그 지위를 부여받은 개인의 것이 아니고 '넓은 의미에서의 회사재산'이 된다. 이 직무윤리는 금융투자업 종사자 본인의 개인적인 이익 또는 제3자의 이익을 위하여 회사의 명칭, 본인의 직위 등을 이용하여 다른 사람들로 하여금 마치 회사의 공신력을 부여받은 것처럼 오해하게 할 수 있는 행위를 사전에 차단하고자 함이 목적이다.

반면, 일상적이고, 특정인의 이익을 위한 목적이 아닌 경우에는 직무윤리 위반행위로 볼 수 없는바, 대표적으로 경조사 봉투 및 화환 등에 회사명 및 직위를 기재하는 행위는 위반 행위에 해당하지 않는다.

또한, 직무와 관련하여 회사의 대표 자격으로 회사 명칭이나 직위를 사용하는 행위－예를 들면 지점 개업식 혹은 계열사의 창립기념일에 축하 화환 등을 보내면서 회사의 명칭 등을 기재하는 것－는 위반행위로 볼 수 없다.

사례

○○증권회사의 A부장은 평소 알고 지내던 친구가 금융투자업 관련 자격증 취득반이 있는 학원을 개업하면서 ○○증권회사가 소속 임직원들에게 해당 학원에 대해 이용 등 협찬을 하고 있는 것처럼 해달라는 부탁을 받고 마치 ○○증권회사에서 해당 학원을 협찬하는 것처럼 현수막 등 광고물에 회사의 명칭 등을 사용토록 하여 많은 사람들이 해당 학원의 공신력을 믿고 수강하도록 유도하였다.

(평가)

A부장은 특정인의 이익을 얻도록 하기 위하여 본인이 부여받은 직무의 범위를 벗어나 ○○증권회사의 명칭 또는 자신의 직위를 이용하게 하였으므로 이와 같은 행위는 윤리기준 위반에 해당한다.

2 회사에 대한 윤리

1) 상호존중

금융투자회사의 표준윤리준칙 제8조(상호존중)
회사는 임직원 개개인의 자율과 창의를 존중하고 삶의 질 향상을 위하여 노력하여야 하며, 임직원은 서로를 존중하고 원활한 의사소통과 적극적인 협조 자세를 견지하여야 한다.

상호존중은 크게 개인 간의 관계와 조직－개인 간의 관계로 나눠볼 수 있다.

먼저, 개인 간의 관계는 회사라는 조직을 구성하고 있는 임직원 상호 간의 관계를 의미한다. 같은 동료 직원 간 및 상사와 부하 간의 상호존중 문화는 사내의 업무 효율성과

밀접한 관련이 있다. 자주 언급되는 잘못된 우리나라 직장문화의 대표적인 예 중의 하나가 '상명하복(上命下服)' 문화로 상사의 부당한 지시에 대해 이를 거부하거나 해당 지시 내용의 잘못된 점을 보고해야 하는 경우 부하직원들은 이를 실행하지 못하고 이런 일이 반복되는 경우 해당 상사에 대한 안 좋은 소문을 퍼뜨리거나 음해하게 될 수 있다. 반면, 고의 혹은 실수로 잘못된 지시를 한 상사는 부하직원으로부터 지시의 거부나 잘못된 점을 지적받았을 경우 매우 강한 반감을 가질 가능성이 높다. 이러한 문제를 해결하기 위해서는 상사와 부하 모두 서로를 존중하여야 한다는 사실을 유념하고 원활한 의사소통이 이루어질 수 있도록 적극적인 협조 자세를 보여야 한다.

조직－개인 간의 관계에 있어서도 유사하다. 금융투자업에서 중요한 것은 회사에 대한 금융소비자의 신뢰도를 유지하는 것이며, 이는 결국 금융소비자와 직접 부딪히는 임직원들에 의해 좌우될 수밖에 없다. 이를 위해 회사는 임직원 개개인의 자율과 창의를 존중함으로써 소속된 임직원이 자신의 삶의 질(Quality of Life)을 향상시킬 수 있도록 도와주어야 한다. 개인 간 및 조직－개인 간의 상호존중이 실현될 때 회사에 대한 금융소비자의 신뢰도는 확보될 것이며 이는 앞에서 살펴보았듯이 회사 및 임직원의 생존과도 직결된다.

상호존중에 포함되는 것 중 하나가 성희롱 방지(sexual harrassment)로 넓은 의미의 품위유지의무에도 해당하나 그 이상의 것이 포함된다. 특히 직장 내에서는 물론이고 업무수행과 관련하여 성적 굴욕감을 줄 수 있는 언어나 신체적 접촉 등 건전한 동료관계와 사회적 유대관계를 해치는 일체의 언어나 행동은 금지된다. 이와 관련하여 금융투자회사는 정부의 권고에 따라 매년 1회 이상 성희롱 예방 등에 관한 교육을 정기적으로 실시하고 있다.

2) 공용재산의 사적 사용 및 수익 금지

금융투자업 종사자는 회사의 업무용 차량, 부동산 등 회사 소유의 재산을 부당하게 사용하거나 정당한 사유 없이 사적인 용도로 사용하여서는 아니 된다. 즉, 공사(公私)의 구분을 명확히 하여야 한다는 뜻이다.

'회사의 재산'은 매우 넓은 개념으로, 동산, 부동산, 무체재산권, 영업비밀과 정보, 고객관계, 영업기회 등과 같은 유·무형의 것이 모두 포함된다. '회사의 영업기회(business opportunity)'를 가로채는 행위는 위의 직무윤리에 저촉될 뿐만 아니라 동시에 회사와의 이해상충을 금지하는 직무윤리에도 저촉된다. 2011년 개정 상법에서는 이사와 업무집행임원 등에 대하여 회사기회의 유용을 금지하는 규정을 두고 있다(상법 397조의2). 그러나 이는 비단 이사나 집행임원에 한정하는 취지는 아니고 회사의 업무에 종사하는 자에게 널리 적용된다.

이에 따라 회사의 비품이나 자재를 사적인 용도로 사용하는 행위, 회사의 정보를 무단으로 유출하는 행위, 회사의 업무와 무관한 인터넷사이트 접속, e-mail 사용, 게임을 하는 행위, 사적인 용도로 회사 전화를 장시간 사용하는 행위 등은 위 기준에 의하여 금지된다.

회사의 재산을 부당하게 유용하거나 유출하는 행위는 형사법상 처벌의 대상이 될 수 있다(예 : 횡령죄(형법 355조·356조), 배임죄(형법 355조·356조), 절도죄(형법 329조), 업무방해죄(형법 314조)).

공용재산의 사적 사용과 관련하여 최근에 부각되는 이슈는 금융투자업 종사자가 업무시간에 업무 이외의 활동을 하는 행위 및 회사 자산인 컴퓨터를 이용하여 업무 이외의 개인적인 일을 하는 행위에 대한 직무윤리 준수의 문제이다. 금융투자업 종사자는 업무시간 및 회사에서 제공한 PC 등의 공용재산의 사적 사용에 관하여 주의를 기울이지 않는 경우 자신도 모르는 사이에 직무윤리를 위반하는 행위가 될 수 있다는 점에 특히 유의하여야 할 것이다.

사례

금융투자회사의 창구에서 투자상담업무를 맡고 있는 A는 어느 날 객장에서 우연히 초등학교 동기동창을 만나게 되었다. 너무나 반가운 나머지 사무실 지하에 있는 매점으로 자리를 옮겨 지나간 여러 가지 이야기를 주고받다가 점심식사까지 같이 하게 되었다. 잠깐이겠거니 했는데 상사의 허가를 받지 않고 자리를 비운 시간이 2시간 정도가 되었다.

(평가)

A는 객장에서 투자상담업무를 맡고 있는 자이기 때문에 근무시간 중에 자리를 비워서는 안 된다. 부득이 자리를 비워야 할 경우에는 사전에 상사의 허락을 받아야 했다. 또 A는 사사로운 개인적인 일로 직무에 전념하여야 한다는 윤리기준을 위반하였다.

3) 경영진의 책임

금융투자회사의 표준윤리준칙 제11조(경영진의 책임)
회사의 경영진은 직원을 대상으로 윤리교육을 실시하는 등 올바른 윤리문화 정착을 위하여 노력하여야 한다.

금융투자업 종사사가 소속된 회사 및 그 경영진은 당해 회사 소속 업무종사자가 관계법규 등에 위반되지 않고 직무윤리를 준수하도록 필요한 지도와 지원을 하여야 한다.

직무윤리의 준수에 있어서 소속 회사 및 직장 상사의 직무윤리에 대한 인식 수준은 매우 중요하다. 따라서 금융투자업 종사자가 속한 회사 및 그 경영진은 스스로 관련 법규와 각종 규정 및 직무윤리기준을 준수하여야 함은 물론, 소속 업무종사자가 이에 위반되지 않도록 감독자 내지 지원자의 입장에서 필요한 지도와 지원을 하여야 한다.

지도와 지원을 하여야 할 최종적인 책임은 당해 법인 또는 단체의 업무집행권한을 보유하는 대표자에게 있지만, 경영진을 포함한 중간책임자도 자신의 지위와 직제를 통하여 지도와 지원을 하게 된다. 지도 및 지원을 하여야 할 지위에 있는 자는 관계법령과 직무윤리기준을 통달하고 있어야 하고 그 감독하에 있는 임직원의 상황을 정확하게 파악하고 있어야 한다.

필요한 지도의 부족으로 소속 업무담당자가 업무수행과 관련하여 직무윤리를 위반하고 타인에게 손해를 끼친 경우, 회사와 경영진은 사용자로서 피해자에게 배상책임(사용자책임)을 질 수도 있다.

금융업계에서 발생하는 사고는 여러 요인이 있을 수 있으나, 가장 근본적인 원인은 '임직원의 기본적인 윤리의식 부재'라고 할 수 있다. 이에 따라 사회적으로 금융투자업 종사자에 대한 윤리의식 강화를 주문하고 있는바, 2018.9.20. 금융투자협회는 '금융투자회사의 표준내부통제기준'을 다음과 같이 개정하여 회사가 임직원의 윤리의식 제고를 위한 교육을 반드시 실시하고 교육을 이수하지 않은 자들에 대한 관리방안을 의무적으로 마련하도록 강제화하였다.

표준내부통제기준 제20조(준법서약 및 임직원 교육)
제2항의 교육과정에는 직무윤리, 투자자 보호, 사고사례 등이 포함되어야 하며, 회사는 교육 미이수자에 대한 관리방안을 마련·운영하여야 한다.

법률상의 사용자 책임 및 관리감독 책임

① 사용자 책임 : 타인을 사용하여 어느 사무에 종사하게 한 자(사용자)와 그 중간감독자는 피용자가 업무집행상 타인에게 불법행위(민법 제750조)를 한 경우, 피용자의 선임과 감독에 상당한 주의를 하였거나 상당한 주의를 하여도 손해가 발생하였을 것임을 입증하지 못하는 한, 피용자의 불법행위에 대하여 피해자에게 손해배상책임을 진다(민법 제756조). 이를 사용자 책임이라 한다. 피용자 자신은 민법 제750조의 일반불법행위책임을 진다. 사용자에 갈음하여 그 사무를 감독하는 자(예 : 지점장, 본부장, 출장소장, 팀장 등)는 사용자와 동일한 책임을 진다(부진정연대채무, 민법 제756조 제2항). 사용자(또는 중간감독자)가 배상을 한 때에는 불법행위를 한 피용자에 대하여 구상권을 행사할 수 있다(민법 제756조 제3항).
참고로, 자본시장법에서는 투자권유대행인이 투자권유를 대행함에 있어 투자자에게 손해를 끼친 경우 민법의 사용자 책임 규정(민법 제756조)을 준용하는 것으로 규정하고 있다(자본시장법 제52조 제5항). 투자권유대행인은 개인사업자로서 회사의 피용자는 아니지만, 투자자를 두텁게 보호하기 위하여 이러한 준용규정을 둔 것으로 이해된다.

② 자본시장법상 관리·감독책임 : 금융위원회는 자본시장법 제422조 제1항 또는 제2항에 따라 금융투자업자의 임직원에 대하여 조치를 하거나 이를 요구하는 경우 그 임직원에 대하여 관리·감독의 책임이 있는 임직원에 대한 조치를 함께 하거나 이를 요구할 수 있다. 다만, 관리·감독의 책임이 있는 자가 그 임직원의 관리·감독에 상당한 주의를 다한 경우에는 조치를 감면할 수 있다(동법 제422조 제3항). 이는 민법 756조에 의한 사용자책임과 동질적인 것이다.

③ 금융소비자보호법상 관리책임 : 금융소비자보호법 제16조 제1항에서는 “금융상품판매업자등은 임직원 및 금융상품판매대리 중개업자(보험업법 제2조 제11호에 따른 보험중개사는 제외)가 업무를 수행할 때 법령을 준수하고 건전한 거래질서를 해치는 일이 없도록 성실히 관리하여야 한다.”고 규정함으로써 사용자의 관리책임을 강조하고 있다.

사례

A금융투자회사의 법인사업부 총괄이사인 B는 종합전기 제조업체인 C사로부터 자기주식을 처분함에 따라 C사의 주식이 대량 매각될 예정이고 이와 관련하여 주가대책에 대한 상담을 요청받았다. 이러한 요청에 따라 B는 자신의 지휘하에 있는 조사부에서 증권분석업무를 맡고 있는 D와 상의를 한 후에 주가를 떠받치기 위하여 “C사가 획기적인 제품 개발에 성공했다”는 풍문을 유포시켰다. 이에 C사의 주가는 급등하였고 이를 이용하여 C사는 자기주식을 매각하는데 성공했다.

(평가)

B 및 D는 C사의 주가 상승을 위하여 사실무근의 풍문을 유포함으로써 자본시장법 제176조

(시세조종행위금지)에 위반하였을 가능성이 크다. 동시에 B는 관련 법규 등의 준수의무와 소속 업무종사자에 대한 지도의무를 위반하였다. B는 C사에 대하여 주가 형성은 공정한 시장기능에 맡겨져야 하고 인위적으로 주가를 조작하는 것은 금지되어 있다는 것을 설명하였어야 했다.

증권회사 지점장이 부담하는 직원들과 객장에 대한 관리감독의무
(대법원 2007. 5. 10. 선고 2005다55299 판결)

유가증권의 매매나 위탁매매, 그 중개 또는 대리와 관련한 업무를 주된 사업으로 수행하고 있는 증권회사의 경우 그 주된 업무가 객장을 방문한 고객들과 직원들 간의 상담에 의하여 이루어지는 만큼 그 지점장으로서는 직원들과 객장을 관리·감독할 의무가 있고, 거기에는 객장 내에서 그 지점의 영업으로 오인될 수 있는 부정한 증권거래에 의한 불법행위가 발생하지 않도록 방지하여야 할 주의의무도 포함된다. 증권회사의 지점장이 고객에 불과한 사람에게 사무실을 제공하면서 '실장' 직함으로 호칭되도록 방치한 행위와 그가 고객들에게 위 지점의 직원이라고 기망하여 투자금을 편취한 불법행위 사이에 상당 인과관계가 있으므로 증권회사 측에 과실에 의한 방조로 인한 사용자 책임을 인정할 수 있다.

4) 정보보호

금융투자회사의 표준윤리준칙 제6조(정보보호)
회사와 임직원은 업무수행 과정에서 알게 된 회사의 업무정보와 고객정보를 안전하게 보호하고 관리하여야 한다.

금융소비자보호의무에서도 살펴본 바와 같이 금융투자업 종사자는 맡은 업무를 수행함에 있어 금융소비자의 개인(신용)정보를 취득할 수 있으며, 이 외에도 소속된 금융투자회사의 정보 등 관련 정보를 취득하게 된다. 금융투자회사에서 취득하는 정보 중에서도 일부는 관련 규정 등에 따라 비밀정보로 분류되는데, 이에 대해서는 보다 특별한 관리가 필요하다. 표준윤리준칙에서는 이를 포괄하여 정의하고 있으며, 이는 '신의성실의 원칙'이라는 직무윤리를 준수하는 차원을 넘어 그 효력을 확보하기 위하여 세부 사항에 대해서는 자본시장법에 근거한 '금융투자회사의 표준내부통제기준'에서 규정하고 있다.

(1) 비밀정보의 범위

금융투자회사의 표준내부통제기준 제53조에서는 다음에 해당하는 미공개 정보는 기록 형태나 기록 유무와 관계없이 비밀정보로 본다.

❶ 회사의 재무건전성이나 경영 등에 중대한 영향을 미칠 수 있는 정보
❷ 고객 또는 거래상대방(거래상대방이 법인, 그 밖의 단체인 경우 그 임직원을 포함)에 관한 신상정보, 매매거래내역, 계좌번호, 비밀번호 등에 관한 정보
❸ 회사의 경영전략이나 새로운 상품 및 비즈니스 등에 관한 정보
❹ 기타 ❶~❸에 준하는 미공개 정보

(2) 비밀정보의 관리

비밀정보로 분류되면 해당 정보에 대한 철저한 관리가 필수적이므로 표준내부통제기준 제54조에서는 해당 비밀정보에 대해 관계법령 등을 준수할 것을 특별히 요구하고 있으며, 이에 더해 다음과 같이 관리하도록 규정하고 있다.

❶ 정보차단벽이 설치된 사업부서 또는 사업기능 내에서 발생한 정보는 우선적으로 비밀이 요구되는 비밀정보로 간주되어야 함
❷ 비밀정보는 회사에서 정한 기준에 따라 정당한 권한을 보유하고 있거나 권한을 위임받은 자만이 열람할 수 있음
❸ 임직원은 비밀정보 열람권이 없는 자에게 비밀정보를 제공하거나 보안유지가 곤란한 장소에서 이를 공개하여서는 아니 됨
❹ 비밀정보가 포함된 서류는 필요 이상의 복사본을 만들거나 안전이 보장되지 않는 장소에 보관하여서는 아니 됨
❺ 비밀정보가 보관되는 장소는 책임 있는 자에 의해 효과적으로 통제가능하고, 권한 없는 자의 접근을 차단할 수 있는 곳이어야 함
❻ 회사가 외부의 이해관계자와 비밀유지 협약 등을 맺는 경우 관련 임직원은 비밀유지 의무를 성실히 이행하여야 함
❼ 임직원은 회사가 요구하는 업무를 수행하기 위한 목적 이외에 어떠한 경우라도 자신 또는 제3자를 위하여 비밀정보를 이용하여서는 아니 됨
❽ 임직원은 근무지를 이탈하는 경우 비밀정보 열람권이 있는 상급 책임자의 승인 없이 비밀정보를 문서, 복사본 및 파일 등의 형태로 지참하거나 이를 외부에 유출

하여서는 아니 됨

⑨ 임직원은 회사에서 부여한 업무의 수행과 관련 없는 비밀정보를 다른 임직원에게 요구하여서는 아니 됨

⑩ 임직원이 회사를 퇴직하는 경우 퇴직 이전에 회사의 경영 관련 서류, 기록, 데이터 및 고객 관련 정보 등 일체의 비밀정보를 회사에 반납하여야 함

⑪ 비밀정보가 다루어지는 회의는 다른 임직원의 업무장소와 분리되어 정보노출이 차단된 장소에서 이루어져야 함

⑫ 비밀정보는 회사로부터 정당한 권한을 부여받은 자만이 접근할 수 있으며, 회사는 권한이 없는 자가 접근하지 못하도록 엄격한 통제 및 보안시스템을 구축·운영하여야 함

또한 특정한 정보가 비밀정보인지 불명확한 경우 그 정보를 이용하기 전에 준법감시인의 사전 확인을 받아야 하며, 준법감시인의 사전 확인을 받기 전까지 당해 정보는 표준내부통제기준이 정하는 바에 따라 비밀정보로 분류·관리되어야 한다.

(3) 비밀정보의 제공절차

비밀정보에 해당되더라도 업무의 수행을 위해 해당 정보를 공유하거나 제공해야 할 경우가 생긴다. 이때 금융투자업 종사자는 표준내부통제기준 제55조에서 정한 바와 같이 아래의 절차를 준수하여야 한다.

❶ 비밀정보의 제공은 그 필요성이 인정되는 경우에 한하여 회사가 정하는 사전승인 절차에 따라 이루어져야 함

❷ ❶의 사전승인 절차에는 다음 사항이 포함되어야 함

ㄱ. 비밀정보 제공의 승인을 요청한 자 및 비밀정보를 제공받을 자의 소속 부서(외부인인 경우 소속 기관명) 및 성명

ㄴ. 비밀정보의 제공 필요성 또는 사유

ㄷ. 비밀정보의 제공 방법 및 절차, 제공 일시 등

❸ 비밀정보를 제공하는 자는 제공 과정 중 비밀정보가 권한 없는 자에게 전달되지 아니하도록 성실한 주의의무를 다하여야 함

❹ 비밀정보를 제공받은 자는 이 기준에서 정하는 비밀유지의무를 성실히 준수하여야 하며, 제공받은 목적 이외의 목적으로 사용하거나 타인으로 하여금 사용하도

록 하여서는 아니 됨

(4) 정보교류의 차단

금융투자회사는 금융투자업 종사자가 업무의 수행을 위해 필요한 최소한의 정보에만 접근할 수 있도록 영위하는 업무의 특성 및 규모, 이해상충의 정도 등을 감안하여 정보교류를 차단할 수 있는 장치(이를 정보교류차단벽(Chinese Wall)이라 한다)를 마련하여야 한다. 여기에는 물리적 분리뿐만 아니라 비밀정보에 대한 접근권한을 통제하는 등의 절차가 필요한바, 표준내부통제기준에서는 제56조부터 제73조에 걸쳐 다음과 같이 정보교류의 차단에 대해 규정하고 있다.

- 정보교류 차단 대상 정보의 식별 및 설정
- 정보교류 차단 대상 부문의 설정
- 정보교류 차단 대상 정보의 활용에 대한 책임소재(지정)
- 정보교류 통제 담당 조직의 설치 및 운영
- 상시 정보교류 허용 임원(지정)
- 상시적 정보교류 차단벽(설치)
- 예외적 교류의 방법(지정)
- 후선 업무 목적의 예외적 교류 방법
- 거래주의, 거래제한 상품 목록(설정)
- 이해상충 우려가 있는 거래(방법)
- 계열회사 등 제3자와의 정보교류(방법)
- 복합점포의 설치·운영(방법)
- 개인신용정보의 제공·전송요구(처리)
- 임직원의 겸직(금지)
- 정보교류차단의 기록·유지 및 정기적 점검(실행)
- 임직원 교육(실행)
- 정보교류차단 내역의 공개(방법)

5) 위반행위의 보고

> **금융투자회사의 표준윤리준칙 제12조(위반행위의 보고)**
> 임직원은 업무와 관련하여 법규 또는 윤리강령의 위반 사실을 발견하거나 그 가능성을 인지한 경우 회사가 정하는 절차에 따라 즉시 보고하여야 한다.

금융투자업은 환경의 변화 속도가 매우 빠르고 그 영향력 역시 매우 크다. 이에 따라 금융투자업 종사자가 법규를 포함하여 직무윤리를 위반하는 경우 회사를 포함하여 수많은 사람들이 피해를 입을 수 있는 가능성 역시 매우 높다. 따라서 금융투자업 종사자는 업무와 관련하여 법규 또는 윤리기준의 위반 사실을 발견하거나 위반할 가능성이 있는 것을 알게 되면 즉시 정해진 절차에 따라 회사에 보고하여야 한다. 그러나 현실적으로 단계를 밟아서 위반행위를 보고하는 것은 쉬운 일이 아니다. 이를 위해 권장되고 있는 것이 내부제보(Whistle Blower)제도이다.

내부제보제도는 임직원이 직무와 관련한 법규 위반, 부조리 및 부당행위 등의 윤리기준 위반 행위가 있거나 있을 가능성이 있는 경우 신분 노출의 위험 없이 해당 행위를 제보할 수 있게 만든 제도이다.

제보자가 제보를 할 때에는 육하원칙에 따른 정확한 사실만을 제보하여야 하며, 회사는 제보자의 신분 및 제보사실을 철저히 비밀로 보장하고, 어떠한 신분상의 불이익 또는 근무조건상의 차별을 받지 않도록 해야 한다. 만일 제보자가 신분상의 불이익을 당한 경우 준법감시인에 대하여 당해 불이익처분에 대한 원상회복, 전직 등 신분보장조치를 요구할 수 있고, 준법감시인은 제보의 내용이 회사의 재산상의 손실 발생 혹은 확대의 방지에 기여한 경우 포상을 추천할 수 있다.

다만, 제보자가 다른 임직원 등에 대한 무고, 음해, 비방 등 악의적인 목적으로 제보한 경우 또는 사실과 다른 내용을 의도적으로 제보하여 임직원 간 위화감 및 불안감을 조성하는 경우에는 비밀보장 및 근무조건 차별금지 등을 보호받을 수 없다.

제보자의 신분보장 등을 위해 많은 회사에서는 우편, 팩스, 이메일 및 회사 내부의 전산망과 홈페이지 등을 통해 제보할 수 있는 창구를 만들거나, 철저한 익명이 보장되는 외부의 제보접수 전문업체를 이용하도록 하는 등 윤리경영 실천을 위한 노력을 지속하고 있다.

6) 대외활동

> **금융투자회사의 표준윤리준칙 제16조(대외활동)**
> 임직원이 외부강연이나 기고, 언론매체 접촉, Social Network Service(SNS) 등 전자통신수단을 이용한 대외활동을 하는 경우 다음 각 호의 사항을 준수하여야 한다.
> 1. 회사의 공식의견이 아닌 경우 사견임을 명백히 표현하여야 한다.
> 2. 대외활동으로 인하여 회사의 주된 업무 수행에 지장을 주어서는 아니 된다.
> 3. 대외활동으로 인하여 금전적인 보상을 받게 되는 경우 회사에 신고하여야 한다.
> 4. 공정한 시장질서를 유지하고 건전한 투자문화 조성을 위해 최대한 노력하여야 한다.
> 5. 불확실한 사항을 단정적으로 표현하거나 다른 금융투자회사를 비방하여서는 아니 된다.

금융투자업 종사자는 회사의 수임자로서 맡은 직무를 성실하게 수행하여야 할 신임관계에 있으므로 회사에서 맡긴 자신의 직무를 신의로서 성실하게 수행하여야 한다.

따라서, 금융투자업 종사자는 소속 회사의 직무수행에 영향을 줄 수 있는 지위를 겸하거나 업무를 수행할 때에는 사전에 회사의 승인을 얻어야 하고 부득이한 경우에는 사후에 즉시 보고하여야 한다.

'소속 회사의 직무에 영향을 줄 수 있는 것'이면 회사와 경쟁관계에 있거나 이해상충관계에 있는지의 여부를 불문하며, 계속성 여부도 불문하고 금지된다. 이러한 사유가 발생하였거나 발생할 것으로 예상되는 경우에는 회사로부터 사전 승인을 얻어야 함이 원칙이고, 부득이한 경우에는 사후에 회사에 지체 없이 보고하여 그 승인(추인)을 얻어야 한다. 만일, 승인을 받지 못한 경우에는 그러한 행위를 즉각적으로 중지하여야 한다.

이 같은 신임관계 및 신임의무의 존부를 판단함에 있어서는 정식의 고용계약관계의 유무, 보수 지급의 유무, 계약기간의 장단은 문제 되지 않는 것이 원칙이다.

금융투자업 종사자가 이런 활동을 함에 있어서는 회사, 주주 또는 금융소비자와 이해상충이 발생하지 않도록 하기 위해 금융투자협회는 금융투자회사의 표준윤리준칙을 통해 필요한 사항들을 정하고 있다.

(1) 대외활동의 범위

대외활동이란 회사의 임직원이 금융투자 업무와 관련된 내용으로 회사 외부의 기관 또는 정보전달 수단(매체) 등과 접촉함으로써 다수인에게 영향을 미칠 수 있는 다음의 활동을 말한다.

❶ 외부 강연, 연설, 교육, 기고 등의 활동
❷ 신문, 방송 등 언론매체 접촉활동(자본시장법 제57조에 따른 투자광고를 위한 활동은 적용 제외)
❸ 회사가 운영하지 않는 온라인 커뮤니티(블로그, 인터넷 카페 등), 소셜 네트워크 서비스(social network service, SNS), 웹사이트 등(이하 "전자통신수단")을 이용한 대외 접촉활동(회사 내규에 따라 동 활동이 금지되는 경우는 적용 제외)
❹ 기타 이에 준하는 사항으로 회사에서 대외활동으로 정한 사항

(2) 허가 등의 절차 및 준수사항

금융투자업 종사자가 대외활동을 하기 위해서는 해당 활동의 성격, 목적, 기대효과, 회사 또는 금융소비자와의 이해상충의 정도 등에 따라 소속 부점장, 준법감시인 또는 대표이사의 사전승인을 받아야 한다. 예외적으로 부득이한 경우에는 사전승인 대신 사후보고를 할 수 있으나 직무윤리의 2대 핵심원칙－신의성실의 원칙 및 고객우선의 원칙－을 고려해보면 실제로 대외활동을 하기 전에 승인을 받음이 타당할 것이다.

소속 부점장, 준법감시인 또는 대표이사는 임직원의 대외활동을 승인함에 있어 다음 사항을 고려하여야 한다.

❶ 표준 내부통제기준 및 관계법령 등의 위반 여부
❷ 회사에 미치는 영향
❸ 회사, 주주 및 고객 등과의 이해상충의 여부 및 정도
❹ 대외활동의 대가로 지급받는 보수 또는 보상의 적절성
❺ 임직원이 대외활동을 하고자 하는 회사 등 접촉기관의 공신력, 사업내용, 사회적 평판 등

(3) 금지사항 및 중단

금융투자업 종사자가 대외활동을 하는 경우 다음의 행위는 금지된다.

❶ 회사가 승인하지 않은 중요자료나 홍보물 등을 배포하거나 사용하는 행위
❷ 불확실한 사항을 단정적으로 표현하는 행위 또는 오해를 유발할 수 있는 주장이나 예측이 담긴 내용을 제공하는 행위
❸ 합리적인 논거 없이 시장이나 특정 금융투자상품의 가격 또는 증권발행기업 등

에 영향을 미칠 수 있는 내용을 언급하는 행위

❹ 자신이 책임질 수 없는 사안에 대해 언급하는 행위

❺ 주가조작 등 불공정거래나 부당권유 소지가 있는 내용을 제공하는 행위

❻ 경쟁업체의 금융투자상품, 인력 및 정책 등에 대하여 사실과 다르거나 명확한 근거 없이 부정적으로 언급하는 행위

❼ 업무상 취득한 미공개중요정보 등을 외부에 전송하거나 제공하는 행위

❽ 관계법규등에 따라 제공되는 경우를 제외하고 고객의 인적사항, 매매거래 정보, 신용정보를 제공하는 행위

만일 대외활동을 하는 임직원이 그 활동으로 인하여 회사로부터 부여받은 주된 업무를 충실히 이행하지 못하거나 고객, 주주 및 회사 등과의 이해상충이 확대되는 경우 금융투자회사는 그 대외활동의 중단을 요구할 수 있으며 이 경우 해당 임직원은 회사의 요구에 즉시 따라야 한다.

금융투자회사는 이와 같은 필수적인 사항 외에 영위하는 업무의 특성을 반영하여 소속 임직원의 대외활동의 종류, 허용범위, 준수사항 등에 관한 세부기준을 별도로 정할 수 있다. 특히 임직원 등이 언론 인터뷰 등의 대외활동을 수행하는 경우 금융투자상품 및 서비스에 대하여 위험도 또는 수익률 등을 사실과 다르게 안내하거나, 오해를 유발하는 일이 발생하지 않도록 해당 내용을 윤리준칙 등 회사의 내부통제기준에 반영하고 임직원에 대한 교육 등의 조치를 취하여야 한다.

(4) 언론기관과의 접촉

금융투자업 종사자가 수행하는 대외활동 중 상당부분은 언론기관과의 접촉이며 이를 통해 시장 상황 또는 금융투자상품 투자에 관한 정보를 대외적으로 제공하는 경우가 많다. 여기서의 '언론기관'은 '언론중재 및 피해구제 등에 관한 법률 제2조'를 적용하여 방송사업자, 신문사업자, 잡지 등 정기간행물업자, 뉴스통신사업자, 인터넷신문사업자, 언론사를 포함한다.

언론기관 등을 통한 이러한 정보의 제공은 그 영향력이 매우 크므로 금융투자업 종사자는 당연히 기본 직무윤리인 '신의성실의 원칙'과 '고객우선의 원칙'을 준수하여야 할 것이나, 그 효력을 강제하기 위하여 금융투자협회는 표준내부통제기준을 통해 관련사항들을 규정화하고 있다.

표준내부통제기준 제90조에서는 금융투자업 종사자가 언론기관 등에 대하여 업무와 관련된 정보를 제공하고자 하는 경우 사전에 언론기관과의 접촉업무를 담당하는 관계부서(홍보부 등)와 사전에 충분히 협의하여야 한다고 규정하고 있다.

언론기관과의 접촉은 당연히 대외활동에도 해당되므로 앞에서 살펴본 관련 절차를 준수하는 것은 물론이고, 언론기관과의 접촉에서 혹시 발생할지 모르는 부정적 영향이 존재하는지 확인하기 위하여 별도로 해당 업무를 담당하고 있는 부서에서도 관련 사항을 사전협의하도록 의무화한 것이다.

이때 언론기관 접촉예정을 보고받은 관계부서의 장 또는 임원은 다음 사항을 충분히 검토하여야 한다.

❶ 제공하는 정보가 거짓의 사실 또는 근거가 희박하거나, 일반인의 오해를 유발할 수 있는 주장이나 예측을 담고 있는지의 여부

❷ 전체적 맥락에서 당해 정보가 불필요한 오해를 유발할 소지가 있는지의 여부

❸ 정보제공자가 언급하고자 하는 주제에 대하여 충분한 지식과 자격을 갖추고 있는지의 여부

❹ 내용의 복잡성이나 전문성에 비추어 언론기관 등을 통한 정보 전달이 적합한지의 여부 등

만일 여러 사정으로 인해 관계부서와 사전 협의가 불가능한 경우 임직원 등은 언론매체 접촉 후 지체없이 관계 부서에 해당 사항을 보고하여야 하며, 관계부서는 언론 매체 보도내용을 모니터링하여 보고내용의 적정성을 점검하여야 한다.

(5) 전자통신수단의 사용

정보화 시대의 도래에 따라 정보통신수단은 다양하게 지속적으로 발달하고 있으며 그 영향력은 언론기관의 그것에 못지않게 되었다. 한편, 금융투자업 종사자의 언론기관에 대한 접촉은 명시적으로 드러나지만 개인이 쉽게 접할 수 있는 SNS 등 다양한 정보통신수단은 익명성의 보장으로 인해 본인이 스스로 드러내지 않는 한 쉽게 알 수 없다. 따라서 표준내부통제기준 제91조에서는 금융투자업 종사자가 이메일, 대화방, 게시판 및 웹사이트 등의 전자통신수단을 사용하는 경우 다음 사항을 숙지하고 준수하도록 규정함으로써 금융투자업 종사자가 정보통신수단을 사용함에 있어 직무윤리를 준수할 수 있도록 강제하고 있다.

❶ 임직원과 고객 간의 이메일은 사용장소에 관계없이 표준내부통제기준 및 관계법령 등의 적용을 받는다.

❷ 임직원의 사외 대화방 참여는 공중포럼으로 간주되어 언론기관과 접촉할 때와 동일한 윤리기준을 준수하여야 한다.

❸ 임직원이 인터넷 게시판이나 웹사이트 등에 특정 금융투자상품에 대한 분석이나 권유와 관련된 내용을 게시하고자 하는 경우 사전에 준법감시인이 정하는 절차와 방법에 따라야 함. 다만, 자료의 출처를 명시하고 그 내용을 인용하거나 기술적 분석에 따른 투자권유의 경우에는 그러하지 아니하다.

사례

A는 B금융투자회사의 직원으로 회사에서 고객을 상대로 투자조언 및 투자일임에 관한 업무를 맡고 있다. 최근에 B는 일반 무료회원에 대해서는 일반적인 투자정보와 투자조언을 제공하고 회원제 유료회원에 대해서는 보다 상세한 투자정보와 투자조언을 제공하는 컴퓨터 사이트를 개설하여 익명으로 운영하고 있다.

(평가)

A의 위와 같은 행위는 회사와 이해상충관계에 있다. 더욱이 A는 B회사의 직원으로 상업사용인이기 때문에 경업금지의무(상법 17조 1항)를 위반하고 있다. 이는 해임 및 손해배상의 사유가 된다(상법 17조 3항).

7) 고용계약 종료 후의 의무

금융투자회사의 표준윤리준칙 제15조(고용계약 종료 후의 의무)
임직원은 회사를 퇴직하는 경우 업무 관련 자료의 반납 등 적절한 후속조치를 취하여야 하며, 퇴직 이후에도 회사와 고객의 이익을 해하는 행위를 하여서는 아니 된다.

금융투자업 종사자의 회사에 대한 선관주의의무는 재직 중에는 물론이고 퇴직 등의 사유로 회사와의 고용 내지 위임계약관계가 종료된 이후에도 합리적인 기간 동안 지속된다.

따라서, 금융투자업 종사자는 퇴직하는 경우 업무인수인계 등 적절한 후속조치를 취하여야 하는데 이에 해당하는 행위의 예로는 다음과 같은 것들이 있다.

❶ 고용기간이 종료된 이후에도 회사로부터 명시적으로 서면에 의해 권한을 부여받지 않으면 비밀정보를 출간, 공개 또는 제3자가 이용하도록 하여서는 아니 된다.
❷ 고용기간의 종료와 동시에 또는 회사의 요구가 있을 경우에는 보유하고 있거나 자신의 통제하에 있는 기밀정보를 포함한 모든 자료를 회사에 반납하여야 한다.
❸ 고용기간이 종료되면 어떠한 경우나 이유로도 회사명, 상표, 로고 등을 사용하여서는 아니 되고, 고용기간 동안 본인이 생산한 지적재산물은 회사의 재산으로 반환하여야 하며, 고용기간이 종료한 후라도 지적재산물의 이용이나 처분권한은 회사가 가지는 것이 원칙이다.

3 사회 등에 대한 윤리

(1) 시장질서 존중

금융투자회사의 표준윤리준칙 제5조(시장질서 존중)
회사와 임직원은 공정하고 자유로운 시장경제 질서를 존중하고, 이를 유지하기 위하여 노력하여야 한다.

금융투자업 종사자는 금융시장의 건전성을 훼손하거나 시장질서를 교란하는 행위가 발생하지 않도록 각별히 노력하여야 한다.

이러한 행위들은 기존에 자본시장법 및 한국거래소 규정에서 정하고 있는 불공정거래행위로 통상 정의되어 왔으나, 금융시장 및 금융(투자)상품의 발달로 인해 신종 사례들이 발견되면서 기존의 불공정거래행위 구성요건에 해당되지 않는 경우가 많아, 자본시장법의 개정을 통해 2015년 7월 1일부터 '시장질서 교란행위'에 대한 규제를 시작하게 되었다.

시장질서 교란행위는 기존의 불공정거래행위와 비교하여 볼 때 두 가지 큰 차이점을 갖는데 하나는 그 대상자의 범위가 확대되었다는 것이고 또 다른 하나는 목적성의 여부이다.

먼저 대상자의 범위를 살펴보면 기존의 불공정거래행위는 회사의 주요 주주, 임원 등 내부자와 준내부자, 해당 정보의 1차 수령자만을 대상으로 하여 회사의 내부정보 등 미공개중요정보를 이용하는 행위를 금지하였다. 그러나 개정 자본시장법에서는 내부자,

준내부자 등으로부터 나온 미공개중요정보 또는 미공개정보인 것을 알면서도 이를 받거나 다른 사람들에게 전달하는 자로 그 범위를 확대하였다. 즉 과거에는 미공개 중요정보의 내부자, 준내부자, 1차 수령자만이 제재의 대상이었던 것과는 달리 1차 수령자뿐만 아니라 이를 전달한 자 모두를 제재의 대상으로 확대 적용한 것이다. 또한 자신의 직무와 관련하여 정보를 생산하거나 알게 된 자, 해킹·절취·기망·협박 및 그 밖의 부정한 방법으로 정보를 알게 된 자, 앞에서 말한 자들로부터 나온 정보인 점을 알면서 이를 받거나 전달받은 자 등으로 그 적용대상을 확대함으로써 시장질서를 교란하는 행위를 사전에 방지하고자 하였다.

두 번째로 기존의 불공정거래행위는 '목적성'을 가지고 금융투자상품의 시세에 영향을 주는 행위들로 정의되었다. 즉 목적성 여부가 가장 중요한 변수로서 타인이 거래상황을 오인하게 할 목적이거나, 타인을 거래에 끌어들일 목적, 시세를 고정할 목적, 부당한 이익을 얻을 목적 등으로 불공정거래행위를 규정하였다. 그러나 개정 자본시장법에서는 시장질서 교란행위를 '목적성이 없어도 시세에 부당한 영향을 주는 행위'로 포괄적으로 정의함으로써 프로그램 오류 등으로 대량의 매매거래가 체결되어 시세의 급변을 초래한 경우라 할지라도 시장질서 교란행위로 판단하여 제재할 수 있게 되었다.

시장질서 교란행위의 대상이 되는 정보는 다음의 두 가지 조건을 모두 충족해야 한다.

❶ 상장증권, 장내파생상품 및 이를 기초자산으로 하는 파생상품의 매매 등 여부 또는 매매 등의 조건에 중대한 영향을 줄 가능성이 있을 것
❷ 금융소비자들이 알지 못하는 사실에 관한 정보로서 불특정 다수인이 알 수 있도록 공개되기 전일 것

금융투자업 종사자는 시장질서를 교란하고 자본시장의 건전성을 훼손하는 행위에 직접 관여하거나, 금융소비자 등으로부터 요청을 받더라도 이에 관여하지 않아야 한다.

따라서 본인의 직무 수행 중 발생할 수 있는 다음의 사항에 특히 유의하여야 한다.

❶ 지수 또는 주가에 영향을 미칠 수 있는 정보의 '유통'행위에 신중을 기하여야 함
❷ 시장질서 교란행위에 해당하는 주문의 수탁을 거부
❸ ETF의 유동성 지원업무, 파생상품의 Hedge업무 등 본인의 업무수행으로 인한 매매의 경우 목적성이 없더라도 시세에 부당한 영향을 주는지 사전에 반드시 확인

만일 금융투자업 종사자가 시장질서 교란행위를 한 것으로 판단되는 경우에는 자본시장법 제429조의2에 따라 금융위원회는 5억 원 이하의 과징금을 부과할 수 있다. 이때 그 위반행위와 관련된 거래로 얻은 이익(미실현이익 포함)이나 회피한 손실액의 1.5배에 해당하는 금액이 5억 원을 초과하는 경우에는 그에 상당하는 금액 이하로 과징금을 부과할 수 있다. 이를 다시 정리해보자면 다음과 같다.

시장질서 교란행위에 대한 과징금 계산

① 시장질서 교란행위에 따른 이익 또는 손실회피액×1.5 ≦ 5억 원 : 5억 원 이하

② 시장질서 교란행위에 따른 이익 또는 손실회피액×1.5 > 5억 원 : 이익 또는 손실회피액

(2) 주주가치 극대화

금융투자회사의 표준윤리준칙 제9조(주주가치 극대화)

회사와 임직원은 합리적인 의사결정과 투명한 경영활동을 통하여 주주와 기타 이해관계자의 가치를 극대화하기 위하여 최선을 다하여야 한다.

주주가치의 극대화를 위해서 금융투자업 종사자가 준수하여야 할 사항은 다음과 같은 것들이 있다.

❶ 주주의 이익보호를 위하여 탁월한 성과창출로 회사의 가치를 제고

❷ 투명하고 합리적인 의사결정과정과 절차를 마련하고 준수

❸ 회계자료의 정확성과 신뢰성을 유지

❹ 주주와 금융소비자에게 필요한 정보를 관련 법규 등에 따라 적시에 공정하게 제공

❺ 효과적인 리스크 관리체계 및 내부통제시스템을 운영하여 금융사고 등 제반 위험을 미연에 방지하고 경영환경에 능동적으로 대처

❻ 주주와 금융소비자의 정당한 요구와 제안을 존중하여 상호 신뢰관계를 구축

(3) 사회적 책임

금융투자회사의 표준윤리준칙 제10조(사회적 책임)

회사와 임직원 모두 시민사회의 일원임을 인식하고, 사회적 책임과 역할을 다하여야 한다.

금융투자업을 영위하는 회사 및 그 소속 임직원으로서 금융투자업 종사자는 합리적이고 책임 있는 경영을 통해 국가와 사회의 발전 및 시민들의 삶의 질을 향상시키도록 노력하여야 한다. 이에 따라 사회 각 계층과 지역주민의 정당한 요구를 겸허히 수용하며, 이를 해결하는 데 최선을 다해야 하고, 더불어 회사는 임직원의 사회활동 참여를 적극 지원하고 사회의 문화적·경제적 발전을 위해 최선을 다하여야 한다.

chapter 03

직무윤리의 준수절차 및 위반 시의 제재

section 01 직무윤리의 준수절차

1 내부통제

1) 배경 및 현황

이제까지 살펴본 바와 같이 우리나라는 금융투자업의 직무윤리에 대해 자본시장법 제37조에서 "금융투자업자는 신의성실의 원칙에 따라 공정하게 금융투자업을 영위하여야 한다"고 명기함으로써 금융투자업 종사자에 대한 '신의성실의 원칙'을 준수하도록 규정하여 이를 기반으로 하는 윤리의무를 준수하도록 정하고 있다. 그러나 우리나라는 미국이나 일본과 비교하여 보면 직무윤리의 준수를 위한 유인구조 또는 직무윤리의 미

준수로 인한 제재가 상대적으로 미흡한 것으로 보인다.

미국의 금융투자업에 대한 직무윤리 규제는 우리나라 금융기관의 내부통제제도의 성립에도 막대한 영향을 끼친 SOX법[1]의 제정에 의해 도입되었다. 이 법은 엔론, 타이코 인터내셔널, 아델피아, 페레그린 시스템즈, 월드컴과 같은 거대 기업들의 잇따른 회계부정 사건들로 인해 관련 회사들의 주가가 폭락하여 투자자들에게 수백만 달러의 손실을 안겨 주었고, 미국 주식시장의 신용도를 뒤흔들어놓는 등 막대한 피해가 발생하자 회계제도 개혁의 필요성에 대한 반응으로 발효되었다. 이 법에 따라 상장회사 회계심사위원회의 회계법인 검사 시 체크항목에 "Ethics Standards(윤리기준)"을 명시하고 있으며 미국의 증권거래법에 따라 대상이 되는 상장회사는 반드시 회사의 윤리강령을 공시하여야 한다. 또한 증권회계에 관한 사기 등에 적용되는 '연방양형가이드라인(Federal Sentencing Guideline)'을 개선하도록 규정하고 있어 상장회사는 직무윤리 강화와 범죄행위의 방지 및 조기발견을 목적으로 내부제보제도 합리화에 투자를 할 의무가 있다.

또한 금융투자산업규제기구(FINRA : Financial Industry Regulatory Authority)에서는 금융투자회사(및 임직원)의 행위에 관한 직무윤리에 대해 복수의 규칙을 제공하고 있는데, FINRA Rule 2010조는 금융투자회사의 업무수행에 따른 '상업상의 윤리기준과 거래원칙(Standards of Commercial Honor and Principles of Trade)'을 규정하고 있다. 이 규정은 단순한 주의규정이 아니라 이를 위반하는 경우 실질적인 제재를 부과하게 된다.

한편, 일본의 금융상품거래법은 모든 규제대상자에게 적용되는 근본적인 의무로서 '성실공정의 의무'를 명기하고 이를 바탕으로 하여 재무건전성이나 영업행위기준 등을 제정하는 등 보다 구체적인 규정을 두고 있다. 금융상품거래법은 기존의 증권거래법 총칙에 규정되어 있던 성실공정의 의무를 업무부분으로 이전하는 등 금융투자업자의 자율적인 대책방안을 마련하도록 요구하고 있다. 이에 따라 일본 증권업협회는 동 법의 취지와 정신을 구현하고 금융투자업계의 신뢰성을 제고하기 위해 다양한 시책을 강구하고 있다.

미국의 실증분석 결과는 직무윤리의 효과적인 보급을 위해서는 자기규율과 외부규율의 두 가지 체계가 상호보완적인 관계로 존재하며, 효율적인 타율적 메커니즘이 외부규율의 매개로서 작용하는 형태가 가장 효과적인 것임을 보여주고 있다. 또한 직무윤리를

1 사베인스-옥슬리 법(Sarbanes-Oxley Act, SOx, 2002년 7월 30일 발효)은 "상장회사 회계 개선과 투자자 보호법"(상원) 또는 "법인과 회계 감사 책임 법"(하원) 또는 Sarbox or SOX로도 불리는 미국의 회계 개혁에 관한 연방법률로서, 2002년 7월 30일 법안의 발의자인 상원의원 폴 사베인스(민주당, 메릴랜드)와 하원의원 마이클 옥슬리(공화당, 오하이오)의 이름을 따서 제정되었다.

바탕으로 한 윤리경영을 기업문화로 정착하고 있는 기업은 장기적으로도 기업의 가치를 높이고 있다. 따라서 금융투자업에서의 직무윤리는 금융투자회사(및 임직원)의 자율적인 노력에 의한 직무윤리 준수를 중심으로 하여 법령 등에 의한 타율적인 준수를 보완적으로 하는 제도가 가장 이상적인 것으로 보인다.[2]

이에 따라 우리나라에서는 직무윤리를 금융투자회사의 내부통제활동의 하나로 인식하여 준수하도록 '표준내부통제기준'에 규정하여 자율적으로 준수하게 하되, 내부통제기준의 설정에 대해서는 의무화하는 등 특정 사항에 대해서는 관련 법령 등에 규정하여 직무윤리 준수의 효율성을 높이기 위해 노력하고 있다.

2) 개요

'내부통제'는 회사의 임직원이 업무수행 시 법규를 준수하고 조직운영의 효율성 제고 및 재무보고의 신뢰성을 확보하기 위하여 회사 내부에서 수행하는 모든 절차와 과정을 말한다. 금융투자업자는 효과적인 내부통제 활동을 수행하기 위한 조직구조, 위험평가, 업무분장 및 승인절차, 의사소통·모니터링·정보시스템 등의 종합적 체제로서 '내부통제체제'를 구축하여야 한다(표준내부통제기준 제3조 제1항 제1호 및 제2호).

앞에서도 여러 차례 설명한 바와 같이 금융투자업 종사자가 기본적으로 준수하여야 할 윤리기준은 상당 부분 법률 등과 중첩되어 강제되고 있는바, 개별 회사들은 이를 반영하기 위해 윤리기준을 사규로 제정하는 등의 노력을 하고 있다. 따라서 금융투자업 종사자가 윤리기준을 위반하는 것은 사규 및 관련 법규 등을 위반하는 것으로 다른 사규들의 위반행위와 동일하게 제재의 대상이 된다.

금융투자업에 있어서 내부통제(internal control)의 하나로 두고 있는 준법감시(compliance) 제도는 회사의 임직원 모두가 '신의성실의 원칙'과 '고객우선의 원칙'을 바탕으로 금융소비자에 대해 선량한 관리자로서 의무에 입각하여 금융소비자의 이익을 위해 최선을 다했는지, 업무를 수행함에 있어 직무윤리를 포함한 제반 법규를 엄격히 준수하고 있는지에 대하여 사전적으로 또는 상시적으로 통제·감독하는 장치를 말한다.

준법감시제도는 '감사'로 대표되는 관련 법규에 의한 사후적 감독만으로는 자산운용의 안정성 유지와 금융소비자보호라는 기본적인 역할을 수행하는 데에 한계가 있다는 점에 착안하여 감사와는 달리 사전적, 상시적 사고예방 등의 목적을 위해 도입된 내부

2 금융투자업의 직무윤리에 관한 연구, 서강대학교 지속가능기업 윤리연구소, 2015.2.4

통제시스템으로서 국내에서는 2000년에 도입되었다. 이에 따라 회사는 효율적인 내부통제를 위하여 회사의 업무절차 및 전산시스템을 적절한 단계로 구분하여 집행될 수 있도록 설계하여야 하고, 준법감시업무가 효율적으로 수행될 수 있도록 충분한 경험과 능력을 갖춘 적절한 수의 인력으로 구성된 지원조직('준법감시부서')을 갖추어 준법감시인의 직무수행을 지원하여야 한다.

지배구조법에서는 금융투자업자에 대하여 내부통제기준을 마련하여 운영할 것을 법적 의무로 요구하고 있다(지배구조법 제24조 제1항, 협회 영업규정 제8-1조). 여기서 '내부통제기준'은 금융투자업자가 법령을 준수하고, 자산을 건전하게 운용하며, 이해상충방지 등 금융소비자를 보호하기 위하여 그 금융투자업자의 임직원이 직무를 수행함에 있어서 준수하여야 할 적절한 기준 및 절차를 정한 것을 말하며, 내부통제기준을 제정하거나 변경하려는 경우 이사회의 결의 등 공식적인 절차를 거쳐야 한다.

또한 준법감시인은 내부통제기준을 기초로 내부통제의 구체적인 지침, 컴플라이언스 매뉴얼(법규 준수 프로그램 포함 가능), 임직원 윤리강령 등을 제정·시행할 수 있다.[3]

이에 더하여 2021년 시행된 금융소비자보호법에서는 기존의 준법감시제도 안에 통합되어 있던 금융소비자보호의 영역을 별도의 '금융소비자보호 내부통제활동'으로 명확하게 분리하고 있다. 금융소비자보호 내부통제활동은 앞서 '금융소비자 보호 의무'에서 기본적인 체계와 각 주체별 역할 등에 대해 다루었으므로 이 장에서 별도로 다루지는 않는다.

3) 내부통제의 주체별 역할

(1) 이사회

회사의 내부통제의 근간이 되는 내부통제체제 구축 및 운영에 관한 기준을 정한다.

(2) 대표이사

내부통제체제의 구축 및 운영에 필요한 제반사항을 수행·지원하고 적절한 내부통제 정책을 수립하여야 하며, 다음 각 사항에 대한 책임 및 의무가 있다.

❶ 위법·부당행위의 사전예방에 필요한 내부통제체제의 구축·유지·운영 및 감독

3 표준내부통제기준 제12조

❷ 내부통제체제의 구축·유지·운영에 필요한 인적·물적 자원을 지원

❸ 조직 내 각 업무분야에서 내부통제와 관련된 제반 정책 및 절차가 지켜질 수 있도록 각 부서 등 조직 단위별로 적절한 임무와 책임 부여

❹ 매년 1회 이상 내부통제 체제·운영실태의 정기점검 및 점검 결과의 이사회 보고. 이 경우 대표이사는 내부통제 체계·운영에 대한 실태점검 및 이사회 보고 업무를 준법감시인에게 위임할 수 있다.

(3) 준법감시인

❶ 임면 등

준법감시인은 이사회 및 대표이사의 지휘를 받아 금융투자회사 전반의 내부통제 업무를 수행한다. 표준내부통제기준 제14조 제1항에서는 금융투자회사(외국금융투자회사의 국내지점은 제외한다)가 준법감시인을 임면하려는 경우에는 이사회의 의결을 거쳐야 하며, 해임할 경우에는 이사 총수의 3분의 2 이상의 찬성으로 의결하도록 규정하고 있는데 이는 내부통제활동을 수행하는 준법감시인의 독립성을 강화하기 위한 강제규정이다. 또한 같은 조 제2항에서는 "회사는 사내이사 또는 업무집행책임자 중에서 준법감시인을 선임"할 것, 즉 통상의 회사에서 임원급 이상으로 준법감시인 선임을 요구하고 있는데 이는 내부통제활동의 특성상 상대적으로 낮은 직책의 준법감시인은 효율적으로 그 업무를 수행할 가능성이 높지 않을 수 있기 때문이다. 아울러 임기는 '2년 이상'으로 할 것으로 요구하고 있어 전반적으로 준법감시인의 지위와 독립성을 보장하고 있다. 한편 금융투자회사가 준법감시인을 임면한 때에는 지배구조법 시행령 제25조 제1항에 따라 임면일로부터 7영업일 이내에 금융위원회에 보고해야 한다.

또한 지배구조법 제25조 제6항에 따라 금융투자회사는 준법감시인에 대하여 회사의 재무적 경영성과와 연동하지 아니하는 별도의 보수지급 및 평가 기준을 마련·운영하여야 하며, 이 또한 준법감시인의 역할 수행에 대한 독립성을 강화하기 위한 조치 중 하나이다.

❷ 권한 및 의무

준법감시인은 내부통제활동을 수행함에 있어 아래의 권한 및 의무를 가진다.

ㄱ. 내부통제기준 준수 여부 등에 대한 정기 또는 수시 점검

ㄴ. 업무전반에 대한 접근 및 임직원에 대한 각종 자료나 정보의 제출 요구권

ㄷ. 임직원의 위법·부당행위 등과 관련하여 이사회, 대표이사, 감사(위원회)에 대한 보고 및 시정 요구

ㄹ. 이사회, 감사위원회, 기타 주요 회의에 대한 참석 및 의견진술

ㅁ. 준법감시 업무의 전문성 제고를 위한 연수프로그램의 이수

ㅂ. 기타 이사회가 필요하다고 인정하는 사항

❸ 위임

준법감시인은 위임의 범위와 책임의 한계 등이 명확히 구분된 경우 준법감시업무 중 일부를 준법감시업무를 담당하는 임직원에게 위임할 수 있다. 이때, 준법감시업무의 효율적 수행을 위하여 부점별 또는 수 개의 부점을 하나의 단위로 하여 준법감시인의 업무의 일부를 위임받아 직원의 관계법령 등 및 표준내부통제기준의 준수 여부를 감독할 관리자를 지명할 수 있다.

(4) 지점장

지점장(회사가 정하는 영업부문의 장을 포함한다)은 소관 영업에 대한 내부통제업무의 적정성을 정기적으로 점검하여 그 결과를 대표이사에 보고하고, 관계법령 등의 위반 행위가 발생한 경우 재발방지 대책을 마련·시행하여야 한다. 이 경우 대표이사는 지점장의 점검결과를 보고받는 업무를 준법감시인에게 위임할 수 있다.

(5) 임직원

임직원은 직무를 수행할 때 자신의 역할을 이해하고 관련 법령 등, 내부통제기준 및 윤리강령 등을 숙지하고 이를 충실히 준수하여야 한다. 또한, 관계법령 등 및 내부통제기준, 윤리강령 등의 위반(가능성을 포함)을 인지하는 경우 등 다음의 사항에 대해서는 상위 결재권자와 준법감시인에게 그 사실을 지체 없이 보고하여야 한다.

❶ 자신 또는 다른 임직원이 관계법령 등과 내부통제기준 및 회사의 정책 등을 위반하였거나 위반한 것으로 의심되는 경우

❷ 정부·금융위원회 및 금융감독원(이하 '감독당국'이라 한다), 협회 등이 회사의 주요 내부정보를 요구하는 경우

❸ 위법·부당행위 또는 그러한 것으로 의심이 가는 행위와 연루되었거나 다른 임직원이 연루된 것을 인지한 경우

❹ 임직원이 체포, 기소, 유죄 판결이 난 경우

만일 업무를 수행할 때 관계법령 등, 내부통제기준 및 회사의 정책에 위배되는지의 여부가 의심스럽거나 통상적으로 수행하던 절차 및 기준과 상이한 경우 준법감시인의 확인을 받아야 한다.

(6) 내부통제위원회

❶ 개요

지배구조법 시행령 제19조(내부통제기준 등) 제2항에서 정하고 있는 금융회사(제6조 제3항 각 호의 어느 하나에 해당하는 금융회사는 제외한다)는 내부통제기준의 운영과 관련하여 대표이사를 위원장으로 하는 내부통제위원회를 두어야 한다.

지배구조법 제24조 제3항 및 같은 법 시행령 제19조 제3항에 근거하여 금융투자협회의 표준내부통제기준 제11조에서는 금융투자회사의 경우 대표이사를 위원장으로 하여 준법감시인, 위험관리책임자 및 그 밖에 내부통제 관련 업무 담당 임원을 위원으로 하는 내부통제위원회를 두도록 규정하고 있다. 내부통제위원회는 매 반기별 1회 이상 회의를 개최하여야 하며, 다음의 역할을 수행한다.

ㄱ. 내부통제 점검결과의 공유 및 임직원 평가 반영 등 개선방안 검토

ㄴ. 금융사고 등 내부통제 취약부분에 대한 점검 및 대응방안 마련

ㄷ. 내부통제 관련 주요 사항 협의

ㄹ. 임직원의 윤리의식·준법의식 제고 노력

또한 내부통제위원회는 출석위원, 논의안건 및 회의결과 등 회의 내용을 기재한 의사록을 작성·보관하여야 한다.

❷ 예외

지배구조법 시행령 제6조 제3항에서 정하는 아래의 금융투자회사는 예외적으로 내부통제위원회를 두지 않을 수 있다.

ㄱ. 최근 사업연도말 현재 자산총액이 7천억 원 미만인 상호저축은행

ㄴ. 최근 사업연도말 현재 자산총액이 5조 원 미만인 금융투자업자 또는 자본시장법에 따른 종합금융회사(이하 '종합금융회사'라 한다). 다만, 최근 사업연도말 현재 그 금융투자업자가 운용하는 자본시장법 제9조 제20항에 따른 집합투자재산(이하 '집합투자재산'이라 한다), 같은 법 제85조 제5호에 따른 투자일임재산(이하 '투자일임재산'이라 한다) 및 신탁재산(자본시장법 제3조 제1항 제2호에 따른 관리형신탁의 재산

은 제외한다. 이하 같다)의 전체 합계액이 20조 원 이상인 경우는 제외한다.

ㄷ. 최근 사업연도말 현재 자산총액이 5조 원 미만인 「보험업법」에 따른 보험회사(이하 '보험회사'라 한다)

ㄹ. 최근 사업연도말 현재 자산총액이 5조 원 미만인 「여신전문금융업법」에 따른 여신전문금융회사(이하 '여신전문금융회사'라 한다)

ㅁ. 그 밖에 자산규모, 영위하는 금융업무 등을 고려하여 금융위원회가 정하여 고시하는 자

(7) 준법감시부서

❶ 구성

지배구조법 시행령 제19조 제4항에 따라 금융회사는 준법감시업무가 효율적으로 수행될 수 있도록 충분한 경험과 능력을 갖춘 적절한 수의 인력으로 구성된 내부통제전담조직(이하 '준법감시부서'라 한다)을 갖추어 준법감시인의 직무수행을 지원하여야 함. 또한 IT부문의 효율적인 통제를 위하여 필요하다고 인정되는 경우 준법감시부서 내에 IT분야의 전문지식이 있는 전산요원을 1인 이상 배치하여야 한다. 이와는 별도로 준법감시업무에 대한 자문기능의 수행을 위하여 준법감시인, 준법감시부서장, 인사담당부서장 및 변호사 등으로 구성된 준법감시위원회를 설치·운영할 수 있으며, 기타 준법감시조직과 관련한 회사의 조직 및 업무분장은 사규에서 정하는 바에 따른다.

❷ 준법감시업무의 독립성 확보

지배구조법 제30조에 따라 금융회사는 준법감시인 및 준법감시부서의 직원이 자신의 직무를 공정하게 수행할 수 있도록 업무의 독립성을 보장하여야 하며, 그 직무수행과 관련된 사유로 부당한 인사상의 불이익을 주어서는 아니 된다. 한편, 준법감시인 및 준법감시부서 직원은 선량한 관리자로서의 주의의무를 다하여 직무를 수행하여야 하며, 다음의 업무를 수행하여서는 아니 된다.

ㄱ. 자산 운용에 관한 업무

ㄴ. 회사의 본질적 업무(법 시행령 제47조 제1항에 따른 업무를 말한다) 및 그 부수업무

ㄷ. 회사의 겸영업무(법 제40조에 따른 업무를 말한다)

ㄹ. 위험관리 업무

다만, 지배구조법 시행령 제20조 제2항에 해당하는 아래 회사의 준법감시부서는

예외적으로 위험관리업무를 같이 수행할 수 있음

ㄱ. 최근 사업연도말 현재 자산총액이 7천억 원 미만인 상호저축은행

ㄴ. 최근 사업연도말 현재 자산총액이 5조 원 미만인 금융투자업자. 다만, 최근 사업연도말 현재 운용하는 집합투자재산, 투자일임재산 및 신탁재산의 전체 합계액이 20조 원 이상인 금융투자업자는 제외

ㄷ. 최근 사업연도말 현재 자산총액이 5조 원 미만인 보험회사

ㄹ. 최근 사업연도말 현재 자산총액이 5조 원 미만인 여신전문금융회사

ㅁ. 그 밖에 자산규모, 영위하는 금융업무 등을 고려하여 금융위원회가 정하여 고시하는 자

하지만 예외대상에 해당하는 금융회사라 할지라도 해당 회사가 주권상장법인으로서 최근 사업연도말 현재 자산총액이 2조 원 이상인 경우는 준법감시인이 위험관리 업무를 같이 수행할 수 없다는 점에 유의하여야 한다.

4) 준법감시체제의 운영

(1) 체제의 구축

회사는 임직원의 업무수행의 공정성 제고 및 위법·부당행위의 사전 예방 등에 필요한 효율적인 준법감시체제를 구축·운영하여야 하며, 그 체제는 다음의 사항을 수행할 수 있어야 한다.

❶ 관계법령 등의 준수 프로그램의 입안 및 관리

❷ 임직원의 관계법령 등의 준수 실태 모니터링 및 시정조치

❸ 이사회, 이사회 산하 각종 위원회 부의사항에 대한 관계법령 등의 준수 여부의 사전 검토 및 정정 요구

❹ 정관·사규 등의 제정 및 개폐, 신상품개발 등 새로운 업무 개발시 관계법령 등의 준수 여부 사전 검토 및 정정 요구

❺ 임직원에 대한 준법 관련 교육 및 자문

❻ 금융위원회, 금융감독원, 금융투자협회, 한국거래소, 감사위원회와의 협조 및 지원

❼ 이사회, 경영진 및 유관부서에 대한 지원

❽ 기타 상기 사항에 부수되는 업무

(2) 준법감시 프로그램의 운영

준법감시인은 임직원의 관계법령 등 및 내부통제기준의 준수 여부를 점검하기 위하여 회사의 경영 및 영업활동 등 업무 전반에 대한 준법감시 프로그램을 구축·운영하여야 한다. 준법감시 프로그램은 관계법령 등 및 내부통제기준에서 정하는 내용을 포함하여 구축·운영되어야 하며, 적시적으로 보완이 이루어져야 하고, 준법감시인은 이 프로그램에 따라 임직원의 관계법령 등 및 내부통제기준의 준수 여부를 점검하고, 그 결과를 기록·유지하여야 한다.

또한, 준법감시인은 준법감시 프로그램에 따른 점검결과 및 개선계획 등을 주요 내용으로 하는 내부통제보고서를 대표이사에게 정기적으로 보고하여야 하며, 특별한 사유가 발생한 경우에는 지체 없이 보고하여야 한다. 한편, 이러한 점검의 결과 준법감시 업무 관련 우수자가 있는 경우 준법감시인은 인사상 또는 금전적 혜택을 부여하도록 회사에 요청할 수 있다.

5) 관련 제도

(1) 준법서약 등

금융투자업 종사자는 회사가 정하는 준법서약서를 작성하여 준법감시인에게 제출하여야 한다. 회사마다 다르기는 하겠지만 보통은 신규(경력)직원을 채용할 때와 기존 근무직원을 대상으로 연 1회 정기적으로 받는 경우가 많다. 실제로 외부감독기구의 감사 등에 있어 임직원의 준법서약서 제출 여부가 중요한 이슈로 부각되기도 한다.

회사는 임직원이 관계법령 등과 내부통제기준에서 정하는 금지사항 및 의무사항의 이해에 필요한 교육과정을 수립하고, 정기·비정기적으로 필요한 교육을 실시하여야 한다. 각종 사고의 발생 등을 사전에 예방하기 위한 교육과정 운영의 중요성은 금융투자협회의 '표준내부통제기준' 제20조에서 찾아볼 수 있는데, 여기에서는 필수적으로 운영하여야 하는 내부통제 관련 교육과정에 반드시 직무윤리 등을 포함해야 할 것을 명시하고 있으며, 교육 미이수자에 대한 관리방안 마련을 의무화하는 등 임직원의 교육에 대한 강제성을 더욱 강화하는 내용을 담고 있다.

또한 준법감시인은 업무수행 과정 중 발생하는 각종 법규 관련 의문사항에 대하여 임직원이 상시 필요한 지원 및 자문을 받을 수 있도록 적절한 절차를 마련·운영하여야 한다.

(2) 윤리강령의 제정 및 운영

회사는 임직원이 금융투자업무를 수행하는 데 필요한 직무윤리와 관련된 윤리강령을 제정·운영하여야 하며, 윤리위반 신고처 운영, 위반 시 제재조치 등과 같은 윤리강령의 실효성 확보를 위한 사내 체계를 구축·운영하여야 한다.

(3) 임직원 겸직에 대한 평가 · 관리

준법감시 담당부서는 해당 회사의 임직원이 지배구조법 제10조 제2항부터 제4항까지의 규정에 따라 다른 회사의 임직원을 겸직하려는 경우 겸직 개시 전에 겸직의 내용이 다음의 사항에 해당하는지를 검토하고, 주기적으로 겸직 현황을 관리하여야 한다.

❶ 회사의 경영건전성을 저해하는지 여부
❷ 고객과의 이해상충을 초래하는지 여부
❸ 금융시장의 안정성을 저해하는지 여부
❹ 금융거래질서를 문란하게 하는지 여부

만일 준법감시 담당부서에서 임직원의 겸직에 대한 검토·관리 결과 및 겸직 수행과정에서 상기의 사항에 해당하는 위험이 발생하거나 발생 가능성이 있다고 판단하는 경우에는 위험 방지를 위한 적절한 조치를 취하고 준법감시인에게 그 사실을 보고하여야 하며, 준법감시인은 보고를 받아 검토한 결과 필요하다고 인정하는 경우 겸직내용의 시정 및 겸직 중단 등의 조치를 취할 것을 요구할 수 있다.

(4) 내부제보(고발)제도

회사는 내부통제의 효율적 운영을 위하여 임직원이 회사 또는 다른 임직원의 위법·부당한 행위 등을 회사에 신고할 수 있는 내부제보제도를 운영하여야 하며, 이에 필요한 세부운영지침을 정할 수 있다. 내부제보제도에는 내부제보자에 대한 비밀보장, 불이익 금지 등 내부제보자 보호와 회사에 중대한 영향을 미칠 수 있는 위법·부당한 행위를 인지하고도 회사에 제보하지 않는 미제보자에 대한 불이익 부과 등에 관한 사항이 반드시 포함되어야 한다.

만일 내부제보자가 제보행위를 이유로 인사상 불이익을 받은 것으로 인정되는 경우 준법감시인은 회사에 대해 시정을 요구할 수 있으며, 회사는 정당한 사유가 없는 한 이에 응하여야 한다. 또한 준법감시인(또는 감사)은 내부제보 우수자를 선정하여 인사상 또는 금전적 혜택을 부여하도록 회사에 요청할 수 있으나, 내부제보자가 원하지 아니하는 경우에는 요청하지 않을 수 있다.

회사마다 약간씩 다를 수 있으나 통상 내부제보의 대상은 아래와 같다.

❶ 업무수행과 관련한 관계법령 등 또는 회사의 윤리강령, 규정, 준칙 등의 사규 위반행위

❷ 부패행위 및 기타 위법·부당한 행위 또는 이런 행위의 지시

❸ 횡령, 배임, 공갈, 절도, 직권남용, 관계법령 및 사규 등에서 정하고 있는 범위를 초과하는 금품 또는 향응의 수수 등 기타 범죄 혐의

❹ 성희롱 등 부정한 행위

❺ 현행 제도 시행에 따른 위험, 통제시스템의 허점

❻ 사회적 물의를 야기하거나 회사의 명예를 훼손시킬 수 있는 대내외 문제

❼ 기타 사고의 방지 및 내부통제를 위해 필요한 사항 등

일부 금융투자회사는 이러한 내부제보제도에 더하여 계약관계에 있는 상대방, 금융소비자를 포함한 거래상대방 등으로부터 제보를 받을 수 있는 '외부제보제도'도 같이 운영하고 있다.

(5) 명령휴가제도

회사는 임직원의 위법·부당한 행위를 사전에 방지하기 위하여 명령휴가제도를 운영하여야 한다. 명령휴가제도란, 금융사고 발생 우려가 높은 업무를 수행하고 있는 임직원을 대상으로 일정 기간 휴가를 명령하고, 동 기간 중 해당 임직원의 업무수행 적정성을 점검하는 제도를 말한다. 그 적용대상, 실시주기, 명령휴가 기간, 적용 예외 등 명령휴가제도 시행에 필요한 사항은 회사의 규모 및 인력 현황 등을 고려하여 별도로 정할 수 있다.

최근 금융회사는 물론 다양한 분야에서 임직원 등 내부자의 거액 횡령 등 사고가 급증하고 있어 각 금융회사에서는 명령휴가제도의 도입 및 실행 여부가 더욱 중요한 이슈가 되고 있으며 향후에도 명령휴가제도를 실행하는 금융회사는 더욱 많아질 것으로 전망된다.

(6) 직무분리기준 및 신상품 도입 관련 업무절차

회사는 입·출금 등 금융사고 발생 우려가 높은 단일거래(단일거래의 범위는 회사가 정한다)에 대해 복수의 인력(또는 부서)이 참여하도록 하거나, 해당 업무를 일선, 후선 통제절차 등으로 분리하여 운영토록 하는 직무분리기준을 마련·운영하여야 한다. 또한, 앞에서 다룬 바와 같이 금융소비자보호법의 시행으로 인해 새로운 금융상품 개발 및 금융상품 판매 과정에서 금융소비자보호 및 시장질서 유지 등을 위하여 준수하여야 할 업무절차를 마련·운영하여야 한다.

6) 영업점에 대한 내부통제

(1) 영업점별 영업관리자

금융투자회사의 표준내부통제기준에서는 영업점에 관한 내부통제를 별도로 다루고 있는데 이는 영업점이 금융소비자와 가장 가까운 접점이기 때문이다. 이에 따라 준법감시인이 영업점에 대한 내부통제를 위하여 권한을 위임하는 영업점별 영업관리자에 대해서는 그 자격을 엄격히 규정하고 있는바, 그 요건은 다음과 같다.

❶ 영업점에서 1년 이상 근무한 경력이 있거나 준법감시·감사업무를 1년 이상 수행한 경력이 있는 자로서 당해 영업점에 상근하고 있을 것

❷ 본인이 수행하는 업무가 과다하거나 수행하는 업무의 성격으로 인하여 준법감시업무에 곤란을 받지 아니할 것

❸ 영업점장이 아닌 책임자급일 것. 다만, 당해 영업점의 직원 수가 적어 영업점장을 제외한 책임자급이 없는 경우에는 그러하지 아니하다.

❹ 준법감시업무를 효과적으로 수행할 수 있는 충분한 경험과 능력, 윤리성을 갖추고 있을 것

다만, 다음 각 요건을 모두 충족하는 경우 예외적으로 1명의 영업관리자가 2 이상의 영업점을 묶어 영업관리자의 업무를 수행할 수 있다.

❶ 감독대상 영업직원 수, 영업규모와 내용 및 점포의 지역적 분포가 단일 영업관리자만으로 감시·감독하는 데 특별한 어려움이 없을 것

❷ 해당 영업관리자가 대상 영업점 중 1개의 영업점에 상근하고 있을 것

❸ 해당 영업관리자가 수행할 업무의 양과 질이 감독업무 수행에 지장을 주지 아니할 것

영업관리자는 해당 영업점에서 금융투자상품의 거래에 관한 지식과 경험이 부족하여 투자중개업자의 투자권유에 사실상 의존하는 금융소비자의 계좌를 별도로 구분하여 이들 계좌의 매매거래상황 등을 주기적으로 점검하고, 직원의 투자권유 등 업무수행을 할 때 관련 법규 및 내부통제기준을 준수하고 있는지 여부를 감독하여야 한다. 한편, 준법감시인은 영업점별 영업관리자에 대하여 연간 1회 이상 법규 및 윤리 관련 교육을 실시하여야 한다. 회사는 영업점별 영업관리자의 임기를 1년 이상으로 하여야 하고, 영업점별 영업관리자가 준법감시업무로 인하여 인사·급여 등에서 불이익을 받지 아니하도록 하여야 하며, 영업점별 영업관리자에게 업무수행 결과에 따라 적절한 보상을 지급할 수 있다.

(2) 내부통제활동

회사는 영업점에 대한 실질적인 통제가 가능하도록 다음 각 사항을 포함한 세부기준을 제정·운영하여야 한다.

❶ 영업점의 영업 및 업무에 대한 본사의 통제 방식과 내용
❷ 영업점 근무 직원의 인사채용 및 관리의 독립성
❸ 영업점 소속 임직원의 성과 및 보수체계의 내용과 그 독립성
❹ 본사와 해당 영업직원 간의 계약 내용

만일 회사가 특정 금융소비자를 위하여 전용공간을 제공하는 경우에는 다음 각 사항을 준수하여야 한다.

❶ 당해 공간은 직원과 분리되어야 하며, 영업점장 및 영업점 영업관리자의 통제가 용이한 장소에 위치
❷ 사이버룸의 경우 반드시 "사이버룸"임을 명기(문패 부착)하고 외부에서 내부를 관찰할 수 있도록 개방형 형태로 설치
❸ 회사는 다른 고객이 사이버룸 사용 고객을 직원으로 오인하지 아니 하도록 사이버룸 사용 고객에게 명패, 명칭, 개별 직통전화 등을 사용하도록 하거나 제공하여서는 아니 됨

④ 영업점장 및 영업관리자는 사이버룸 등 고객전용공간에서 이루어지는 매매거래의 적정성을 모니터링하고 이상매매가 발견되는 경우 지체 없이 준법감시인에게 보고

영업점은 영업점의 업무가 관계법령 등에서 정하는 기준에 부합하는 방식으로 처리되었는지 자체점검을 실시하여야 하며, 회사는 이에 필요한 영업점의 자체점검 방법, 확인사항, 실시주기 등에 관한 기준을 마련·운영하여야 한다. 이를 위해 대부분의 회사는 명칭은 다를 수 있으나 '내부통제 자체 체크리스트' 등의 이름으로 영업점의 내부통제활동 수행에 대한 점검을 정기적으로 실행하고 있다.

2 내부통제기준 위반 시 회사의 조치 및 제재

1) 개인에 대한 조치

회사는 내부통제기준 위반자에 대한 처리기준을 사전에 규정하고, 위반자에 대해서는 엄정하고 공정하게 조치하여야 한다. 내부통제 위반자의 범위에는 내부통제기준을 직접 위반한 자뿐만 아니라, 지시·묵인·은폐 등에 관여한 자, 다른 사람의 위반사실을 고의로 보고하지 않은 자, 기타 내부통제기준의 운영을 저해한 자를 포함한다.

회사 및 준법감시인은 관계법령 등의 준수 여부에 대한 점검결과 임직원의 위법·부당행위를 발견한 경우 유사 행위가 재발하지 아니하도록 해당 임직원에 대한 제재, 내부통제제도의 개선 등 필요한 조치를 신속히 취하여야 한다. 위반자에 대한 제재는 관계법령 등에 규정된 사항을 먼저 적용하며, 사규 등에서 정한 사항을 위반한 경우는 통상 회사별로 마련된 징계규정이 정하는 절차와 제재수위가 적용된다.

이에 따른 회사의 조치에 대하여 관련 임직원은 회사가 정한 절차에 따라 회사에 이의를 신청할 수 있으며, 당해 임직원은 그 사유를 명확히 하고 필요한 증빙자료를 첨부하여야 한다.

2) 회사에 대한 조치

(1) 1억 원 이하의 과태료 부과(지배구조법 제43조 제1항)

아래의 경우 금융투자회사에 대해 1억 원 이하의 과태료를 부과한다.

❶ 내부통제기준을 마련하지 아니한 경우
❷ 준법감시인을 두지 아니한 경우
❸ (적용대상 회사인 경우) 사내이사 또는 업무집행책임자 중에서 준법감시인을 선임하지 않은 경우
❹ 이사회 결의를 거치지 아니하고 준법감시인을 임면한 경우
❺ 금융위원회가 위법·부당한 행위를 한 회사 또는 임직원에게 내리는 제재조치를 이행하지 않은 경우

(2) 3천만 원 이하의 과태료 부과(지배구조법 제43조 제2항)

아래의 경우에는 3천만 원 이하의 과태료를 부과한다.

❶ 준법감시인에 대한 별도의 보수지급 및 평가기준을 마련·운영하지 않은 경우
❷ 준법감시인이 아래의 업무를 겸직하거나 이를 겸직하게 한 경우
ㄱ. 자산 운용에 관한 업무
ㄴ. 해당 금융회사의 본질적 업무(해당 금융회사가 인가를 받거나 등록을 한 업무와 직접적으로 관련된 필수업무로서 대통령령으로 정하는 업무를 말한다) 및 그 부수업무
ㄷ. 해당 금융회사의 겸영(兼營)업무
ㄹ. (금융지주회사의 경우) 자회사 등의 업무(금융지주회사의 위험관리책임자가 그 소속 자회사 등의 위험관리업무를 담당하는 경우는 제외한다)
ㅁ. 그 밖에 이해가 상충할 우려가 있거나 내부통제 및 위험관리업무에 전념하기 어려운 경우로서 대통령령으로 정하는 업무

(3) 2천만 원 이하의 과태료 부과(지배구조법 제43조 제3항)

금융회사가 지배구조법 제30조 제2항 및 동법 시행령에 따른 준법감시인의 임면 사실을 금융위원회에 보고하지 않은 경우 등에는 2천만 원 이하의 과태료 부과대상이 된다.

section 02 직무윤리 위반행위에 대한 제재

앞에서 설명한 바와 같이 우리나라는 직무윤리의 위반행위에 대한 제재 수준이 미국이나 일본에 비해 상대적으로 크지 않은 것으로 보이나, 이를 개선하기 위한 노력이 계속되고 있다. 현재는 자본시장법이나 지배구조법 등의 관계법령에서 조항으로 명문화시킨 직무윤리는 위반 시 그에 따른 제재가 명확히 규정되어 있다. 금융투자협회가 제정한 '표준내부통제기준'을 바탕으로 회사가 자율적으로 제정한 회사별 내부통제기준, 윤리강령 등의 윤리기준을 위반하는 경우는 해당 회사가 정한 사규 등에 따라 그 제재수위가 정해진다.

사규에 따른 제재는 회사별로 다를 수 있으므로 이 절에서는 금융투자회사에 공통적으로 적용되는 제재를 중심으로 살펴보기로 한다.

1 자율규제

금융투자협회는 회원 간의 건전한 영업질서 유지 및 투자자 보호를 위한 자율규제업무를 담당한다(자본시장법 제286조 제1항 제1호). 그 일환으로 협회는 회원인 금융투자업자와 그 소속 임직원이 관련 법령과 직무윤리를 준수하도록 하며, 그 위반행위에 대해서는 주요 직무 종사자의 등록 및 관리권과 회원의 제명 또는 그 밖의 제재권(회원의 임직원에 대한 제재의 권고를 포함)을 발동할 수 있다.[4]

2 행정제재

행정제재는 금융감독기구인 금융위원회, 증권선물위원회 등에 의한 제재가 중심이 된다.

4 그 구체적인 내용은 금융투자협회의 「자율규제위원회 운영 및 제재에 관한 규정」에 규정되어 있다.

1) 금융투자업자에 대한 제재권

(1) 금융위원회의 조치명령권

자본시장법 제415조에 따르면 금융위원회는 투자자를 보호하고 건전한 거래질서를 유지하기 위하여 금융투자업자가 관계법령 등을 적절히 준수하는지 여부를 감독하여야 할 의무가 있다. 이에 따라 다음의 사항에 대해서는 금융투자회사에 대해 필요한 조치를 명할 수 있다.

❶ 금융투자업자의 고유재산 운용에 관한 사항
❷ 투자자 재산의 보관·관리에 관한 사항
❸ 금융투자업자의 경영 및 업무개선에 관한 사항
❹ 각종 공시에 관한 사항
❺ 영업의 질서유지에 관한 사항
❻ 영업방법에 관한 사항
❼ 장내파생상품 및 장외파생상품의 거래규모의 제한에 관한 사항
❽ 그 밖에 투자자 보호 또는 건전한 거래질서를 위하여 필요한 사항으로서 대통령령으로 정하는 사항

특히 ❼의 장내파생상품의 거래규모의 제한에 관한 사항은 금융투자업자가 아닌 위탁자(금융소비자)에게도 필요한 조치를 명할 수 있다.

(2) 금융투자업 인가 또는 금융투자업 등록의 취소권

금융위원회는 다음의 어느 하나에 해당하는 경우 금융투자업 인가 취소 또는 금융투자업 등록 취소의 권한을 가진다.

❶ 거짓, 그 밖의 부정한 방법으로 금융투자업의 인가를 받거나 등록한 경우
❷ 인가조건을 위반한 경우
❸ 인가요건 또는 등록요건의 유지의무를 위반한 경우
❹ 업무의 정지기간 중에 업무를 한 경우
❺ 금융위원회의 시정명령 또는 중지명령을 이행하지 아니한 경우
❻ 자본시장법 별표 1 각 호의 어느 하나에 해당하는 경우로서 대통령령으로 정하

는 경우

❼ 대통령령으로 정하는 금융 관련 법령 등을 위반한 경우로서 대통령령으로 정하는 경우

❽ 그 밖에 투자자의 이익을 현저히 해할 우려가 있거나 해당 금융투자업을 영위하기 곤란하다고 인정되는 경우로서 대통령령으로 정하는 경우

만일 이를 위반하는 경우 금융위원회는 다음의 조치가 가능하다.

❶ 6개월 이내의 업무의 전부 또는 일부의 정지

❷ 신탁계약, 그 밖의 계약의 인계명령

❸ 위법행위의 시정명령 또는 중지명령

❹ 위법행위로 인한 조치를 받았다는 사실의 공표명령 또는 게시명령

❺ 기관경고

❻ 기관주의

❼ 그 밖에 위법행위를 시정하거나 방지하기 위하여 필요한 조치로서 대통령령으로 정하는 조치

2) 금융투자업자의 임직원에 대한 조치권

자본시장법 제422조 제1항 및 지배구조법 제35조 제1항에 따라 금융위원회는 금융투자업자의 임원에 대해서는 해임요구, 6개월 이내의 직무정지(또는 임원의 직무를 대행하는 관리인의 선임), 문책경고, 주의적 경고, 주의, 그 밖에 위법행위를 시정하거나 방지하기 위하여 필요한 조치로서 자본시장법 및 지배구조법의 각 시행령으로 정하는 조치 등을 할 수 있다.

금융투자업자의 직원에 대해서는 자본시상법 제422조 제2항 및 지배구조법 제35조 제2항에 따라 면직, 6개월 이내의 정직, 감봉, 견책, 경고(참고로 지배구조법에서는 자본시장법과는 달리 직원에 대한 조치로서 '경고'조치를 명시하고 있지 않다), 주의, 그 밖에 위법행위를 시정하거나 방지하기 위하여 필요한 조치로서 자본시장법 시행령으로 정하는 조치 등을 취할 수 있다.

3) 청문 및 이의신청

금융위원회가 다음 사항의 처분 또는 조치를 하고자 하는 경우에는 자본시장법 제423조에 따라 반드시 청문을 실시하여야 한다.

❶ 종합금융투자사업자에 대한 지정의 취소
❷ 금융투자상품거래청산회사에 대한 인가의 취소
❸ 금융투자상품거래청산회사 임직원에 대한 해임요구 또는 면직 요구
❹ 신용평가회사에 대한 인가의 취소
❺ 신용평가회사 임직원에 대한 해임요구 또는 면직 요구
❻ 거래소 허가의 취소
❼ 거래소 임직원에 대한 해임요구 또는 면직 요구
❽ 금융투자업에 대한 인가·등록의 취소
❾ 금융투자업자 임직원에 대한 해임요구 또는 면직 요구

만일 금융위원회의 처분 또는 조치에 대해 불복하는 자는 해당 처분 또는 조치의 고지를 받는 날로부터 30일 이내에 그 사유를 갖추어 금융위원회에 이의신청을 할 수 있다. 이때, 금융위원회는 해당 이의신청에 대해 60일 이내에 결정을 하여야 하며, 부득이한 사정으로 그 기간 내에 결정을 할 수 없을 경우에는 30일의 범위에서 그 기간을 연장할 수 있다.

3 민사책임

직무윤리의 위반이 동시에 법 위반으로 되는 경우에는 이에 대한 법적 제재가 따르게 된다. 법 위반에 대한 사법적 제재로는 당해 행위의 실효(失效)와 손해배상책임을 묻는 방법 등이 있다.

(1) 법률행위의 실효(失效)

법률행위에 하자가 있는 경우, 그 하자의 경중에 따라 중대한 하자가 있는 경우에는 '무효'로 하고, 이보다 가벼운 하자가 있는 경우에는 '취소'할 수 있는 행위가 된다.

또한, 계약당사자 일방의 채무불이행으로 계약의 목적을 달성할 수 없는 경우, 그것

이 일시적 거래인 경우에는 계약을 '해제'할 수 있고, 그것이 계속적인 거래인 경우에는 계약을 '해지'할 수 있다. 계약을 해제하면 계약이 소급적으로 실효되어 원상회복의무가 발생하고, 계약을 해지하면 해지시점부터 계약이 실효된다.

(2) 손해배상

채무불이행(계약책임) 또는 불법행위에 의하여 손해를 입은 자는 배상을 청구할 수 있다.

계약책임은 계약관계(privity of contract)에 있는 당사자(주로 채권자와 채무자) 사이에 계약위반을 이유로 한다. 이때, 불법행위책임은 계약관계의 존부를 불문하고, '고의 또는 과실'의 '위법행위'로 타인에게 '손해'를 가한 경우를 말하고, 가해자는 피해자에게 발생한 손해를 배상하여야 한다(민법 750조).

4 형사책임

자본시장의 질서유지를 위하여 법 위반행위에 대하여는 형법과 자본시장법 등의 각종 관련법에서 형벌조항을 두고 있다(자본시장법 제443~제448조 등). 형사처벌은 법에서 명시적으로 규정하고 있는 것에 한정하며(죄형법정주의), 그 절차는 형사소송법에 의한다. 또 행위자와 법인 양자 모두를 처벌하는 양벌규정을 두는 경우가 많다.

5 시장의 통제

직무윤리강령 및 직무윤리기준을 위반한 행위에 대하여 아무런 법적 제재를 받지 않을 수도 있다. 그러나 이에 대한 금융소비자를 비롯하여 시장으로부터의 신뢰상실과 명예실추, 관계의 단절은 직업인으로서 당해 업무에 종사하는 자에게 가해지는 가장 무섭고 만회하기 어려운 제재와 타격이 된다.

사례

금융기관 종사자의 고객자금 횡령 및 제재

○○증권회사 영업점에서 근무하는 업무팀장 A는 2012.2.10.~5.25 기간 중 고객 5명의 6개 계좌에서 무단으로 발급처리한 증권카드와 고객으로부터 매매주문 수탁 시 취득한 비밀번호를

이용하여 업무용 단말기로 고객의 자금을 남자친구인 B 명의의 계좌로 이체하는 방법으로 총 16회에 걸쳐 15억 6천만 원을 횡령하였다.

직원의 남자친구 명의 계좌는 직원의 계산으로 2010.6.14. 개설된 것으로서 내부통제기준상 증권회사 직원의 매매가 금지된 코스피200 선물·옵션을 매매하였으며, 준법감시인에게 계좌 개설사실을 신고하지 않고 분기별로 매매명세를 통지하지도 않았다.

또한 위의 횡령계좌들 중 3명의 명의로 된 3개 계좌에서 위탁자로부터의 매매주문 수탁 없이 21개 종목, 13억 4천 1백만 원 상당을 임의로 매매하였다.

위와 같은 사실은 타인의 재물을 보관하는 자는 업무상의 업무에 위배하여 그 재물을 횡령하여서는 아니 되며, 투자매매업자 또는 투자중개업자는 투자자나 그 대리인으로부터 금융투자상품의 매매주문을 받지 아니하고 투자자로부터 예탁받은 재산으로 금융투자상품 매매를 하여서는 아니 된다는 형법 제355조 제1항 및 제356조, 특정 경제범죄 가중처벌 등에 관한 법률 제3조 제1항 제2호, 자본시장법 제70조를 위반하는 행위이다.

이로 인해 해당 증권회사는 관리책임을 물어 '기관주의' 조치를 받았고, 해당 직원은 형사처벌과는 별도로 면직처리되었다. (제재조치일 : 2013.5.10. / 출처 : 금융감독원 홈페이지)

PART 3

실전예상문제

01 다음 중 직무윤리에 대한 설명으로 적절하지 않은 것은?

① 기업윤리는 조직 구성원 개개인들이 지켜야 하는 윤리적 행동과 태도를 구체화한 것이다.

② 기업윤리와 직무윤리는 흔히 혼용되어 사용되기도 한다.

③ 직무윤리는 미시적인 개념이며, 기업윤리는 거시적인 개념으로 보기도 한다.

④ 윤리경영은 직무윤리를 기업의 경영방식에 도입하는 것으로 간단히 정의될 수 있다.

02 다음 중 신의성실의 원칙에 관한 설명으로 옳지 않은 것은?

① 상대방의 정당한 이익을 배려하여 형평에 어긋나거나 신뢰를 저버리는 일이 없도록 성실하게 행동해야 한다는 것을 말한다.

② 윤리적 원칙이면서 동시에 법적 의무이다.

③ 이해상충의 방지 및 금융소비자보호와 관련된 기본원칙이다.

④ 상품 판매 이전 단계에만 적용되는 원칙이다.

03 다음 중 이해상충 방지에 대한 설명으로 적절하지 않은 것은?

① 금융투자업자는 이해상충 발생 가능성을 파악 평가하고 적절히 관리하여야 한다.

② 금융투자업자는 이해상충 발생 가능성이 있는 경우 그 사실을 해당 투자자에게 미리 알렸다면 별도의 조치 없이 매매 등 그 밖의 거래를 할 수 있다.

③ 금융투자업자는 영위하는 금융투자업 간 또는 계열회사 및 다른 회사와의 이해상충의 발생을 방지하기 위해 정보교류 차단벽(Chinese Wall)을 구축할 의무가 있다.

④ 이해상충 발생을 방지하기 위해 금융소비자가 동의한 경우를 제외하고는 금융투자업자가 거래당사자가 되거나 자기 이해관계인의 대리인이 되어서는 안 된다.

해설

01 ① 직무윤리에 대한 설명이다.

02 ④ 상품 판매 전의 개발단계부터 모든 단계에서 적용된다.

03 ② 이해상충 발생 가능성을 금융소비자에게 미리 알리고 이해상충 발생 가능성을 충분히 낮춘 후에만 거래할 수 있다.

04 다음 중 금융소비자보호의무와 관련한 설명으로 적절하지 않은 것은?

① 상품의 개발단계에서부터 판매 이후의 단계까지 전 단계에 걸쳐 적용된다.

② 금융투자업 종사자의 '전문가로서의 주의의무'와 관련된다.

③ 우리나라는 현재 금융소비자보호법에 따라 관련 절차 등이 규정되어 있다.

④ CCO는 상근감사 직속의 독립적 지위를 갖는다.

05 다음 설명 중 틀린 것은?

① 금융투자업 직무윤리의 기본적인 핵심은 '고객우선의 원칙'과 '신의성실의 원칙'이다.

② 직무윤리가 법제화된 대표적인 사례는 '금융소비자보호의무'와 '이해상충방지의무'이다.

③ 금융소비자를 두텁게 보호하기 위해 대표이사는 법령에 규정된 의무를 모두 본인이 수행하여야 하며, 다른 임원 등에게 위임할 수 없다.

④ 금융소비자 보호에 관한 인식은 국내외를 막론하고 점차 강해지고 있다.

06 다음 중 상품 판매 이전단계에서의 금융소비자보호의무와 가장 거리가 먼 것은?

① 상품 판매 개시 이후 적정한 판매절차를 거쳤는지 점검하는 절차를 마련한다.

② 판매임직원 등의 판매자격 관리절차를 마련한다.

③ 판매임직원 등 대상 교육체계를 마련한다.

④ 해당 상품에 대한 미스터리쇼핑을 자체적으로 실시한다.

해설

04 ④ CCO는 대표이사 직속이다.

05 ③ 금융소비자보호법에서는 대표이사의 고유 권한 중 일부를 금융소비자보호 총괄책임자에게 위임할 수 있도록 허용하고 있다.

06 ④ 미스터리쇼핑은 상품 판매 이후 단계에서 실행하는 절차이다.

07 금융투자회사의 표준윤리준칙 제4조에서는 '회사와 임직원은 (　　)과(와) (　　)를(을) 가장 중요한 가치관으로 삼고, (　)에 입각하여 맡은 업무를 충실히 수행하여야 한다' 라고 규정하고 있다. (　) 안에 들어갈 말을 올바르게 나열한 것은?

① 정직 – 신뢰 – 신의성실의 원칙
② 수익 – 비용 – 효율성의 원칙
③ 공정 – 공평 – 기회균등의 원칙
④ 합리 – 이성 – 독립성의 원칙

08 다음 중 금융투자업 종사자가 고객에게 투자를 권유하거나 이와 관련된 직무를 수행함에 있어 따라야 할 기준으로 적절하지 않은 것은?

① 투자권유 전 고객의 재무상황, 투자경험, 투자 목적에 관하여 적절한 조사를 해야 한다.
② 투자권유 시 환경 및 사정변화가 발생하더라도 일관성 있는 투자권유를 위해 당해 정보를 변경하여서는 안 된다.
③ 고객을 위하여 각 포트폴리오 또는 각 고객별로 투자권유의 타당성과 적합성을 검토하여야 한다.
④ 파생상품등과 같이 투자위험성이 큰 경우 일반 금융투자상품에 요구되는 수준 이상의 각별한 주의를 기울여야 한다.

09 다음 금융투자업 종사자의 대외활동에 관한 설명으로 옳은 것은?

① 회사의 주된 업무수행에 지장을 주어서는 아니 된다.
② 금전적인 보상은 수고에 대한 대가이므로 반드시 신고할 필요는 없다.
③ 회사의 공식의견이 아닌 사견은 대외활동 시 발표할 수 없다.
④ 경쟁회사에 대한 부정적인 언급은 정도가 심하지 않은 경우 허용된다.

해설

07 ①

08 ② 투자권유가 환경 및 사정의 변화를 반영할 수 있도록 당해 정보를 변경하여야 한다.

09 ① 대외활동 시 금전적 보상은 반드시 신고해야 하며, 사견임을 명백히 한 경우는 발표할 수 있다. 또한 경쟁회사에 대한 비방은 금지된다.

10 다음 임의매매와 일임매매에 관한 설명으로 적절하지 않은 것은?

① 자본시장법에서는 임의매매와 일임매매를 엄격히 금지하고 있다.

② 임의매매는 금융소비자의 매매거래에 대한 위임이 없었음에도 금융투자업 종사자가 자의적으로 매매를 한 경우이다.

③ 일임매매는 금융소비자가 매매거래와 관련한 전부 또는 일부의 권한을 금융투자업 종사자에게 위임한 상태에서 매매가 발생한 경우이다.

④ 임의매매와 일임매매는 손해배상책임에 있어 차이가 있다.

11 다음은 상품 판매 이후의 단계에서 실행되는 제도이다. ( )에 들어갈 말을 올바르게 짝지어진 것은?

> ㉠ 해피콜제도는 금융소비자가 상품 가입 후 ( ) 이내에 판매직원이 아닌 제3자가 전화를 통해 불완전판매 여부를 확인하는 제도이다.
> ㉡ 불완전판매보상제도는 금융소비자가 상품 가입 후 ( ) 이내에 불완전판매 행위를 인지한 경우 금융투자회사에서 배상을 신청할 수 있는 제도이다.

① 7일, 15일 ② 7영업일, 15영업일

③ 7일, 15영업일 ④ 7영업일, 15일

12 다음 중 '금융투자회사의 영업 및 업무에 관한 규정'에서 정하고 있는 부당한 재산상 이익의 제공에 해당되지 않는 것은?

① 거래상대방만 참석한 여가 및 오락활동 등에 수반되는 비용을 제공하는 경우

② 제조업체의 고유재산관리를 담당하는 직원에게 문화상품권을 제공하는 경우

③ 자산운용사 직원이 펀드판매 증권사 직원에게 백화점상품권을 제공하는 경우

④ 증권사 직원이 금융소비자에게 펀드 판매사 변경을 이유로 현금을 제공하는 경우

해설

10 ① 일임매매는 일정 조건하에서는 제한적으로 허용되고 있다.

11 ④

12 ② 문화활동을 할 수 있는 용도로만 정해진 문화상품권의 제공은 부당한 재산상 이익의 제공에서 제외된다.

13 **다음 설명 중 맞는 것은?**

① 상품설명서는 금융상품에 대한 설명을 한 이후 금융소비자에게 제공하여야 한다.

② 계약서류는 계약을 체결하고 지체 없이 금융소비자에게 제공하여야 한다.

③ 계약서류의 제공 사실과 관련하여 금융소비자는 본인이 금융상품판매업자가 제공하지 않았음을 증명하여야 한다.

④ 법상 '지체 없이'는 회사에서 별도로 정하는 특정한 기간 이내를 말한다.

14 **다음 위반행위 중 지배구조법에 따른 제재조치가 가장 큰 것은?**

① 이사회 결의 없이 준법감시인을 임면한 경우

② 준법감시인이 자산운용업무를 겸직하게 하는 경우

③ 준법감시인의 임면 사실을 금융위원회에 보고하지 않은 경우

④ 준법감시인에 대한 별도의 보수지급기준 등을 마련하지 않은 경우

15 **다음 재산상 이익의 제공에 관한 설명 중 틀린 것은?**

① 영업직원이 거래상대방으로부터 10만원 상당의 백화점상품권을 수령한 경우 이를 즉시 준법감시인에게 신고하여야 한다.

② 금융투자회사는 거래상대방에게 제공하거나 수령한 재산상 이익의 가액이 10억원을 초과하는 즉시 홈페이지 등을 통해 공시하여야 한다.

③ 금융투자회사는 재산상 이익 제공 현황 및 적정성 점검 결과 등을 매년 대표이사에게 보고하여야 한다.

④ 거래상대방이 금융투자회사인 경우 상호 교차점검을 위해 임직원의 동의를 받은 후 대표이사 명의의 서면으로 관련 자료를 요청하여야 한다.

해설

13 ① 설명서는 설명을 하기 전 금융소비자에게 제공하여야 한다.
③ 계약서류의 제공에 대한 입증책임은 금융상품판매업자에게 있다.
④ '지체 없이'는 몇 시간, 며칠과 같이 특정되는 것이 아니라 사정이 허락하는 한 가장 신속하게 처리해야 하는 기한을 의미한다.

14 ① 1억원 이하 과태료 대상
②, ④ 3천만원 이하 과태료 대상
③ 2천만원 이하 과태료 대상

15 ③ 대표이사가 아니라 이사회에 보고하여야 한다.

16 다음 비밀정보의 관리에 관한 사항 중 맞는 것은?

① 회사의 경영전략이나 새로운 상품 등에 관한 정보는 인쇄된 경우에 한하여 비밀정보로 본다.

② 정보차단벽이 설치된 부서에서 발생한 정보는 비밀정보로 간주되어야 한다.

③ 임직원이 회사를 퇴직하는 경우 본인이 관리하던 고객정보는 향후 관계 유지를 위해 반출할 수 있다.

④ 특정한 정보가 비밀정보인지 불명확할 경우 부서장이 판단하여야 한다.

17 다음 대외활동에 관한 설명 중 틀린 것은?

① 언론기관 접촉이 예정된 경우 예외 없이 관계부서와 반드시 사전협의하여야 한다.

② 회사가 최종 승인하지 않은 홍보물을 사전에 사용하는 행위는 금지된다.

③ 개인이 운영하는 블로그 등에 회사의 상품을 홍보하는 행위는 금지된다.

④ 사전승인절차에서는 대가로 지급받는 보수의 적절성도 같이 검토되어야 한다.

18 다음 사회 등에 대한 윤리에 관한 설명 중 가장 옳은 것은?

① 시장질서 교란행위는 불공정거래행위의 다른 표현으로 그 의미는 같다.

② 미공개정보의 이용에 대한 불공정거래행위의 적용은 내부자, 준내부자 및 미공개정보의 1차 수령자뿐만 아니라 이를 전달한 자까지를 포함한다.

③ 특정한 목적성 없이 금융투자상품의 시세에 영향을 미쳤다면 불공정거래행위로 구분되어 관련 법령의 적용을 받는다.

④ 프로그램 오류로 인한 시세의 급격한 변동은 단순 실수이므로 과징금 등의 벌칙조항의 적용을 받지 않는다.

해설

16 ① 기록여부, 매체여부에 관계없이 비밀정보로 본다.
③ 퇴직예정 임직원 등은 회사 업무와 관련한 정보는 고객정보를 포함하여 모두 회사에 반납하여야 한다.
④ 비밀정보의 판단여부는 준법감시인의 역할이다.

17 ① 예고 없는 언론 인터뷰 등 불가피한 경우 언론기관 접촉 후 즉시 보고하는 등 예외적으로 추인받으면 된다.

18 ① 불공정거래행위와 시장질서교란행위는 대상과 목적성 여부에 따라 적용되는 범위가 다르다.
③ 목적성이 없다면 시장질서 교란행위에 해당한다.
④ 자본시장법 제429조의2에 따라 5억원 이하의 과징금이 부과될 수 있다.

정답 01 ① | 02 ④ | 03 ② | 04 ④ | 05 ③ | 06 ④ | 07 ① | 08 ② | 09 ① | 10 ① | 11 ④ | 12 ② | 13 ② | 14 ① | 15 ③ | 16 ② | 17 ① | 18 ②

part 04

투자자분쟁예방

chapter 01

분쟁예방 시스템

section 01 분쟁에 대한 이해

1 개요

분쟁의 사전적 개념은 "어떤 말썽 때문에 서로 시끄럽게 다투는 일, 또는 그 다툼"이다. 금융투자업자는 금융투자업을 영위하는 과정에서 투자자 혹은 고객과 다양한 거래관계를 형성하게 되며, 거래관계가 수반되는 권리·의무에 대한 상반된 주장을 분쟁이라는 형태로 표출한다.

통상 "금융분쟁"이라 함은 예금자 등 금융소비자 및 기타 이해관계인이 금융 관련 기관의 금융업무 등과 관련하여 권리의무 또는 이해관계가 발생함에 따라 금융 관련 기관을 상대로 제기하는 분쟁을 말한다.

2021년부터 시행된 금융소비자보호법은 제1조에서 천명하고 있듯이 '금융소비자의 권익 증진'과 '금융소비자 보호의 실효성을 높이'는 것이 목적이므로 분쟁의 예방을 위해 금융상품 판매업자 등의 영업행위에 대한 준수사항 및 금지사항을 규정하고 있으며, 이후 분쟁이 발생하는 경우 취할 수 있는 조치 및 손해배상책임 등에 관한 사항을 포함하고 있다.

이에 따라 금융상품을 판매하는 회사는 의무적으로 분쟁 발생 예방을 위한 시스템을 구축하여야 하고, 분쟁이 발생한 경우 이를 처리할 수 있는 시스템을 갖추어야 한다. 또한, 금융소비자보호법 제32조 제3항의 '금융소비자 불만 예방 및 신속한 사후구제를 통하여 그 임직원이 직무를 수행할 때 준수하여야 할 기본적인 절차와 기준'을 정하여야 할 의무가 있으므로 분쟁의 예방 및 조정을 위한 절차 등의 내용이 포함된 내부적인 기준을 제정하여야 한다.

2 분쟁의 유형

1) 부당권유 등 불완전판매 관련 분쟁

금융회사에서 가장 많이 발생하는 분쟁 유형은 금융상품 판매와 관련하여 부당권유를 포함한 금융소비자보호법상 6대 판매원칙과 관련된 분쟁이다.

불완전판매는 말 그대로 관련 법규 등에서 정하고 있는 '완전판매절차'를 준수하지 않아 발생하는 것으로서 투자경험이나 지식수준이 낮은 일반 금융소비자를 대상으로 거래 행위의 위험성에 관한 올바른 인식 형성을 방해하는 행위는 물론, 투자경험 등이 있더라도 해당 고객의 투자성향에 비추어 과도한 위험성을 수반하는 거래를 적극적으로 권유하는 행위 등이 포함된다.

불완전판매행위는 우리가 앞에서 살펴본 바와 같이 직무윤리의 측면에서 고객에 대한 '고객우선의 원칙'과 '신의성실의 원칙'이라는 양대 윤리를 위반한 것임과 더불어 법제화되어 있는 '금융소비자 보호의무'(경우에 따라서는 '이해상충 방지의무'까지)를 위반하는 명백한 위법행위이다.

2) 주문 관련 분쟁

금융투자업을 영위하는 회사의 경우 고객으로부터 상장증권 등을 비롯한 금융투자상품의 주문을 접수하고 실행하는 과정에서 발생하는 일들이 분쟁의 원인이 되기도 한다.

금융투자회사에서 주문을 수탁하는 업무를 수행하는 임직원 등은 자본시장법 제68조 및 관련 법령 등에 따라 정당한 권한을 가진 금융소비자(투자자)로부터 수탁받은 주문을 최선을 다해 집행하고 관련 기록을 보관 및 유지하여야 하는 '최선집행의무'가 존재한다.

여기에서 중요한 점은 해당 주문을 요청하는 자가 정당한 권한을 가진 고객인가 하는 점이다. 즉 금융투자회사의 임직원 등은 해당 주문의 수탁 및 집행을 실행하기 전 해당 주문의 요청자가 투자자 본인인지, 혹은 정당한 위임을 받은 임의대리인인지, 혹은 미성년자녀 계좌에 대한 관리 권한을 가진 부모처럼 법적으로 대리권을 인정받는 법정 대리인인지 등을 명확하게 확인하여야 한다.

금융투자회사의 임직원 등은 주문을 요청하는 자가 정당한 권한을 가졌음을 확인하였다면, 해당 주문의 집행에 있어 최선의 집행 의무를 이행하기 위하여 주문 실행 전 고객에게 정확한 주문내용을 확인하여야 한다.

만일 임직원 등의 단순 주문실수(예를 들어 고객이 요청하는 상장증권의 매수 주문을 매도 주문으로 착각하여 처리하는 경우 등)가 발생한 경우인지 즉시 해당 주문으로 인해 발생한 손익을 확정하고 손실에 대한 차액을 배상하겠다는 의사표시를 고객에게 제안하는 등 분쟁으로 발생하지 않도록 처리하여야 한다.

3) 일임매매 관련 분쟁

자본시장법 제71조 제6호 및 관련 법령 등에 따라 금융회사의 임직원 등이 금융소비자로부터 투자판단의 전부 또는 일부를 일임받아 금융투자상품을 취득, 처분 및 그 밖의 방법으로 운용하는 일체의 행위는 원칙적으로 금지되어 있다.

다만, 예외적으로 투자일임업자로서 금융소비자와 일임계약을 체결하고 진행하는 경우 및 자본시장법 제7조 제4항에 따라 투자중개업자가 금융소비자의 매매주문을 받아 이를 처리하는 과정에서 금융투자상품에 대한 투자판단의 전부 또는 일부를 일임받을 필요가 있는 경우로서 자본시장법 제7조 제3항에서 정하는 아래의 경우에는 허용된다.

❶ 투자자가 금융투자상품의 매매거래일(하루에 한정한다)과 그 매매거래일의 총매매 수량이나 총매매금액을 지정한 경우로서 투자자로부터 그 지정 범위에서 금융투자상품의 수량·가격 및 시기에 대한 투자판단을 일임받은 경우

❷ 투자자가 여행·질병 등으로 일시적으로 부재하는 중에 금융투자상품의 가격 폭락 등 불가피한 사유가 있는 경우로서 투자자로부터 약관 등에 따라 미리 금융투자상품의 매도권한을 일임받은 경우(매수권한까지 일임받지 않음에 유의해야 함)

❸ 투자자가 금융투자상품의 매매, 그 밖의 거래에 따른 결제나 증거금의 추가 예탁 또는 자본시장법 제72조에 따른 신용공여와 관련한 담보비율 유지의무나 상환의무를 이행하지 아니한 경우로서 투자자로부터 약관 등에 따라 금융투자상품의 매도권한(파생상품인 경우에는 이미 매도한 파생상품의 매수권한을 포함한다)을 일임받은 경우

❹ 투자자가 투자중개업자가 개설한 계좌에 금전을 입금하거나 해당 계좌에서 금전을 출금하는 경우에는 따로 의사표시가 없어도 자동으로 자본시장법 제229조제5호에 따른 단기금융집합투자기구(이하 "단기금융집합투자기구"라 한다)의 집합투자증권 등을 매수 또는 매도하거나 증권을 환매를 조건으로 매수 또는 매도하기로 하는 약정을 미리 해당 투자중개업자와 체결한 경우로서 투자자로부터 그 약정에 따라 해당 집합투자증권 등을 매수 또는 매도하는 권한을 일임받거나 증권을 환매를 조건으로 매수 또는 매도하는 권한을 일임받은 경우

❺ 그 밖에 투자자 보호 및 건전한 금융거래질서를 해칠 염려가 없는 경우로서 금융위원회가 정하여 고시하는 경우

불법적인 일임매매는 법령의 위반행위로 인한 제재뿐만 아니라 금융소비자에 대한 손해배상책임이 부가될 수 있으므로 금융투자회사의 임직원 등은 특히 유의할 필요가 있다.

4) 임의매매 관련 분쟁

자본시장법 제70조에 따라 금융투자회사의 임직원 등은 정당한 권한을 가진 금융소비자의 주문이 없이 예탁받은 재산으로 금융투자상품을 매매하여서는 아니 된다.

앞서 살펴본 일임매매와 임의매매의 가장 큰 차이점은 일임매매는 정당한 권한을 가진 금융소비자와 일임계약을 맺거나 관련 법령 등에서 정하고 있는 경우 일부 허용되는 경우가 있는 반면, 임의매매는 법으로 엄격히 금지되어 있고, 이에 대한 예외적 허용의

경우는 없다는 점이다.

5) 전산장애 관련 분쟁

전자금융거래법 제9조 제1항에 따라 금융회사의 전산에 다음과 같은 사고가 생겨 금융소비자에게 손해가 발생한 경우 금융회사는 그 손해를 배상할 책임을 진다.

❶ 접근매체의 위조나 변조로 발생한 사고

❷ 계약체결 또는 거래지시의 전자적 전송이나 처리 과정에서 발생한 사고

❸ 전자금융거래를 위한 전자적 장치 또는 「정보통신망 이용촉진 및 정보보호 등에 관한 법률」 제2조 제1항 제1호에 따른 정보통신망에 침입하여 거짓이나 그 밖의 부정한 방법으로 획득한 접근매체의 이용으로 발생한 사고

다만, 전자금융거래법 제9조 제2항에 따라 다음의 경우에는 그 책임의 전부 또는 일부를 금융소비자가 부담하게 할 수 있다.

ㄱ. 사고 발생에 있어서 이용자의 고의나 중대한 과실이 있는 경우로서 그 책임의 전부 또는 일부를 이용자의 부담으로 할 수 있다는 취지의 약정을 미리 이용자와 체결한 경우(고의나 중대한 과실은 대통령령이 정하는 범위 안에서 전자금융거래에 대한 약관에 기재된 것에 한함)

ㄴ. 법인(「중소기업기본법」제2조제2항에 의한 소기업을 제외한다)인 이용자에게 손해가 발생한 경우로 금융회사 또는 전자금융업자가 사고를 방지하기 위하여 보안절차를 수립하고 이를 철저히 준수하는 등 합리적으로 요구되는 충분한 주의의무를 다한 경우

전자금융거래법 제9조 제4항에 따라 금융회사는 전산장애에 대한 책임을 이행하기 위하여 금융위원회가 정하는 기준에 따라 보험 또는 공제에 가입하거나 준비금을 적립하는 등 필요한 조치를 취하여야 한다.

6) 기타 분쟁

금융민원 외에도 불친절하거나 업무지식이 낮은 임직원 등에 대한 불만, 업무를 위한 영업점 내 장시간 대기 불만 등이 분쟁발생의 요인이 되기도 한다.

3 분쟁의 처리

금융회사의 입장에서 고객(자연인, 법인, 단체 등 포함)과의 분쟁은 통상 민원의 형태로 나타나는데, 민원은 고객이 회사에 대하여 이의신청, 진정, 건의, 질의 및 기타 금융회사의 특정한 행위를 요구하는 의사표시를 문서, 전화, 이메일 등의 방법으로 표현하는 것을 통칭한다.

1) 분쟁 처리 절차

금융소비자가 금융회사를 상대로 민원을 제기하는 경우 [민원 접수 → 민원인에 대한 접수사실 통지 → 사실관계 조사 → 검토 및 판단 → 답변서 작성 → 처리 결과 회신]의 순서를 거친다.

2) 분쟁 처리 방법

(1) 접수단계

금융회사의 담당자는 원활한 상담을 위해 접수된 민원 내용을 상세히 파악한 후 민원인에게 연락하여 신청한 민원이 접수되었다는 사실 통지와 함께 사전에 파악한 민원 내용의 정확성을 확인한다.

담당자는 민원인 입장을 고려하여 의견을 적극적으로 청취하는 등 공감하는 자세를 유지하되, 본인이 곧 회사를 대표하고 있다는 사실을 인식하고 접수된 민원을 객관적이고 공정하게 처리할 것이라는 신뢰를 줄 수 있는 응대태도를 유지해야 한다.

민원인의 불만사항을 경청하여 불만요인 및 요구사항 등을 명확히 파악하고 중도에 섣부른 결론이나 반대의견을 표명하는 것에 유의하여야 하며, 민원인의 주장에 대한 사실관계가 확인되지 않은 상황에서 확답을 하거나 주관적인 판단을 하지 않도록 하여야 한다.

(2) 사실조사 단계

민원 접수 내용 및 민원인과 상담을 통해 확인한 내용을 바탕으로 객관적인 시각에서 민원인의 주장이 사실인지 단순 오해인지 등 여부를 확인하여야 한다.

확인된 사실을 바탕으로 담당자는 민원인의 주장을 수용할지, 수용한다면 배상의 대상이 되는지, 배상은 어느 수준으로 해야 하는지 결정할 수 있으며 반대로 민원인의 주장을 수용할 수 없다면 수용할 수 없는 명확한 근거를 제시할 수 있는지 확인하여야 한다.

(3) 결과 안내 단계

담당자는 사실 조사를 통해 확인된 사항에 대해 민원인의 주장에 대한 수용 여부를 민원인에게 안내하여야 한다.

담당자는 객관성을 유지하며 민원을 공정하게 해결하기 위하여 최선을 다했음을 전달하고 민원인의 눈높이와 민원 내용을 고려하여 민원인이 충분히 이해할 수 있도록 안내하여야 한다.

민원인이 금융회사의 결과를 수용하지 않는 경우, 민원인의 추가적인 조치로 금융감독원 등 분쟁조정기관에 분쟁조정을 신청할 수 있다는 것을 반드시 안내하여야 한다.

section 02 분쟁 예방을 위한 방법

1 직무윤리의 준수

우리는 앞서 직무윤리 편에서 금융회사 종사자의 가장 기본적인 두 가지 직무윤리를 살펴보았다. 금융투자협회의 표준윤리준칙에서 천명하고 있듯이 '고객 우선의 원칙'과 '신의 성실의 원칙'이 바로 그것이다.

분쟁을 예방하기 위한 가장 기본적인 방법은 바로 금융회사 종사자 개개인이 이 기본적인 두 가지 직무윤리를 인지하고 업무를 수행함에 있어 철저히 준수하는 것이다. 업무를 수행할 때 '과연 이렇게 처리하는 것이 고객을 우선으로 하고, 신의성실의 원칙에 어긋남이 없이 맞는 것인가?'를 스스로 확인해볼 필요가 있다.

금융투자업의 경우 거래상대방인 금융소비자와 특별한 신뢰 또는 신임관계에 기초하여 거래가 이루어지는 만큼 고객의 이익을 최우선으로 실현하는 일이 매우 중요하다.

이러한 의무는 소극적으로 고객의 희생 위에 자기 또는 제3자의 이익을 취하는 것을 금지하는 것에 그치는 것이 아니라, 신의 성실의 원칙에 따라 적극적으로 고객이 실현 가능한 최대한의 이익을 취득할 수 있도록 업무를 수행하여야 할 의무를 진다는 것으로 이해하여야 한다.

만일 금융소비자와 이해상충이 발생할 경우 다음의 순서대로 우선순위를 정하여야 한다. 첫째, 어떠한 경우에도 고객의 이익은 회사와 회사의 주주 및 임직원의 이익에 우선한다. 둘째, 회사의 이익은 임직원의 이익에 우선한다. 셋째, 모든 고객의 이익은 상호 동등하게 취급한다.

위에 언급한 바와 같이 분쟁은 각자 상대방의 이해와 권리·의무가 상충할 때 발생하는 것이므로 두 가지 기본적인 직무윤리를 준수하는 것이야말로 분쟁을 예방할 수 있는 가장 근본적인 시스템이며, 금융업계 및 각 회사가 직무윤리를 중시하는 것도 바로 이런 이유 때문이다.

이미 살펴본 바와 같이 두 가지 기본적인 직무윤리는 자본시장법, 지배구조법 및 금융소비자보호법에서 '이해상충의 방지의무'와 '금융소비자보호의무'로 법적 의무로 승화되어 있으며, 이는 '본인에 대한 윤리' 중 법규준수와도 연계되어 있다.

2 6대 판매원칙의 준수

직무윤리 편에서 다루었던 '금융소비자보호의무' 중 상품 판매단계의 금융소비자보호에서 우리는 금융상품을 판매하는 경우 준수해야 할 6대 판매 원칙을 확인했다.

금융소비자보호법 제17조부터 제22조에서 규정하고 있는 6대 판매원칙은 금융회사의 임직원이 금융상품을 판매하는 경우 반드시 준수해야 할 원칙이자 법령이므로 이를 철저히 숙지하고 실행해야만 분쟁 발생을 사전에 예방할 수 있고, 만일 금융소비자와 분쟁이 발생하더라도 금융회사와 임직원이 불리한 상황에 놓이지 않게 하는 강력한 수단이 된다.

6대 판매원칙의 개별 항목에 대해서는 해당 편에서 세부적으로 다루었으므로 이번 장에서는 6대 판매원칙을 다시 한번 상기하고 이를 위반했을 때 받을 수 있는 제재사항을 요약해서 살펴본다.

6대 판매원칙	내용	위반 시 책임
적합성 원칙	'일반' 금융소비자의 재산상황, 계약체결의 목적 및 경험정보를 면담, 질문 등을 통해 파악하고 적합하지 않은 경우 상품을 '권유' 할 수 없음	-위법계약해지권 행사 대상 -3천만원 이하의 과태료 부과대상 -고의 또는 과실로 인한 손해배상책임 부담 -6개월 이내의 업무정지, 기관 및 임직원 제재 대상
적정성 원칙	'일반' 금융소비자가 계약 체결을 '권유받지 않고' 금융투자상품 등의 계약체결을 하려는 경우, 해당 금융상품이 일반 금융소비자에게 적정한지 여부를 면담, 질문 등을 통하여 파악하고 부적정한 경우 금융소비자에게 알리고 확인을 받아야 함	-위법계약해지권 행사 대상 -3천만원 이하의 과태료 부과대상 -고의 또는 과실로 인한 손해배상책임 부담 -6개월 이내의 업무정지, 기관 및 임직원 제재 대상
설명 의무	'일반' 금융소비자에게 계약 체결을 권유하는 경우 및 일반 금융소비자가 설명을 요청하는 경우, 중요사항을 일반 금융소비자가 이해할 수 있도록 설명하고 설명서를 제공하여야 하며 일반 금융소비자가 이해하였음을 확인받아야 함	-위법계약해지권 행사 대상 -관련 계약으로 얻은 수입(거래금액)의 50% 이내 과징금 부과대상 -1억원 이하의 과태료 부과대상 -고의 또는 과실로 인한 손해배상책임 부담(회사의 입증책임) -6개월 이내의 업무정지, 기관 및 임직원 제재대상
불공정 영업 행위 금지	'모든' 금융소비자에게 우월적 지위를 이용하여 금융소비자의 권익을 침해하는 행위 금지	-위법계약해지권 행사 대상 -관련 계약으로 얻은 수입(거래금액)의 50% 이내 과징금 부과 대상 -1억원 이하의 과태료 부과대상 -고의 또는 과실로 인한 손해배상책임 부담(회사의 입증책임) -6개월 이내의 업무정지, 기관 및 임직원 제재대상
부당 권유 행위 금지	'모든' 금융소비자에게 아래와 같이 부당한 계약체결을 '권유'하는 경우 ① 단정적 판단의 제공 ② 사실과 다르게 알리는 행위 ③ 투자판단에 중대한 영향을 미치는 사항 미고지 ④ 객관적 근거 없이 상품의 우수성 알림 ⑤ 고객 요청 없이 실시간 대화(방문, 유선 등)의 방법으로 투자권유 ⑥ 고객의 거절에도 지속적인 체결권유 ⑦ 적합성원칙 적용을 회피할 목적의 투자권유불원 작성 등	-위법계약해지권 행사 대상 -관련 계약으로 얻은 수입(거래금액)의 50% 이내 과징금 부과 대상 -1억원 이하의 과태료 부과대상 -고의 또는 과실로 인한 손해배상책임 부담(회사의 입증책임) -6개월 이내의 업무정지, 기관 및 임직원 제재대상

6대 판매원칙	내용	위반 시 책임
허위, 부당 광고 금지	업무 또는 금융상품에 관한 광고 시 금융소비자를 오인하게 할 수 있는 행위 금지	–관련 계약으로 얻은 수입(거래금액)의 50% 이내 과징금 부과 대상 –1억원 이하의 과태료 부과대상 –고의 또는 과실로 인한 손해배상책임 부담(회사의 입증책임) –6개월 이내의 업무정지, 기관 및 임직원 제재대상

3 분쟁 예방 요령

분쟁은 일단 발생하게 되면 당사자 간 해결이 쉽지 않기 때문에 무엇보다도 사전에 분쟁이 발생하지 않도록 철저히 예방하는 것이 최선이다. 이와 관련하여 실제 업무를 수행함에 있어 분쟁을 예방할 수 있는 몇 가지 요령을 살펴보도록 한다.

금융상품을 판매하는 임직원 등의 입장에서 분쟁을 예방하는 요령은 다음과 같이 정리할 수 있다.

첫 번째, 임직원 개인계좌로 고객자산 등의 입금을 받아서는 안 된다.

근래에는 발생하는 사례가 많지 않으나, 종종 발생하는 사고사례 중 하나로 고객자산을 임직원의 개인계좌로 수령하는 경우이다. 이는 임직원 개인의 사적 사기 및 횡령 등으로 진행될 가능성이 매우 높기 때문에 각 금융회사는 고객자산의 입금 등에는 반드시 고객 본인 명의의 계좌를 사용하도록 강력히 안내하고 있으며, 사규 등으로 임직원 개인계좌를 고객 자산의 수령 목적으로 사용하지 못하도록 규정하고 있다.

그럼에도 불구하고 거래상대방과 일정 기간 거래관계를 통해 신뢰를 쌓은 뒤 개인계좌를 이용하여 입금 등을 받는 금융회사 임직원 등이 있으므로 이를 철저히 방지하는 것이 필요하며, 만일 이러한 경우가 발생하여 고객과 분쟁에 휘말리는 경우 해당 임직원은 '개인의 일탈행위'로 분류되어 회사로부터 보호를 받지 못할 가능성이 매우 높다.

두 번째, 금융투자업에서 일정 범위 내에서 허용되는 일임매매의 경우 그 범위 및 취지에 맞게 업무를 수행하여야 한다.

관련 법령에 따라 거래상대방의 승인 등을 통해 일임매매를 하게 되는 경우 미수, 신용거래 및 투자유의종목 등 위험한 거래는 가급적 피하도록 한다. 특히 일임매매의 경우 거래결과를 반드시 고객에게 안내하되, 고객 요청에 따라 유선 등으로 보고하지 말도록 요청을 한 경우에는 메일이나 메신저 등을 통해 보고를 함으로써 향후 분쟁이 발생하는 경우 증빙자료로서 활용하도록 대비하여야 한다.

세 번째, 금융회사의 임직원은 금융상품거래의 조력자 역할임을 잊지 말도록 한다.

고객이 원하는 거래와 임직원의 의견이 다른 경우 반드시 고객의 진정한 매매의사를 확인하고 이에 따른 처리를 진행하여야 한다. 특히 주식 매매에 있어서 임직원의 반대로 고객이 원하는 매매를 못하였다는 분쟁이 빈번히 발생하고 있는데, 임직원은 고객의 조력자로서 고객이 이익을 얻을 수 있도록 최선을 다하되, 단순한 의견을 제시하는 역할이며, 해당 거래에 대한 결과는 고객에게 귀속된다는 점을 잊어서는 안 된다.

네 번째, 어떠한 형태로든 손실보전 약정은 하지 말아야 한다.

자본시장법 제55조(손실보전 등의 금지)

금융투자업자는 금융투자상품의 매매, 그 밖의 거래와 관련하여 제103조 제3항에 따라 손실의 보전 또는 이익의 보장을 하는 경우, 그 밖에 건전한 거래질서를 해할 우려가 없는 경우로서 정당한 사유가 있는 경우를 제외하고는 다음 각 호의 어느 하나에 해당하는 행위를 하여서는 아니 된다. 금융투자업자의 임직원이 자기의 계산으로 하는 경우에도 또한 같다.

1. 투자자가 입을 손실의 전부 또는 일부를 보전하여 줄 것을 사전에 약속하는 행위
2. 투자자가 입은 손실의 전부 또는 일부를 사후에 보전하여 주는 행위
3. 투자자에게 일정한 이익을 보장할 것을 사전에 약속하는 행위
4. 투자자에게 일정한 이익을 사후에 제공하는 행위

투자성 상품에 대해 금융투자업 종사자가 계약의 체결을 권유하면서 금융소비자에게 투자성과를 보장하였으나 보장한 투자실적을 거두지 못하는 경우 손실보전약정에 따라 증권투자의 자기책임의 원칙에 반하여 투자손실을 보전해 주는 것은 자본시장법을 위반하는 행위이다. 만일 금융투자업 종사자가 금융소비자에게 손실부담 혹은 이익의 보장을 약속하여 투자권유가 이루어진 경우 금융소비자가 그 권유에 따라 위탁을 하지 않더라도 위의 금지규정을 위반한 것으로 본다. 다만 사전에 준법감시인(준법감시인이 없는 경우에는 감사 등 이에 준하는 자)에게 보고한 경우에는 예외적으로 다음에 해당하는 행위가 허용된다.

❶ 회사가 자신의 위법(과실로 인한 위법을 포함) 행위 여부가 불명확한 경우 사적 화해의 수단으로 손실을 보상하는 행위. 다만, 증권투자의 자기책임원칙에 반하는 경우에는 그러하지 아니함
❷ 회사의 위법행위로 인하여 회사가 손해를 배상하는 행위
❸ 분쟁조정 또는 재판상의 화해절차에 따라 손실을 보상하거나 손해를 배상하는 행위

다섯 번째, 지나친 단정적 판단을 제공하지 않도록 한다.

단정적 판단의 제공은 위에서 살펴본 바와 같이 금융소비자보호법에서 강력히 규제하고 있는 부당영업행위 중 하나로 주식매매를 포함한 금융상품에 대한 권유 등을 하는 경우 시장 루머 및 미공개정보 등 불확실한 사항을 단정적으로 표현하지 말아야 한다. 설사 해당 사항에 대한 확신이 있더라도 정보의 불확실성과 투자위험성을 항상 같이 언급함으로써 투자거래의 판단은 거래상대방인 금융소비자가 결정할 수 있도록 해야 한다.

여섯 번째, 업무수행 중 취득하게 된 정보의 취급에 신중을 기하여야 한다.

금융투자회사 임직원은 투자상담 등 직무수행과정에서 고객의 인적사항, 재산, 수입 등에 관한 정보를 알 수 있게 되는데, 이러한 고객정보를 누설하거나 고객 아닌 자의 이익을 위하여 부당하게 이용하는 행위를 하여서는 아니 된다.

특히 고객의 금융거래와 관련하여서는 「금융실명거래 및 비밀보장에 관한 법률」이 적용되어 동법 제4조에서 정하고 있는 법관이 발부한 영장에 의한 경우 등의 예외적인 경우를 제외하고는 금융기관 임직원이 고객의 금융거래정보를 타인에게 제공하거나 누설하는 것이 원천적으로 금지되어 있고, 자본시장법 제54조에서도 직무상 알게 된 정보를 정당한 사유 없이 자기 또는 제3자의 이익을 위하여 이용하는 것을 금지하고 있다. 고객정보의 취급과 관련한 사항은 별도로 살펴보도록 한다.

한편, 임직원이 직무수행 중 알게 된 회사의 정보로서 외부에 공개되지 아니한 정보는 회사의 재산에 속하는 것이고 오로지 회사의 이익을 위해서만 사용되어야 하므로 이를 고객 등 제3자에게 알려주는 행위는 매우 중요한 법 위반행위가 된다는 점 역시 숙지하고 해당 정보의 취급 시 유의하여야 한다.

section 03 개인정보보호법 관련 고객정보 처리

1 배경

최근 보이스피싱, 스미싱 등으로 대표되는 고객의 개인정보를 이용한 금융범죄행위가 증가함에 따라 고객의 정보를 보관하고 관리하는 금융회사와 고객 간에 분쟁이 발생하는 사례가 있다. 이러한 분쟁 발생을 예방하기 위하여 개인정보보호법을 중심으로 고객정보와 관련한 법규 등 세부내용을 확인해보고자 한다.

개인정보보호법은 개인정보의 처리 및 보호에 관한 사항을 정함으로써 개인의 자유와 권리를 보호하고, 나아가 개인의 존엄과 가치를 구현함을 목적으로 하여 2011년 9월 30일 시행되었다. 개인정보보호법의 시행에 따라 공공부문과 민간부문 구별 없이 개인정보를 처리하는 기관·단체·개인 등은 국제 수준에 부합하는 개인정보 처리원칙을 마련하여 개인정보 침해를 방지하고 사생활의 비밀을 보호하도록 하여야 한다.

개인정보보호법은 일반법으로서 관련 특별법이 있을 경우는 해당 법의 적용이 우선되나 관련 규정이 특별법에 없을 경우에는 개인정보보호법에 따라 처리해야 한다. 즉 금융회사에서는 「신용정보의 이용 및 보호에 관한 법률」(이하 '신용정보법'이라 한다) 또는 「금융실명거래 및 비밀보장에 관한 법률」(이하 '금융실명법'이라 한다), 전자금융거래법 등의 특별법에 의거하여 고객의 개인정보를 처리하고 특별법에 정함이 없으면 개인정보보호법을 적용하여 처리하여야 한다.

2 개인정보의 개념 및 처리 기본원칙

법률상 "개인정보"란 살아 있는 개인에 관한 정보로서 성명, 주민등록번호 및 영상 등을 통하여 개인을 알아볼 수 있는 정보(해당 정보만으로는 특정 개인을 알아볼 수 없더라도 다른 정보와 쉽게 결합하여 알아볼 수 있는 것을 포함한다)를 말하며, 고유식별정보(주민등록번호, 여권번호 등), 민감정보(건강상태, 진료기록, 병력, 정당의 가입 등) 등이 이에 해당한다. 개인정보보호란 개인정보처리자가 정보주체의 개인정보를 정당하게 수집 및 이용하고 개인정보를 보관, 관리하는 과정에서 내부자의 고의나 관리 부주의 및 외부의 공격으로부터 유출 및 변조·훼손되지 않도록 하며, 정보주체의 개인정보 자기결정권이 제대로 행사되도록 보장하는 일련의 행위를 말한다. 이와 관련한 기본 개념은 다음과 같다.

❶ 정보주체 : 처리되는 정보에 의하여 알아볼 수 있는 사람으로서 그 정보의 주체가 되는 사람
❷ 개인정보파일 : 개인정보를 쉽게 검색할 수 있도록 일정한 규칙에 따라 체계적으로 배열하거나 구성한 개인정보의 집합물(集合物)
❸ 개인정보처리자 : 업무를 목적으로 개인정보파일을 운용하기 위하여 스스로 또는 다른 사람을 통하여 개인정보를 처리하는 공공기관, 법인, 단체 및 개인 등

또한 개인정보의 처리과정에서는 개인정보 보호원칙과 권리가 훼손되지 않도록 다음의 개인정보보호원칙과 정보주체의 권리가 유지되도록 유의하여야 한다.

(1) 개인정보처리자의 개인정보 보호 원칙

❶ 개인정보처리자는 개인정보의 처리 목적을 명확하게 하여야 하고 그 목적에 필요한 범위에서 최소한의 개인정보만을 적법하고 정당하게 수집
❷ 개인정보의 처리 목적에 필요한 범위에서 적합하게 개인정보를 처리하여야 하며, 그 목적 외의 용도로 활용하여서는 아니 됨
❸ 개인정보의 처리 목적에 필요한 범위에서 개인정보의 정확성, 완전성 및 최신성이 보장되도록 하여야 함
❹ 개인정보의 처리 방법 및 종류 등에 따라 정보주체의 권리가 침해받을 가능성과 그 위험 정도를 고려하여 개인정보를 안전하게 관리
❺ 개인정보 처리방침 등 개인정보의 처리에 관한 사항을 공개하여야 하며, 열람청구권 등 정보주체의 권리를 보장
❻ 정보주체의 사생활 침해를 최소화하는 방법으로 개인정보를 처리
❼ 개인정보를 익명 또는 가명으로 처리하여도 개인정보 수집목적을 달성할 수 있는 경우 익명처리가 가능한 경우에는 익명으로 처리하되, 익명처리로 목적을 달성할 수 없는 경우에는 가명으로 처리
❽ 개인정보보호법 및 관계법령에서 규정하고 있는 책임과 의무를 준수하고 실천함으로써 정보주체의 신뢰를 얻기 위하여 노력

(2) 정보주체의 권리

❶ 개인정보의 처리에 관한 정보를 제공받을 권리
❷ 개인정보의 처리에 관한 동의 여부, 동의 범위 등을 선택하고 결정할 권리
❸ 개인정보의 처리 여부를 확인하고 개인정보에 대하여 열람(사본의 발급을 포함한다) 및 전송을 요구할 권리
❹ 개인정보의 처리 정지, 정정·삭제 및 파기를 요구할 권리
❺ 개인정보의 처리로 인하여 발생한 피해를 신속하고 공정한 절차에 따라 구제받을 권리
❻ 완전히 자동화된 개인정보 처리에 따른 결정을 거부하거나 그에 대한 설명 등을 요구할 권리

3 개인정보의 처리 및 관리

(1) 개인정보의 수집 · 이용

개인정보처리자는 다음의 어느 하나에 해당하는 경우에는 개인정보를 수집할 수 있으며 그 수집 목적의 범위에서 이용할 수 있다.

❶ 정보주체의 동의를 받은 경우
❷ 법률에 특별한 규정이 있거나 법령상 의무를 준수하기 위하여 불가피한 경우
❸ 공공기관이 법령 등에서 정하는 소관 업무의 수행을 위하여 불가피한 경우
❹ 정보주체와 체결한 계약을 이행하거나 계약을 체결하는 과정에서 정보주체의 요청에 따른 조치를 이행하기 위하여 필요한 경우
❺ 명백히 정보주체 또는 제3자의 급박한 생명, 신체, 재산의 이익을 위하여 필요하다고 인정되는 경우
❻ 개인정보처리자의 정당한 이익을 달성하기 위하여 필요한 경우로서 명백하게 정보주체의 권리보다 우선하는 경우. 이 경우 개인정보처리자의 정당한 이익과 상당한 관련이 있고 합리적인 범위를 초과하지 아니하는 경우에 한함
❼ 공중위생 등 공공의 안전과 안녕을 위하여 긴급히 필요한 경우

또한, 개인정보처리자는 정보주체의 동의를 받을 때에는 개인정보의 수집·이용 목

적, 수집하려는 개인정보의 항목, 개인정보의 보유 및 이용 기간, 동의를 거부할 권리가 있다는 사실 및 동의 거부에 따른 불이익이 있는 경우에는 그 불이익 내용의 4가지 사항을 정보주체에게 알려야 하고 어느 하나의 사항을 변경하는 경우에도 이를 알리고 동의를 받아야 한다.

개인정보처리자가 그 목적에 필요한 최소한의 개인정보를 수집하는 경우 최소한의 개인정보 수집이라는 입증책임은 개인정보처리자가 부담한다. 또한 정보주체의 동의를 받아 개인정보를 수집하는 경우 필요한 최소한의 정보 외의 개인정보 수집에는 동의하지 아니할 수 있다는 사실을 구체적으로 알리고 개인정보를 수집하여야 한다. 아울러 개인정보처리자는 정보주체가 필요한 최소한의 정보 외의 개인정보 수집에 동의하지 아니한다는 이유로 정보주체에게 재화 또는 서비스의 제공을 거부하여서는 아니 된다.

(2) 개인정보의 제공

개인정보처리자는 정보주체의 동의를 받거나 법률에 특별한 규정에 있는 경우 등에 해당하는 경우에는 정보주체의 개인정보를 제3자에게 제공(공유를 포함)할 수 있다.

수집된 개인정보를 제3자에게 제공하기 위해 정보주체의 동의를 받을 때에는 다음의 사항을 정보주체에게 알려야 하고 어느 하나의 사항을 변경하는 경우에도 이를 알리고 동의를 받아야 한다.

❶ 개인정보를 제공받는 자
❷ 개인정보를 제공받는 자의 개인정보 이용 목적
❸ 제공하는 개인정보의 항목
❹ 개인정보를 제공받는 자의 개인정보 보유 및 이용 기간
❺ 동의를 거부할 권리가 있다는 사실 및 동의 거부에 따른 불이익이 있는 경우에는 그 불이익의 내용

개인정보처리자는 개인정보보호법에서 정한 수집·이용 범위를 초과하여 이용하거나 정보주체의 동의 범위를 초과하여 개인정보를 제3자 제공하여서는 아니 된다.

(3) 개인정보의 관리

개인정보처리자는 보유기간이 경과하거나 처리목적이 달성되는 등 그 개인정보가 불필요하게 된 경우에는 다른 법령에 따른 보존의무가 있는 경우를 제외하고 지체 없이

그 개인정보를 파기하여야 하며, 개인정보를 파기할 때에는 복구 또는 재생되지 아니하도록 조치하여야 한다.

또한 개인정보를 파기하지 아니하고 보존하여야 하는 경우에는 해당 개인정보 또는 개인정보파일을 다른 개인정보와 분리하여서 저장 관리하여야 하며, 개인정보의 처리를 위탁할 경우는 수탁자가 안전하게 개인정보를 관리하도록 문서를 작성하고, 해당 업무를 초과한 이용이나 제3자 제공은 금지하여야 한다.

개인정보보호법 제23조에 따른 사상·신념 등 정보주체의 사행활을 현저히 침해할 우려가 있는 '민감정보' 및 개인정보보호법 제24조에서 정하고 있는 '고유식별정보'는 정보주체에게 법에서 정하고 있는 사항을 안내하고 별도의 동의를 얻거나, 법령에서 구체적으로 허용된 경우에 한하여 예외적으로 처리를 허용하도록 엄격하게 제한하고 있다.

특히 고유식별번호 중 주민등록번호는 외부의 노출 시 심각한 위험이 존재하므로 개인정보보호법 제24조의2에 따라 아래의 경우를 제외하고는 처리할 수 없도록 규정하였다.

❶ 법률 대통령령 국회규칙 대법원규칙 헌법재판소규칙 중앙선거관리위원회규칙 및 감사원규칙에서 구체적으로 주민등록번호의 처리를 요구하거나 허용한 경우
❷ 정보주체 또는 제3자의 급박한 생명, 신체, 재산의 이익을 위하여 명백히 필요하다고 인정되는 경우
❸ 위의 항목에 준하여 주민등록번호 처리가 불가피한 경우로서 개인정보보호법상의 개인정보보호위원회가 고시로 정하는 경우

개인정보처리자는 주민등록번호가 분실, 도난, 유출, 위조, 변조 또는 훼손되지 아니하도록 암호화 조치를 통하여 안전하게 보관하여야 하며, 암호화 적용대상 및 대상별 적용 시기 등에 관하여 규정하고 있는 개인정보보호법 시행령에 따른 의무사항을 이행하여야 한다.

개인정보보호법은 개인정보유출 등에 대한 징벌적 손해배상제도를 도입하여, 금융회사의 고의·중과실로 개인정보유출 등이 발생하여 손해가 발생한 때에는 법원은 그 손해액의 5배를 넘지 않은 범위에서 손해배상액을 정할 수 있다(개인정보보호법 제39조).

chapter 02

준수절차 및 위반 시 제재

section 01 내부통제기준

금융산업에 있어서 내부적 통제(internal control)로서의 준법감시(compliance)제도는 임직원이 고객재산의 선량한 관리자로서 고객이익을 위해 선관주의의무를 다하였는지, 업무처리과정에서 제반 법규 등을 잘 준수하였는지에 대하여 사전적 또는 사후적으로 통제·감독하기 위한 것이다.

특히 금융투자업은 타인의 재산을 위탁받아 운용, 관리하므로 엄격한 도덕성과 신뢰성이 필수요소이다.

물론 투자자 보호를 위해 관련 법규에 의한 사후적 감독이 가능하지만 준법감시제도와 같은 상시적인 내부통제시스템을 통한 사전적인 예방장치가 필요한 까닭이 여기에 있다.

금융소비자보호법 제16조 제2항에서는 금융상품 판매업자 등의 관리책임 중 하나로 '임직원 등이 직무를 수행할 때 준수하여야 할 기준 및 절차(이하 내부통제기준)를 마련'하도록 규정하고 있는데, 여기에는 이제까지 살펴보았던 바와 같이 금융회사의 임직원이 준수하여야 할 기본적인 두 가지 직무윤리에 기반하여 법제화되어 있는 이해상충 방지 의무와 금융소비자 보호의무 및 이를 실천하기 위한 6대 판매원칙을 포함하고 있다. 즉 내부통제기준은 기본적인 직무윤리에서 비롯된 법규들을 준수하기 위한 세부적인 절차로 이를 위반하는 경우 가장 상위에 존재하는 법률 위반은 물론 회사 자체적으로 정한 사규를 위반하는 것이며, 이를 위반하는 경우 제재가 발생하게 된다. 특히 의무적으로 준수해야 할 사항들을 준수하지 않아 금융소비자와 분쟁이 발생하는 경우에는 이에 대한 책임이 임직원 본인에게 돌아가게 된다는 점에 유의할 필요가 있다.

금융소비자와 분쟁이 발생하는 경우 처리방법에 대하여는 금융소비자보호법 제33조부터 제43조에서 금융감독원의 금융분쟁조정위원회 설치를 비롯하여 금융분쟁의 조정을 위한 내용을 담고 있으므로, 이에 관한 사항은 분쟁조정제도에서 별도로 다루기로 한다.

section 02 위반에 대한 제재

2021년 금융소비자보호법이 시행되면서 기존의 지배구조법이나 자본시장법에서 금융소비자보호 관련 법조항들이 이관되었고, 분쟁 관련 사항은 금융소비자보호법 제16조 제2항에서 규정하고 있는 '내부통제기준'에 포함되므로 이번 장에서는 금융소비자보호법의 위반 시 제재 사항을 살펴보도록 한다.

1 벌칙

1) 벌금

벌금은 형법상의 제재조치로 재산형 가운데 가장 무거운 것으로서 대상자에게 일정한 금액의 지불의무를 강제적으로 부담하게 하는 것이다. 벌금의 집행은 검사의 명령에 의하며, 납무의무자가 납부기간까지 납부하지 아니한 때에는 벌금납부독촉서를 검찰청 집행과장 명의로 발부하여 독촉한다.

금융소비자보호법 제67조에서는 아래와 같은 경우 5년 이하의 징역 또는 2억원 이하의 벌금에 처하도록 규정하고 있다.

❶ 금융상품판매업자 등의 등록을 하지 아니하고, 금융상품판매업 등을 영위한 자
❷ 거짓이나 그 밖의 부정한 방법으로 금융상품판매업 등의 등록을 한 자
❸ 금융상품 판매대리·중개업자가 아닌 자에게 금융상품 계약체결 등을 대리하거나 중개하게 한 자

아울러 같은 법 제68조에서는 위의 조항을 위반한 법인의 대표자 법인 또는 개인의 대리인, 사용인 등이 제67조를 위반하는 경우 그 행위자를 벌하는 것 외에 그 법인 또는 개인 등에게도 벌금형을 부과할 수 있다고 규정하고 있다.

2) 과징금

과징금이란 일정한 행정법상 의무를 위반하거나 이행하지 않았을 때 행정의 실효성을 확보하기 위한 수단으로 의무자에게 부과하여 징수하는 금전적 제재로 재정수입의 확보보다는 위반행위에 대한 제재라는 성격이 강하다고 볼 수 있다.

벌금이 형법상의 벌칙이라면 과징금은 행정법상의 벌칙으로 금액의 상한이 정해져 있는 과태료보다 더욱 강화된 제재의 형태라고 할 수 있다. 금융소비자보호법 제57조에서는 다음과 같은 위반행위가 발생하는 경우 '그 위반행위와 관련된 계약으로 얻은 수입 또는 이에 준하는 금액의 100분의 50 이내에서 과징금을 부과'할 수 있도록 규정하고 있다.

(1) 설명의무 위반

❶ (금융소비자에게) 중요한 사항을 설명하지 않는 행위
❷ 설명서를 제공하지 않는 행위
❸ (금융소비자로부터 설명의무 이행을) 확인받지 않는 행위

(2) 불공정 영업행위 금지 위반

❶ 금융소비자의 의사에 반하여 다른 금융상품의 계약체결을 강요하는 행위
❷ 대출성 상품의 경우 부당하게 담보를 요구하거나, 보증을 요구하는 행위
❸ 업무와 관련하여 (금융소비자에게) 편익을 요구하거나 제공받는 행위
❹ (대출성 상품의 경우) 특정 대출 상환방식을 강요하거나, 법령에서 정한 경우를 제외하고 중도상환수수료를 부과하거나, 제3자의 연대보증을 요구하는 행위
❺ 연계, 제휴 서비스 등을 부당하게 축소하거나 변경하는 행위 등
❻ 그 밖에 우월적 지위를 이용하여 금융소비자의 권익을 침해하는 행위 등

(3) 부당권유행위 금지 위반

❶ 불확실한 사항에 대한 단정적 판단의 제공 또는 확실하다고 오인하게 할 소지가 있는 내용을 알리는 행위
❷ 금융상품의 내용을 사실과 다르게 알리는 행위
❸ 금융상품의 가치에 중대한 영향을 미치는 사항을 금융소비자에게 알리지 아니하는 행위
❹ 금융상품 내용의 일부에 대하여 비교대상 및 기준을 밝히지 않거나, 객관적인 근거 없이 다른 금융상품과 비교하여 해당 금융상품이 우수하거나 유리하다고 알리는 행위
❺ (보장성 상품의 경우) 금융소비자가 보장성 상품 계약의 중요한 사항을 금융상품 직접판매업자에게 알리는 것을 방해하거나 알리지 아니할 것을 권유하는 행위 및 상품 계약의 중요사항을 부실하게 알릴 것을 권유하는 행위
❻ (투자성 상품의 경우) 금융소비자의 요청 없이 방문, 전화 등 실시간 대화의 방법을 이용하여 계약체결을 권유하는 행위 및 금융소비자의 계약체결 거절 의사표시에도 불구하고 계약의 체결권유를 계속하는 행위

(4) 광고 관련 규정 위반

❶ 금융상품 등에 관한 광고를 하는 경우 불명확하거나 불공정한 전달을 통해 금융소비자가 금융상품의 내용을 오해할 수 있도록 하는 행위
❷ 기타 금융상품유형별로 금융소비자보호법 제22조 제3항 또는 제4항을 위반하는 행위

(5) 양벌규정

금융상품판매대리·중개업자 또는 금융상품 직접판매업자 소속 임직원이 위의 (1)부터 (4)까지의 위반행위를 하는 경우 금융상품직접판매업자에게도 그 위반행위와 관련된 계약으로부터 얻은 수입 등의 100분의 50 이내에서 과징금을 부과할 수 있다.

3) 과태료

과징금과 유사하게 형법상 제재가 아닌 행정법상 제재수단의 하나로 일정한 의무를 이행하지 않는 자에게 부과하며, 불이행시 강제징수절차에 따른 집행이 가능하다.

금융소비자보호법 제69조에서는 과태료를 부과할 수 있는 행위에 대해 다음과 같이 규정하고 있다.

(1) 1억원 이하의 과태료 부과대상

❶ (금융상품판매업자가) 내부통제기준을 마련하지 아니하는 경우

❷ (금융소비자에게) 중요한 사항을 설명하지 아니하거나, 설명서를 제공하지 아니하거나, 확인을 받지 아니하는 경우

❸ (제20조의) 불공정영업행위를 하는 경우

❹ (제21조의) 부당권유행위를 하는 경우

❺ (제22조의) 광고 관련 규정을 위반하는 경우

❻ 금융상품계약체결 등의 업무를 대리하거나 중개하게 한 금융상품판매대리·중개업자가 위의 ❷부터 ❺까지의 행위를 하는 경우

❼ (제23조를 위반하여) 금융소비자에게 계약관련 서류를 제공하지 아니하는 경우

❽ 금융상품판매대리·중개업자가 대리·중개하는 업무를 제3자에게 하게 하거나 그러한 행위에 관하여 수수료·보수나 그 밖의 대가를 지급하는 경우

❾ 기타 금융상품판매업 등의 업무와 관련한 자료로서 대통령령으로 정하는 자료를 기록, 관리하지 아니하는 경우 등 금융소비자보호법 제69조 제1항 제9호부터 제13호에 해당하는 경우

(2) 3천만원 이하의 과태료 부과대상

❶ (제17조제2항을 위반하여) 정보를 파악하지 아니하거나 확인을 받지 아니하거나 이를 유지·관리하지 아니하거나 확인받은 내용을 지체 없이 제공하지 아니한 경우
❷ (제17조제3항을 위반하여) 계약 체결을 권유한 경우
❸ (제18조제1항을 위반하여) 정보를 파악하지 아니한 경우
❹ (제18조제2항을 위반하여) 해당 금융상품이 적정하지 아니하다는 사실을 알리지 아니하거나 확인을 받지 아니한 경우
❺ 제25조제1항 각 호의 어느 하나에 해당하는 행위를 한 경우
❻ 제25조제2항을 위반하여 수수료 외의 금품, 그 밖의 재산상 이익을 요구하거나 받은 경우
❼ 제26조제1항을 위반하여 같은 항 각 호의 어느 하나에 해당하는 사항을 미리 금융소비자에게 알리지 아니한 자 또는 같은 조 제2항을 위반하여 표지를 게시하지 아니하거나 증표를 보여 주지 아니한 경우

(3) 1천만원 이하의 과태료 부과대상

법령에 따라 등록한 금융상품판매업자 등이 등록요건 중 대통령령으로 정하는 사항이 변동된 경우 1개월 이내에 그 변동사항을 금융위원회에 보고하여야 하는데, 이를 준수하지 아니하는 경우 1천만원 이하의 과태료 부과대상이 된다.

2 행정제재

1) 금융상품판매업자 등에 대한 처분 등

금융소비자보호법 제51조에서는 금융상품판매업자등에 대한 처분을 규정하고 있는데, 해당 조항이 금융소비자와의 분쟁에 직접적인 영향을 미치는 경우는 매우 제한적일 것이지만, 전체적인 흐름을 이해하고 이어지는 조치들과의 연계성을 고려하여 간단하게 살펴보도록 한다.

금융소비자보호법 제12조 제1항에서는 '금융상품판매업등을 영위하려는 자는 금융상품직접판매업자, 금융상품판매대리·중개업자 또는 금융상품자문업자별로 예금성 상

품, 대출성 상품, 투자성 상품 및 보장성 상품 중 취급할 상품의 범위를 정하여 금융위원회에 등록하여야 한다'고 규정하고 있다.

금융상품판매업자등에 대한 처분조치 중 하나는 바로 이 등록에 관한 규정 준수 여부이며 이를 위반하는 경우에 있어 제재사항을 다루고 있다.

(1) 등록의 취소

❶ (금융소비자보호법 제12조를 위반하여) 거짓이나 그 밖의 부정한 방법으로 등록한 경우 그 등록을 반드시 취소하여야 함

❷ 아래의 경우 금융위원회는 그 등록을 취소할 수 있음

- (금융소비자보호법 제12조 제2항 및 제3항을 위반하여) 등록요건을 유지하지 아니하는 경우
- 업무의 정지기간 중에 업무를 한 경우
- 금융위원회의 시정명령 또는 중지명령을 받고 금융위원회가 정한 기간 내에 시정하거나 중지하지 아니한 경우
- 그 밖에 금융소비자의 이익을 현저히 해칠 우려가 있거나 해당 금융상품판매업등을 영위하기 곤란하다고 인정되는 경우로서 대통령령으로 정하는 경우

(2) 기타 처분 조치

금융소비자보호법 제51조 제2항에 따라 금융위원회는 금융상품판매업자등에 대해 반드시 그 등록을 취소하여야 하는 경우를 제외하고, 위의 등록취소 가능사유에 해당하거나 금융소비자보호법 및 같은 법에 따른 명령을 위반하여 건전한 금융상품판매업등을 영위하지 못할 우려가 있다고 인정되는 경우로서 대통령령으로 정하는 경우 아래의 조치들을 취할 수 있다.

❶ 6개월 이내의 업무의 전부 또는 일부의 정지

❷ 위법행위에 대한 시정명령

❸ 위법행위에 대한 중지명령

❹ 위법행위로 인하여 조치를 받았다는 사실의 공표명령 또는 게시명령

❺ 기관경고

❻ 기관주의

❼ 그 밖에 위법행위를 시정하거나 방지하기 위하여 필요한 조치로서 대통령령으로 정하는 조치

(3) 업태에 따른 별도조치

❶ 은행에 해당하는 경우

- 금융위원회가 금융감독원장의 건의에 따라 위법행위 시정명령, 위법행위로 인하여 조치를 받았다는 사실의 공표명령 또는 게시명령, 그 밖에 필요한 조치 가능
- 금융감독원장이 위법행위 중지명령, 기관경고, 기관주의 조치 가능

❷ 보험업자(대리인 등 포함), 여신전문금융회사인 경우

- 금융위원회가 금융감독원장의 건의에 따라 위의 (2)에 해당하는 조치 가능
- 금융감독원장이 기관경고, 기관주의 조치 가능

2) 금융상품판매업자등의 임직원에 대한 조치

(1) 임원에 대한 조치

❶ 해임요구
❷ 6개월 이내의 직무정지
❸ 문책경고
❹ 주의적 경고
❺ 주의

(2) 직원에 대한 조치

❶ 면직
❷ 6개월 이내의 정직
❸ 감봉
❹ 견책
❺ 주의

(3) 관리 · 감독 책임

금융위원회는 금융소비자보호법 제52조 제3항부터 제4항에 따라 직접적인 조치 이외에 해당 금융상품판매업자등에 대해 조치를 요구할 수 있는데, 이때 그 임직원에 대한 관리·감독의 책임이 있는 임직원에 대한 조치를 함께 하거나 이를 요구할 수 있다.

3 자율규제기관에 의한 제재

금융투자협회는 '금융투자회사의 금융소비자보호 표준내부통제기준'을 제정하는 등 금융소비자보호와 관련하여 자율규제기관으로서 역할을 수행하고 있으며, 원활한 운영을 위하여 자율규제위원회를 두고 있다.

금융투자협회의 '자율규제위원회 운영 및 제재에 관한 규정'에 따라 자율규제위원회는 위원장 1인과 위원 6인으로 구성되어 있는데 위원은 금융전문가 2인, 법률전문가 1인, 회계 또는 재무전문가 1인, 회원이사가 아닌 정회원의 대표이사 2인으로 되어 있다.

자율규제위원회는 회원의 위법·부당 행위에 대한 제재를 부과할 수 있으며, 제재조치는 다음과 같다.

(1) 회원 대상 조치

❶ 총회에 대한 회원 제명요구
❷ 회원자격 정지
❸ 협회가 회원에게 제공하는 업무의 일부 정지 또는 전부 정지
❹ 제재금의 부과
❺ 경고
❻ 주의

(2) 회원의 임원 대상 조치

❶ 해임(주주총회에서 해당 임원의 해임여부 결정 시까지 업무집행정지 권고 포함)
❷ 6개월 이내의 업무집행정지
❸ 경고
❹ 주의

(3) 회원의 직원 대상 조치

❶ 징계면직
❷ 정직
❸ 감봉
❹ 견책
❺ 주의

(4) 기타

자율규제위원회는 회원에 대한 제재를 부과하거나, 회원의 임직원에 대한 제재를 권고하는 경우 '자율규제위원회 운영 및 제재에 관한 규정'에 따라 동 사실을 공표할 수 있으며, 회원에 대한 개선요구, 시정요구 등도 조치가능하다.

또한, 회원의 위법·부당한 행위에 대하여 부과되는 제재 조치는 투자자보호에 미치는 영향 등을 고려하여 가중되거나 감면될 수 있다.

4 회사 자체의 제재조치

금융투자회사는 내부통제기준 위반자에 대한 처리기준을 사전에 규정화하고, 위반자에 대하여 그 위반의 정도에 따라 견책, 경고, 감봉, 정직, 해고 등의 조치를 취할 수 있다.

앞서 설명한 바와 같이 준법감시부서 및 금융소비자보호를 위한 내부통제기준은 지배구조법, 자본시장법, 금융소비자보호법 등 각 관련법령과 하위 규정 등을 통해 정해지는 것이므로 위반행위가 발생하는 경우 대외적으로는 위에서 설명한 각 법령 등의 제재조치는 물론 대내적으로는 각 회사별 사규에서 정하고 있는 사규 위반 시의 제재조치도 부과된다.

5 민사책임

금융소비자보호법 제44조 제1항에서는 '금융상품판매업자등이 고의 또는 과실로 금융소비자보호법을 위반하여 금융소비자에게 손해를 발생시킨 경우에는 그 손해를 배상할 책임이 있다'는 일반원칙을 규정하고 있다.

한편, 같은 조 제2항에서는 같은 법 제19조의 설명의무를 위반한 경우 역시 손해배상책임을 금융상품판매업자등에 부과하고 있으나, 해당 금융상품판매업자등이 고의 및 과실이 없음을 입증하는 경우에는 예외적으로 손해배상책임의 부과를 면제하고 있다.

다시 말해 금융상품판매업자등은 금융소비자보호법 전반의 위반행위로 인한 금융소비자의 손해가 발생한 경우 손해배상책임을 부담한다는 것을 원칙으로 하되, 6대 판매원칙 중 설명의무와 관련한 손해배상책임에 있어서는 금융소비자의 손해에 대해 고의나 과실이 없음에 대한 입증책임을 금융상품판매업자등에게 부담시킴으로써. 금융소비자보호를 더욱 강화한 것으로 볼 수 있다.

또한, 금융소비자보호법 제45조에서는 금융상품계약체결등의 업무를 대리·중개한 금융상품판매대리·중개업자가 금융상품의 대리·중개 업무를 수행할 때 금융소비자에게 손해를 발생시킨 경우에는 해당 금융소비자에게 손해를 배상할 책임이 있음을 규정하고 있다.

즉 금융상품판매업자등이 직접 계약체결등의 업무를 수행한 부분뿐만 아니라, 해당 업무를 위탁한 대리·중개업자를 통한 계약체결등에 있어서도 손해배상의 책임을 폭넓게 부과하여 금융소비자를 보호하고 있는 것이다.

다만, 금융상품직접판매업자가 금융상품판매대리·중개업자 등에 대한 선임과 그 업무의 감독에 대해 적절한 주의를 하고 손해방지를 위한 노력을 한 경우에는 예외로 할 수 있고, 금융소비자의 손해가 발생하여 배상을 하였다면 해당 금융상품판매대리·중개업자에 대한 구상권 청구를 행사할 수 있다.

section 03 분쟁조정제도

1 개요

분쟁조정이란 분쟁 당사자의 신청에 기초하여 주장내용과 사실관계를 확인하고 이에 대한 합리적인 분쟁 해결 방안이나 의견을 제시하여 당사자 간의 합의에 따른 원만한 분쟁해결을 도모하는 제도이다. 분쟁조정신청이 접수되면 양당사자의 제출자료 검토와 대면 문답절차 등을 거쳐 분쟁 조정기관이 중립적인 조정안을 제시하는데, 분쟁조정기관은 이러한 중립적인 조정안을 제시하기 위해 통상적으로 법조계, 학계, 소비자단체, 업계 전문가로 구성된 분쟁조정위원회를 구성·운영한다.

금융소비자보호법 제33조에서는 이러한 분쟁조정기구로 '금융위원회의 설치 등에 관한 법률' 제38조 각 호의 기관, 금융소비자 및 그 밖의 이해관계인 사이에 발생하는 금융관련 분쟁의 조정에 관한 사항을 심의·의결하기 위하여 금융감독원에 금융분쟁조정위원회를 둔다고 규정하고 있다.

금융소비자보호법 제34조에 따라 조정위원회는 위원장 1명을 포함하여 총 35명 이내의 위원으로 구성된다.

위원장은 금융감독원장이 소속 부원장 중에서 지명하며 위원은 금융감독원장이 지명하는 소속 부원장보 및 다음과 같은 자격을 갖춘 자 중 금융감독원장이 위촉한다.

❶ 판사·검사 또는 변호사 자격이 있는 사람
❷ 소비자기본법에 따른 한국소비자원 및 같은 법에 따라 등록한 소비자단체의 임원, 임원으로 재직하였던 사람 또는 15년 이상 근무한 경력이 있는 사람
❸ 조정 대상기관 또는 금융 관계기관·단체에서 15년 이상 근무한 경력이 있는 사람
❹ 금융 또는 소비자 분야에 관한 학식과 경험이 있는 사람
❺ 전문의 자격이 있는 의사
❻ 그 밖에 분쟁조정과 관련하여 금융감독원장이 필요하다고 인정하는 사람

조정위원회의 위원 임기는 2년이며 공무원이 아닌 위원은 형법 제129조부터 제132조까지의 규정을 적용할 때에는 공무원으로 본다.

금융관련 분쟁이 발생한 경우 이해관계인은 금융감독원장에게 분쟁조정을 신청할 수 있으며 금융감독원장은 금융소비자보호법 제36조 제2항에 따라 합의를 권고할 수 있다. 다만, 분쟁조정의 신청내용이 분쟁조정대상으로서 적합하지 아니하다고 금융감독원장이 인정하는 경우, 신청한 내용이 관련 법령 또는 객관적인 증명자료 등에 따라 합의권고절차 또는 조정절차를 진행할 실익이 없는 경우 및 이에 준하는 사유로서 대통령령이 정하는 경우에는 합의를 권고하지 아니하거나, 조정위원회의 회부를 하지 않을 수 있으며 이 경우 동 사실을 관계 당사자에게 서면으로 통지하여야 한다.

한편, 분쟁조정의 대상이 되는 경우 금융감독원장은 분쟁조정 신청을 받은 날로부터 30일 이내에 합의가 이루어지지 않은 때에는 지체 없이 분쟁조정위원회에 회부하여야 하고, 조정위원회는 조정안을 60일 이내에 작성하며, 금융감독원장은 분쟁조정 신청인과 관계 당사자에게 조정안을 제시하고 수락을 권고할 수 있다.

분쟁조정의 신청인과 관계 당사자가 조정안을 제시받은 날로부터 20일 이내에 조정안을 수락하지 않을 때에는 해당 조정안을 수락하지 않은 것으로 본다.

2 분쟁조정의 효력

조정은 법원의 판결과는 달리 그 자체로서는 구속력이 없고 당사자가 이를 수락하는 경우에 한하여 효력을 갖는다. 금융감독원에 설치된 조정위원회의 조정안을 당사자가 수락하면 당해 조정안은 금융소비자보호법 제39조에 따라 재판상 화해와 동일한 효력을 갖는다. 그러나 그 밖의 기관(한국거래소 시장감시위원회의 분쟁조정심의위원회, 금융투자협회의 분쟁조정위원회 등)에 의한 조정은 민법상 화해계약으로서의 효력을 갖는다.

3 분쟁조정제도의 장단점

장점	단점
• 소송수행으로 인한 추가적인 비용부담 없이 최소한의 시간 내에 합리적으로 분쟁 처리 가능 • 복잡한 금융 관련 분쟁에 대한 전문가의 조언 및 도움을 받을 수 있음 • 개인투자자가 확인하기 어려운 금융투자회사	• 양당사자의 합의가 도출되지 아니하면 분쟁처리가 지연될 수 있음 • 판단기관에 따른 결과의 차이가 있을 수 있음. 분쟁조정기관은 기존의 판례 및 선례, 법이론을 바탕으로 가장 보편타당한 결과를 도출하기

의 보유자료 등을 조정기관을 통해 간접적으로 확인 가능	위해 노력하지만, 실제 소송 수행 결과와 반드시 같은 결과가 나올 것으로 단정할 수 없으므로, 조정안에 대한 최종 수용 여부는 당사자가 신중히 판단하여야 함

4 주요 분쟁조정기구

기관명	금융투자협회	금융감독원	한국거래소
담당조직	자율규제본부 소비자보호부	금융소비자보호처 금융민원총괄국	시장감시위원회
분쟁조정 대상	• 회원의 영업행위와 관련한 분쟁조정 • 회원 간의 착오매매와 관련한 분쟁조정	금융감독원의 검사를 받는 금융회사와 금융소비자 사이에 발생하는 금융관련 분쟁	유가증권시장, 코스닥시장, 파생상품시장에서의 매매거래와 관련하여 발생한 권리의무 또는 이해관계에 관한 분쟁
분쟁조정 효력	당사자가 분쟁조정위원회의 조정안을 수락한 경우 민법상 화해계약의 효력을 갖게 됨. 다만, 금융감독원은 재판상 화해와 동일한 효력을 갖게 됨		
장점	• 소송에 따른 비용 부담 없이 최소한의 시간 내에 합리적으로 분쟁을 처리 가능 • 복잡한 금융 관련 분쟁에 대해 전문가의 도움을 받을 수 있음 • 개인투자자 측면에서 확인하기 어려운 금융투자회사의 보유자료 등을 분쟁조정기관을 통해 간접적으로 확인 가능		
소송지원 제도	금융기관이 우월적 지위를 이용하여 조정결과를 부당하게 회피하는 것을 방지하기 위하여 금융투자회사가 정당한 사유 없이 분쟁조정위원회의 조정결정을 수락하지 않고, 신청인이 소송지원을 요청하는 사건 중 투자자 보호 및 공정거래질서 확립을 위하여 필요하다고 인정되는 경우 협회장이 위촉하는 변호사를 소송대리인으로 위촉하여 소송지원 (확정판결 시까지)	조정위원회의 조정결정에 대하여 당사자 일방이 이를 거부하여 조정이 불성립된 경우 법원의 소송절차를 통해 해결이 가능하며, 신청인의 청구를 인용하는 것으로 조정결정된 사건이거나 조정결정이 있기 전 사건으로서 조정선례 또는 법원의 판례 등에 비추어 신청인의 청구를 인용하는 것으로 조정결정될 것이 명백한 사건으로서 피신청인인 금융회사의 조치가 현저히 부당하다고 위원회가 인정하는 경우 소송지원 가능	증권·선물회사가 분쟁조정심의위원회의 결정을 정당한 이유 없이 수락을 거부하거나, 위원회의 조정결정이 있기 전 증권·선물회사가 소등을 제기하여 조정절차가 종료하였지만 조정선례 또는 법원의 판례 등에 비추어 증권·선물회사에 대한 책임 인정이 명백한 경우 ※ 소송지원의 실익이 없거나 공익목적에 부적절한 경우에는 소송지원 대상에서 제외

금융투자협회의 분쟁조정제도

1. 분쟁조정제도
   - 협회 분쟁조정제도는 협회 회원의 영업행위와 관련한 분쟁에 대하여 소송에 따른 비용과 시간의 문제점을 해결하고 당사자 간의 원만하고 신속한 분쟁 해결을 유도함으로써 시장 참가자들의 편의를 제공하기 위한 제도임
   - 분쟁 당사자는 금융투자상품에 대한 전문적 지식과 경험을 갖춘 인사들로 구성된 분쟁조정위원회의 분쟁조정을 이용함으로써 신속, 공정하게 분쟁을 해결할 수 있음

2. 분쟁조정위원회 취급 업무
   - 회원의 영업행위와 관련한 분쟁조정
   - 회원 간의 착오매매와 관련한 분쟁조정

3. 분쟁조정 대상 금융투자상품

금융투자회사	분쟁조정 대상 금융투자상품
증권회사	주식, 파생결합증권(ELS, ELW), 수익증권, 장내파생상품(KOSPI 200선물·옵션, 개별 주식옵션), 장외파생상품 등
선물회사	장내파생상품(KOSPI 200선물·옵션, 미국 달러선물·옵션, 국고채선물, FX마진거래, 해외선물)
자산운용회사	자산운용회사가 직접 판매한 수익증권
신탁회사	금전신탁계약, 부동산 신탁계약 등
투자자문·일임회사(금융위원회에 등록된 업체)	투자자문·일임계약
은행	수익증권, 장외파생상품 등
보험사	수익증권, 변액보험 등

4. 분쟁조정의 효력
   - 당사자가 협회 분쟁조정위원회의 조정안을 수락한 경우 민법상 화해계약의 효력을 갖게 됨(민법 제732조)

5. 분쟁조정절차
   - 분쟁조정절차는 신청인이 협회에 신청서를 제출함으로써 시작됨

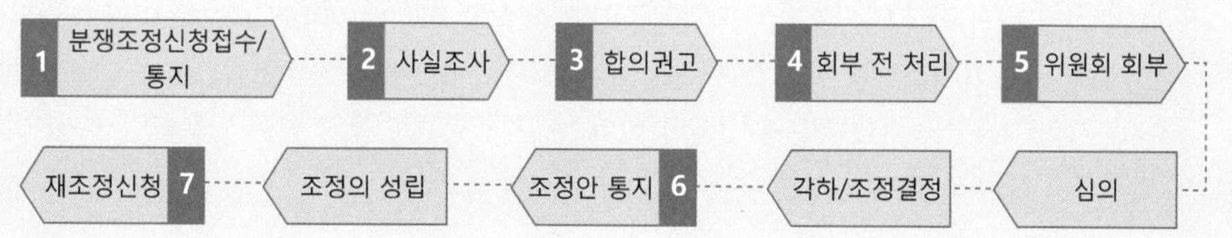

① 분쟁조정신청 접수/통지

신청방법	신청서류
신청인 본인이 직접 신청함이 원칙이나 원하는 경우 대리인도 신청이 가능하며 협회로 직접방문 또는 우편으로 신청이 가능합니다.	분쟁조정신청서, 관련 증거서류 또는 자료, 신청인 신분증 대리인이 신청하는 경우 위임장(신청인의 인감도장 날인), 신청인 인감증명서 및 대리인의 신분증이 추가됩니다.

② 사실조사

- 양당사자가 제출한 자료의 검토 뿐 아니라 필요한 경우 당사자 간 대면질의 등의 방법으로 투자 당시의 구체적인 사실관계를 확인하기 위한 조사가 이루어짐

③ 합의권고

- 분쟁의 원만한 해결을 위하여 당사자가 합의하도록 함이 상당하다고 인정되는 경우 구두 또는 서면으로 합의를 권고함

④ 분쟁조정위원회 회부 전 처리

- 일방 당사자 주장내용의 전부 또는 일부가 이유 있다고 판단되는 경우 위원회 회부 전 양당사자에게 합의권고안을 제시할 수 있고, 분쟁조정신청 취하서가 접수되거나 수사기관의 수사진행, 법원에의 제소, 신청내용의 허위사실 등 일정한 사유에 해당하는 경우 위원회에 회부하지 않고 종결처리 할 수 있음

⑤ 분쟁조정위원회 회부

- 당사자 간에 합의가 성립하지 않은 경우 협회는 조정신청서 접수일로부터 30일 이내에 분쟁조정위원회에 사건을 회부하며, 위원회는 회부된 날로부터 30일 이내에 심의하여 조정 또는 각하 결정함을 원칙으로 하나 부득이한 경우 15일 이내에서 기한을 연장 할 수 있음
- 분쟁조정위원회에 회부되면 회의 안건과 각종 제출자료 등이 분쟁조정위원에게 송부되고, 검토와 토론을 통해 최종적인 분쟁조정위원회의 조정안이 제시됨
- 위원이 당사자의 대리인이거나 친족관계 등 이해관계가 있는 경우 위원회에서 제척되며 신청인은 위원명단을 통지 받은 후 7일 이내에 특정 위원에 대한 기피신청서를 협회에 제출할 수 있음

⑥ 조정의 성립

- 당사자가 조정결정수락서에 기명 날인한 후 이를 조정결정의 통지를 받은 날로부터 20일 이내에 협회에 제출함으로써 성립하며 민법상 화해계약(민법 제732조)의 효력을 갖게 됨
- 회원인 당사자는 조정이 성립한 날로부터 20일 이내에 조정에 따른 후속조치를 취하고 그 처리결과를 지체 없이 협회에 제출하여야 함

⑦ 재조정 신청

- 분쟁조정신청의 당사자는 조정의 결과에 중대한 영향을 미치는 새로운 사실이 나타난 경우(결정의 기초가 되는 자료나 증언이 위조 또는 변조되거나, 법령 또는 판결이 변경되는 등 조정의 결과에 중대한 영향을 미치는 새로운 사실이 나타나는 경우 등) 조정결정 또는 각하 결정을 통지 받은 날로부터 30일 이내에 재조정 신청이 가능

chapter 03

주요 분쟁사례 분석

section 01 금융투자상품 관련 분쟁

1 금융투자상품 관련 분쟁의 특징

금융투자회사를 통한 금융투자상품은 그 특성상 높은 수익을 기대할 수 있는 반면에 높은 가격 변동성으로 인한 고위험에 노출되어 있고 투자과정에서 고도의 전문성이 요구되기 때문에 거래과정에서 분쟁이 발생할 소지가 있다.

아울러, 투자중개업을 영위하는 금융투자회사의 일반적인 업무행태는 민법상 위임계약 및 상법상 위탁매매업을 수행하는 것이므로, 수임인 또는 위탁매매업자로서 마땅히 이행하여야 할 선관주의의무를 다하지 못하였다면, 이로 인한 민사상 불법행위책임 또는 채무불이행책임이 발생할 수 있다.

❶ 증권거래 또는 선물거래는 은행거래, 보험거래 등 다른 금융거래와는 달리 투자대상의 높은 가격 변동에 따른 고투자위험, 투자과정에서의 전문성 필요 등과 같은 내재적인 특성을 가지고 있음

❷ 고객과 금융투자회사 간의 법률관계에서도 거래과정에서 고객의 증권회사 직원에 대한 높은 의존성, 위임과정 중 금융투자회사 직원의 폭넓은 개입 기회, 불공정거래 가능성 등 일반적인 위임의 법률관계와는 다른 특성이 존재

❸ 계좌개설부터 결제 등 거래종료까지의 거래과정 중에 고객과 금융투자회사 임직원 간에 예기치 못한 분쟁이 발생할 개연성이 높은 특징을 가지고 있으며, 또한 분쟁발생 시에도 당사자 간에 분쟁해결이 쉽지 않은 경향을 보이는 것이 특징

2 분쟁 관련 금융투자상품의 내재적 특성

금융투자상품의 법률적 정의[1]에 따르면, 투자손실 발생이 가능한(원본손실 가능성이 있는) 모든 금융상품을 의미한다.

❶ 원금손실 가능성

금융투자상품은 투자실적에 따라 큰 수익이 발생할 수도 있지만, 반대로 투자원금 뿐 아니라 투자원금을 초과하여 손실이 날 수도 있음

❷ 투자결과에 대한 본인 책임

금융투자상품에 대한 투자결과는 본인 귀속이 원칙이므로, 금융상품에 대하여 충분히 이해한 후 '자신의 판단과 책임 하에 투자'하여야 함

❸ 투자상품에 대한 지속적인 관리 요구

금융투자상품은 금융시장 환경의 대·내외적 요인, 투자상품의 고유특성에 따라 손익내역이 지속적으로 변하기 때문에, 금융투자상품의 손익상황 및 금융기관의 관리상황 등에 대한 주기적인 확인이 필요

---

1 법률상 정의(자본시장법 §3①) 이익을 얻거나 손실을 회피할 목적으로 현재 또는 장래의 특정(特定) 시점에 금전, 재산적 가치가 있는 것을 지급하기로 약정함으로써 취득하는 권리로서, 그 권리를 취득하기 위하여 지급하였거나 지급하여야 할 금전 등의 총액이 그 권리로부터 회수하였거나 회수할 수 있는 금전 등의 총액을 초과하게 될 위험("투자성")이 있는 것

3 금융투자상품 관련 분쟁의 유형

금융투자상품 관련 분쟁은 거래대상이 되는 금융투자상품의 종류와 어떠한 거래단계에서 발생되었는지 여부 등에 따라 여러 가지 유형으로 구분될 수 있다.

임의매매	고객이 증권회사 또는 선물회사 직원에게 금융투자상품의 관리를 맡기지 아니하였고 그 금융투자회사 직원이 매매주문을 받지 않았음에도 고객의 예탁자산으로 마음대로 매매한 경우에는 민사상 손해배상책임이 발생하며 해당 직원에게 처벌까지 가해질 수 있음
일임매매	투자일임업자가 고객과 투자일임계약을 체결한 상태에서 당초의 일임계약 취지를 위반하여 수수료 수입목적 등의 사유로 인하여 과도한 매매를 일삼은 경우 등 고객충실의무 위반이 인정될 수 있는 경우에는 민사상 손해배상책임이 발생할 수 있음
부당권유	증권회사 또는 선물회사 등의 금융투자회사 또는 은행, 보험 등의 겸영 금융투자회사 직원이 고객에게 투자권유를 하면서 금융투자상품에 대한 설명의무를 충실히 이행하지 않아 위험성에 대한 투자자의 인식형성을 방해하거나, 과대한 위험성이 있는 투자를 부당하게 권유한 경우에는 사안에 따라 민사상 손해배상책임이 발생할 수 있음
펀드 등 금융투자상품 불완전판매	최근 수익증권 등과 같은 집합투자증권(펀드)이 증권회사, 은행, 보험사 등 거의 모든 금융기관을 통하여 판매되는 등 그 수요가 급증함에 따라 관련 민원·분쟁도 빈번히 발생하는 추세임. 금융투자상품의 불완전판매도 부당권유의 한 유형으로 분류되는 것이 보통이므로 적합성의 원칙, 적정성의 원칙, 설명의무, 손실보전약정 금지 등을 종합적으로 고려하여 민법상의 불법행위 여부를 판단하게 됨
주문 관련	고객이 낸 주문을 증권회사, 선물회사 등 투자중개업자인 금융투자회사가 다르게 처리하거나, 주문권한이 없는 자로부터의 매매주문을 제출받아 처리한 경우 민사상 손해배상책임이 발생할 수 있음
기타 분쟁	전산장애가 발생하여 매매가 불가능함으로 인해 발생된 손해, 금융투자회사의 부적절한 반대매매처리로 인한 분쟁, 기타 무자격상담사로 인한 분쟁 사례 등이 있음

section 02 파생상품 관련 주요 분쟁사례

1 임의매매 관련 사례분석

(1) 사례 1

[대판 2006.2.10. 선고 2005다57707]

당초 고객과 직원이 약정한 매매거래 중단 사유가 발생하였음에도 불구하고 직원이 매매거래를 계속한 경우 임의매매를 인정한 사례

1. 사건 개요

① 고객 A는 '02년도에 주가지수옵션거래를 통해 큰 손실을 입은 적이 있는 자로서, '03.4월경 '월 3% 정도의 수익이 충분히 가능하다', '10% 이상 손실이 나는 경우에는 일단 매매를 중단하고 그 이후의 거래에 관하여 A와 상의하겠다'는 말을 듣고 관련 직원인 B에게 10억 원을 위탁하여 선물·옵션거래에 대한 포괄적인 일임을 하였음

② 이후, 일시적으로 수익이 발생되기도 하였으나, '03.6.11.과 6.12.에 걸쳐 행사가격 82.5인 7월물 콜옵션 300계약과 행사 가격 85.0인 7월물 콜옵션 700계약을 매도하는 등 옵션 매도약정을 다량 보유한 이후 '03.6.12. 기준으로 잔고 평가액이 7억5천여만 원에 불과하게 되었음

③ 당시 A는 HTS를 통해 B의 거래내역을 매일 확인하고 있었으나, 거래조회 화면에 나타나는 각종 잔고와 각 수치의 정확한 의미를 이해하지 못한 채 당시 예수금 잔고가 10억 원을 넘기고 있는 것만으로 투자성과가 좋은 것으로 오인하였음

④ 한편, A는 '03.7.2.에는 지수가 하락될 것으로 판단하여 행사 가격 85.0인 7월물 풋옵션 5,000계약을 0.5포인트 아래서 현재가로 사달라고 요청하였는데, 풋옵션 가격이 일시 상승하여 B는 0.5포인트 이상으로 되자 원고에게 상의를 하지 않은 채 0.51~0.54포인트에서 5,000계약을 매수하였고, A는 이러한 사실을 확인하였음에도 그에 대하여 이의를 제기하지 아니하였음

2. 판단내용

① 본 건의 경우 고객 A는 직원 B에게 포괄적 일임매매를 의뢰하기 전에 이미 스스로 선물·옵션거래를 하다가 불과 한 달 남짓 만에 원금을 모두 날린 경험이 있었던 점에 비추어 보면 B가 선물·옵션의 위험성을 충분히 고지하지 아니함으로써 위험성에 관한 올바른 인식 형성을 방해하였다고 보기는 어렵고, 월 3%정도의 수익약정만으로는 A의 기존 투자 성향에 비하여 과대한 위험성 있는 거래를 적극 권유하였다고 보기는 어려움

② 또한, A가 조회한 선물·옵션거래의 실시간 계좌평가화면을 통해 금일 약정합, 미실현손익합, 수수료합, 당일 거래 종목의 종목별 매입가 및 청산/평가금, 실현/평가손익액 등을 알 수 있었던 사실을 인정할 수 있으므로 A가 그 의미를 제대로 이해하지 못하였다고 한 점만으로 피고 증권회사의 고객보호의무 위반을 인정하기 어려움

③ 하지만, '03.6.2. 현재 잔고평가총액이 8억 9천 8백여만 원이 되어 최초로 10% 이상의 손실을 기록하게 되었을 때 비록 위 잔고 평가총액이 전일 종가를 기준으로 한 미실현손익으로서 옵션 가격 등락에 따라 실제 평가총액은 장중에도 수시로 등락을 거듭하는 것이고 실제로 이날 이후 잔고 평가총액이 10% 손실을 입지 않았던 적도 있었다고 하더라도 B는 당초 약속에 따라 거래를 중단하고 A의 의사를 물어 거래를 재개하였어야 함에도 그와 같은 조치를 취하지 않았다 할 것이므로 이는 원고의 의사에 기하지 아니한 임의매매에 해당함

④ 또한, '03.7.2. A가 B에게 행사 가격 85.0인 7월물 풋옵션 계약을 매수함에 있어 구체적인 지시를 하였음에도 B는 원고가 설정한 매수가액보다 고가에 매수하였으므로 이 역시 불법행위에 해당함

⑤ 다만, 10% 손실 초과 시 거래중단과 관련하여 A는 옵션거래의 가격 변동성과 투자위험을 감안하여 증권전산망의 화면을 면밀히 살펴보는 등 잘 감시하였어야 함에도 이를 게을리 하여 B가 계속 거래하도록 하여 손해 발생 및 확대에 기여하였으므로, 이러한 A의 과실을 30%로 산정하였음(손해금액 중 70%에 대해 증권회사 책임 인정)

(2) 사례 [2] : 옵션 부당권유 및 신용거래 임의매매 인정여부

임의로 신용거래를 하였다는 피고의 사실확인서가 있는 경우에도 임의매매를 부정한 사례

1. 사건 개요

원고는 피고 직원의 권유에 따라 옵션거래를 하였고, 신용거래로 A 주식을 매수한 바 있는데, 옵션거래에 대하여는 부당권유를, 신용거래에 대하여는 임의매매를 각 주장함

피고 직원들은 원고에게 옵션거래를 권유하면서 옵션거래의 위험성에 대하여 설명하지 않은 사실, 임의로 신용거래를 하였다는 확인서를 작성한 사실이 있음

2. 주요 쟁점사항

임의로 신용거래를 하였다는 확인서 있는 경우 임의매매 인정여부

3. 소송의 경과

서울남부지방법원 2012.2.17. 선고 2011가합12379 판결 : 원고 일부 승

[원고 : 고객 ↔ 피고 : 증권회사, 직원 3인]

서울고등법원 2012.9.7. 선고 2012나30757 판결 : 원고 일부 승, 확정

[원고, 항소인 : 고객 ↔ 피고, 피항소인 : 증권회사, 직원 3인]

4. 판결의 요지(제1심, 항소심 동일)

옵션 등 파생상품 투자경험이 없었던 원고에게 옵션거래의 위험성을 설명하지 않은 사실이 인정됨

임의로 신용거래를 하였다는 사실확인서가 있으나 이와 상반되는 내용의 녹취록의 존재, 신용거래 직후 매수량 등을 확인하였음에도 이를 문제삼지 않았던 점 등에 비추어 임의 주장 부정

2 일임매매 관련 사례분석

(1) 사례 [1]

[대판 2009.5.28. 선고 2006다58332]

증권회사 직원이 고객으로부터 포괄적으로 선물·옵션거래에 대하여 위임을 받고 옵션거래를 하던 중 최종 거래일의 거래마감시간 직전에 신규로 대량 매수하는 행위는 고객의 투자 상황에 비추어 과도한 위험성을 수반한 거래라고 보아 증권회사에게 배상 책임을 물은 사례

1. 사건 개요

① 고객인 A는 2000.7월 무렵에 모증권사 모지점에서 직원 B를 관리자로 지정하고 계좌를 개설하고 직원 B에게 선물·옵션거래에 대한 매매를 일임하였는데, 2001.5월 무렵에 △△증권으로 전직하자, 고객 A도 자신의 대리인을 통해 거래처를 △△증권으로 옮겨 선물·옵션위탁계좌 2개를 개설하고 마찬가지로 직원 B에게 매매를 일임하였음. 이때 대리인은 계좌 개설만을 대리하였고 계좌운영에 관해서는 대리권을 가지지 아니한채 가끔 직원 B와 통화하면서 계좌운영을 감시하기만 하였음

② 직원 B는 2002년 4월물 KOSPI 200옵션 최종거래일인 2002.4.11. 14:42분 현재 KOSPI 200지수는 108.71인데 행사 가격이 107.5인 콜옵션을 프리미엄 1.85에 최종거래 마감시간인 14:50분을 불과 7~8분 남겨두고 제1계좌에서 1,543계약(예수금의 2/3), 제2계좌에서도 2,000계약(예수금의 2/3)을 각각 매수하였음

③ 직원 B에 따르면, 이때 KOSPI 200지수가 오전부터 1.3포인트 가까이 오르다가 오후 들어 만기에 대한 불안감으로 13:00 무렵 강보합 정도로 조정되었으나 14:30 무렵부터 급속히 시세가 오름세로 돌아서 순식간에 전날보다 2포인트 이상 급등하자 그 추세가 계속 이어져 15:00 현재의 동시호가지수(KOSPI 200지수)가 14:50의 KOSPI 200지수보다 현격히 높게 형성될 것으로 판단하고 제1, 제2계좌에서 매수에 임했다고 주장함

④ 하지만, B의 예상과 달리 14:43부터 KOSPI 200지수가 상승하지 않고 콜옵션 프리미엄 시세가 급속하게 하락하기 시작하자 B는 계획을 바꿔 제1계좌의 원주문에 대하여서만 취소주문을 냈음

⑤ 본래 한국거래소의 KOSPI 200선물·옵션 매매시스템은 회원사의 호가를 접수하는 접수프로그램과 접수된 호가를 접수된 순서에 따라 일련의 과정을 거친 후 체결 가능한 호가를 체결해 주는 집계체결프로그램이 별도로 가동되는데,

⑥ 그날은 2002년 4월물 KOSPI 200옵션의 최종 거래일로써 시장 변동성이 확대되고 주문호가가 폭주하는 바람에 체결 지연 현상이 발생하여 제1계좌 및 제2계좌 주문 또한 당초 주문시간보다 늦은 14:47~48분 사이에 체결되었고 그 체결 사실도 거의 14:50께 통보되었기 때문에 취소주문은 당연히 체결되지 않았음

⑦ 결국, 15:00 KOSPI 200지수는 107.5로 B가 매수한 2002년 4월물 KOSPI 200콜옵션 행사가격 107.5와 일치하여 콜옵션 행사의 가치가 상실되어 지급한 프리미엄 약 6.4억원만 손해보게 됨

⑧ 이에 대해, 고객A는 직원 B가 옵션 최종 거래일 거래마감시간 직전에 옵션을 대량으로 매수한다는 것은 더 큰 위험성을 내포하며 만기임박으로 인해 손실을 만회할 시간적 기회조차 없게 하는 것이므로 설령 매매를 포괄적으로 일임했다손 치더라도 이러한 행위는 전문가로서 합리적인 투자의 범주를 벗어난 것으로 고객보호의무를 위반한 것이라고 주장하면서 손해배상을 청구함

2. 판단 내용

① 대법원은 본 건에 대해 옵션만기일에는 차익거래나 투기적거래에 의한 옵션과 주식을 청산하기 위한 물량이 대량으로 쏟아져 나와 시세 변동성이 커지고, 옵션거래는 이른바 제로섬 게임의 성격을 띠고 있어 옵션을 보유한 세력들이 만기일 15:00에 결정되는 KOSPI 200지수를 토대로 이익을 취하기 위해 그 지수를 서로 자기가 원하는 지수대에 놓아두려고 하는 시도가 치열하여 심한 경우에는 15:00의 KOSPI 200지수가 14:50의 지수보다 4～5포인트 높거나 낮게 형성되는 경우도 드물지 않게 나타나기도 하므로 14:50에 임박하여 형성된 지수를 토대로 15:00에 형성될 지수를 예측하는 것은 거의 불가능하므로 직원 B의 대량 콜옵션 매수행위는 고객A의 투자상황에 비추어 과대한 위험성을 수반하는 거래라고 볼 여지가 충분하다고 판시함

② 이에 따라 대법원이 2심판결을 파기하여 환송하자, 2심재판부는 1심재판부의 판결과 유사한 수준인 손해금액의 30% 수준에서 △△증권이 배상하기로 하는 화해권고결정을 함

(2) 사례 2

[광주고등법원 2007.7.11. 선고 2006나7289 저축금 반환]

직원이 고객에게 원금보전 각서를 제공한 후 선물·옵션거래를 일임받아 매매하다 계좌의 평가금액이 원금을 초과하였음에도 이를 고객에게 알리지 않고 거래를 계속한 경우 고객보호 의무를 위반한 것이라고 한 사례

1. 사건 개요

① 원고는 피고회사와 사이에 일임형 랩계약(고객은 투자대상의 범위만을 정하고 구체적인 투자결정은 담당 직원에게 일임하는 투자형태)을 체결하고 랩계좌를 개설한 후 피고회사 담당직원에게 운용을 일임하였음

② 위 계좌에서 손실이 발생하자 담당 직원은 원고에게 원금을 보전하겠다는 각서와

약속어음공정증서를 교부하였으며, 이후 원고는 피고회사와 또 다른 랩계약을 체결하고 랩계좌와 선물·옵션계좌 등을 개설한 후 이전 랩계좌의 예탁금을 이체하여 담당 직원에게 운용하도록 하였음

③ 담당 직원은 선물·옵션 투자로 수익이 발생하여 한때 계좌의 평가액이 보전을 약속한 원금을 상회하기도 하였으나 거래를 계속하다 결국 투자원금 거의 전부에 해당하는 손실을 발생시켰음

2. 주요 쟁점

① 위임범위를 일탈한 일임매매 여부

② 과당매매 여부

③ 고객보호의무 위반 여부

3. 판결 요지

가. 원심

① 원고는 첫 번째 랩계좌에서 일부 수익금을 인출한 다음 피고 담당 직원에게 안전한 채권형 상품에 투자하도록 지시하였다고 주장하나, 그즈음 원고가 추가 개설한 계좌에 대해서도 담당 직원에게 운용을 일임한 사실, 원고가 피고와 일임형 랩계약을 체결할 당시 투자목적을 적극적 자본이득, 투자성향을 공격형이라고 밝힌 사실 등에 비추어 원고는 피고 담당 직원에게 공격적 투자로서 더 많은 수익을 내도록 일임매매를 위탁한 것으로 봄이 상당함

② 담당 직원이 두 번째 랩계좌를 운용하면서 거의 매일 선물·옵션매매거래를 하였지만 수수료가 투자원금의 1%에 불과하므로 담당 직원이 빈번한 거래를 하였지만 충실의무를 위반하여 원고의 이익을 무시하고 피고의 영업실적만을 증대시키기 위하여 무리하게 빈번한 회전매매를 한 것이라고는 인정하기 어려움

나. 항소심

① 위임범위 일탈 여부 및 과당매매 여부에 대한 판단은 원심과 동일

② 다만, 원고는 과거 선물·옵션거래 경험이 전혀 없었던 점, 피고 담당 직원으로서는 원고에게 원금보전 각서를 작성해준 상태에서 신속히 수익을 낼 수 있는 선물·옵션거래가 절실했던 점, 두 번째 랩계좌에 이체된 금원 일부는 원고가 관리하던 모임의 회비로서 만일 원고가 위 회비에 전액 손실이 발생할 수 있다는 위험성을 충분히 고

지 받았다면 선물·옵션거래에 투자하지는 않았을 것이라고 보는 것이 합리적인 점 등을 종합하면 두 번째 랩계약은 담당 직원의 부당권유행위로 인하여 체결되었다고 봄이 상당함

③ 또한 담당 직원은 선물·옵션거래 결과 계좌 평가액이 보전을 약속한 원금을 넘는 금액에 이르게 되었는데 그렇다면 고객에 대하여 선관주의의무를 부담하는 담당직원으로서는 즉시 원고에게 이를 알리고 원금을 원고에게 반환하거나 최소한 원고의 선택에 따라 계속 투자 여부를 결정하였어야 함에도 불구하고 이에 위반하여 원고에게 아무런 통지도 하지 아니한 채 독단적으로 위험한 선물거래를 계속함으로써 고객보호 의무를 위반하였음(원고 과실비율 60%)

3 부당권유 관련 사례분석

(1) 사례 Ⅰ

[고법 2006.8.17. 선고 2006나2746]

부당권유를 판단함에 있어 거래경위와 거래방법, 고객의 투자경위, 고객의 투자 경험 등에 비추어 판단하여야 하고, 단순히 선물·옵션거래의 위험성을 다소 미흡하게 설명하였다거나 선물·옵션거래의 고수익 가능성을 강조하여 권유하였다는 사실만으로 부당권유를 인정할 것은 아니라고 본 사례

1. 사건 개요

① 고객 A는 '92년부터 C증권회사에 주식위탁계좌를 개설하여 주식거래를 한 경험이 있는 자로서, '99.6월경 D증권회사 직원인 B로부터 선물·옵션거래를 권유받아 계좌를 개설하고 B에게 운용권한을 위임하였음

② 고객A는 '99.10월경 처 소유의 ☆주식과 ★주식을 대용증권으로 지정하여 직원 B가 선물·옵션거래를 하도록 하였으나 손실이 발생되었고, '00.5월경에는 손해를 만회할 수 있도록 5천만 원을 추가로 투자하였음에도 '99.10월부터 '00.7월까지의 거래 결과 대용증권 및 5천만 원 모두 상실되는 손실이 발생되었음

③ 한편, '00.10월경에는 직원B가 E증권회사로 이직하자 기존 D증권회사의 선물·옵션계좌를 해지하고 E증권회사에 새로운 주식위탁계좌를 개설하기도 하였음

2. 판단 내용

① 고객 A는 직원 B를 통하여 선물 · 옵션거래를 하기 이전에도 수년간 주식거래경험이 있었던 점, B로부터 처 소유의 주식을 대용증권으로 지정하여 담보로 제공하게 된다는 설명을 일부 들어 알고 있었던 점, 양자 간에 구체적인 수익보장 약정은 없었던 점, 선물 · 옵션거래는 투자적인 금융상품으로서 투자원금 전부의 손실이 발생될 수 있는 투자상품인 점 등으로 고려할 때 선물 · 옵션거래의 위험성을 다소 미흡하게 설명하였다거나 선물 · 옵션거래의 고수익 가능성을 주로 강조하여 권유하였다 하더라도 그것만으로 부당권유하였다고 단정하기 어려움

② 한편, '99.10월부터 '00.7월까지 매매거래 193회, 손해액 대비 수수료비율이 29.6%인 사실이 있으나,

③ 선물 · 옵션거래는 주식현물거래보다 투자성이 강한 거래인 점, A가 B의 선물 □ 옵션거래로 최종적인 손해를 본 이후에도 이직하는 B를 따라 새로운 주식위탁계좌를 개설하기도 하여 기존의 거래를 추인한 것으로 볼 여지가 있는 점 등을 고려해 볼 때 직원 B가 선물 · 옵션 거래과정에서 A의 이익을 무시하고 영업이익만을 증대시킬 목적으로 과다매매하였다고 단정할 수 없음

(2) 사례 [2] : 투자경험이 없는 자에게 선물 · 옵션을 부당 권유한 데 따른 손해배상책임, 감독원 분쟁조정위원회(2011. 6. 21. 조정번호 제2011-38호)

[일부 인용] 피신청인 담당 직원이 선물 · 옵션 투자경험이 전혀 없는 신청인에게 선물 · 옵션의 내용, 위험성 등에 대하여 자세한 설명 없이 안전하다는 취지로 수차례 권유한 점, 신청인의 투자정보 확인서 내용을 왜곡한 점, 담당 직원이 신청인에게 손익내용을 안내할 때 평가손을 제외하고 실현손만을 주로 보고하는 등 선물 · 옵션 거래 손실에 대한 안내를 충실하게 이행하지 않은 점 등에 비추어 피신청인이 설명의무 또는 고객보호의무를 다한 것으로 보기는 어려움.

1. 사실관계

① 2010.8.9. 신청인은 ○○증권사(이하 "피신청인'이라 함) 직원과 상담 후 기 개설된 계좌를 이용하여 주식거래를 시작하여,[2] 피신청인 직원과 협의하는 방식으로 주식거래

2 신청인은 2004.7월 모 기업 근무시절 우리사주로 받은 주식을 위해 증권계좌를 개설한 후 처음으로 주식거래를 한 것으로, 과거에 주식거래 및 선물옵션 거래를 한 경험이 전혀 없다고 주장함.

를 하였고, 거래기간(2010.8.9.~2011.2.11.)동안 약 95백만 원(거래비용 공제시 75백만원)의 수익을 실현함.

② 2010.10.25. 피신청인 담당 직원이 신청인에게 현재 보유하고 있는 주식의 주가 하락에 대비한 헷지의 중요성과 선물 · 옵션거래가 안전한 투자라는 점을 수차례 강조하면서 권유하자 신청인은 선물 · 옵션 계좌를 개설하였고, 본건 선물 · 옵션 계좌개설 당시 피신청인 김포지점 지점장(A씨)이 신청인에게 선물 · 옵션거래의 내용 및 위험성에 대하여 설명하였고 신청인이 위험성에 대해 걱정을 하자 담당직원은 지점장이 투자신탁에서 온 분이라 선물을 잘 모른다며 안전한 거래라고 하면서 선물 · 옵션 거래를 거듭 권유함.

③ 신청인은 본건 선물 · 옵션계좌를 개설하면서 「개좌 개설신청서」 및 「일반투자자 투자정보 확인서」에 자필기재 및 서명을 하였는데, 담당 직원은 신청인이 처음에 작성한 「일반투자자 투자정보 확인서」는 선물 · 옵션투자에 적합하지 않다고 하면서 재작성을 요청하여 다시 작성하게 되었음.[3]

항목	2010. 8. 4. 작성(주식거래용)	2010. 10. 25. 작성(선물옵션계좌)
투자경험과 가장 가까운 금융상품	채권형펀드, 금융채, 신용도가 높은 회사채, 원금보장형 ELS 등	주식 신용거래, 파생상품에 투자하는 펀드, 시장수익률 이상의 수익을 추구하는 주식형 펀드, 선물옵션, ELW 등
금융상품투자에 대한 지식 수준	낮은 수준 : 주식과 채권의 차이를 구별할 수 있는 정도	높은 수준: 투자할 수 있는 대부분의 금융상품 차이를 구별할 수 있는 정도
투자원금에 손실 발생 시 감내 수준	기대수익이 높다면 위험이 높아도 상관하지 않겠다	기대수익이 높다면 위험이 높아도 상관하지 않겠다
고객 투자성향	적극 투자형	공격 투자형
위험선호도	적극 투자형	공격 투자형
상담자	L씨	직원(담당 직원)

④ 본건 선물 · 옵션거래는 신청인의 기 보유주식을 대용(담보)으로 하여 거래를 하였고, 담당 직원에게 거래를 포괄적으로 일임하는 형태로 이루어졌으며, 담당 직원은 옵션 매매전략으로 주로 양매도 전략[4]을 취하였음.

3 2010. 10. 25.자 「투자정보 확인서」는 2개월 전 신청인이 주식거래용으로 작성한 것과 크게 차이를 보임.

4 양매도 전략은 풋옵션 매도와 콜옵션 매도를 동시에 하는 방법으로 수익률 및 위험성을 높이는 전

⑤ 2010. 11. 24. 누적 손실(평가손실 포함) 및 누적 수수료의 합계가 약 53백만 원이었으나 담당 직원은 신청인과 통화 시 평가손실을 제외하는 등 손실을 축소 보고하였고, 이후에도 신청인에게 손실액에 대해 여러 차례 축소보고(평가손을 제외)함.

⑥ 담당 직원은 2010.11.24 이후 양매도 전략을 유지하였는데, 2011.2.7 지수가 양매도 설정구간을 벗어나 손실이 크게 발생하였고, 2011.2.8. 담당 직원은 손실을 만회하고자 지수 상승시 수익을 극대화하기 위해 콜옵션을 대량으로 매수하였으나 지수가 하락하자 손실이 급격히 확대되었으며, 2011.2.14. 신청인은 금감원에 본건 금융분쟁조정을 신청함.

2. 당사자 주장

가. 신청인 주장

피신청인 담당 직원이 선물·옵션에 대한 경험이 전혀 없는 신청인에게 자세한 설명도 없이 기존 보유주식의 하락을 대비하기 위한 헷지 차원이고 안전한 투자라고 하면서 선물·옵션거래를 수차례 권유하여 거래를 하게 되었으나 큰 손실을 입었으므로 피해를 보상해야 함.

나. 피신청인 주장

① 본건은 선물·옵션 계좌 개설 시 지점장이 신청인에게 선물·옵션의 위험성 등에 대해 충분한 설명을 하였고, 신청인이 「계좌 개설신청서」 및 「일반투자자 투자정보 확인서」에 자필기재 및 서명을 하여 적법한 절차에 의해 선물·옵션 계좌 개설이 이루어졌음.

② 선물·옵션 매매거래 시 담당 직원이 매매내역 및 손익 현황에 대해 설명하였고, 이에 대해 신청인이 이의제기 없이 동의를 한 것이므로 신청인의 주장은 수용하기 곤란함.

3. 위원회의 판단

본건의 쟁점은 피신청인 담당 직원의 부당한 선물·옵션 투자권유 시 고객보호의무 위반 여부라 할 것임

략이지 기보유주식의 주가 하락을 헷지하기 위한 것으로 보기는 어려움.

가. 관련 판례

① 금융기관의 임직원이 고객에게 금융투자상품 매입을 권유할 때에는 그 투자에 따르는 위험을 포함하여 당해 상품의 특성과 주요 내용을 설명함으로써 고객이 그 정보를 바탕으로 합리적인 투자판단을 할 수 있도록 고객을 보호하여야 할 주의의무가 있다 할 것임.[5]

② 금융기관의 임직원이 고객에게 적극적으로 투자를 권유하였으나 투자 결과 손실을 본 경우에 투자가에 대한 불법행위책임이 성립되기 위하여는 이익보장 여부에 대한 적극적 기망행위의 존재까지 요구하는 것은 아니라 하더라도, 적어도 거래경위와 거래방법, 고객의 투자 상황(재산상태, 연령, 사회적 경험 정도 등), 거래의 위험도 및 이에 관한 설명의 정도 등을 종합적으로 고려한 후, 당해 권유행위가 경험이 부족한 일반 투자가에게 거래행위에 필연적으로 수반되는 위험성에 관한 올바른 인식 형성을 방해하거나 또는 고객의 투자 상황에 비추어 과대한 위험성을 수반하는 거래를 적극적으로 권유한 경우에 해당하여, 결국 고객에 대한 보호의무를 저버려 위법성을 띤 행위인 것으로 평가될 수 있는 경우라야 함.[6]

나. 고객보호의무 위반 여부

본건은 다음과 같은 점에 비추어 볼 때 피신청인이 설명의무 또는 고객보호의무를 다한 것으로 보기는 어렵다 할 것임.

① 피신청인 담당 직원이 선물·옵션 투자경험이 전혀 없는 신청인에게 선물·옵션의 내용, 구조 및 위험성 등에 대하여 자세한 설명 없이 안전하다는 취지로 수차례 권유하여 본건 선물·옵션거래가 이루어졌으며, 신청인은 지점장이 신청인에게 선물·옵션은 위험하다는 취지의 설명을 하여 선물·옵션거래를 주저하였으나, 담당직원은 지점장이 투자신탁에서 온 분이라 선물을 잘 모른다며 안전한 거래라고 설득함으로써 신청인의 위험성에 관한 올바른 인식 형성을 적극적으로 방해한 점.

② 담당 직원은 신청인이 처음에 작성한 「일반투자자 투자정보 확인서」는 선물·옵션투자에 적합하지 않다고 하면서 재작성을 요청하여 다시 작성토록 하여 신청인의 투자정보 확인서 내용을 왜곡한 점.

---

5 대법원 2003.7.25. 선고 2001다10458 판결 참조.

6 대법원 2003.1.10. 선고 2000다50312 판결, 2007.7.12. 선고 2006다53344 판결 참조.

③ 피신청인 담당 직원은 본건 선물 · 옵션계좌 개설 시에는 신청인에게 선물 · 옵션거래가 보유주식의 주가 하락에 대비한 헷지를 위한 것이라고 설명하고서 실제로는 주가지수 변동에 따라 손실이 발생할 수 있는 양매도 전략 등을 취한 점.[7]

④ 담당 직원이 신청인에게 손익내용을 안내할 때 평가손을 제외하고 실현손만을 주로 보고하는 등 고객에게 선물 · 옵션 거래 손실에 대한 안내를 충실하게 이행하지 않은 점.

⑤ 선물 · 옵션 매매로 인한 전체 손해액(276,997,150원) 중 수수료(147,393,150원)가 차지하는 비중이 50%를 초과하여 과다하게 발생한 점.

다. 손해배상액 산정

피신청인은 신청인에게 부당한 옵션투자로 인한 손해를 배상할 책임이 있다 할 것인바, 신청인의 손해금액은 본건 선물 · 옵션거래로 인한 손실 276,997,150원(=누적손실 129,604,000원+선물 · 옵션수수료 147,393,150원)이라 할 것임.

한편, 다음과 같은 점 등을 고려하여 피신청인의 책임을 40%로 제한하는 것이 타당함.

① 투자자는 자기책임의 원칙 아래 투자상품의 개념이나 내용, 손익구조, 투자위험성 등에 관한 사항을 사전에 정확히 파악하여 신중히 검토한 다음 투자하여야 할 것인데도 신청인은 비교적 거액을 투자하면서도 이를 게을리 한 점.

② 신청인이 본건 선물 · 옵션계좌 개설 시 '계좌 개설신청서' 및 '일반투자자 투자정보 확인서'에 자필기재 및 서명을 하여 선물 · 옵션 거래가 이루어진 점.

③ 신청인은 지점장으로부터 선물 · 옵션거래의 위험성에 대해 설명을 들어 위험성을 알 수 있었음에도 충분한 검토를 하지 않고 단순히 담당 직원의 말만 믿고 위험한 선물 · 옵션거래를 시작한 점.

④ 신청인은 2010. 11월 담당 직원으로부터 선물 · 옵션거래로 인한 손실을 안내받아 선물 · 옵션거래가 손실을 입을 수도 있다는 점을 알고도 동 거래를 즉시 중단토록 하지 않아 이후 손실이 확대된 점.

⑤ 투자판단은 본인이 결정함이 원칙인데도 신청인은 본건 선물 · 옵션거래와 관련된 투자판단을 담당 직원에게 일임한 점 등을 고려하여 신청인의 과실비율을 60%로 보고

---

7 피신청인은 매매전략을 헷지에서 수익추구로 변경할 때 신청인에게 이를 설명하고 동의를 받았다고 주장하나, 신청인에게 이러한 매매전략 변경을 명시적으로 언급한 사실이 통화내역 등에 확인되지 않고 신청인도 매매전략을 변경하였다는 설명을 들은 바가 없다고 함.

피신청인의 책임을 40%로 제한함이 타당함.

4. 결론

그렇다면 피신청인은 신청인에게 손해금액 110,798,860원을 배상할 책임이 있어 이를 인용하고, 신청인의 나머지 청구는 이유 없어 기각함.

4 주문 관련 사례분석

[대법원 2010.1.14. 선고 2009다90184, 2009다90191]

증권사가 반대매매 예정 당일 선물옵션 추가 증거금 발생사실을 통보하였고 고객도 HTS를 통해 이미 동 사실을 알고 있었기에 증권사에게 통지의무 해태에 따른 손해배상책임을 물을 수 없음

1. 사건 개요

① 2007년 5월 31일, 증권사는 선물옵션계좌에 추가 증거금이 발생한 고객에게 연락을 취하였으나 연결이 되지 않았으나, 고객이 HTS에 접속하여 추가 증거금 발생 사실을 확인함

② 다음날(반대매매 예정일/ 6.1) 증권사 직원은 08:39경에 '정오까지 추가 증거금이 결제되지 않으면 반대매매 될 것'임을 고객에게 통보하였으나 동 시한까지 결제가 되지 않자 반대매매를 실행(6.4)

2. 판단 내용

가. 원심

2007년 5월 31일, 고객은 인터넷상으로 추가 증거금 발생 사실을 이미 알고 있었다고 보이므로 증권사 직원이 적절한 시기에 추가 증거금의 발생 및 반대매매 예정의 통지를 하지 않았다고 하더라도 증권사에 손해배상청구를 할 수 없으며, 고객은 반대매매 예정 통지를 받고도 별다른 조치를 취하지 않는 등으로 판단컨대, 자신의 경제적 사정 등으로 미결제액의 손실을 입었다고 봄이 상당함

나. 항소심

① 증권사가 고객의 계좌에서 위탁증거금을 추가로 납부할 사유가 발생하였음에도 이

를 통보하지 않음으로써 그러한 기회를 박탈하였다면 고객보호의무를 위반한 것이라고 할 것이나 고객이 어떠한 경위(HTS조회 등)로 위탁증거금이 부족하게 된 사유를 알게 된 경우 비록 증권사가 위탁증거금의 추가 납부 통지를 게을리 하였다고 할지라도 그로 인하여 고객에게 어떠한 손해가 발생하였다고 할 수 없을 것이므로 고객은 손해배상 책임을 물을 수 없음

② 증권사 직원이 반대매매를 실행하기 전 고객에게 전화하여 추가 증거금 발생 사실과 미결제 시 반대매매가 될 것임을 통보하였고, 설령 이를 통보하지 않았다고 하더라도 고객은 이미 HTS에 접속하여 추가 증거금 발생 사실을 이미 알고 있었는 바 증권사가 그 통지의무를 게을리 하여 고객에게 손해가 발생하였다고 할 수 없음

PART 4

실전예상문제

01 다음 중 금융분쟁조정절차에 대한 설명으로 ( )에 들어갈 숫자를 순서대로 올바르게 고른 것은?

금융감독원장은 분쟁조정의 신청을 받은 날로부터 ( )일 이내에 당사자 간의 합의가 이루어지지 않은 경우에는 지체 없이 이를 금융분쟁조정위원회에 회부하여야 하고, 금융분쟁조정위원회가 조정의 회부를 받은 때에는 ( )일 이내에 이를 심의하여 조정안을 작성하여야 한다.

① 7, 30
② 14, 30
③ 30, 60
④ 90, 180

02 다음 금융소비자보호법 위반에 대한 제재조치 중 가장 가벼운 것은?

① 금융소비자에게 투자대상의 상품설명서를 제공하지 않았다.
② 금융소비자의 투자요청 상품이 투자자 성향에 적정하지 않다는 사실을 알리지 않았다.
③ 금융소비자에게 계약관련서류를 제공하지 않았다.
④ 회사가 금융상품 판매관련 업무자료를 기록, 관리하지 않았다.

해설

01 ③ 금융감독원장은 분쟁조정의 신청을 받은 날로부터 30일 이내에 조정위원회에 회부하고, 조정위원회가 60일 이내에 조정안을 작성하여야 함.

02 ② 3천만원 이하의 과태료 부과 대상
①,③,④는 1억원 이하의 과태료 부과 대상이다.

03 다음 중 금융 분쟁에 관한 설명으로 틀린 것은?

① 금융투자 관련 금융 분쟁은 주로 자본시장법령 등에서 부여하는 금융투자업자에게 부여하는 의무 이행 여부가 쟁점이 된다.

② 금융투자업 영위과정에서 거래관계가 수반되는 권리의무에 대한 상반된 주장이 분쟁이라는 형태로 도출된다.

③ 비록 금융업무 관련이라도 금융 관련 기관이 금융 관련 기관을 상대로 제기하는 분쟁은 금융 분쟁에 해당하지 않는다.

④ 금융소비자 등이 금융업무 등과 관련하여 이해관계 등이 발생함에 따라 금융 관련 기관을 상대로 제기하는 분쟁이 금융 분쟁이다.

04 다음 중 개인정보처리자의 개인정보 보호 원칙에 대한 설명으로 적절하지 않은 것은?

① 개인정보의 처리목적에 필요한 범위에서 적합하게 개인정보를 처리하여야 하며, 그 목적 외의 용도로 활용해서는 안 된다.

② 정보주체의 사생활 침해를 최소화하는 방법으로 개인정보를 처리하여야 한다.

③ 개인정보는 정확한 정보를 필요로 하므로, 익명처리를 하여서는 안 된다.

④ 개인정보의 처리방침 등 개인정보의 처리에 관한 사항을 공개하여야 한다.

해설

03 ③ 금융 관련 기관이 금융업무와 관련하여 금융 관련 기관을 상대로 제기하는 분쟁도 금융 분쟁에 해당된다.

04 ③ 개인정보의 익명처리가 가능한 경우에는 익명에 의해 처리될 수 있어야 한다.

05 다음 중 분정조정제도에 관한 설명으로 적절하지 않은 것은?

① 분쟁조정기관은 중립적인 조정안을 제시하기 위해 통상적으로 분쟁의 양당사자와 법조계, 학계, 소비자단체, 업계 전문가로 구성된 분쟁조정 위원회를 구성하고 운영한다.

② 조정은 법원의 판결과는 달리 그 자체로서는 구속력이 없고 당사자가 이를 수락하는 경우에 한하여 효력을 갖는다.

③ 금융감독원에 설치된 금융분쟁조정위원회의 조정안을 당사자가 수락하면 당해 조정안은 재판상 화해와 동일한 효력을 갖는다.

④ 금융감독원 이외의 기관(한국거래소 분쟁조정심의위원회, 금융투자협회 분쟁조정위원회 등)에 의한 조정은 민법상 화해계약으로 효력을 갖는다.

06 다음 중 금융투자상품의 내재적 특성에 대한 설명으로 적절하지 않은 것은?

① 원금손실 가능성

② 투자결과에 대한 본인책임 원칙

③ 투자상품에 대한 지속적인 관리요구

④ 금융투자회사 직원에 대한 높은 의존성

해설

05 ① 분쟁의 양당사자는 제외된다.

06 ④ 모든 금융투자상품이 금융투자회사 직원에 대한 높은 의존성을 수반하는 것은 아니다.

07 다음 분쟁 예방을 위한 요령 중 틀린 것은?

① 임직원 개인계좌로 고객자산 등의 입금을 받지 않는다.

② 어떠한 형태로든 손실보전 약정은 하지 말아야 한다.

③ 금융소비자는 전문성이 낮으므로 금융상품거래 시 임직원이 주도하는 편이 좋다.

④ 단정적 판단을 제공하는 것은 금지된다.

08 다음 중 금융상품판매업자등에 대한 조치 중 반드시 등록이 취소가 되는 경우는?

① 거짓이나 부정한 방법으로 등록한 경우

② 정지기간 중 업무를 한 경우

③ 금융위원회의 시정 또는 중지명령을 받고 정한 기간 내에 시정 또는 중지하지 아니한 경우

④ 등록 요건을 유지하지 못 하는 경우

09 다음 설명 중 가장 틀린 것은?

① 금융회사의 민원은 크게 금융업무와 관련된 금융 민원과 기타 민원으로 구분할 수 있다.

② 불완전판매는 통상 금융회사의 임직원 등이 금융상품을 판매할 때 금융소비자 보호법상 규정하고 있는 완전판매절차를 준수하지 않아 발생하는 경우가 많다.

③ 임의매매는 일부 경우에 대해 정당한 권한을 가진 금융소비자와 계약을 맺는 경우 허용된다.

④ 계약체결의 전자적 전송이나 처리과정에서 발생한 사고로 인해 금융소비자에게 손해가 발생한 경우 금융회사는 그 손해를 배상할 책임을 진다.

해설

07 ③ 금융회사의 임직원 등은 어디까지나 금융상품거래의 조력자 역할을 수행하는 것이다.

08 ① 의무적으로 취소가 되는 사유이며, 나머지는 취소의 사유가 될 수 있으나 의무적으로 취소가 되는 것은 아니다.

09 ③ 일임매매는 자본시장법령 등에 따라 예외적으로 일부 허용되나, 임의매매는 예외 없이 금지하고 있다.

10 다음 개인정보보호에 대한 설명 중 가장 옳은 것은?

① 개인정보처리자는 정보주체와 체결한 계약을 이행하기 위해 필요한 경우 개인정보를 수집, 이용할 수 있다.

② 개인정보처리자의 정당한 이익을 달성하기 위하여 필요한 경우에는 별도의 제한 없이 개인정보를 수집, 이용할 수 있다.

③ 개인정보처리자는 목적에 필요한 최소한의 개인정보를 수집해야 하고 그 입증책임은 해당 개인정보의 수집에 동의한 정보주체가 진다.

④ 공공기관이 법령 등에서 정하는 소관업무의 수행을 위해서는 반드시 정보주체로부터 개인정보 수집에 대한 동의를 받아야 한다.

11 다음 분쟁과 관련한 설명 중 가장 옳지 않은 것은?

① 투자자가 장기간 여행 등으로 일시적으로 부재하는 중 금융투자상품의 가격 폭락 등 불가피한 사유가 있는 경우로서 사전에 약관 등에 따라 미리 금융투자상품의 매도권한을 일임받아 처리하는 경우는 허용된다.

② 투자자가 직원 등의 임의매매 결과를 인정하고 사후 추인하는 경우 손해배상책임은 물론 불법행위에 대해서도 면책된다.

③ 불법적인 해킹에 의하여 투자자가 손해를 입었을 경우 금융회사는 손해배상책임을 진다.

④ 금융회사는 전산장애에 대한 책임을 이행하기 위하여 보험 또는 공제에 가입하는 등 필요한 조치를 하여야 한다.

해설

10 ② 명백하게 정보주체의 권리보다 우선하고 합리적인 범위를 초과하지 아니하는 경우에 한하여 개인정보를 수집, 이용할 수 있다.

③ 최소한의 개인정보 수집의 입증책임은 개인정보처리자에게 있다.

④ 공공기관이 법령 등에 의한 소관업무 수행을 위해 불가피한 경우에는 별도의 동의절차 없이 개인정보 수집 및 이용이 가능하다.

11 ② 임의매매에 대해 투자자가 사후 추인하는 경우 임직원 등의 손해배상책임은 면책될 가능성은 있으나 불법행위에 대해서까지 면책되는 것은 아니다.

정답 01 ③ | 02 ② | 03 ③ | 04 ③ | 05 ① | 06 ④ | 07 ③ | 08 ① | 09 ③ | 10 ① | 11 ②

part 05

자금세탁 방지 제도

chapter 01

금융기관과 자금세탁 방지

section 01 개요

금융기관은 고객의 자산과 관련되는 업무를 수행하기 때문에 엄격한 내부통제시스템을 구축하여야 하고, 관련 임직원은 철저하게 직무윤리를 준수하여야 하며, 금융소비자를 보호하고 분쟁을 예방함으로써 회사의 평판 및 명성을 잘 관리하여야 한다. 이를 위한 내부통제활동 중 중요한 사항 중 하나는 자금세탁 행위를 적절하게 방지하는 것이다.

일반적으로 자금세탁(Money Laundering)은 "범죄행위로부터 얻은 불법재산을 합법재산인 것처럼 위장하는 과정 또는 불법적으로 획득한 수익을 합법적인 원천에서 생긴 것으로 보이게 하기 위하여 그 동일성 또는 원천을 은폐하거나 가장하는 절차"를 의미한다. 자금세탁이란 말은 1920년대 미국의 알 카포네 조직이 세탁소에 현금거래가 많다는 점을 이용하여 도박, 밀주판매 대금 등 불법재산을 그들의 영향력 아래에 있는 이탈리아인 세탁소의 합법적인 수입으로 가장한 것에서 유래하였으며, 1970년 제정된 미국의 은

행비밀보장법(Bank Secrecy Act)에서 기존에 사용하던 불법금융거래라는 용어를 대체하여 법적인 용어로 사용되었으며, 이후 UN, FATF, EU 등 국제기구와 영국, 독일, 프랑스, 일본 등 주요국가에서 법률용어로 채택되었다.

자금세탁 행위는 주로 탈세, 외환범죄, 주가조작, 사기·횡령·배임, 상습도박, 뇌물공여, 마약류 범죄, 테러자금 조달 등과 깊은 연관이 있는바, 각국은 자금세탁 행위를 방지하기 위한 노력을 공동으로 기울이게 되었다.

2001년 미국의 9.11 테러 사건 및 2008년 글로벌 금융위기의 발발과 현재까지도 발생하고 있는 지속적인 테러 위협과 전쟁의 발생은 자금세탁 방지의 중요성을 다시 한번 강조하는 계기가 되었으며, 이후 자금세탁방지(AML : Anit-Money Laundering)에 대한 전 세계 국가들의 노력은 더욱 강화되고 있다.

우리나라 역시 전 세계 국가들과 발맞춰 2010년 서울에서 개최된 G20 정상회의에서 자금세탁 방지와 반부패를 주요 안건으로 채택하는 등 적극 참여하고 있다.

금융기관이 자금세탁 행위와 직·간접적으로 연관이 있다면, 이는 해당 금융기관에 매우 심각한 영향을 미칠 수 있다. 만일 금융기관의 임직원이 직접 자금세탁 행위에 가담하거나, 업무수행과정에서 자금세탁 방지를 위한 본인의 업무를 게을리하여 자금세탁이 이루어졌다면, 사회적으로는 자금세탁 행위로 인해 발생한 결과(테러, 탈세, 사기 등)에 대해 막대한 비용을 지불해야 함은 물론이요, 해당 금융기관은 각종 과태료 및 벌금 등의 금전적 손해와 함께 금융기관의 장기적 생존에 가장 중요한 자산인 고객의 신뢰를 잃게 되기 때문이다.

금융기관에 종사하는 자로서 직무윤리의 핵심은 '고객우선의 원칙'과 '신의성실의 원칙'이며, 이를 바탕으로 한 금융기관의 '윤리경영' 실천은 결국 '자본시장과 금융투자업에 관한 법률(이하 '자본시장법'이라 한다)' 제1조에서 정하고 있는 "자본시장에서의 금융혁신과 공정한 경쟁을 촉진하고, 투자자를 보호하며, 금융투자업을 건전하게 육성함으로써 자본시장의 공정성·신뢰성 및 효율성을 높여 국민경제의 발전에 이바지"하기 위함이다.

이런 의미에서 자금세탁 방지제도는 윤리경영을 바탕으로 「금융회사의 지배구조에 관한 법률」(이하 '지배구조법'이라 한다) 제1조에서 정하고 있는 "금융회사의 건전한 경영과 금융시장의 안정성을 기하고, 예금자, 투자자, 보험계약자, 그 밖의 금융소비자를 보호"하는 데 있어 중요한 내부통제활동의 일부를 담당하고 있다.

section 02 자금세탁 행위

1 자금세탁의 절차 : 3단계 모델이론

자금세탁 행위의 방지에 관한 내용을 이해하기 위해 먼저 자금세탁이 어떤 과정으로 이루어지는지 알아야 할 필요가 있다.

자금세탁은 단일한 행위가 아니라 일련의 단계로 이루어지는 과정이며, 3단계 모델이론에 따르면 예치(placement), 은폐(layering), 합법화(integration)의 단계를 거쳐 이루어진다.

(1) 예치(placement)단계 : 배치

첫 번째 단계인 예치단계에서는 자금세탁 행위자가 범죄행위로부터 얻은 불법재산을 취급하기 용이하고 덜 의심스러운 형태로 변형하여 수사기관 등에 적발되지 않도록 금융기관에 유입시키거나 물리적으로 국외로 이송하는 단계를 가리킨다. 예치단계는 자금세탁을 위해 금융기관 등을 통해 입출금함으로써 자금세탁 행위자의 입장에서는 발각되기 쉬워 자금세탁 과정에서 성공하기 가장 어려운 단계라고 할 수 있다. 금융기관을 이용하는 경우 금융기관에 예치하거나 현금을 수표, 우편환, 여행자수표 등의 지급수단으로 전환하는 방법을 이용하고 금융기관을 이용하지 않는 경우 송장위조, 외화의 밀반입 등의 방법을 이용하면서 불법자금을 예치하게 된다.

(2) 은폐(layering)단계 : 반복

두 번째 단계인 은폐단계에서는 자금세탁 행위자가 불법자금의 출처와 소유자를 감추기 위하여 여러 가지 복잡한 금융거래를 거쳐 거래빈도, 거래량 등에서 정상적인 금융거래와 유사하게 만들어 자금추적을 불가능하게 만드는 단계를 가리킨다. 자금의 출처 또는 소유자에 대한 허위서류 작성, 입·출금 반복, 유가증권 매입·매각의 반복, 전자자금이체(electronic funds transfer) 등의 방법을 이용하는바, 금융비밀이 엄격히 보장되는 버뮤다, 케이만군도, 바하마제도 등 역외금융피난처(offshore banking heaven)를 이용하기도 한다.

(3) 합법화(integration)단계 : 통합

자금세탁의 마지막 단계인 합법화 단계는 충분한 반복단계를 거쳐 자금출처 추적이 불가능하게 된 불법자금을 정상적인 경제활동에 재투입하는 단계를 가리킨다. 불법자금을 합법적 사업체의 예금계좌에 입금하거나 위장회사를 통해 부동산, 사치품 등의 구입 및 매각 등의 방법을 이용해 불법자금이 합법적인 자금이 되도록 만드는 것이다.

2 자금세탁의 유형

자금세탁 행위가 다양한 경제영역에서 발생함에 따라 자금세탁의 방식도 점점 복잡하고 다양해지고 있다. 전형적인 자금세탁 방식은 전이와 은닉 두 가지 방식이었는데 최근에는 주식, 선물, 옵션시장 등의 자본시장의 이용 및 보험상품의 구매 후 환매, 제3자의 이용 등 기존의 방법에서 탈피하여 비교적 새로운 유형의 자금세탁 형식이 등장하고 있다.

자금세탁의 주요 유형을 4가지로 구분하면 다음과 같다.

❶ 전통적인 금융시스템을 이용한 자금세탁(Money Laundering)
- 차명계좌 사용, 소액분산입금, 은행어음 사용

❷ 휴대 반출입, 수출입화물을 이용한 자금세탁(Money smuggling)
- 현금 자체를 밀수출·입하거나 수표 등 은닉이 용이한 형태로 전환
- 해외로 소액분할 반출 후 여행자수표, 우편환 등을 통해 국내 반입

❸ 가격조작, 허위신고 등 수출입을 이용한 자금세탁(TBML : Trade Based Money Laundering)
- 무역거래를 통해 범죄수익을 가장하거나 이동해 불법자금을 합법화
- 재화나 용역의 가격, 물량, 품명을 조작

❹ 신종기법
- 사업체 또는 조세피난처를 이용한 자금세탁
- 비금융기관(부동산거래, 보험회사, 카지노 등)을 이용한 자금세탁

최근에는 이러한 다양한 유형의 자금세탁 방법들이 전자화폐를 통해서도 이루어지고 있다. 전자화폐는 '09.1월, 최초의 가상통화인 비트코인 등장 이후 다수의 가상통화가

개발되어 유통 중인바, 전자지갑을 이용하는 등 수단의 신속성과 장소의 제한 없이 바로 송금이 가능하며, 운반 및 보관의 어려움을 해결할 수 있고, 비용면에서도 유리하므로 새로운 자금세탁의 수단으로 악용될 확률이 높아지고 있고, 이미 사이버공간에서는 널리 행하여지고 있어 가상통화 관련 범죄 단속 및 자금세탁 방지 규제는 국내외적으로 강화되는 추세에 있다.

이러한 위협에 대응하기 위하여 미국·캐나다는 가상통화 취급업자를 법률상 "화폐서비스업자(MSB)"로, 프랑스는 "결제서비스 사업자"로 분류하여 자금세탁 방지 의무를 부과하였고, EU 집행위원회도 2016년 7월 가상통화 거래업자, 지갑 서비스 제공자에게 자금세탁 방지 규제를 적용하는 지침서를 적용하였다.

우리나라도 2017년 9월 이후 은행이나 증권회사 등 금융권을 통해 가상통화 취급업자의 계좌 개설·고객확인 현황 및 의심거래유형을 추가로 파악하고 이와 관련하여 고객확인 및 의심거래 보고를 강화하도록 하고 있으며, 2020년에는 특정금융거래보고법을 개정하여 '가상자산사업자'에 대한 별도 사항을 마련하여 시행하고 있다.

자금세탁 행위의 구체적 사례

① 차명, 도명의 방법
② 자기앞수표를 반복적으로 유통하여 거액의 현금 입 · 출금이 이루어지는 영업소에서 현금과 자기앞수표를 교환하는 방법
③ 가명계좌를 실명으로 전환하는 과정에서 전주들이 기업체 사주나 사채업자를 통하여 실명전환을 부탁하고 부탁받은 자는 실명으로 전환하여 돈을 기업 돈으로 등에게 빌려주는 방법
④ "은행 대출 위장"의 방법으로 전주가 자신의 금융거래 노출을 피하는 방법
⑤ "어음보관계좌조작수법"으로서 가명계좌에 거액의 CD를 보관하고 있던 중 이를 원래부터 다른 실명어음보관 계좌에 보관하고 있었던 것처럼 전산 조작을 통하여 처리하여 주는 방법으로 자금추적을 피하는 방법
⑥ "수표 바꿔치기" 방법으로서 돈세탁을 요하는 자가 금융기관에서 전표를 작성하지 않은 채 자신의 수표와 고객에게 지급하기 위하여 거래은행 당좌계좌에서 인출한 자기앞수표를 바꿔치기하는 방법
⑦ 돈세탁의 증거를 인멸하는 방법으로서 증거가 되는 전표와 마이크로필름을 없애서 서류의 추적을 피하는 방법
⑧ 현금 입 · 출금을 위장하는 방법으로서 은행창구 직원이 여러 사람에게서 받은 소액수표를 모아 그대로 돈세탁을 원하는 자에게 건네주면서 이들 거래를 모두 현금입 · 출금으로 처리하여 자금

세탁자의 존재를 증발시키는 방법

⑨ 전표를 조작하는 방법으로서 수표를 발행하거나 현금으로 바꿔주면서 전표에 같은 금액의 엉뚱한 수표 번호를 기재하는 방법

⑩ 범죄수익인 현금을 금융기관의 감사대상에서 제외되는 일정 금액 이하의 소액으로 분할하여 다수의 은행계좌에 입금하는 방법

⑪ 자금세탁자가 불법자금을 국외로 송금하여 해외은행에 예치한 후 동 예치금을 담보로 대출을 받아 합법적인 대출금으로 위장하는 방법

chapter 02

자금세탁 방지제도

section 01 자금세탁 방지 국제기구 및 규범

1 국제기구

1989년 7월 16일 G7정상은 파리에서 개최된 회의에서 '경제선언문(Economic Declaration)을 채택하였고, 선언문에 포함된 10개 이슈 중 '마약' 부분에서 다음과 같이 밝혔다.

"마약문제는 엄청나게 큰 사회적 문제로 대두되었다. … 우리는 모든 국가들이 마약생산을 통제하고, 수요를 축소하며, 마약밀매 자체와 그 수익의 세탁에 맞서 싸우는 노력에 동참할 것을 촉구한다. 이에 따라 우리는 … 정상회의 참가국과 이 문제에 관심을 가진 국가들이 참여하는 금융조치기구(a Financial Action Task Force)를 소집한다."

이것이 바로 현재까지도 자금세탁 방지 부문에서 중추적 역할을 담당하고 있는 FATF의 설립이다.

FATF는 1989년 설립된 이후 마약자금을 필두로 1996년 중대범죄 자금, 2001년 테러자금조달, 2010년 반부패자금, 2012년 대량살상무기 확산금융, 2018년 가상자산까지 그 불법자금의 관할범위를 지속적으로 확대하고 있다.

이에 따라 관련된 해당 기관 등에 대한 제재 역시 최대 수조원에 달하는 제재금 부과, 은행업 허가 취소 등으로 강화되고 있다.

FATF는 크게 정회원, 준회원, 옵저버로 구성되는바, 정회원은 2009년 10월 가입한 우리나라를 비롯해 2024년 현재 37개국, 2개 기구(EC, GCC[1])로 구성되어 있고, 준회원은 9개의 지역기구인 FSRB(FATF-Style Regional Bodies)로 구성되어 있다.

FATF의 주요 활동은 다음과 같다.

❶ 자금세탁·테러자금조달 방지 분야 국제규범을 제정하고, 각국의 이행 현황을 회원국 간 상호평가(Peer Review)를 통해 평가·감독

❷ AML / CFT[2] 국제규범 미이행 국가를 선별하고 제재

❸ 자금세탁·테러자금조달 수법 등에 대한 연구, 대응수단 개발 등

FATF는 회원국 상호 간 평가를 실시하고 있는데, 여기에는 다음에 살펴볼 40개 권고사항의 이행여부를 판단하는 기술적 이행평가와 제도가 실질적으로 작동되고 있는지 여부를 평가하는 효과성 평가가 포함된다.

또한 국제기준의 이행 수준을 총체적으로 평가하여 연 3회 자금세탁 방지활동에 협조하지 않는 '비협조국가'를 결정하고 그 수준에 따라 '대응조치', '위험고려' 등으로 구분하여 성명서를 발표하고 있다.

'대응조치' 국가에 해당하는 경우 해당 국가 및 금융기관에 대한 사실상의 거래중단의 효과가 있으며, '위험고려' 국가는 다시 Black List 국가와 Grey List 국가로 분류되는바, Black List 국가는 자금세탁 방지제도에 중대한 결함이 있음에도 불구하고 충분한 개선이 없거나, 이행계획을 수립하지 않는 상태로 해당 국가와 거래관계에 있어 특별한 주의를 기울여야 함을 나타낸다. Grey List 국가에 해당되는 경우에는 이행계획을 수립하였으나, 이행의 상태에 취약점이 존재하는 상태로 해당 국가와 거래 시 위험이 어느 정도 있음을 참고하여야 한다.

1 EC : European Commission / GCC : Gulf Cooperation Council

2 CFT : Combating the Financing of Terrorism

2 국제규범

FATF(Financial Action Task Force)의 '권고사항'은 자금세탁·테러자금조달 방지 분야에서 전 세계적으로 가장 광범위한 영향력을 행사하고 있는 국제규범 중 하나이다. FATF 권고사항은 자금세탁 및 테러자금조달에 대처하기 위하여 각국이 취해야 할 사법제도, 금융시스템 및 규제, 국제협력 등 포괄적인 분야에 대한 40가지의 항목으로 구성되어 있으며, 동 권고사항은 형식적으로는 구속력이 있는 다자협약은 아니나, 회원국에 대한 상호평가, 자금세탁 방지 비협조국가 지정 등을 통하여 사실상의 구속력을 발휘하고 있다.

표 2-1 FATF 40 권고사항 개요

1	2	3	4	5
Assessing risks and applying a risk-based approach	National cooperation and coordination	Money laundering offence	Confiscation and provisional measures	Terrorist financing offence
위험평가와 위험 중심 접근법의 적용	국가적 협력과 조정	자금세탁 범죄	몰수와 잠정조치	테러자금조달 범죄
6	**7**	**8**	**9**	**10**
Targeted financial sanctions related to terrorism & terrorist financing	Targeted financial sanctions related to proliferation	Non-profit organizations	Financial institution secrecy laws	Customer due diligence
테러·테러자금조달 관련 정밀금융제재	확산금융 관련 정밀 금융제재	비영리조직	금융회사의 비밀유지 법률	고객확인제도 (CDD)
11	**12**	**13**	**14**	**15**
Record keeping	Politically exposed persons	Correspondent banking	Money or value transfer services	New technologies
기록보관	고위공직자 (정치적 주요인물)	환거래은행	자금 또는 가치의 이전 서비스	새로운 기법
16	**17**	**18**	**19**	**20**
Wire transfers	Reliance on third parties	Internal controls and foreign branches and subsidiaries	Higher-risk countries	Reporting of suspicious transactions
전신송금	제3자에 의한 고객확인	내부통제, 해외지점과 자회사	고위험 국가	의심거래 보고

21	22	23	24	25
Tipping-off and confidentiality	DNFBPs : Customer due diligence	DNFBPs : Other measures	Transparency and beneficial ownership of legal persons	Transparency and beneficial ownership of legal arrangements
정보누설과 비밀유지	특정 전문직 : 고객확인	특정 전문직 : 기타 수단	법인의 투명성과 실소유자	법률관계의 투명성과 실소유자
26	**27**	**28**	**29**	**30**
Regulation and supervision of financial institutions	Powers of supervisors	Regulation and supervision of DNFBPs	Financial intelligence units	Responsibilities of law enforcement and investigative authorities
금융회사에 대한 규제와 감독	감독기관의 권한	DNFBP에 대한 규제와 감독	금융정보분석원	법집행기관과 조사당국의 책임
31	**32**	**33**	**34**	**35**
Power of law enforcement and investigative authorities	Cash couriers	Statistics	Guidance and feedback	Sanctions
법집행기관과 조사당국의 권한	현금휴대 반출·입 관리	통계	지침과 피드백	금융회사 제재
36	**37**	**38**	**39**	**40**
International instruments	Mutual legal assistance	Mutual legal assistance : freezing and confiscation	Extradition	Other forms of international cooperation
국제협약의 이행	국제사법공조	국제사법공조 : 동결과 몰수	범죄인 송환	기타 국제협력

section 02 우리나라의 제도운영 현황

1 관련 기구

우리나라의 자금세탁 방지기구(FIU)는 「특정 금융거래정보의 보고 및 이용 등에 관한 법률」(이하 '특정금융거래정보법'이라 한다)에 의거하여 설립된 금융정보분석원(Korea Financial Intelligence Unit, KoFIU)으로 금융기관으로부터 자금세탁 관련 혐의거래 보고 등 금융정보를 수집·분석하여, 이를 법집행기관에 제공하는 단일의 중앙 국가기관이다. 2001년 11월 설립 당시 재정경제부 소속 독립기관으로서 자금세탁 방지업무를 담당하였으나, 2008년 금융위원회 소속으로 이관되고, 그 업무 또한 공중협박자금조달 방지영역까지 확대되었다.

금융정보분석원은 법무부·금융위원회·국세청·관세청·경찰청·한국은행·금융감독원 등 관계기관의 전문 인력으로 구성되어 있으며, 금융기관 등으로부터 자금세탁 관련 혐의거래를 수집·분석하여 불법거래, 자금세탁 행위 또는 공중협박자금조달행위와 관련된다고 판단되는 금융거래 자료를 법 집행기관(검찰청, 경찰청, 국세청, 관세청, 금융위원회, 중앙선관위 등)에 제공하는 업무를 주요 업무로 하고, 금융기관 등의 혐의거래 보고업무에 대한 감독 및 검사, 외국의 FIU와의 협조 및 정보교류 등을 담당하고 있다.

특정금융거래정보법은 금융기관 등이 특정 범죄의 자금세탁과 관련된 혐의거래 또는 탈세목적의 혐의거래로 의심되는 합당한 근거가 있는 경우 금융정보분석원장에게 의무적으로 보고토록 하는 혐의거래보고제도(STR : Suspicious Transaction Report)를 채택하고 있으며, 금융정보분석원으로 하여금 상호주의의 원칙 아래 혐의거래 정보에 대한 해외교류도 허용하고 있다. 또한 2008.12.22일부터 금융기관은 공중 등 협박목적을 위한 자금조달행위의 의심이 있는 경우에도 FIU에 혐의거래보고를 할 의무가 있다.

또한 금융정보분석원은 2002년 11월말 「FIU정보시스템」을 구축 완료하여 금융기관의 혐의거래보고가 없더라도 자체적으로 외국환거래·신용정보 등을 활용하여 자금세탁 행위자를 추출·분석할 수 있는 기능을 갖추었다. 이에 따라 금융기관 등 보고기관이 의심스러운 거래(혐의거래)의 내용에 대해 금융정보분석원에 보고하면 금융정보분석원은 보고된 혐의거래내용과 외환전산망 자료, 신용정보, 외국 FIU의 정보 등 자체적으로 수집한 관련 자료를 종합·분석한 후 불법거래 또는 자금세탁 행위와 관련된 거래라고 판단되는 때에는 해당 금융거래자료를 검찰청·경찰청·국세청·관세청·금융위원회·선거관리위원회 등 법집행기관에 제공하고, 법집행기관은 거래내용을 조사·수사하여 기소 등의 조치를 하게 된다.

한편으로 금융기관 종사자 및 관계공무원의 비밀누설금지 등 거래당사자의 금융거래

그림 2-1

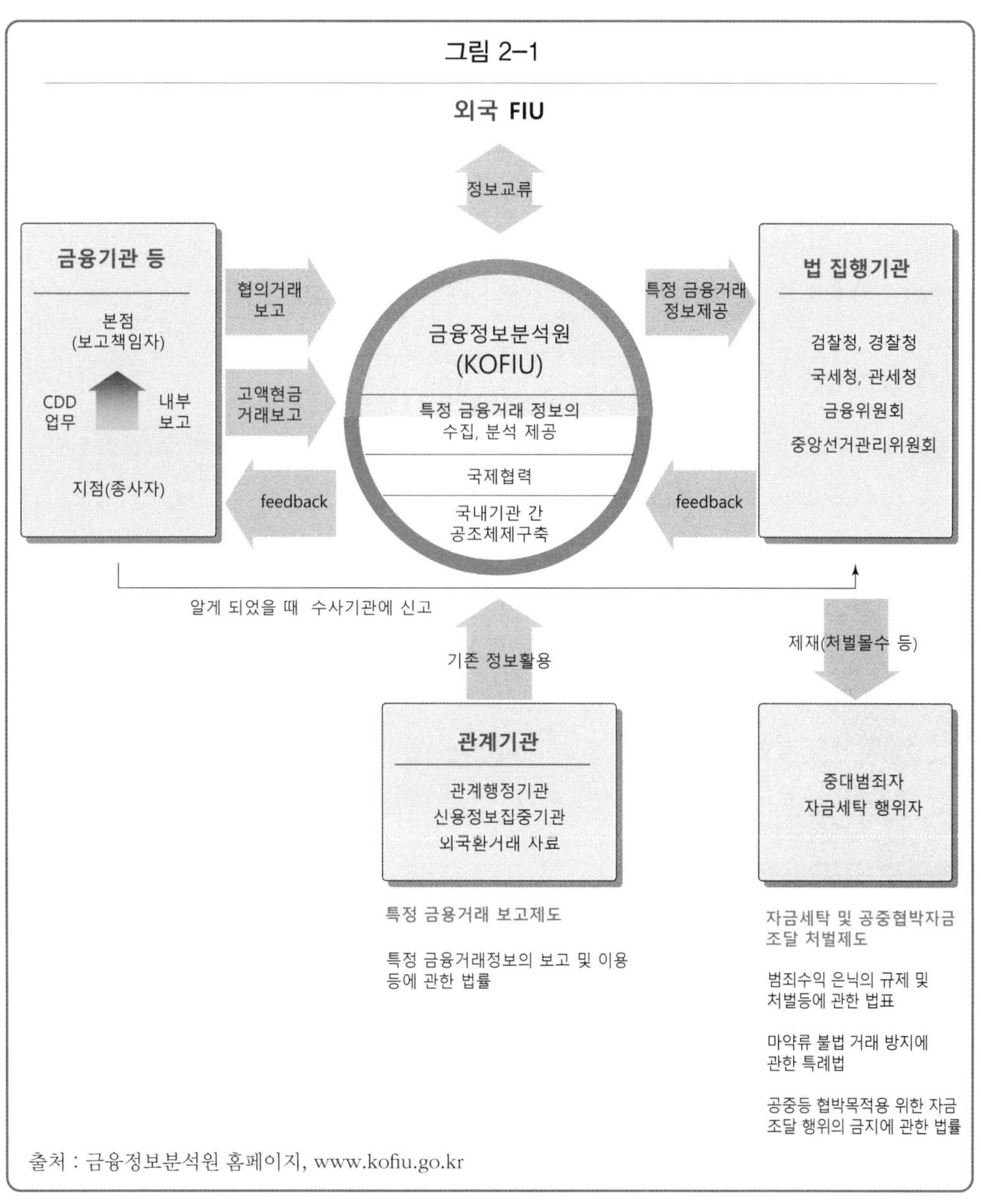

출처 : 금융정보분석원 홈페이지, www.kofiu.go.kr

비밀도 제도적으로 보장하고 있다.

2 관련 법령

우리나라는 자금세탁 행위의 방지와 관련하여 2001년 9월 27일 제정된 특정금융거래정보법을 중심으로 「마약류 불법거래방지에 관한 특례법」(이하 '마약류특례법'이라 한다), 「범죄수익 은닉의 규제 및 처벌 등에 관한 법률」(이하 '범죄수익규제법'이라 한다), 「공중 등 협박목적을 위한 자금조달행위의 금지에 관한 법률」(이하 '공중협박자금조달금지법'이라 한다) 등 주로 4가지 법률에서 다루고 있다.

이처럼 다양한 법률에서 자금세탁 방지 관련 사항을 다루고 있는 이유는 자금세탁 행위가 각종 범죄와 연루될 가능성이 크기 때문인데, '특정금융거래정보법' 제2조 제4호부터 제6호에서는 이와 관련하여 다음과 같이 용어를 정의하고 있다.

(1) 불법재산 등

❶ '범죄수익은닉의 규제 및 처벌 등에 관한 법률' 제2조 제4호에 따른 범죄수익, 범죄수익에서 유래한 재산 및 이들 재산과 그 외의 재산이 합쳐진 재산 등

❷ '마약류 불법거래 방지에 관한 특례법' 제2조제5항에 따른 불법수익, 불법수익에서 유래한 재산 및 이들 재산과 그 외의 재산이 합쳐진 재산 등

❸ '공중 등 협박목적 및 대량살상무기확산을 위한 자금조달행위의 금지에 관한 법률' 제2조 제1호에 따라 국가, 지방자치단체 또는 외국 정부(국제기구 등 포함)의 권한행사를 방해하거나 의무 없는 일을 하게 할 목적으로 또는 공중에게 위해를 가하고자 하는 등 공중을 협박할 목적으로 행하는 행위를 위해 모집, 제공되거나 운반, 보관된 자금이나 재산 등

(2) 자금세탁행위

❶ '범죄수익은닉의 규제 및 처벌 등에 관한 법률' 제3조에 따른 범죄행위
- 범죄수익 등의 취득 또는 처분에 관한 사실을 가장하는 행위
- 범죄수익의 발생 원인에 관한 사실을 가장하는 행위
- 특정범죄를 조장하거나 적법하게 취득한 재산으로 가장할 목적으로 범죄수익

등을 은닉하는 행위

❷ '마약류 불법거래 방지에 관한 특례법' 제7조에 따른 범죄행위
  – 마약류 범죄의 발견 또는 불법수익 등의 출처에 관한 수사를 방해하거나 불법수익 등의 몰수를 회피할 목적으로 불법수익 등의 성질, 소재, 출처 또는 귀속관계를 숨기거나 가장하는 행위

❸ 조세범 처벌법 제3조, 관세법 제270조, 지방세기본법 제102조 또는 특정범죄 가중처벌 등에 관한 법률 제8조의 죄를 범할 목적 또는 세법에 따라 납부하여야 하는 조세(지방세법에 따른 지방세 포함)를 탈루할 목적으로 재산의 취득, 처분 또는 발생 원인에 관한 사실을 가장하거나 그 재산을 은닉하는 행위

(3) 공중협박자금조달행위

'공중 등 협박목적 및 대량살상무기확산을 위한 자금조달행위의 금지에 관한 법률' 제6조 제1항의 죄에 해당하는 행위

❶ 공중협박자금을 모집, 제공하거나 운반, 보관하는 행위

❷ 위의 ❶의 행위를 강요하거나 권유하는 행위

또한, 특정금융거래정보법에서 규정하고 있지는 않으나, 금융기관과 관련하여서는 자본시장법상 미공개 중요정보의 이용, 시세조종행위 및 거래소 임직원의 비밀누설죄 등이 연관될 수 있다.

표 2-2 주요 자금세탁의 유형 및 범죄 혐의 사항

거래형태	범죄 혐의사항	위반법률
(시간) 금·토·일요일 집중거래	사설경마 등 불법도박	형법, 마사회법
(시간) 심야, 새벽시간에도 다수거래	사설카지노, 도박게임 등 도박	형법, 사행행위규제법
(현금) 계좌이체 후 입금당일 현금출금 -주류 도매상, 주유소 등	세금계산서 자료상 허위매출 전표이용 비자금 조성	조세범처벌법 형법, 상법(622조)
(카드) 카드회사에서 입금당일 현금출금	카드깡(카드이용 불법사채상)	여신전문금융업법
(현금) 평소 거래규모와 다른 현금출금	업무상 횡령·배임·뇌물 등	형법, 상법, 특경법
(당일) 내국신용장 매입으로 거액입금 후 로컬개설로 당일 출금	허위수출 부가세 부정환급	조세범처벌법(3조), 특가법(8조)
(당일) 사채업자 자금, 현금 입금 후 당일이체 또는 현금출금	매출액 과시효과 이용 사기	형법(347조, 351조)
(다수인) 매일 수십 회 입출금 -입출금자 필리핀 자주왕복	불법 인터넷PC도박 -서버를 필리핀에 유지	형법(247조), 사행행위규제법, 게임산업법
(다수인) 외국인 다수 입금 후 ATM기 당일 출금 또는 업체 등 다수에게 이체	환치기, 수입대금 별도 송금 해외재산도피	관세법, 무역법(53조), 특경법(4조)
(다수인) 다수인 입금 후 매일 타 은행 이체 -송금시 Biz, 일괄거래 이용 수취인 불명	의료기, 운동기구 임대 고수익 미끼의 금융다단계사기	형법(347조) 특경법 3조(사기)
(다수인) 국내 다수인 입금 후 해외송금	전자상거래상 밀수행위	관세법(269조)
(환전) 신용불량자 이용 외화 환전	수입대금별도송금, 재산도피	관세법, 특경법(4조)
(송금) 해외투자, 무역대금 명목 거액송금	해외재산도피	특경법4조(재산도피)
(송금) 직원명의로 거래처에 외화송금	수입 가격 저가신고 별도송금	관세법270조, 특경법
(외환) 수입금액보다 당발송금액 과다 -직원명의 송금 포함	수입 가격 저가신고 별도송금	관세법270조, 특경법
(외환) 수출금액보다 타발송금액 과소	대금 미회수 통한 재산도피	특경법4조(재산도피)
(주금) 법인설립 주금납입 후 현금출금 -대표자, 직원명의계좌 이체 후 출금	주금가장납입(공정증서 원본 부실기재), 대표이사 횡령	형법(228조) 상법622조(배임)
(직원계좌) 법인계좌에서 직원계좌를 거쳐 현금출금 후 대표이사 계좌로 송금	법인 비용처리를 통한 횡령	형법(356), 상법(622), 특경법
(외화반입) 엔화 휴대반입 후 소비재 제조업체에 무통장(타행환) 송금	짝퉁 수출대금 반입	상표법(93조)
(주식) 적자업체, 소형업체 현물입고 매도	통정매매 통한 주가조작	자본시장법(443)
(주식) M&A 발표 후 주식매도	허위공시 통한 주가조작	자본시장법(443)
(대출) 제3자 명의 부동산, 예금 담보대출	자식에게 불법 증여 조세포함	조세범처벌법(3조)

자금세탁 방지 관련 법령을 위반하는 경우 취해지는 조치는 다음 표와 같다.

구분	형사벌	과징금/과태료	기관제재	임직원문책
특정 금융 거래 보고법	① 5년 이하의 징역 또는 5천만 원 이하 벌금(§13) : 비공개정보누설, 직권남용열람, 자료요구, 목적외사용 등 ② 1년 이하의 징역 또는 1천만 원 이하 벌금(§14) : STR·CTR 허위보고, STR누설	① 과징금 : × ② 과태료(1천만 원 이하) (§17) : STR·CTR미보고, CDD 미이행, 명령·지시·검사 미이행	• 시정명령, 기관경고, 기관주의(해당 금융회사가 이 법 또는 이 법에 의한 명령·지시등을 위반한 경우, (§11②) • 영업의 전부, 일부정지요구(§11④)	• 해임권고, 6개월 이내 직무정지, 문책경고, 주의경고, 주의 : 임원(§11③) • 면직, 6개월 이내 정직, 감봉, 견책, 주의 : 직원(§11③)
공중 협박 자금 조달 금지법	① 10년 이하의 징역 또는 1억 원 이하 벌금(§6①) : 공중협박자금 모집·운반·보관·제공 ② 3년 이하의 징역 또는 3천만 원 이하 벌금(§6②) : 허위·부정한 방법으로 금융거래허가 후 지급·영수 ② 2년 이하의 징역 또는 1천만 원 이하 벌금(§6③) : 미신고·누설	① 과징금 : × ② 과태료(2천만 원 이하)(§7) : 금융거래제한 대상자와 거래한 금융회사	상동	상동
범죄 수익 은닉 규제법	① 5년 이하의 징역 또는 3천만 원 이하 벌금(§3) : 범죄수익 등의 은닉 및 가장 ② 3년 이하의 징역 또는 2천만 원 이하 벌금(§4) : 범죄수익 등의 수수 ③ 2년 이하의 징역 또는 1천만 원 이하(§3③, §5③) : 예비·음모한 경우, 범죄신고사실의 누설	×	×	×

section 03 주요 제도

1 고객확인제도(CDD/EDD)

(1) 개요

고객확인제도란 금융기관이 고객과 거래 시 고객의 신원(성명 및 실명번호)을 포함하여 주소, 연락처, 자금의 실소유자 여부, 거래목적 등을 파악하는 등 고객에 대한 합당한 주의를 기울여 확인하는 제도이다. 이 제도는 외국금융기관 등의 KYC(Know-Your-Customer) 시행을 준용하고 있으며, 기존의 의심거래보고제도를 보완하고 금융기관의 대고객 리스크 관리를 강화하기 위한 목적으로 '특정금융거래정보법' 제5조의2에서 규정하고 있는 법적인 의무사항이다.

금융기관의 고객확인 의무는 금융기관이 고객의 수요에 맞는 금융서비스를 제공하면서도 정확한 고객확인을 통해 자금세탁의 위험성을 최소화하고 금융기관의 평판 위험을 줄일 수 있는 장치로서 인식되고 있으며 자금세탁 방지 측면에서는 금융기관이 평소 고객에 대한 정보를 파악·축적함으로써 고객의 혐의거래 여부를 파악하는 토대가 되는 것으로 자금세탁 방지제도의 필수요건이라고 할 수 있다.

이와 관련하여 2016년 1월 1일 실제 소유자 확인제도가 실시되었는데, 금융실명제법에서 규정하고 있는 확인대상이 성명과 실명번호만인 데 반해, 이는 기존의 실지명의 정보 외에 추가로 실제 소유자에 관한 사항을 확인해야 하는 것을 말한다. 여기에서, '실제 소유자'란 고객을 최종적으로 지배하거나 통제하는 자연인, 즉 해당 금융거래로 인해 궁극적 혜택을 보는 개인으로서 법인은 제외된다.

고객확인은 반드시 금융거래가 개시되기 전에 선행되어야 하지만, 예외적으로 '특정금융거래보고법' 및 동 법 시행령에 따라 다음의 두 가지 경우에는 금융거래 이후 고객확인을 할 수 있다.

❶ 종업원, 학생 등에 대한 일괄적인 계좌 개설의 경우
   – 거래당사자의 계좌 개설 후 최초 금융거래 시 고객확인 가능

❷ 「상법」 제639조에서 정하는 타인을 위한 보험(제3자 수익자)의 경우

– 보험금, 만기환급금, 그 밖의 지급금액에 관한 청구권 행사 시 고객확인 가능

(2) 실행방법 및 절차

고객확인은 고객 특성 및 상품별 위험도 평가에 따라 확인해야 하는 항목이 달라지는데 이의, 실행을 CDD와 EDD로 구분한다.

CDD(간소화된 고객확인, Customer Due Diligence)는 고객별 또는 상품별 위험도를 평가하여 저위험이거나 중위험에 해당하는 경우 실시하며, 확인 항목은 성명, 실명번호, 주소, 연락처, 실제 당사자 여부이다.

CDD는 계좌를 신규 개설하고 해당 계약을 기반으로 하는 거래(거래금액 무관)와 계좌에 의하지 않은 일회성 금융거래 등 자금세탁행위의 우려가 있는 경우 실시한다.

계좌에 의하지 않은 일회성 금융거래의 구체적 기준은 다음과 같다.

❶ 전신송금 및 가상자산 : 100만원 또는 그에 상당하는 외화

❷ 카지노 : 300만원 또는 그에 상당하는 외화

❸ 외화표시 외국환거래 : 10,000달러

❹ 기타 : 1,000만원

EDD(강화된 고객확인, Enhanced Due Diligence)는 고위험에 해당하는 비거주자, 카지노사업자, 대부업자, 환전상 등 높은 위험을 가진 고객 및 양도성 예금증서(CD), 환거래계약, 비대면거래 등의 높은 위험을 가진 상품인 경우 실시하며, 확인항목은 CDD의 확인 항목에 더하여 거래의 목적, 자금의 원천을 추가한다.

고객확인을 위한 절차는 다음과 같다.

❶ 고객정보(신원정보)의 확인
– 본인, 대리인 및 기타 거래관계자의 실지명의, 주소, 연락처 등 기본정보 수집

❷ 고객정보(신원정보)의 검증
– 수집된 기본정보에 대한 진위여부 검증

❸ 실제 소유자 확인
– 개인, 법인, 법률관계 등 거래의 실제 당사자가 되는 자를 확인
– 파악된 실제 소유자에 대해 고객정보의 확인 및 검증
여기에서 '실제 소유자'란 고객을 최종적으로 지배하거나 통제하는 사람으로 해당 금융거래를 통해 궁극적으로 혜택을 보는 개인으로 정의된다.

특히 법인인 경우에는 [25% 이상 최대주주 > 최대지분 소유자 > 대표자]의 순서로 최소 2단계 이상 확인하여야 하며, 이 경우 확인해야 할 정보는 실제소유자의 영문 성명, 생년월일, 국적 정보 등이다.

④ 요주의 리스트(Watch list) 확인

- 요주의 리스트 : 금융위원회 지정 금융거래제한 대상자, 외국의 정치적 주요 인물, UN 지정 테러리스트, 미국 재무성 지정 금융거래제한 대상자 등을 기재한 목록

⑤ 고객위험평가

- 고객 특성, 거래채널, 거래상품 및 서비스, 지리적 특성 등 위험평가요인에 기반한 위험도 평가 실시
- 저위험·중위험 고객인 경우 3년마다 재수행, 고위험 고객인 경우 1년마다 재수행

⑥ 추가 정보의 수집

- 고위험으로 평가되거나, 의심스러운 고객인 경우 거래목적, 자금원천을 파악하는 EDD 실시
- 개인인 경우 직업, 재산현황, 법인인 경우 매출액, 주요 거래처 등 주요 정보 수집

한편, 2020년 개정된 '특정금융거래정보법'에 따라 고객이 가상자산사업자인 경우에는 다음과 같은 확인 절차가 적용된다.

❶ 고객의 신원에 관한 사항

❷ 고객을 최종적으로 지배하거나 통제하는 자연인(실제소유자)에 관한 사항

❸ 고객이 실제 소유자인지 여부가 의심되는 등 고객이 자금세탁행위나 공중협박자금조달행위를 할 우려가 있는 경우

- 고객의 신원 및 실제 소유자에 관한 사항
- 금융거래 등의 목적과 거래자금의 원천 등 금융정보분석원장이 정하여 고시하는 사항

❹ 가상자산사업자 신고 및 변경신고 의무이행에 관한 사항

❺ 가상자산사업자의 신고 수리에 관한 사항

❻ 가상자산사업의 신고 또는 변경신고의 직권말소에 관한 사항

❼ 다음 사항의 이행에 관한 사항

– 예치금(가상자산사업자의 고객인 자로부터 가상자산거래와 관련하여 예치받은 금전)을 고유재산(가상자산사업자의 자기재산)과 구분하여 관리

– 정보통신망법 제47조 또는 개인정보보호법 제32조의2에 따른 정보보호관리체계 인증

금융기관은 제3자를 통해 고객확인의무를 이행할 수도 있다. 제3자를 통한 고객확인이란 금융기관 등이 금융거래를 할 때마다 자신을 대신하여 타인인 제3자로 하여금 고객확인을 하도록 하거나 타인인 제3자가 이미 당해 고객에 대하여 고객확인을 통해 확보한 정보 등을 자신의 고객확인에 갈음하여 이를 활용하는 것을 말한다. 여기에는 증권계좌의 개설, 집합투자증권의 판매, 방카슈랑스 계약의 체결, 신용카드의 발급 등이 포함되며, 제3자가 고객확인을 하는 경우라 할지라도 최종 책임은 당해 금융기관에게 있다.

이와는 별도로 고객이 계좌보유 여부를 불문하고 금융기관 등을 이용하여 국내·외의 다른 금융기관 등으로 자금을 이체하는 전신송금을 이용하는 경우 금융기관 등은 100만 원(외화의 경우 1천 US달러 또는 그에 상당하는 다른 통화로 표시된 금액)을 초과하는 모든 국내·외 전신송금에 대하여 고객(송금자)과 관련된 정보를 확인하고 보관하여야 한다.

(3) 적용대상

❶ 신규계약 및 서비스 등록

– 고객이 금융기관과 계속적인 금융거래를 개시할 목적으로 계약을 체결하는 경우

– 예시 : 계좌의 개설, 대출·보험·보증계약, 양도성예금증서 또는 표지어음의 발행, 금고대여 약정, 펀드의 신규가입, 담보제공 계약, 대출의 차주 또는 보증인의 변경 등

❷ 1,000만 원(외화 1만 US달러) 이상의 일회성 거래(연결거래 포함)

– 금융기관 등에 개설된 계좌에 의하지 아니한 거래인 경우

가. 일회성 거래 : 고객이 매체(통장, 카드 등) 없이 기준금액 이상의 입출금을 발생시키는 경우

나. 연결거래 : 실명번호 기준 동일인이 일회성 거래로 100만 원 초과 1,000만 원 미만의 금액을 7일 동안 거래한 현금 및 수표금액을 합산한 금액이 기준

금액 이상인 경우

- 예시 : 무통장입금(송금), 외화송금(환전), 자기앞수표 발행, 수표의 지급, 선불카드 매매 등
- 제외 : 국세, 지방세 등의 수납, 전화·전기 요금 납부 등

❸ 자금세탁 행위가 우려되는 경우

- 고객의 실제 거래당사자 여부가 의심되는 경우
- 고객이 동행인 또는 제3자와 의심되는 대화, 통화 등을 하는 경우

(4) 효과

금융기관 등은 고객이 신원확인 등을 위한 정보 제공을 거부하여 고객확인을 할 수 없는 경우에는 계좌 개설 등 해당 고객과의 신규 거래를 거절하고 이미 거래관계가 수립되어 있는 경우에는 해당 거래를 종료하여야 하며, 거래를 거절 또는 종료하는 경우에는 금융기관 등은 의심되는 거래의 보고 여부를 검토하여야 한다.

2 의심거래보고제도(STR : Suspicious Transaction Report)

(1) 개요

'특정금융거래정보법' 제4조에서 규정하고 있는 의심거래보고제도란 2001년 도입되었으며, 어떤 금융거래가 불법자금이라는 의심이 가거나 거래상대방이 자금세탁을 하고 있다는 의심이 갈 경우 금융정보분석원에 보고하도록 하는 제도로서 금융기관 종사자의 주관적 판단에 의존한다는 특성을 가지고 있다.

금융기관 종사자는 업무지식과 전문성 및 경험을 바탕으로 고객의 평소 거래상황, 직업, 사업내용 등을 고려하여 취급한 금융거래가 정상적이지 않은 것이라고 의심되는 경우 지체 없이 보고를 하여야 한다.

금융회사 임직원은 의심거래보고를 하는 경우 아래와 같은 사항을 반드시 유의하여야 한다.

❶ 의심거래는 금융회사 직원의 주관적 판단이 개입되므로 해당 거래가 의심거래보고 대상인지 여부를 신중히 판단하여야 함

❷ 해당 거래내역, 창구정황 등 보고내용을 충실히 작성하여야 함

❸ 의심거래 보고여부, 그 내용 등을 누설하는 경우 강력히 처벌되므로 반드시 비밀을 준수하여야 함

의심거래를 허위로 보고하거나 보고된 내용을 누설하는 경우 해당 금융기관과 직원은 1년 이하의 징역 또는 1천만 원 이하의 벌금을 부과받게 된다. 또한 의심거래를 보고하지 않거나 감독기관의 명령·지시·검사를 거부하는 경우 건당 1천만 원 이하의 과태료 또는 기관의 영업정지가 가능하다.

(2) 보고대상

의심거래의 보고 대상기준은 2001년 5천만 원에서 2004년 2천만 원, 2010년 1천만 원으로 낮춰졌으며 2013년 이후 금액과 무관하게 보고하도록 기준이 변경되었다. 의심거래의 보고대상은 다음과 같다.

❶ 금융거래와 관련하여 수수(授受)한 재산이 불법재산이라고 의심되는 합당한 근거가 있는 경우

❷ 금융거래의 상대방이 「금융실명거래 및 비밀보장에 관한 법률」(이하 '금융실명법'이라 한다) 제3조 제3항을 위반하여 불법적인 금융거래를 하는 등 자금세탁 행위나 공중협박자금 조달행위를 하고 있다고 의심되는 합당한 근거가 있는 경우

❸ 범죄수익은닉규제법 제5조 제1항 및 공중협박자금조달금지법 제5조 제2항에 따라 금융기관 등의 종사자가 관할 수사기관에 신고한 경우

(3) 의심거래의 유형

❶ 현금 거래 유형

- 오래된 수표 및 거액의 구권 현금거래
- 합리적 이유 없이 일정금액(1천만 원) 미만으로 여러 번 나누어 거래하는 분할거래
- 평상시 거래가 없던 계좌에 거액의 입금 및 출금이 이루어지는 거래
- 주식매매 없이 거액을 다수인으로부터 입금 받은 후 다수인에게 분할 이체하는 거래
- 금융거래에 대한 충분한 지식이 있는 고객이 현금거래를 고집하여 자금세탁으로 의심할 수 있는 거래

❷ 주식 등 유가증권 거래 유형

- 불분명한 특정 유가증권 거래
- 대량의 주식을 입고시킨 후 현금화를 요청하는 거래
- 대리인이 고액의 주식현물 입고 또는 대체입고 받아 담보대출을 받은 후 타인에게 송금하는 거래

❸ 차명 계좌 관련 유형

- 본인의 거래내역과 자금 흐름을 숨길 목적으로 가족 명의의 차명계좌 사용
- 특별한 사유 없이 고객이 멀리 떨어진 영업점에서 거래하기를 원하는 거래
- 원격지 영업점에서 개설한 타인의 위탁계좌로 지속적인 현금거래 이루어지는 거래
- 차명계좌로 의심되고, 같은 날에 다수 영업점을 방문하여 현금으로 입,출금하는 거래
- 고령의 고객 또는 미성년자, 무직자 등이 계좌 개설 후 주식매매나 금융상품 거래 없이 다수의 타인과 은행이체 입출금 거래하는 경우

❹ 법인계좌 관련 거래 유형

- 개인계좌에 법인명의로 거액 입금이 빈번한 거래
- 법인계좌의 자금이 법인대표자 개인계좌 또는 법인 대리인의 계좌로 지속적으로 출금되는 거래
- 법인계좌의 자금을 개인계좌로 이체하여 공모주 청약에 투자하는 거래

❺ 가상통화 관련 거래 유형

- 가상통화 취급업소와 취급업소의 실제 소유자 또는 임직원과 지속적인 금융거래
- 가상통화 취급업소 계좌의 1천만 원 이상 현금 출금 거래
- 가상통화 취급업소 계좌로 1천만 원 이상 이체하는 거래
- 고객이 가상통화 취급업소로부터 자금을 송금 받아 그 자금을 대부분 현금 출금하는 거래
- 고객과 가상통화 취급업소 간 입금 또는 출금액이 1일 1천만 원 이상, 7일 합산 2천만 원 이상인 거래
- 고객과 가상통화 취급업소 간 거래 횟수가 1일 5회 이상, 7일 합산 7회 이상인 거래

– 고객이 위 금융거래 액수 및 빈도를 회피할 목적으로 분할하여 거래하는 경우
– 법인·단체가 취급업소와 금융거래를 하는 경우
– 심야시간(오전 0시~오전 6시)에 금융거래가 지속적으로 발생하는 거래
– 고객이 다수의 개인으로부터 받은 자금을 취급업소에 송금하고, 일정기간 후 다시 해당 취급업소로부터 송금 받아 그 자금을 다수 개인들에게 송금하는 거래

❻ 기타 유형
– 실명확인증표가 유효하지 않거나 위조가 의심되어 계좌 개설이 거부된 고객(수기보고)
– 거액의 골드바 매수 거래
– 내부자 정보를 이용한 거래 또는 계좌 간 통정매매(시세조종)로 의심되는 거래
– 대외기관의 금융거래정보제공이 요청된 계좌의 금융거래
– 특별한 이유 없이 다수의 계좌 개설을 요청하는 고객
– 위조통화, 증권 또는 도난통화, 증권 등의 입금·고와 관련된 거래
– 실질적인 거래의사 없이 잔고증명서 발급만을 위한 입출금 거래
– 고객이 거래에 대한 비밀유지를 부탁하거나 혐의거래 및 고액현금거래 보고 기준에 대해 문의하는 거래

3 고액현금거래보고제도(CTR : Currency Transaction Report)

(1) 개요

'특정금융거래정보법' 제4조의2에서 규정하고 있는 고액현금거래보고제도는 원화 1천만 원 이상의 현금거래를 금융정보분석원에 의무적으로 보고하도록 하는 제도로서 금융기관이 자금세탁의 의심이 있다고 주관적으로 판단하는 금융거래에 대하여만 보고토록 하는 의심거래보고제도(Suspicious Transaction Report System)를 보완하기 위해 FATF 등의 권고로 우리나라에는 2006년 도입되었다.

(2) 보고대상

금융기관은 1거래일 동안 동일인(실명번호 기준)이 창구를 통하여 1천만 원 이상의 현

표 2-3 STR과 CTR 비교

구 분	의심스러운 거래보고 (Suspicious Transaction Report)	고액현금거래보고 (Currency Transaction Report)
제도내용	• 금융회사는 자금세탁 행위를 하고 있다고 의심되는 금융거래 내용을 FIU에 보고	• 금융회사는 자금세탁 여부에 관계없이 기준금액 이상 현금거래 내용을 FIU에 보고
법령상 보고대상	• 불법재산이라고 의심되거나 금융실명법상 불법적인 차명거래 등 자금세탁·테러자금조달 의심이 있는 금융거래 • 범죄수익은닉법, 공중협박자금 조달금지법상 수사기관에 신고를 한 경우	• 고액 현금의 지급, 영수거래
제외대상	–	• 다른 금융회사와의 거래 • 국가, 지자체, 공공단체와의 거래 • 공과금 등의 수납·지출거래 등 • 외국통화 거래
기준금액	• 기준금액폐지	• 원화 1천만 원 이상
판단기준	• 금융회사 종사자의 업무지식, 전문성, 경험 등을 바탕으로 의심되는 거래 정황을 고려하여 판단	• 일률적인 객관적 기준(금액)에 따라 보고
보고시기	• 의심스러운 거래로 판단되는 때로부터 지체 없이 보고	• 금융거래 발생후 30일 이내 보고
보고방법	• On–line 보고 우선 • 문서, 플로피디스크 등으로 보고	• On–line 보고 우선 • 문서, 플로피디스크 등으로 보고
보고서식	• 의심스러운 거래보고서	• 고액현금거래 보고서, 다만, CTR보고회피 목적 분할거래는 의심스러운 거래보고서로 보고
장점	• 금융회사 직원의 전문성 활용 • 정확도가 높고 활용도가 큼	• 자금세탁 행위 예방효과 • 분석 자료로 참고
단점	• 금융회사 의존도가 높음 • 참고유형 제시 등 어려움	• 정확도가 낮음 • 금융회사의 추가 비용 발생

금을 입금하거나 출금한 경우 또는 현금 자동입출금기(ATM)를 이용한 경우 거래자의 신원과 거래일시, 거래금액 등을 의무적으로 보고하여야 한다. 금액을 산정함에 있어서는 금융기관이 1거래일 동안 금융기관별로 지급한 금액, 영수한 금액을 각각 별도 합산하는 실질주의 방식을 취하고 있다.

보고대상 금액기준은 2006년 도입 당시 5천만 원에서 2008년 3천만 원으로, 2010년 이후에는 2천만 원으로, 2019년 1천만 원으로 점점 그 기준을 엄격하게 강화하고 있다.

다만, 회계상의 가치 이전만 이루어지는 거래 및 다음의 경우에는 보고에서 제외된다.

❶ 고객요청에 의한 대체거래

- 실제 현금거래가 아닌 거래로 고객 요청에 따른 출금 후 현금으로 입금한 경우로서 고액현금거래보고는 제외 대상이나, 의심거래보고는 필수적으로 실시

❷ 다른 금융기관과의 현금 입출금 거래

❸ 국가, 지방자치단체, 기타 공공단체와의 현금 입출금 거래

❹ 100만 원 이하의 무매체 입금 거래

❺ 수표거래, 계좌이체, 인터넷 뱅킹 등을 이용한 거래

(3) 고액현금거래의 유형

❶ 계좌거래 : 금융기관을 방문하거나 현금자동입출금기를 이용한 자기 계좌의 현금 입출금

❷ 비계좌거래 : 금융기관을 방문하여 다른 사람에게 무통장입금방식으로 송금

❸ 환전거래 : 외화를 원화로 환전하거나, 그 반대의 경우

❹ 유가증권 거래 : 유가증권(수표, 어음, 양도성증서)을 현금으로 교환

❺ 계좌+비계좌거래

- 자기명의 계좌에서 현금 출금 후 창구에서 바로 다른 사람에게 무통장입금방식으로 송금
- 자기명의예금을 해지하여 현금을 지급받은 후 창구에서 그 현금을 제원으로 자기앞수표 발행 의뢰

chapter 03

자금세탁 방지와 내부통제활동

section 01 자금세탁 방지 내부통제

앞서 말한 바와 같이 자금세탁 방지제도는 지배구조법 제1조의 '금융회사의 건전한 경영과 금융시장의 안정성을 기하고, 예금자, 투자자, 보험계약자, 그 밖의 금융소비자를 보호'하는 데 있어 중요한 내부통제활동의 일부를 담당하고 있다.

금융기관의 내부통제활동이 관련 법규의 내용과 취지의 테두리 내에서 이루어지는 회사 내부에서의 통제인 반면에, 자금세탁 방지제도는 불법자금이 범죄 목적으로 금융기관을 이용하지 못하게 하는 것으로 금융기관 외부, 즉 거래 고객과의 관계를 규정하는 것이라고 할 수 있다.

따라서 자금세탁 방지 업무는 영업과 관련한 금융기관 내 모든 부서와 관련되며 그 업무의 책임과 역할도 자금세탁 방지업무를 주관하는 부서(예를 들면, 준법감시부서)에만 있는 것이 아니라, 본사 관리, 본사 영업, 영업점 등 여러 부서에 있다.

1 자금세탁 방지 내부통제체계의 구축

금융기관은 자금세탁 행위를 방지하기 위해 관련된 보고체계, 모니터링 체계, 규정과 절차, 조직 및 시스템을 종합적으로 고려하여 자금세탁 방지 체계를 갖춰야 한다.

이를 위해 관련 법규 등에서는 이사회 등 구성원의 역할 및 책임에 대해 다음과 같이 규정하고 있다.

구 분	역할 및 책임
이사회	• 경영진이 자금세탁 방지 등을 위해 설계·운영하는 내부통제 정책에 대한 감독책임 • 자금세탁 방지 등과 관련한 경영진과 감사(또는 감사위원회)의 평가 및 조치결과에 대한 검토와 승인 등
경영진	• 자금세탁 방지 등을 위한 내부통제 정책의 설계·운영·평가 • 자금세탁 방지 등을 위한 내부통제 규정 승인 • 내부통제 정책의 준수책임 및 취약점에 대한 개선조치 사항의 이사회 보고 • 내부통제 정책 이행과정에서 발견된 취약점을 개선할 책임 • 자금세탁 방지 등의 효과적 수행에 필요한 전문성과 독립성을 갖춘 일정 직위 이상의 자를 보고책임자로 임명 및 그 임면사항의 금융정보분석원장 통보 등
보고책임자	• 의심되는 거래 또는 고액현금거래의 보고책임 • 고객확인의 이행과 관련된 업무의 총괄 • 관련 규정 및 세부 업무지침의 작성 및 운용 • 직무기술서 또는 관련규정 등에 임직원별 자금세탁 방지 등의 업무와 관련한 역할과 책임 및 보고체계 등 명시 • 전자금융기술의 발전, 금융 신상품의 개발 등에 따른 자금세탁 및 공중협박자금조달 유형과 기법에 대한 대응방안 마련 • 직원알기제도의 수립 및 운영 • 임직원에 대한 교육 및 연수 • 자금세탁 방지 등의 업무와 관련된 자료의 보존책임 • 자금세탁 방지 등의 운영상황 모니터링 및 개선·보완 • 자금세탁 방지 등 시스템·통제활동의 운영과 효과의 정기적 점검결과 및 그 개선사항의 경영진 보고 • 금융거래 규모 등 자체 여건을 감안한 전담직원 배치 • 기타 자금세탁 방지 등과 관련하여 필요한 사항 등
전담 조직	• 보고책임자를 보조하여 자금세탁 방지제도 전반에 대한 업무 실행 • 자금세탁 방지제도 자가평가체계의 구축 및 관리 • 고객, 상품, 거래유형 등을 분석하여 자금세탁 위험을 평가하기 위한 위험관리체계 구축 • 자금세탁 방지 시스템 사용자 관리, 요주의 리스트 정보 관리 및 모니터링 실시
임직원	• 자금세탁 방지 관련 법규에서 정하는 기준과 절차 준수 • 자금세탁 관련 법규와 관련한 보고 및 신고사항의 누설금지 등

금융기관은 자금세탁 방지 등에 관련된 교육 및 연수프로그램을 수립하고 운용하여야 하며, 보고책임자는 교육 및 연수를 연 1회 이상 직위 또는 담당 업무 등 교육대상에 따라 적절하게 구분하여 실시하여야 한다.

또한, 금융기관은 자금세탁 등에 자신의 임·직원이 이용되지 않도록 임·직원을 채용(재직 중 포함)하는 때에 그 신원사항 등을 확인하는 등 직원알기제도(Know Your Employee)를 운영함으로써 지속적으로 대외적인 위험관리뿐만 아니라 대내적인 위험관리를 실시해야 한다.

금융기관은 자금세탁 방지 관련 보고를 위해 자신의 지점 등 내부에서 보고책임자에게 보고하는 내부보고체제와 이를 금융정보분석원에 보고하는 외부보고체제를 수립하여야 하며, 고객확인기록, 금융거래기록, 의심되는 거래 및 고액현금거래 보고서를 포함한 내·외부 보고서 및 관련 자료 등을 고객과의 거래관계 종료 후 5년간 보존하여야 한다. 또한 이러한 보고사실은 누설되어서는 아니 된다.

금융기관은 전자금융기술의 발전 및 금융환경 등의 변화로 생겨날 수 있는 신규상품 및 서비스를 이용한 자금세탁 위험을 예방하기 위해, 동 상품 및 서비스 판매 전에 자금세탁 위험을 측정할 수 있는 절차를 수립·운영하여야 한다.

아울러 이러한 자금세탁 방지 관련 내부통제활동이 적절하고 효율적으로 수행되고 있는지 확인하기 위해 금융기관은 자금세탁 방지 등의 업무를 수행하는 부서와는 독립된 부서에서 그 업무수행의 적절성, 효과성을 검토, 평가하고 이에 따른 문제점 등을 개선할 수 있도록 독립적인 감사체계를 구축·운영하여야 한다.

금융정보분석원은 자금세탁 방지제도의 개선점을 찾아 보완하기 위해 매년 각 금융기관에 대해 직접 종합적인 평가를 실시하고 있는데, 이와는 별도로 각 금융기관은 스스로 자가평가를 실행하고 그 결과를 경영진에 보고함으로써 적절한 내부통제체계를 유지하기 위한 노력을 지속하여야 한다.

2 위험기반접근법(RBA : Risk Based Approach)

(1) 개요

앞서 살펴본 자금세탁 방지 국제기구(FATF)는 2012년 2월 국제규범인 '권고사항(Recommendation)'을 개정하여 발표하였는데, 여기에서 각 국가에서 자금세탁 방지업무를 수행할 때 자금세탁 위험을 사전에 평가하고 관리할 수 있는 '위험기반접근법'을 적용하여 이행하도록 요구하였다.

위험기반접근법이란 '위험도가 높은 분야는 강화된 조치를, 위험도가 낮은 분야는 간소화된 조치를 취하는' 자금세탁·테러자금조달 위험을 관리하는 방법을 말한다.

즉, 기존의 자금세탁 방지업무가 자금세탁 혐의를 사후에 적발·보고 하는 체계였다면, 위험기반접근법은 사전에 자금세탁 및 테러자금조달 위험을 자체적으로 감지·평가하여 대응함으로써 해당 위험을 감소시키는 방법으로 위험에 비례해서 효율적으로 정책 자원을 활용하는 것이 핵심이다.

이를 위해 FATF 권고사항에서는 각 국가, 검사기관, 금융회사 등에게 다음과 같이 이행을 요구하였다.

구분	권고사항	세부내용
국가	• 국가위험평가 결과 및 조직 체계정비	• 금융기관 등에 적용 가능한 위험기반접근처리 기준 제정
	• 국가위험평가 결과 공유체계 마련	• 국가위험평가 및 업권별 위험 평가 실시 및 공유체계 마련
검사기관	• 위험기간 검사 및 감독 실시	• 검사·감독 시 금융기관 등의 위험평가 결과 검토 • 검사·감독 계획 수립 시 위험평가 결과를 반영
금융기관	• 전사적 위험평가 마련 및 실시	• 고객, 국가, 지역, 상품, 서비스, 거래, 채널 등에 대한 자금세탁 및 테러자금조달 위험을 확인·평가 • 지속적인 위험평가 및 위험평가결과 문서화 • 관할당국과 검사기관에 위험평가 결과 제공
	• 국가 위험관리를 위한 정책 및 내부통제 체계 마련	• 정책 및 통제절차 이행 • 관할당국 및 검사기관의 지침 및 요구사항 충족

FATF는 이러한 요구사항에 대해 2019년 FATF 회원국 간의 상호평가에서 이의 실행 여부를 점검할 예정임을 밝혔다.

2019년의 상호평가는 기존의 평가방법에 '효과성' 부분을 새로 추가하였는데, 이 부분은 위험평가시스템의 '기술적 구축'에 더해 '얼마나 시스템이 효과적으로 작동하는지'를 평가하는 것이다.

이에 따라 우리나라 역시 2014년부터 금융업종별로 위험기반평가시스템 구축을 진행하여 각 금융기관이 적극적으로 참여하고 있다.

(2) 위험의 분류

위험기반접근법에서의 '위험'은 다음과 같이 크게 4가지로 구분된다.

❶ 국가위험

- 특정 국가에서 자금세탁 방지 및 테러자금조달 금지제도와 금융거래 환경의 취약 등에 따라 발생하는 위험 평가
- FATF 성명서의 비협조 국가, 이행계획 미수립 국가 등 고위험국가 관리

❷ 고객위험

- 고객 또는 고객유형별 자금세탁 방지 및 테러자금조달 금지 위험 평가
- UN 및 금융위원회의 List, 외국의 정치적 주요 인물 등 관리

❸ 상품위험

- 금융기관에서 취급하는 모든 상품의 자금세탁 방지 및 테러자금조달 금지 위험 평가
- 신상품 개발 시 포함된 새로운 유통구조, 판매채널, 신기술 사용 등에 대한 위험관리

❹ 사업(서비스) 위험

- 전 사업영역에서 발생할 수 있는 자금세탁 방지 및 테러자금조달 금지 위험 평가
- 신규사업의 수행, 신규 판매채널 도입, 신규 기술적용 시 위험관리

3 위반 시 제재조치

특정금융거래정보법 제16조부터 제20조에서는 법령 위반행위에 대한 제재조치를 다음과 같이 규정하고 있다.

(1) 벌칙

❶ 5년 이하의 징역 또는 5천만 원 이하의 벌금 대상

- (의심거래보고와 관련하여) 직권을 남용하여 금융회사 등이 보존하는 관련 자료를 열람·복사하거나 금융회사 등의 장에게 금융거래 등 관련 정보 또는 자료의 제공을 요구한 자

- 직무와 관련하여 알게 된 특정금융거래정보, 법령에 따라 제공받은 정보를 다른 사람에게 제공 또는 누설하거나 그 목적 외의 용도로 사용한 자 또는 해당 정보를 제공할 것을 요구하거나 목적 외의 용도로 사용할 것을 요구한 자
- 정보분석심의회에서 알게 된 사항을 다른 사람에게 제공 또는 누설하거나 그 목적 외의 용도로 사용한 자 또는 이를 제공할 것을 요구하거나 목적 외의 용도로 사용할 것을 요구한 자
- 신고를 하지 아니하고 가상자산거래를 영업으로 한 자(거짓이나 그 밖의 부정한 방법으로 신고를 하고 가상자산거래를 영업으로 한 자 포함)

❷ 3년 이하의 징역 또는 3천만원 이하의 벌금 대상

- 가상자산거래 관련 변경신고를 하지 아니한 자(거짓이나 그 밖의 부정한 방법으로 변경신고를 한 자 포함)

❸ 1년 이하의 징역 또는 1천만원 이하의 벌금 대상

- 의심거래보고 및 고액현금거래보고를 거짓으로 한 자
- 의심거래보고 관련 사실 등을 누설하는 자

❹ 위 ❶부터 ❸을 위반한 자에 대해서는 징역과 벌금을 같이 부과 가능

❺ 위 ❶의 무신고 가상자산사업자 관련 사항 및 ❷와 ❸의 위반을 한 행위자 외에 행위자가 소속된 법인의 대표자, 법인 또는 개인의 대리인, 사용인 등에 대해서는 해당 법인 또는 개인에 대해서도 해당 벌금형 부과 가능(위반행위를 방지하기 위하여 해당 업무에 관한 상당한 주의와 감독을 게을리하지 않은 경우는 예외)

(2) 과태료

❶ 최고 1억원 이하 과태료 부과 대상

- 내부통제의무를 이행하지 않는 경우
  - 의심거래보고, 고액현금거래보고 업무 담당자 임명 및 내부 보고체계 수립
  - 해당 회사 등의 임직원이 준수해야 할 절차 및 업무지침의 작성, 운용
  - 임직원의 교육 및 연수
- 고객확인의무를 이행하지 않는 경우
- 가상자산사업자가 고객별 거래내역을 분리하여 관리하지 않는 경우
- 금융정보분석원장의 명령, 지시, 검사에 따르지 않거나 이를 거부, 방해 또는 기피하는 경우

❷ 최고 3천만원 이하 과태료 부과 대상

- 의심거래보고, 고액현금거래보고를 하지 아니하는 행위
- 계좌의 신규 개설 및 일정 금액 이상의 일회성 금융거래 등을 하는 경우 고객신원 확인 및 실제소유자 확인을 하지 아니하는 행위
- (자금세탁방지 관련) 자료 및 정보를 보존하지 아니하는 경우

section 02 자금세탁 방지 관련 제도

1 차명거래 금지제도

'차명금융 거래'란 자신의 금융자산을 타인의 명의로 거래를 하는 것을 말한다. 통상 차명(借名)거래라 함은 실소유자와 명의인 양자 간의 합의 또는 금융기관을 포함한 3자 간의 합의에 기하여 실소유주가 예금 등 금융상품에 대한 실질적인 권리를 행사하기로 하면서 명의인이 외형적 거래자로서 금융기관에 대하여 실명을 확인하여 이루어지는 금융거래를 말한다. 쉽게 생각하면 타인의 계산 혹은 명의로 이루어진 금융거래로서 금융거래의 원천과 명의가 다른 경우를 차명금융 거래라고 정의할 수 있다.

차명금융 거래는 권리의 귀속관계를 외부로 드러난 것과 다르게 숨길 수 있기 때문에 비자금 형성이나 자금세탁, 불법 조세포탈 등 여러 가지 불법행위의 수단으로 이용되고 있다.

이를 방지하기 위해 금융실명법에서는 범죄수익 은닉, 자금세탁, 조세포탈 등 불법행위나 범죄의 수단으로 악용될 수 있는 차명거래를 방지하기 위해 2014년 5월 28일 동법의 제3조(금융실명거래)에 다음과 같이 제3항부터 제7항을 신설하였다.

❶ 제3항

– 불법행위(불법재산의 은닉, 자금세탁 행위(조세포탈 등), 공중 협박 자금조달행위 및 강제집행의 면탈, 그 밖의 탈법행위를 목적으로 하는 행위)를 목적으로 하는 차

명 금융거래를 금지

❷ 제4항

－금융기관 종사자의 불법 차명거래 알선·중개를 금지

❸ 제5항

－실명(實名)이 확인된 계좌에 보유하고 있는 금융자산은 '명의자의 소유'로 추정

❹ 제6항

－금융기관 종사자는 거래자에게 불법 차명거래가 금지된다는 사실을 설명

❺ 제7항

－실명거래의 확인 방법 및 절차, 확인 업무의 위탁과 그 밖에 필요한 사항은 대통령령으로 정할 것

또한 이에 대한 실효성을 확보하기 위하여 벌칙조항을 신설하였는데, 불법 차명거래자, 불법 차명거래를 알선·중개한 금융기관 등의 종사자는 5년 이하 징역 또는 5천만 원 이하의 벌금(동법을 위반한 금융기관 등의 임직원에게 부과하는 과태료는 3천만 원 이하)을 부과받게 된다.

2 반부패협약 및 미국의 해외부패방지법

부패의 사전적 정의는 '사적인 이익을 얻기 위해서 권력을 남용하는 것'으로서 반부패협약 또는 미국의 해외부패방지법상에서 의미하는 부패란 '기업이 상거래에서 그 거래의 성사를 위해서 외국 공무원에게 금전이나 금품을 공여하는 행위, 즉 뇌물공여'를 의미한다. 이러한 뇌물제공행위는 국제상거래에 있어서 시장경제의 효율성을 약화시킬 뿐 아니라 기업윤리 및 국가적 차원의 정치적인 관계 또한 저해시키는 요소로 여겨진다.

(1) 반부패협약

OECD뇌물방지협약(반부패협약)은 뇌물수뢰행위(passive bribery)가 아닌 공여행위(active bribery)를 형사처벌하는 것이 목적이며, 규제대상 행위는 '외국 공무원(foreign public officials)'으로 민간인 간의 뇌물공여행위(commercial bribery)는 제외된다. 다만, 외국공무원의 범위는 상대적으로 넓은 편인데 외국의 입법, 행정 또는 사법상의 임명 또는 선출직위를 가진 자 이외에 외국의 공공기관, 공기업 등 외국을 위하여 공공기능을 행사하는

자와 국제기구 공무원을 포함한다.

이 협약은 국제상거래 과정에서 발생한 중요한 뇌물공여에 적용되는바, 국제상거래에 있어 영업을 취득, 유지하거나 부당한 이익을 확보하기 위해 직접 또는 중개인을 통해 외국공무원이 그 직무에 관련하여 본인의 의무를 다하지 못하게 하거나, 혹은 부당한 권리 또는 압력을 행사하게 하도록 부당한 보수나 여타 이익을 제공하거나 제의, 약속하는 모든 행위를 포함한다.

협약을 위반하는 경우 뇌물을 제공한 자연인뿐 아니라 이에 대한 책임이 있는 법인에 대해서도 처벌하며 뇌물 및 뇌물제공으로 인한 이익의 몰수하고, 사법공조를 통해 범죄인을 인도하여 해당 국가의 뇌물죄에 상응하는 형사처벌을 받도록 규정하고 있다.

(2) 미국 해외부패방지법

미국의 해외부패방지법(FCPA : Foreign Corrupt Practices Act)은 미국 시민권자, 미국 국적을 가진 자 또는 미국에 거주하는 외국인, 미국에서 설립되었거나 해외에서 설립되었더라도 주사업장이 미국에 있는 기업, 미국의 주, 준주, 속령 또는 미국의 자치주의 법에 의해 설립된 기업 등 및 미국 증권거래소 상장기업 등 자국 기업뿐만 아니라 미국에 거주하지 않는 외국인이나 외국 기업이 미국 영토 내에 있는 동안 직접적으로 또는 대행사를 통해 간접적으로 뇌물제공을 행한 경우 등 제3자 또는 중개인을 통해 이루어진 뇌물제공행위에 대해서도 규제하고 있다.

FCPA는 '뇌물'을 '현금, 현금지불에 대한 약속, 증여·선물(gift), 기타 각종 형태의 가치 있는 것'으로 규정하고 있으며, 이를 '사업을 획득하거나 유지하기 위해' 외국 정부 및 행정부처의 관리자나 직원 또는 국제기구 등에 제공하는 경우 규제대상이 된다.

FCPA를 위반하는 경우에는 다음과 같이 처벌을 받게 된다.

구분		법 인	개 인
형사	회계규정 위반	최고 2,500만 달러	최고 500만 달러 및 20년 이하의 징역
	반부패규정 위반	최고 200만 달러	최고 10만 달러 및 5년 이하의 징역
	대리인	(의도적인 범법행위가 있는 경우) 최고 10만 달러 및 5년 이하의 징역	
민사	최고 1만 달러 벌금 및 불법이익의 환수		

3 해외금융계좌신고제도(FBAR : Foreign Bank Account Reporting)

FBAR은 미국의 납세의무자가 1여 년 동안 어느 시점이든 모든 해외 금융계좌 잔고의 합계액이 1만 달러를 초과하는 경우 미국 재무부에 해외금융계좌잔액을 신고하는 제도이다.

이를 위반하는 경우에는 고의성이 있다고 의심되면 미신고 연도마다 매년 10만 달러 또는 계좌금액의 50% 중 큰 금액이 누적돼 벌금으로 부과 또는 5년 이하의 징역형을 받을 수 있으며, 고의성이 없는 경우에는 미신고 연도마다 매년 1만 달러가 누적돼 벌금으로 부과된다.

4 해외금융계좌 납세자협력법(FATCA) 및 다자간 조세정보 자동교환 협정(MCAA)

최근 개인 또는 법인의 해외투자 또는 해외 금융기관과 거래가 활발해지면서, 각 국가는 자국민의 금융거래소득에 대한 과세 누락을 차단하기 위한 정책을 추진하고 있는데, 여기에는 미국 중심의 FATCA와 OECD 국가 중심의 MCAA가 있다.

두 가지 협정 모두 자국민의 과세 누락을 방지함은 물론, 해외 국가를 통한 자금세탁 행위를 방지하기 위한 목적도 있으므로 간략하게 살펴보도록 한다.

(1) 해외 금융계좌 납세자협력법(FATCA : Foreign Account Tax Compliance Act)

미국은 자국민의 역외 탈세를 방지하기 위해 해외(미국 외)의 금융기관에게 미국 국민의 금융거래정보를 국세청(IRS)에 보고하도록 의무화하였고, 이를 위해 다수의 국가와 FATCA 협정을 체결하였다.

우리나라 역시 2014년 3월 미국과 정식 협정을 체결하고, 2016년 9월 국회의 비준을 받음에 따라 같은 해 11월부터 양국 간 정보교환을 시작하였다.

우선 FATCA의 적용대상은 미국 시민권자, 미국 영주권자, 외국인 중 세법상 미국 거주자 중 특정 요건을 갖춘 개인과 미국 내에서 설립된 조합 또는 회사, 미국 외에서 설립되었으나 실질 지배주주가 미국에 납세의무가 있는 단체 등 법인으로서 정부기관, 상장회사, 면세기구 등은 제외된다.

FATCA의 대상계좌 및 상품은 금융기관에 개설된 예금계좌, 수탁계좌, 지분증권 및 채무증권, 보험 및 연금계약, ISA, 해외주식투자전용펀드 등이며, 연간 납입한도가 제한된 연금저축, 재형저축, 장기주택마련저축 등 일부 조세특례상 면제상품은 제외된다.

협약에 따라 우리나라의 금융기관이 미국 국세청에 제공해야 할 정보의 보고기준은 다음의 표와 같다.

구 분	기준일	계 좌		
기존	2014.6.30.이전	개인	소액	5만 달러~100만 달러 이하
			고액	100만 달러 초과
		단체		25만 달러 초과
신규	2014.7.1. 이후	기준일 이후 적용대상 상품에 가입하는 모든 고객(금액 무관)		

금융기관이 FATCA에 따른 보고의무를 위반하여 정당한 사유 없이 정보를 제공하지 않거나, 거짓으로 제공하는 경우 3천만 원 이하의 과태료를 부과받을 수 있으며, 미국 정부로부터 비참여 금융기관으로 지정된 경우 당해 금융기관이 미국에서 얻은 수익의 30%를 원천징수 당할 수 있다.

개인이 비협조계좌로 지정이 되는 경우에는 앞에서 살펴본 FBAR를 준용하여 처벌받을 수 있다.

(2) 다자간 조세정보 자동교환 협정(MCAA : Multilateral Competent Authority Agreement on Automatic Exchange of Financial Account Information)

미국의 FATCA 협정 이후 OECD 및 G20 국가를 중심으로 각 국가에 납세의무가 있는 고객의 금융정보를 상호 교환하는 MCAA가 현재 100여 개 국가 간에 체결되어 있으며, 그 범위는 점차 확대되어 가는 추세이다.

MCAA의 효율적인 금융정보 교환을 위해 OECD에서 규정한 공통보고기준을 CRS(Common Reporting Standard)라고 하며, 실무에서는 MCAA와 CRS를 혼용하여 사용하기도 한다.

MCAA가 FATCA와 가장 크게 다른 점은 정보교환의 방식으로 FATCA는 미국과 개별 국가가 체결하고 해당 국가의 적용대상자에 대한 정보교환을 하는 반면, MCAA는 협정을 체결한 모든 국가 간 정보교환이 이루어진다는 점에 있다.

우리나라는 2016년 1월 1일부터 MCAA에 관한 업무를 시행하였는데, 2023년 2월 현재 13개 국가와 체결되어 있다. MCAA의 적용대상은 계좌보유자가 보고대상 관할권의 거주자인 개인 또는 단체로 실질적 지배자가 보고대상인 비금융단체의 계좌를 포함하며, 대상계좌 및 상품은 FATCA와 동일하다.

MCAA의 협정에 따라 정보를 제공해야 할 정보의 보고기준은 다음의 표와 같다.

<table>
<tr><th>구 분</th><th>기준일</th><th colspan="3">계 좌</th></tr>
<tr><td rowspan="3">기존</td><td rowspan="3">2015.12.31.이전</td><td rowspan="2">개인</td><td>소액</td><td>100만 달러 이하</td></tr>
<tr><td>고액</td><td>100만 달러 초과</td></tr>
<tr><td>단체</td><td></td><td>25만 달러 초과</td></tr>
<tr><td>신규</td><td>2016.1.1. 이후</td><td colspan="3">기준일 이후 적용대상 상품에 가입하는 모든 고객(금액 무관)</td></tr>
</table>

금융기관이 MCAA에 따른 보고의무를 위반하여 정당한 사유 없이 정보를 제공하지 않거나, 거짓으로 제공하는 경우 3천만 원 이하의 과태료를 부과받을 수 있으며, 각 관할 국가별로 규정한 처벌을 받을 수 있다.

개인이 MCAA의 비협조계좌로 제출되는 경우 현재 국가별 처벌규정이 공유되고 있지 않으므로, 해당 국가별 국세청에 개별적으로 처벌규정을 확인해야 한다.

이 외에도 우리나라는 2016년 10월 체결한 '한·싱가포르 협정'으로 2018년부터 상대국 거주자의 금융정보를 상호 교환하고 있으며, 2017년 1월 체결한 '한·홍콩 협정'은 2019년부터 적용되고 있다. 각각 그 목적 및 적용대상은 MCAA와 유사하다.

실전예상문제

01 다음 중 STR에 대한 설명으로 적절하지 않은 것은?

① STR(의심거래보고)은 CTR(고액현금거래보고)의 보완을 위해 도입되었다.

② 금융기관의 임직원이 STR 내용을 누설하는 경우 1년 이하의 징역 또는 500만 원 이하의 벌금을 부과받는다.

③ 금융기관이 STR을 누락하거나, 감독기관의 지시를 거부하는 경우 1천만 원 이하의 과태료 또는 기관의 영업정지가 가능하다.

④ STR의 보고기준은 2013년 이후 금액과 무관하다.

02 다음 자금세탁 행위 유형 중 기존의 Finance System을 이용한 방법이 아닌 것은?

① 소액분산입금

② 해외에 소액분할 반출 후 여행자수표를 통한 국내 반입

③ 차명계좌 사용

④ 은행어음 사용

03 다음 CTR(고액현금거래보고)에 대한 설명 중 틀린 것은?

① 보고 대상 기준금액은 1천만원 이상의 현금거래이다.

② 인터넷 뱅킹 등을 이용하는 경우 보고대상이 아니다.

③ 동일인이 3거래일 동안 창구를 통하여 기준금액 이상 거래하는 경우 보고 대상이다.

④ 금액 계산 시 금융기관별로 지급, 영수한 금액을 각각 별도 합산한다.

해설

01 ① CTR이 STR의 보완을 위해 도입되었다.

02 ② Money Smuggling의 한 유형이다.

03 ③ 1거래일 동안 거래된 금액을 기준으로 한다.

04 다음 KoFIU에 관한 설명으로 적절하지 않은 것은?

① 설립근거는 특정 금융거래정보법이다.

② 수집된 자금세탁 행위 관련정보를 법 집행기관에 제공한다.

③ 각 금융기관으로부터 STR(의심거래보고)를 받는 기관이다.

④ 재정경제부 소속의 독립기관이다.

05 다음 고객확인제도에 대한 설명으로 적절하지 않은 것은?

① 대부업자인 경우 강화된 고객확인(EDD) 대상이다.

② 간소화된 고객확인(CDD) 대상은 별도의 확인이 필요하지 않다.

③ 강화된 고객확인(EDD)에서는 CDD에 더하여 거래목적, 자금의 원천 등을 파악하여야 한다.

④ 고객별 위험도 평가결과 중위험인 경우에는 CDD 대상이다.

06 다음 자금세탁 방지 내부통제체제에 대한 설명으로 적절하지 않은 것은?

① 경영진은 자금세탁 방지를 위해 운영하는 내부통제정책에 대한 감독책임이 있다.

② 자금세탁 방지제도는 금융기관 외부와의 관계를 규정하는 것으로 금융기관의 모든 부서와 관련된다.

③ 보고책임자는 연 1회 이상 소속 임직원에 대해 교육을 실시하여야 한다.

④ 금융기관은 자금세탁 방지에 대한 독립적인 감사체계를 구축해야 한다.

해설

04 ④ 현재는 금융위원회 소속이다.

05 ② CDD에 해당하더라도 확인절차는 거쳐야 한다.

06 ① 이사회가 경영진의 제도운영에 대한 감독책임이 있다.

07 **다음 위험기반접근법(RBA)에 대한 설명으로 적절하지 않은 것은?**

① 위험도가 높은 분야와 낮은 분야에 대한 위험관리를 달리 적용하는 방법이다.
② RBA에서의 위험은 크게 국가위험, 고객위험, 상품위험, 사업(서비스) 위험으로 구분할 수 있다.
③ FATF의 2019년 상호평가항목에 RBA 도입 및 효과성 여부 항목을 추가하였다.
④ RBA는 FATF의 권고사항이므로 의무적으로 도입할 필요는 없다.

08 **다음 FATCA와 MCAA에 관한 설명으로 적절하지 않은 것은?**

① FATCA는 미국과 개별 국가 간 협정이다.
② MCAA는 OECD 및 G20 주도하에 맺어진 다자간 협정이다.
③ FATCA의 보고기준은 CRS(Common Report Standard)이다.
④ MCAA는 보고기준에서 기존 고객과 신규 고객을 구분하는 기준일은 2016년 1월 1일이다.

09 **고객이 가상자산사업자인 경우 확인해야 할 사항이 아닌 것은?**

① 고객을 최종적으로 통제하는 자연인(실제소유자)에 관한 사항
② 고객의 신고 이행에 관한 사항
③ 고객의 신고에 대한 직권말소에 관한 사항
④ 고객의 최근 사업연도 순이익에 관한 사항

해설

07 ④ KoFIU에서는 2019년 상호평가를 대비하기 위하여 각 금융기관에 의무도입을 요청하였다.
08 ③ MCAA의 보고기준이 CRS이다.
09 ④ 순이익에 관한 사항은 확인 대상이 아니다.

10 다음 자금세탁방지 관련 법령 위반에 따른 제재조치 중 그 벌칙이 다른 것은?

① STR(의심거래보고) 관련 정보의 제공을 요구하는 행위

② 거짓으로 STR을 보고하는 행위

③ 신고를 하지 아니하고 가상자산거래를 영업으로 하는 행위

④ 법령에 따라 제공받은 정보를 그 목적 외의 용도로 사용하는 행위

11 다음 설명 중 틀린 것은?

① 우리나라는 FATF의 구성국 중 하나로 권고사항을 준수하여 상호평가 등을 실시하고 있다.

② 금융기관은 고객이 신규 계좌 개설 시 고객확인제도에 응하지 않는 경우 거래를 거절하여야 한다.

③ 강화된 고객확인제도(EDD)를 적용할 때 법인의 실제 소유자 확인은 [대표자 - 25% 이상 최대주주 - 최대지분 소유자] 순서로 확인하여야 한다.

④ 분류상 고위험으로 구분되는 고객의 경우 고객확인제도는 1년마다 재수행하여야 한다.

12 다음 자금세탁방지제도와 관련한 설명 중 틀린 것은?

① 간소화된 고객확인(CDD)은 저위험이나 중위험에 해당하는 고객을 대상으로 하며, 3년마다 재수행하여야 한다.

② 현재 금융기관의 의심거래보고(STR) 대상 기준금액은 1,000만원이다.

③ 고액현금거래보고(CTR)에서 금액 산정은 금융기관이 1거래일 동안 지급한 금액, 영수한 금액을 각각 별도 합산하는 실질주의 방식을 취하고 있다.

④ 위험기반접근법(RBA)은 자금세탁방지업무가 사후 적발체계에서 벗어나 사전 감지체계를 갖출 수 있게 하는 방법이다.

해설

10 ② 1년 이하의 징역 또는 1천만원 이하의 벌금 부과 대상이다.
①, ③, ④는 5년 이하의 징역 또는 5천만원 이하의 벌금 부과 대상이다.

11 ③ 법인의 실제 소유자 확인 단계는 [25% 이상 최대주주 > 최대지분 소유자 > 대표자] 순서로 확인한다.

12 ② 2013년 이후 STR의 보고대상 기준금액은 폐지되었다.

정답 01 ① | 02 ② | 03 ③ | 04 ④ | 05 ② | 06 ① | 07 ④ | 08 ③ | 09 ④ | 10 ② | 11 ③ | 12 ②

금융투자전문인력 표준교재
파생상품투자권유자문인력 3

2025년판 발행 2025년 2월 15일

편저 금융투자교육원
발행처 한국금융투자협회
서울시 영등포구 의사당대로 143 전화(02)2003-9000 FAX(02)780-3483
발행인 서유석
제작 및 총판대행 (주) 박영사
서울특별시 금천구 가산디지털2로 53, 210호(가산동, 한라시그마밸리) 전화(02)733-6771 FAX(02)736-4818
등록 1959. 3. 11. 제300-1959-1호(倫)
홈페이지 한국금융투자협회 자격시험접수센터(https://license.kofia.or.kr)

정가 18,000원

ISBN 978-89-6050-761-6 14320
978-89-6050-758-6(세트)